Über dieses Buch Mit den Wahlen in der DDR am 18. März 1990 ist ein erster Abschnitt einer Entwicklung erreicht, die mit der Öffnung der innderdeutschen Grenze am 9. November 1989 einen unerwarteten und rasanten Anfang nahm: die inzwischen nicht mehr bezweifelte Vereinigung der beiden deutschen Staaten.
Dieser Sonderband des jährlich erscheinenden FISCHER WELTALMANACH dokumentiert diese Zeit des historischen Umbruchs, aber er faßt auch die Vorgeschichte, die nach 1945 zum Entstehen zweier deutscher Staaten führte, zusammen und zeigt Perspektiven auf.
In diesem Band enthalten sind zwei Essays, die sich mit den Ursachen der »friedlichen Revolution« und mit den Zukunftsaussichten der DDR befassen. In einer Zeittafel werden die Geschichte der SBZ/DDR und die Beziehungen zwischen der Deutschen Demokratischen Republik und der Bundesrepublik Deutschland von 1945 bis 1989 dargestellt. Die sich anschließende aktuelle Chronik berichtet Tag für Tag, was sich seit dem 1. September 1989 ereignete, und endet mit den Ergebnissen der Volkskammerwahlen. Außerdem finden sich Kurzbiographien von Politikern der DDR, die alten und neuen Parteien und Gruppierungen mit ihren Programmen sowie eine Zusammenstellung von grundlegenden Reden und Stellungnahmen von Politikern beider Länder.
Der »Sonderband DDR« versteht sich auch als Ergänzung zum FISCHER WELTALMANACH '90, bei dessen Redaktionsschluß am 1. September 1989 die Ereignisse in der DDR noch nicht vorauszusehen waren.

Die Autoren

Baumann, *Eleonore,* geb. 1950; Studium der Rechtswissenschaften in Bremen, Assessorin 1981. Seit 1988 Rechtsberatung bei der Arbeitsgemeinschaft für Verbraucher e. V./AgV in Bonn. Ständige Autorin beim Fischer Weltalmanach.

Baumann, Dr. *Wolf-Rüdiger,* geb. 1948; Studium der Wirtschaftswissenschaften (Diplom-Ökonom); Promotion am Europäischen Hochschulinstitut in Florenz. Seit 1983 wissenschaftlicher Referent. Publikationen zur Wirtschaftsgeschichte sowie zur Außen- und Deutschlandpolitik; ständiger Autor beim Fischer Weltalmanach.

Bleek, Prof. Dr. *Wilhelm,* geb. 1940; Studium der Politikwissenschaft, neueren Geschichte und des öffentlichen Rechts in Bonn und Berlin (West). Seit 1981 Professor für Politische Wissenschaft (Politische Systeme in Deutschland) an der Ruhr-Universität Bochum; 1984/85 und 1986/87 Gastprofessor an der University of Toronto/Kanada. Veröffentlichungen zur öffentlichen Verwaltung, zum politischen System der DDR und zur vergleichenden Deutschlandforschung.

Kuppe, Dr. *Johannes L.,* geb. 1935; Studium der Physik, Mathematik, Politikwissenschaft und Soziologie in Jena, Hamburg, Berlin (West), Bielefeld und München; Promotion 1977. Seit 1978 Mitarbeiter im Gesamtdeutschen Institut in Bonn, 1981 Leiter des Referats »Politik und Zeitgeschichte«; Lehrbeauftragter für Politische Wissenschaft an der Ruhr-Universität Bochum. Veröffentlichungen zu Innen- und Außenpolitik der DDR sowie zu den innerdeutschen Beziehungen.

Staritz, Prof. Dr. *Dietrich,* geb. 1934; Geschäftsführender Leiter des Arbeitsbereichs Geschichte und Politik der DDR am Institut für Sozialwissenschaften der Universität Mannheim. Publikationen vorwiegend zur Sozial- und Politikgeschichte der DDR und zur Parteigeschichte der Bundesrepublik Deutschland, u. a.: Geschichte der DDR 1949–1985, Frankfurt/M. 1985.

DER FISCHER WELTALMANACH SONDERBAND DDR

Autoren:
Eleonore Baumann
Dr. Wolf-Rüdiger Baumann
Prof. Dr. Wilhelm Bleek
Dr. Johannes L. Kuppe
Prof. Dr. Dietrich Staritz

Herausgegeben von der Redaktion
des Fischer Weltalmanach

Kartographie: Adolph Böhm

FISCHER TASCHENBUCH VERLAG

Redaktion: Heide Kobert und Anke Rasch

41.–60. Tausend: April 1990

Originalausgabe
Veröffentlicht im Fischer Taschenbuch Verlag GmbH,
Frankfurt am Main, April 1990

Herstellung: Jutta Hecker
Satz: Fotosatz Otto Gutfreund, Darmstadt
Druck und Bindung: Clausen & Bosse, Leck
Printed in Germany
ISBN 3-596-10385-1

Inhalt

Dietrich Staritz

Ursachen und Konsequenzen einer deutschen Revolution

I.

Daß in der DDR eine »Wende« stattfand, ist unstrittig, und sie ist irreversibel. Es herrscht Reisefreiheit von Ost nach West wie von West nach Ost. Die SED hat ihren Führungsanspruch de jure wie de facto aufgeben müssen und ist nun, als Partei des demokratischen Sozialismus/PDS, in einen Spaltungsprozeß geraten, der womöglich gar zu ihrer Selbstauflösung führen mag. Ihre früheren »Massenorganisationen«, die Gewerkschaften, Jugend-, Frauen-, Bauern- oder Künstlerverbände, trennten sich ab und suchen nach neuem Profil; es gibt keinen Block mehr und keine Nationale Front; die einst »befreundeten« Parteien besinnen sich auf ihre Wurzeln – wie CDU und LDP – oder stecken wie die Nationaldemokraten/NDPD oder die Bauernpartei/DBD in einer heftigen Identitätskrise: Keine will mehr mit der alten Avantgarde kooperieren.

Die bis zum November letzten Jahres kriminalisierten Oppositionsgruppen haben sich, mit oder ohne westdeutsche Unterstützung, zu Parteien und wahlfähigen Verbänden umgeformt und bilden gemeinsam mit den gewendeten Altorganisationen den »Runden Tisch«, der rasch zu einer politischen Clearing-Zentrale wurde, Gesetzgebungs- wie Kontrollkompetenz gewann, und bereiten sich auf ihre Regierungs- oder Oppositionsverantwortung vor. In den Schulen sind Staatsbürger- und Wehrkunde abgeschafft; an den Universitäten entstanden unabhängige Studentenräte; Zivilersatzdienst wird möglich; die Wissenschaften, voran ihre Akademie, suchen nach Selbstverständigung jenseits von Parteirichtlinien, die marxistisch-leninistischen Philosophen schworen öffentlich ihrer Mägderolle ab und suchen verzweifelt eine neue. Wie sie wollen auch andere Sozial- und Geisteswissenschaftler statt der Rechtfertigung von Politik kritische Gesellschaftsanalyse leisten. Das politische Strafrecht wird novelliert; es soll ein Verfassungs- und zur gerichtlichen Überprüfung von staatlichen Entscheidungen auch ein Verwaltungsgericht geben; in Arbeit ist eine Verordnung über die Rehabilitierung von Opfern der politischen Justiz (etliche Urteile aus den fünfziger Jahren wurden bereits kassiert), ein Parteien-, Versammlungs- und Vereinsgesetz wurde verabschiedet; »Stalinismus« – bis dahin ein sorgsam gemiedenes Wort – ist nun zur manchmal zu sorglos verwendeten, gegen alles Alte gewendeten Vokabel geworden. Demonstrationen, bis zum Sommer 1989 nur in Form wohlkontrollierter Hurra-Manifestationen üblich, wurden zu (zuweilen schon ritualisierten) Alltagserscheinungen; die »Aktuelle Kamera« berichtet zustimmend über sie und erreicht statt der früher üblichen Sehbeteiligung von höchstens zehn jetzt sogar 52 Prozent. Die Presse wurde bunter, es gibt Meinungsvielfalt, und bundesdeutsche Interessenten schalten Anzeigen. Im »Neuen Deutschland«, einst gestrenges SED-Zentralorgan und Staatsanzeiger, nun »sozialistische Tageszeitung«, etwa wirbt eine Westberliner Postfach-Mission für ihre kostenlose Broschüre »Gott hat Zeit für Sie«.

Seit auch das »Volk« sich auf die Straßen wagt, suchen die »Kader«, die eben noch in Partei und Staat die Macht verwalteten, Unterschlupf und – häufig vergebens – eine neue Arbeit. Besonders betroffen sind die früheren hauptamtlichen Sicherheitsleute (rund 85 000), doch auch schlichtere Staatsdiener haben es schwer. Neu sind die Adressaten, aber die Intoleranz blieb. Nur dies ist in der DDR noch so wie früher. Rasches Lernen tut not.

Für möglich gehalten hat den rasanten Wandel niemand, auch die professionellen DDR-Beobachter nicht, denn wer hätte auch – selbst im September 1989 noch – voraussagen wollen, daß die Volkskammer eines Tages den Minister für Staatssicherheit auslachen und die Staatsanwaltschaft Partei- und Staatsfunktionäre festnehmen würde (bis Ende Januar 1990 rund 240, darunter 23 aus der Spitzengarnitur) oder die Rehabilitierung des von Ulbricht und Honecker verfemten marxistischen Querdenkers Robert Havemann bevorstehe, der seit den fünfziger Jahren für just das plädierte, was seit dem Dezember 1989 Parteilinie ist.

Unstrittig ist mittlerweile auch in der DDR, daß das Volk die Revolution machte: die, die seit dem Sommer '89 für ihre Freizügigkeit demonstrierten, die Botschaften der Bundesrepublik besetzten und dann zu uns kamen, ebenso wie jene, die seitdem gewaltfrei und selbstbewußt Volkssouveränität demonstrierten, der Partei mit ihrem »Wir bleiben hier« drohten – der »Druck der Straße« also, wie es Ministerpräsident Hans Modrow formulierte. Gehende und Bleibende legten damals die Kräfteverhältnisse bloß: auf der einen Seite eine konzeptionslose, von der Wirklichkeit offenbar abgeschnittene Führung, die unter dem Eindruck von scheinbar urplötzlich mündig gewordenen Bürgerinnen und Bürgern und angesichts des raschen Wandels in Osteuropa erst mit phantastischen Erfolgsrechnungen, dann mit physischer Gewalt die alte Ordnung zu sichern trachtete. Warum sie Anfang Oktober schließlich doch auf die für Leipzig offenbar vorbereitete »Pekinger Lösung« verzichtete, ist noch immer nicht gänzlich bekannt. War es die Folge eines Komplotts von Leipziger und Berliner Parteifunktionären, Ergebnis einer von Leipziger Prominenten angeregten sowjetischen Intervention oder Konsequenz eines realistischen Kräftekalküls? Diese und andere Lesarten gibt es, und alle verweisen auf die Schwäche der Führung.

Auf der anderen Seite die Demonstranten, diszipliniert und selbstbewußt. Eben noch paternalistisch-possessiv »unsere Menschen« genannt, nun plötzlich handelnde Subjekte, die zu Hunderttausenden ihre Bedürfnisse skandierten, auf Gewalt verzichteten und so den Gewaltverzicht des Staates erleichterten. Eine revolutionäre Situation – durchaus im Sinne Lenins, der 1915 geschrieben hatte, sie sei dann gegeben, wenn die »unteren Schichten« nicht mehr leben wollen und die »oberen« nicht mehr so leben können wie bisher.

Ebenfalls von Lenin stammt ein Begriff, der bedingt auf die ersten Monate nach dem Sturz Honeckers anwendbar ist: die Doppelherrschaft. Mit ihm hatte er die Kräfteverhältnisse im Rußland nach der Februar-Revolution umschrieben, die Parallelität des Machtanspruchs der provisorischen Regierung und der Räte, der Sowjets. Nur sind Räte in der DDR nicht entstanden. Ihre Rolle als Organisatoren und Verstärker gesellschaftlicher Interessen übernahmen dort Bürgerbewegungen, gebildet zunächst und zumeist von engagierten Jungen und Intellektuellen unter dem Schutzdach der Kirchen, getrieben von der Empörung über Rechtlosigkeit, Verfall und verfehlte Wirtschafts- wie Umweltpolitik. Sie, wie die nach ihnen entstandenen Bewegungen und Organisationen, gaben am »Runden Tisch« die Themen vor, mit denen sich die Staatsführung auseinanderzusetzen hatte, und sie übernahmen Ende Januar schließlich Mitverantwortung in der Regierung. Die Doppelherrschaft war vorbei, das »Volk« auf dem Wege, die ganze Macht zu übernehmen. Und mit der Wahl der ersten freigewählten Volksvertretung in der DDR geschah dies dann auch.

Im Staatsappaparat jedoch, in der Ministerial- wie der nachgeordneten Bürokratie, dominieren noch immer frühere SED-Mitglieder. Gäbe es noch eine Kaderpolitik der PDS (was manche in der DDR meinen bzw. im Wahlkampf behaupteten), dann wären diese Funktionäre wohl auch fähig, Regierungsentscheidungen zu sabotieren oder auszuhöhlen. Doch dafür spricht insbesondere seit der Entmachtung der Staatssicherheit nur wenig, mehr für die Anpassungsbereitschaft der Bürokraten, die eine SED-Mitgliedschaft in aller Regel ohnehin nur als notwendiges Entreé-Billet für eine erfolgreiche Karriere verstanden hatten.

Mit dem Verfall ihrer staatsrechtlichen wie

faktischen Führungsrolle ging der Bedeutungsverlust der Parteispitze einher. Er wurde zu einem Gutteil von der Parteibasis erzwungen. Sie setzte im Dezember 1989 den außerordentlichen Parteitag statt der von der Krenz-Mannschaft favorisierten Parteikonferenz durch; sie bewirkte den Rücktritt von Zentralkomitee und Politbüro; sie verlangte die Untersuchung des Machtmißbrauchs und die Inhaftierung nahezu des ganzen alten Politbüros; und sie erreichte den Abbau des alten Apparats wie die Wahl einer unverbrauchten, weithin unbelasteten neuen Führung. Sie war es im übrigen auch, die zusammen mit ihren erstmals seit Jahrzehnten wieder frei gewählten Repräsentanten und unter dem Druck der öffentlichen Meinung die Partei insgesamt in Frage stellte und nach Wegen sucht, die Partei von der Erblast der alten Führungen zu befreien.

Doch so heftig sie ihn auch wünschen: Einen Ausstieg aus der Parteigeschichte werden sie nicht finden, weder durch die Berufung auf einen demokratischen Sozialismus noch durch eine erneute Namensänderung. In der organisatorischen Zersplitterung der alten SED könnte daher ihre Zukunft liegen, in ihrem Zerfall in Gruppen und Sekten. Schon entstanden eine KPD sowie eine USPD. Die engagierten Bleiber versammeln sich indes um »Plattformen«, die nach dem alten Parteistatut als »Fraktionen« verfolgt worden wären, und kämpfen um die Mehrheit.

Die Sorge aller Neubeginner gilt dem SED-Ballast, den ernsthaft überzeugten Marxisten-Leninisten (die wohl zahlreicher sind als früher angenommen) und den von sozialem Abstieg bedrohten SED-Karrieristen. Sie suchen Halt und meinen, ihn am ehesten in einem traditionellen Parteirahmen finden zu können.

Daß und warum die Basis so lange stillhielt, allenfalls parteiintern protestierte, etwa gegen die Distanz der Honecker-DDR zur Sowjetunion und ihrem Reformkurs, erklärt sich wohl vor allem aus dem alten, weithin noch von Stalin geprägten Geist der SED: aus verinnerlichter Disziplin und erzwungenem Gehorsam sowie aus der Sozialversicherungsfunktion einer Parteimitgliedschaft. Daß dies jedoch in gleichem Maße für die engsten Führungsgremien gegolten haben soll, wie es Mitglieder des alten Politbüros behaupten, wirft neues Licht auf die Willensbildungsprozesse an der Partei- und Staatsspitze der alten DDR. Wenn die ehemaligen Politbüromitglieder die Wahrheit sagen sollten, dann unterstanden Partei und Staat seit Jahren allein Erich Honecker bzw. (seit dessen Krankheit) vom Sommer letzten Jahres an seinem Stellvertreter Günter Mittag. Dann hing es ausschließlich von ihnen ab, wieviel und wo investiert, was verteilt, versagt oder genehmigt wurde, dann waren sowohl Politbüro wie Ministerrat vollziehende Organe einer nachgerade absoluten Monarchie.

Wie der oder die Herrscher ihre Macht gegenüber den Spitzengenossen durchsetzten, ist damit allerdings noch nicht geklärt. Die Anhörung der Betroffenen durch den Untersuchungsausschuß der Volkskammer, die Recherchen von Bürgerkomitees oder die in der »Bild-Zeitung« veröffentlichten Krenz-Memoiren offenbarten allein ihre fraglose Folgebereitschaft, unterentwickelte Schuldgefühle und eben jene Disziplin, die sie auch stets vom Parteivolk gefordert hatten. Sie verdeutlichen allerdings auch, daß kollektive Entscheidungen in der Zentrale schon deshalb unmöglich waren, weil die für sie notwendigen Informationen aus Gesellschaft und Administration nur wenigen zur Verfügung standen und häufig selbst jene nicht erreichten, für die sie unerläßlich waren, wenn sie ihre jeweiligen Politikfelder verantwortlich verwalten wollten. So hatte Willi Stoph als Chef des Ministerrates, des eigentlichen Wirtschaftskabinetts der DDR, und als Mitglied des Politbüros angeblich nur noch administrativ zu organisieren, was sein für die Ökonomie zuständiger Politbürogenosse Mittag ohne sein Wissen verfügte; und auch der ehemalige Leiter der Sicherheits-Abteilung im Zentralkomitee, Wolfgang Herger, wußte, wie er sagt, nichts von den Planungen Honeckers und seines Stasi-Chefs Mielke. Der Medienzar Joachim Herrmann machte ebenfalls geltend, daß seine rigiden Steuerungspraktiken auf Weisung des Landesfürsten ersonnen, von ihm dann allerdings präzise exekutiert wurden.

Daß sie die Verantwortung jetzt auf die markanten Täter wälzen, sich selbst zu entlasten suchen, ist verständlich. Im dunkeln bleiben jedoch ihre Motive. So sehr ihre Jagd-, Villen-, Reise- oder die sonstigen Konsumprivilegien auch aus dem DDR-Rahmen fielen, und jede fremde Bereicherung den Zorn der Mangelbürger weckte – sie waren wohl nicht die einzigen Antriebe. Sie haben allenfalls bedient, was in der ganzen DDR-Gesellschaft, oben wie unten, die Regel war und von den Empörten jetzt häufig verdrängt wird: den sozialgeschichtlich eingeschliffenen Hang zur Konformität und die ihm entsprechende Scheu vor Zivilcourage auch in Zeiten und Situationen, in denen sie ohne Risiko für Leib und Leben (jedoch mit Folgen für das Fortkommen) hätte geübt werden können. Doch bisher ist nur der Filz offenbar, seine Tiefenstrukturen sind noch unbekannt.

Eines hätte die Alleintäter-These allerdings für sich: Mit ihr ließen sich die Stagnation in nachgerade allen Bereichen, die kollektive Sprachlosigkeit und auch die gemeinsame Flucht ins leere Ritual erklären, die für die DDR-Führung während der letzten Jahre so charakteristisch waren. Sie könnte auch verständlich machen, wie schnell und widerstandslos die Ablösung der alten Garde gelang, nachdem Honecker einmal entmachtet war. Ohnehin spricht für diese Annahme der in der Vergangenheit überall zu beobachtende Strukturdefekt des demokratischen Zentralismus. Er führte ohne zusätzliche institutionelle Sicherungen, etwa das Rotationsprinzip, bisher noch in allen herrschenden kommunistischen Parteien dazu, daß sich die Macht an der Spitze der Hierarchie ballte, die Richtlinienkompetenz der Generalsekretäre in aller Regel diktatorischen Charakter annahm und die Herrscher erst in hohem Alter und häufig durch Palastrevolten gestürzt wurden.

Verallgemeinerungsfähig ist auch die lange Lähmungskrise der Beschlußgremien und ihrer Apparate, die dem Machtwechsel voranging. Wie überall verunsicherte sie auch in der DDR die staatlichen Exekutoren, führte auch hier – wie zuerst in Polen, dann in der ČSSR, in Bulgarien und schließlich auch in Rumänien – zu Massenrebellionen bzw. – wie zunächst in Polen und Ungarn – zur Bildung autonomer Organisationen, deren Vitalität wiederum die Ablösung der alten Positionsinhaber beschleunigte.

Nicht mehr als dieses wird in den Fundus der vergleichenden Kommunismus-Forschung eingehen. Sie hat zwar den Wandel innerhalb der Systemgrenzen zutreffend analysiert, aber die Mehrheit ihrer Vertreter verkannte die Wahrscheinlichkeit des raschen Systemwechsels, und niemand sah seine Dynamik voraus. Die meisten (wie auch ich) haben beim Blick auf die DDR dazu geneigt, die Elastizität von Partei und Staat zu überschätzen und deshalb die Modernisierungspotentiale in der Führung falsch zu veranschlagen. Tatsächlich jedoch waren die strukturellen Voraussetzungen für ein rationales Handeln der Bürokratie und damit die Lernfähigkeit wie die Krisenbewältigungskompetenz der kommunistischen Systeme sehr viel geringer als angenommen. Mit ihrem Abgesang und dem Verschwinden des »real existierenden Sozialismus« überhaupt wird denn wohl auch die Kommunismus-Forschung zu einem Zweig der Geschichtswissenschaft werden.

Was folgen soll, scheint der Mehrheit der DDR-Bürger klar: der Rechtsstaat, die parlamentarische Demokratie und eine sozial wie ökologisch gebundene Marktwirtschaft. Strittig ist allein, wie sie im einzelnen auszugestalten sind und ob sie durch raschen Anschluß an die Bundesrepublik oder vielleicht doch durch eine interimistische föderative Verbindung mit ihr realisiert werden sollen. Ein theoretisches Konzept fehlt, denn es fehlen in der DDR die Theoretiker, die in den Kategorien der Marktwirtschaft oder des modernen Rechts- und Sozialstaates (also außerhalb der Bezüge der marxistisch-leninistischen Gesellschaftslehre) zu denken gelernt haben. Volks- im Sinne von Marktwirtschaftslehre wurde an DDR-Universitäten nicht gelehrt, statt Politik Politwissenschaften, und Juristen, die Regeln für einen demokratischen Verfassungsstaat formulieren könnten, finden sich selten, selbst unter den rechtswissenschaftlich ausgebildeten Konsistorialbeamten und Hochschullehrern der evangelischen Kirchen sind nur wenige.

Die marxistischen Denker zielen weithin einheitlich auf ein Sozialismuskonzept, in dem Markt und Plan eine produktive Verbindung eingehen und Vergesellschaftung an die Stelle von Verstaatlichung treten sollen. Sie diskutieren lebhaft, doch ihre Entwürfe sind noch nicht einmal unter ihnen konsensfähig. Selbst die Schadensermittlung und die Erforschung der Krisenursachen stecken noch in den Anfängen. Der Ostberliner Philosoph Michael Brie immerhin sprach schon früh von der »letzten Krise« des administrativ-zentralistisch organisierten (»besonderen«) Sozialismus, nannte den Versuch aber auch noch im Rückblick so, während andere vom »Frühsozialismus« schreiben, der an der Unreife seiner Voraussetzungen scheitern *mußte*, auf den jedoch der eigentliche sicher folgen werde – irgendwann.

Klarer ist die Krisenbeschreibung. Nach Brie haben alle kommunistisch regierten Länder Europas einen immer gleichen Entwicklungszyklus durchlaufen. Auf Erschütterungen – er nennt die Jahre 1953, 1956, 1964, 1968, 1970, 1971, 1980 und 1985 – folgten stets Aufrufe zu Wende und Reform, mit ihnen seien mehr oder minder konsequente Anpassungen an gewandelte Verhältnisse einhergegangen, die »die Grundstruktur dieses Sozialismus« aber unberührt gelassen hätten. Das habe aufs neue »stagnative Tendenzen« gefördert und schließlich wieder zur Krise geführt. Die Ursachen dieses »krisenhaften Reproduktions- und Entwicklungszyklus« sieht er – wohl ganz richtig – in der Konzentration von Verfügungsmacht und Wissen im »administrativen Zentrum des Staates und der Partei« sowie in der ihr entsprechenden »Enteignung« des Volkes um eben diese Kompetenzen. Wer den »Krisenzyklus« der so verfaßten Gesellschaften beseitigen wolle, müsse daher deren Grundstrukturen umwälzen.

André Brie, Politikwissenschaftler und Bruder des Philosophen, verweist auf die Wirkungen des stalinistischen Denkens, die dazu geführt hätten, notwendige Vergesellschaftungsprozesse durch Verstaatlichung zu realisieren. Auch dies trifft sicher zu und ist wohl das entscheidende Hindernis für einen Neubeginn der PDS. Denn selbst wenn deren neue Führung wenigstens einen Teil der Mitglieder beisammenhalten sollte, scheint es wenig wahrscheinlich, daß es ihr gelingen könnte, die Partei auch intellektuell zu erneuern. Nur dann allerdings könnte sie eine politische Zukunft haben. Mit den alten Kadern scheint das ausgeschlossen, am wenigsten mit denen, die in einer Zeit das Administrieren lernten, die nun endlich auch von den Historikern der DDR als eine Phase gesehen wird, in der es zu »Fehlentwicklungen« kam, die nur durch eine »schonungslose Kritik der Stalinismus-Problematik in der deutschen Geschichte« zu analysieren sei.

II.

Bis jetzt haben die Geschichtswissenschaftler zur Erhellung dieser Zeit nahezu nichts beigetragen. Vielleicht beginnen sie ja nun mit der Aufarbeitung der jüngsten Vergangenheit und erklären dann genauer, was hier nur mit ein paar Anmerkungen zu den Hintergründen und Ursachen der Krise sowie zu den Anlässen der »Wende« gesagt werden kann.

Die tieferen Ursachen der Krise liegen wohl in der Verwaltung der Gesellschaft durch eine Parteiführung, die ihre Macht allenfalls nach innen, gegenüber der Partei, und dort bestenfalls ideologisch legitimieren konnte. Die Dauer ihrer Herrschaft hatte vielfältige Gründe. Sie lagen zum einen in der Verfügung über die Machtmittel und alle materiellen Ressourcen der Gesellschaft, zum anderen in der von der Sowjetunion und dem sozialistischen Lager gegebenen Garantie für die Staatlichkeit der DDR, die sich unter anderem in der Stationierung sowjetischer Truppen zeigte, denen hier bis zum Herbst 1989 wohl niemand eine positive Rolle bei Demokratisierungsprozessen zugetraut hätte.

Die Stabilität wie die relativen Erfolge der Partei bei der Ausformung des »real existierenden Sozialismus« waren aber auch Konsequenz von Teileinwilligungen und Arrangements vieler DDR-Deutscher in die bzw. mit den politisch-sozialen Verhältnissen. Sie gelangen um so leichter, als in der Folge der politisch-sozialen Umwälzungen seit 1945 sowohl die (ohnehin schwache) bürgerlich-demokratische wie die demokratisch-sozialistische Tradition abgeschnitten wurden und für die Denkhorizonte und Werthaltungen der neuen Eliten ein Amalgam aus Marxismus-Leninismus und traditioneller Arbeiterbewegungskultur prägend wurde. Diesen Prozeß begünstigte die über alle Phasen der DDR-Entwicklung andauernde Westwanderung. Mit den bis 1961 etwa drei Millionen verließen in aller Regel sozial Aktive das Land, und unter ihnen waren auch immer Träger politisch-sozial alternativer Wertvorstellungen. Insbesondere sie wurden, speziell seit Ende der siebziger Jahre, Objekte einer präventiven Ausbürgerungspolitik. Eine Vertiefung von Opposition oder gar ihre Vernetzung hatten so nur geringe Chancen.

Daß die Prävention gegen Ende der siebziger Jahre zunahm, geht wohl vor allem darauf zurück, daß seither in der DDR die Bereitschaft zurückging, in den seit dem Mauerbau von der Partei offerierten Sozialvertrag einzuwilligen. Bis dahin hatten die Seßhaften aus den alten und älteren Jahrgängen – in ihrer Mehrheit unter den deutschen Varianten des Obrigkeitsstaates aufgewachsen und/oder von Nachkriegselend wie Aufbaustreß geprägt – die (zudem nachlassende) Repression zu ertragen gelernt. Sie waren mehrheitlich bereit, zu akzeptieren, was geboten und verlangt wurde. Das Angebot: eine weithin politik- und staatsfreie Privatsphäre, ein erträgliches Konsumniveau, soziale Sicherheit und überschaubares soziales Fortkommen. Die Forderung: industriegesellschaftlich übliche (auf DDR-Maß reduzierte) Leistungsbereitschaft sowie die formale Anerkennung der Machtverhältnisse samt ihrer Rituale, wobei zugestanden war, daß privat anders gedacht als öffentlich gesprochen werden dürfe.

Die Bindekraft dieser Konvention ließ nach, je größer der Teil der DDR-Gesellschaft wurde, der ihre Entstehungsgeschichte nicht mehr kannte, und je schwerer es Partei und Staat fiel, über ökonomischen Leistungszuwachs und gezielte Sozialpolitik die Legitimationsdefizite der Parteiherrschaft wenigstens zu überbrücken. Mehr als ein Drittel der heutigen DDR-Deutschen wurde nach 1961 geboren. Sie kennen die Bedingungen nicht mehr, unter denen sich ihre Großeltern und Eltern arrangierten. Sie erinnern weder den preußischen oder den nazistischen Obrigkeitsstaat noch den des Hochstalinismus, wissen nur wenig von der Härte der Nachkriegsjahre und den psychischen Folgen der Revolution von oben. Sie sind einen gewissen Wohlstand gewöhnt und folgen auch daher ganz anderen Lebensentwürfen als die Älteren. Fügsamkeit zugunsten von sozialer Sicherheit und mäßigem Fortkommen – das zeigte sich seit dem Ende der siebziger Jahre – erschien vielen als zu hoher Preis, zumal ein Wandel der DDR nicht abzusehen war. (Hier liegt, so scheint mir, eine Parallele zu jenen Konflikten, die am Ende der sechziger Jahre die bundesdeutsche Gesellschaft beherrschten.)

Offenkundig wurde der Ausbruch aus dem Als-ob schon in der Folge des Entspannungsprozesses der späten sechziger und siebziger Jahre, in dem die DDR ihrer internationalen Anerkennung zuliebe gehalten war, sich zu einer sorgsameren Beachtung der Grundrechte zu verpflichten und die Behörden prompt immer mehr Ausreiseanträge entgegenzunehmen hatten. Vor dem gleichen Hintergrund begannen die ersten Versuche, wiederum vor allem junger Leute und etlicher Off-scene-Intellektueller, sich außerhalb der vorgegebenen Strukturen des politischen Systems politisch-kulturell zu organisieren. Es war in dieser Zeit, in der die Evangelischen Kirchen der DDR, zunächst nolens, dann volens, zu Kristallisationszentren einer Opposition wurden, die engagiert den Diskurs mit den Herrschenden verlangte – über eine strukturell friedensfähige Gesellschaft, über die Grundrechte und eine ökologisch zuträgliche Wirtschaftspolitik.

Daß die Kirchen diese Funktion übernehmen konnten, war wiederum Folge der sich wandelnden Innenpolitik der SED-Führung. Der Kirchenbund gewann Handlungsspielräume, seit die Partei, insbesondere ab Ende der siebziger Jahre, darauf setzte, durch eine kontrollierte, partielle Freisetzung der realen sozialen Pluralität zu innerem Frieden und über ihn zu wachsender Leistungskraft der DDR zu kommen. Statt sozialer Eingleichung – die Reproduktion sozialer Unterschiede als Triebkräfte für den wissenschaftlich-technischen und schließlich ökonomisch-sozialen Progreß, so läßt sich die Gesellschaftsstrategie der SED seither zusammenfassen. Und obwohl sie nur halbherzig umgesetzt wurde, zumal der Zentralismus in Politik und Wirtschaft die Dominante blieb, kam doch Bewegung in die Gesellschaft.

Auch weil von den kulturpolitischen Konzepten der Vergangenheit Abschied genommen wurde, die optimistisch darauf gezielt hatten, in der DDR eine eigene »sozialistische Nationalkultur« auszuprägen, die sich von der westlichen, insbesondere von der westdeutschen, nachhaltig unterscheiden sollte. Zwar achtete die Parteiführung nach wie vor strikt auf das Einhalten von Spielregeln, deren Verletzung 1976 als erster Wolf Biermann mit der Ausbürgerung zu sühnen hatte. Insgesamt aber spiegelten die Unterhaltungs- wie die ernsten Künste in der DDR nun sehr viel deutlicher als die dortigen Massenmedien reale Befindlichkeiten in diesem Lande, und auch der nicht mehr kriminalisierte Empfang der westlichen Radio- und TV-Stationen trug dazu bei, daß wenigstens daheim die Konflikte abgearbeitet werden konnten, die öffentlich nicht auszutragen waren. Die Offizialkultur der DDR und – wie eine bundesdeutsche Studie ergab – auch die westlichen Sender wurden zu Medien, die durch Realismus und Unterhaltsamkeit beim Kompensieren halfen und unbemerkt dazu beitrugen, daß die hehren Postulate der Partei zu zerbröseln begannen und mit ihnen der kulturelle Führungsanspruch der SED überhaupt.

Kompensation war auch angesichts der schmaler werdenden Erträge staatlicher Wirtschafts- und Sozialpolitik erforderlich, die seit den siebziger Jahren in untrennbarer Einheit gesehen wurden, und, auf Kosten einer wachsenden West-Verschuldung, bis Anfang der achtziger auch zu Erfolgen geführt hatte. Spätestens seit dem internationalen Innovationsschub, den die Ölpreiskrisen heftig förderten, wurde sich die SED-Führung aber erneut des wissenschaftlich-technischen Rückstandes der DDR bewußt. Wie in den letzten Ulbricht-Jahren setzte sie wieder auf die rasche Entwicklung der Hochtechnologien sowie der Industriezweige, die diese nutzen und in gewinnträchtige Export-Erfolge umsetzen sollten. Doch die nach Ulbrichts Abgang immer größer gewordene Lücke (statt Technologie- stand zunächst Sozialpolitik obenan) konnte aus eigener Kraft nicht geschlossen werden – allen vorgezeigten Erfolgen wie etwa dem 1-Megabit-Speicher zum Trotz. Eine von der DDR angestrebte gemeinsame Modernisierungspolitik der RGW-Länder ließ sich nicht realisieren. Die Anstrengungen, es alleine zu schaffen, führten zu einer tiefen, freilich erst jetzt offengelegten Krise der Staatsfinanzen. Ein Großteil der durch die Subventionen für Preise und Tarife des Grundbedarfs sowie die Kosten für das aufwendige Wohnungsbau- und Braunkohlenutzungs-Programm ohnehin reduzierten Investitionsmittel wurde in die vermeintlich zukunftsträchtigen Forschungen und Industriezweige gelenkt sowie für ein breites Computerisierungsprogramm aufgewendet, das wegen der Software-Lücken aber nur zu »Insellösungen« führte. Vernachlässigt wurden die Zulieferindustrien, die Infrastuktur, das Gesundheitswesen und schließlich auch der Konsumgüterbereich. Die Finanzierung über Preiserhöhungen und die Notenpresse führte zu einer auf mittlerweile zwölf Prozent geschätzten Inflationsrate.

Die in der DDR aufgelaufenen Staatsschulden, die Inlandsverpflichtungen, lagen nach Angaben des ehemaligen Finanzministers 1989 bei etwa 130 Milliarden Mark (das waren nahezu 50 Prozent des Nationaleinkommens von 1988); die Nettoverschuldung bei westlichen Banken betrug etwa elf Milliarden US-Dollar, das war die im Westen von der (Schweizer) Bank für Internationalen Zahlungsausgleich ermittelte und auch in der DDR mitgeteilte Zahl. Der Finanzminister sah sich noch Anfang November letzten Jahres vor der Volkskammer außerstande, die DDR-Ziffer zu nennen, da erst die Verordnung über geheime Verschlußsachen zu ändern sei, bevor die Volksvertretung Auskunft bekommen könne. Inzwischen ist die Schuldenlast gestiegen.

Der Blick auf diese Wirtschaftlage führt von den Ursachen der Wende zu ihren Anlässen. Zum einen verweist die ökonomische Kalamität auf ein (jenseits der bürokratischen Lenkungsmechanismen liegendes) Strukturproblem der DDR. Sie ist angesichts ihrer knappen materiellen Ressourcen auf eine intelligenzintensive Veredelungsproduktion angewiesen, was immer wieder Modernisierungsinvestitionen erforderlich machte, die über den ostorientierten Außenhandel nicht zu erwirtschaften waren. Einer Ausweitung des Westhandels standen jedoch nicht nur die Exportverpflichtungen gegenüber den RGW-Ländern im Wege, die im übrigen den devisenfreien Bezug von Rohstoffen und Halbfabrikaten sichern, sondern auch die Qualität der DDR-Erzeugnisse, die ihre Bewährungsproben vor allem bei den nicht eben verwöhnten osteuropäischen Kunden oder in der Dritten Welt zu bestehen haben. Diesen Kreis zu durchbrechen, war die DDR-Wirtschaft bei gleichbleibenden Rahmenbedingungen aus eigener Kraft nicht fähig. Daß die SED-Führung es dennoch immer wieder versuchte, zeugt von der Überschätzung des objektiv Gegebenen, womöglich auch von ihrem ideologieblinden Vertrauen in das, was sie den real existierenden Sozialismus nannte. Gescheitert war bei diesem Versuch 1971 bereits Walter Ulbricht. Er hatte sogar geglaubt, es sei der DDR möglich, den Westen technologisch ohne dessen Kredithilfe zu überholen.

Gegenüber der Sowjetunion, Ungarn oder gar Polen schnitt die DDR wirtschaftlich noch immer relativ gut ab. Dies mag auch die Honecker-Führung in ihrer Hoffnung bestärkt haben, der alte konsumorientierte Sozialvertrag werde halten und nur bei wenigen Begehrlichkeit wecken auf die politisch-kulturellen Erträge der Nachbarn. Doch anders als die SED-Spitze, die das wirtschaftliche Fortkommen ihres Landes am Status quo des Ostens maß, schaute die Gesellschaft stets nach Westen und begann sich für das 1974 in die DDR-Verfassung geschriebene »unwiderrufliche Bündnis mit der Sowjetunion« erst seit 1985 ernsthaft zu interessieren, allerdings nur mit Blick auf Offenheit und Umbau dort; und seit einem Jahr gilt ihr Interesse auch Ungarn und vielleicht sogar dem ansonsten (nach altem deutschen Brauch) eher weniger beliebten Polen. Je deutlicher aber die SED-Führung zu den einstigen Schwesterparteien auf Distanz ging, je selbstsicherer sie behauptete, die erforderlichen Erneuerungsprozesse in der DDR schon lange auf den Weg gebracht zu haben, um so mehr wuchs in der DDR das Bewußtsein vom notwendigen Wandel, nahm die Bereitschaft ab, die alte Subalternität weiterzuleben.

Auch die Sozialwissenschaften begannen, die Notwendigkeit eines grundlegenden Wandels zu diskutieren – schon seit dem Beginn der achtziger Jahre. Die differenziertere Wahrnehmung der DDR-Gesellschaft und ihrer Entwicklungsprobleme zeigte sich bei Soziologen und Psychologen in der Betonung der wachsenden Bedeutung von Individualität und der Spezifik von Klassen- und Schichtenentwicklung. Politiktheoretiker wie etliche Philosophen traten mit Erwägungen über eine Reform des politischen Systems hervor, das fähig gemacht werden sollte, der sozialen Pluralität in geeigneten Formen zu politischer Artikulation zu verhelfen. Was ihnen seit Mitte der achtziger Jahre vorschwebte, nun vor allem angeregt von den Reformen in der Sowjetunion, war eine Reorganisation des Parteien- und Verbandswesens, weg von seinen bisherigen Transmissions-, hin zu Interessenvertretungsfunktionen. Daneben plädierten sie für eine grundlegende Veränderung der Medienpolitik und die Belebung parlamentarischer Verfahren. Bei alledem deuteten die Reformer öffentlich freilich nie

an, daß dem die führende Rolle der Partei entgegenstand. Einige wenige ließen allerdings anklingen, ihre Suprematie müsse sich auch in Führungs*fähigkeit* beweisen.
Auch Wirtschaftswissenschaftler arbeiteten Reformkonzepte aus. In die Öffentlichkeit kamen jedoch nur kritische Anmerkungen zur investitionshemmenden Subventionspolitik. Übergreifendes geriet in den Verdacht, die erprobten »erfolgreichen« Strukturen und mit ihnen die Parteiherrschaft insgesamt zu gefährden. Was sie an Grundlegendem dachten, schien in der (inzwischen obsoleten) Formel von einer marktorientierten Planwirtschaft auf. Vor mehr schreckten sie offenbar zurück – wohl auch angesichts der Hinwendung von osteuropäischen Kollegen zu rigiden marktwirtschaftlichen Konzepten à la Thatcher oder zu Varianten einer Austerity-Politik, die man in der DDR angesichts der dominanten sozialpolitischen Orientierung nicht akzeptieren wollte. Tatsächlich war die Sozialpolitik zum Kernstück eines – seit Ende 1988 so genannten – »Sozialismus in den Farben der DDR« avanciert, eine Programmatik, die gegen den Verfall realsozialistischer Prinzipien im Osten propagiert wurde.
Doch alle Reformvorschläge stießen bei den Adressaten auf taube Ohren. Zwar verboten sie die Diskussionen nicht, sie verhinderten aber ihren öffentlichen Austrag. Nur einiges wurde wenigstens »graue« Literatur, und sie mag so manchen reformfreudigen DDR-Kollegen heute vor dem Vorwurf schützen, ebenfalls nur ein »Wendehals« zu sein. Offenbar erschien den Staatsverwaltern die Befolgung selbst der bestgemeinten Anregungen als zu riskant. Wohin, so mögen sie gefragt haben, solle ein öffentlicher Dialog über Gegenwart und Zukunft denn führen, wo doch niemand sicher sagen könne, ob er sich tatsächlich auf den weiteren Weg der DDR beschränken oder den Staat rundum in Frage stellen werde. Immerhin hatte Otto Reinhold, damals Vor- bzw. Nachdenker der SED-Spitze, schon Anfang 1989 konstatiert, daß nur der »Sozialismus« für die DDR ein hinreichender Staatsgrund sei, daß es für eine kapitalistische DDR neben einer ebensolchen Bundesrepublik also keine wirkliche Existenzberechtigung gebe, eben weil dem Land, anders als den östlichen Nachbarn, die nationale Identität fehle.
Die auch so bedingte Lähmungskrise der alten Führung, die zudem wohl bis zuletzt gehofft hatte, am Mißerfolg Gorbatschows zu gesunden, ließ allenfalls noch halbherzige Absichtserklärungen für Konfliktlösungen zu, jedoch keine politische Praxis. Es wuchs die Diskrepanz zwischen Realität und behaupteter Wirklichkeit: Die Zuwachsraten sanken, die Wachstumsproportionen gerieten aus dem Gleichgewicht, dafür die Preise in Bewegung, und es weiteten sich die Versorgungslücken. Der Sozialkontrakt, ohnehin nur ein Provisorium, hielt die Gesellschaft um so weniger zusammen, je deutlicher die Jungen sich weigerten, ihn auch nur anzuschauen. Zunächst die Ausreißer, dann die engagierten Bleiber, schließlich die Älteren und zuletzt auch das disziplinierte Parteivolk – kaum jemand in der DDR mochte diesem Staat noch eine Zukunft geben. Die parteietatistischen Möglichkeiten für ein Krisenmanagement waren verbraucht, ein rechtzeitiger Kurs- und Führungswechsel verpaßt.
Was das Land noch zusammenhielt, war der Kontext, auf den sich die alte Führung zwar gern und bisweilen protzig berief, dessen Dynamik sie aber keinesfalls nachvollziehen wollte: die Gemeinschaft der Länder des Warschauer Paktes. Die Solidarität der Pakt-Staaten hatte in der Vergangenheit die Integrationsschwäche der SED-DDR immer wieder neutralisiert und der SED-Führung in der langen Phase der Ost-West-Auseinandersetzung eine Außenlegitimation verschafft, die sie selbst in schwierigsten Lagen machtfähig erhielt: am 17. Juni 1953 oder am 13. August 1961, in Situationen also, in denen ihre fehlende Binnenlegitimation kraß zutage trat. Doch je mehr bei den Bündnispartnern Zweifel an der Notwendigkeit des Soseins der DDR wuchsen, und sie wuchsen in dem Maße, in dem dort vielen angesichts der eigenen Reformpolitik und der veränderten Ost-West-Beziehungen die bisherige Struktur des Bündnisses fragwürdig erschien, desto schwerer

wog die Parteiverdrossenheit nahezu aller und die Staatsmüdigkeit vieler in der DDR. Offenkundig wurde dies am 10. September 1989, an dem Tage, als Ungarn die Grenzsicherungsgemeinschaft aufkündigte.

Zu Recht merkte Hermann Kant – rückblikkend – an, die DDR sei »von der Vorkrise in die Krise« geraten, »als man den Bewohnern unseres Landes etwas von den weiteren hundert Jahren sagte«, die die Mauer gegebenenfalls noch stehen werde. Autor des Satzes war Erich Honecker, und er sagte ihn am 19. Januar letzten Jahres. Virulent aber wurde die Krise erst mit der Öffnung der Grenze in Ungarn. Hier – in der nachgerade zeitgleichen Kündigung der Blocksolidarität von außen und der Verweigerung von Folgebereitschaft im Innern – lag der letzte Anlaß des Scheiterns der alten Führung und für den Neubeginn durch jene, die lautstark verkündeten, sie seien das Volk.

III.

Was soll nun werden mit der DDR? Noch Mitte November schien es, als gebe es eine starke, gar mehrheitsfähige Grundstimmung für den Fortbestand eines politisch zu reformierenden, sozialistisch zu gestaltenden ostdeutschen Staates. Dieser Eindruck reflektierte, was die Akteure der Revolution artikulierten: die noch unstrukturierten Bürgerbewegungen, aber partiell auch die einstigen Blockparteien und die SED. Sie alle – am unmißverständlichsten die SED – plädierten für eine sozialistisch bzw. demokratisch erneuerte DDR, und sie schlossen zumindest für die nahe Zukunft aus, daß diese mit der Bundesrepublik fusionieren werde. Sie beriefen sich darauf – das galt vor allem für die neuen politischen Gruppen –, daß die nun auch von der SED so genannte »revolutionäre Bewegung« die Deutschen in der DDR erstmals zu einer positiv geladenen DDR-Identität geführt habe, die die Vision eines humanen Sozialismus einschließe. Gleich, ob sie wie die SDP/SPD für eine sozial (dann auch ökologisch) orientierte Marktwirtschaft eintraten oder für eine mixed economy, alle wollten – so schien es zunächst – am Gleichheitspostulat und an den DDR-typischen wohlfahrtsstaatlichen Prinzipien sowie an der Dominanz von Gemeineigentum festhalten und ökonomische Notwendigkeiten erst nach Prüfung ihrer ökologischen Vertretbarkeit gelten lassen.

Was diese Avantgarde bewegte, schien eine Mischung von traditionellem Marxismus, postindustriellen Werten und ausgeprägt basisdemokratischer Orientierung zu sein – auch bei der SED/PDS, deren Basis und deren Theoretiker mittlerweile den ganzen Mischkatalog vertreten. Sichtbar wurde in dieser Haltung viererlei: erstens und zunächst die für die DDR-Intelligenz erhebliche Prägekraft der bisherigen, als sozialistisch definierten offiziellen Kultur, in der Entwicklungen hin zu einer kapitalistischen Ökonomie als Rückschritte erschienen; zweitens ein Werte- und Programmtransfer aus der deutschen Nachbargesellschaft; drittens eine durch die jahrelange Nähe von alternativen Gruppen und Kirchen bewirkte Verbindung von grün-alternativen und christlich-sozialistisch geprägten Zielen – was auch in der starken Präsenz von Pfarrern bei den Sprechern nahezu aller neuen Gruppen erschien – und viertens schließlich die erstaunliche Überlebenskraft des Marxismus im bürokratisch-etatistischen Marxismus-Leninismus bisheriger SED-Provenienz.

Im Politisch-Konkreten war das Erscheinungsbild dieser Strömung freilich von ihrem Auftreten an weitaus differenzierter. Auch wenn verbindliche Programme noch fehlten, wurde schon aus den frühen Statements des Neuen Forums, des Demokratischen Aufbruchs, der Sozialdemokratischen Partei, der Initiative Vereinigte Linke, von Demokratie jetzt, der Initiative für Frieden und Menschenrechte oder der DDR-Grünen deutlich, daß durch dieses Lager ein tiefer Riß ging. Obwohl die SED schon bald auf ihren Führungsanspruch zu verzichten hatte, dauerte Parteiherrschaft doch an – in Gestalt ihrer Mehrheit in der provisorischen Regierung, wie in der Dominanz ihrer Mitglieder in allen Sphären von Staat und Wirtschaft. Das gemeinsame

Ziel der sich zunächst eher sozialistisch artikulierenden SED-Konkurrenten war und blieb es daher, die Einheitspartei aus diesen Machtpositionen zu verdrängen, letztendlich durch neue Parlamentsmehrheiten nach kompetitiven Wahlen.

Hinzu kamen die Informationen über die Privilegien und den feudalen Machtgebrauch der alten Führung. Sie ließen beinahe alle Akteure der zunächst »sanften« Revolution zur SED auf Distanz gehen, zumal sich das »Volk« sehr bald anders zu artikulieren begann als jene, die noch im Oktober gemeint hatten, in seinem Namen zu sprechen. Frei vom gewohnten Anpassungsdruck, der Angst vor staatlichem Zugriff, beflügelt zudem von der neuen Bewegungsfreiheit und dem endlichen Augenschein des »Westens«, gingen nun auch die auf die Straße, die bislang in den »Nischen« verharrt und mürrisch den Sozialvertrag erfüllt hatten. Nun sagten viele endlich, was sie schon immer gedacht hatten, und das meiste klang ganz anders als bei den »sozialistischen« Erneuerern.

Auch dies trug zur Differenzierung der Umbruch-Aktivisten bei, förderte ihre Suche nach eigenem Profil, rückte seit Dezember Themen in den Vordergrund, die noch Mitte November kaum diskutiert worden waren: die künftige Sozialordnung, die bisherige Einkommensverteilung (Privilegien) und vor allem die Wege zur Einheit Deutschlands. So unbefangen wie anfangs die Bundesregierung und im Nachtrab auch die SPD schob die zweite Demonstrationswelle die (Wieder-) Vereinigung auf die Tagesordnung – als das Mittel, mit dem vermeintlich alle deutschen Nöte behoben werden können: »Einheit statt Sozialismus«. Auch wenn die »langen Schatten« der deutschen Geschichte, auf die inzwischen alle Nachbarn verwiesen haben, und die hierzulande offenbar nur noch der Bundespräsident (ernsthaft und nicht allein taktisch) erinnert, inzwischen so manche Euphorie irritieren, das Deutschland-Thema beherrscht seither die Auseinandersetzungen in der DDR.

Seit Dezember dominiert die Bundesfahne die Leipziger Montags-Umzüge, zu denen die Herbst-Demonstranten schließlich gar nicht mehr erschienen, weil sie fürchten mußten (»Rote raus!«), sich der Stimm-, dann der Brachialgewalt der Nationalgesonnenen wie der Rechtsextremisten nicht mehr erwehren zu können. Doch bald gab es in der DDR keine Partei mehr, die eine Alternative zur baldigen Einheit noch für mehrheitsfähig hielt, auch wenn bei vielen Zweifel wuchsen, ob sie denn außenpolitisch zuträglich zu bewerkstelligen sei. Selbst die Skepsis der Bundesdeutschen wirkte auf die DDR kaum zurück. Registriert wurde dort vor allem, daß die Zahl derer wuchs, die die Einheit allgemein begrüßen (Ende Februar waren es 78 Prozent), vernachlässigt dagegen, daß (ebenfalls im Februar) zwei Dritteln das Tempo zu hoch und einer knappen Mehrheit (55 Prozent) die Nachteile bedenklich erscheinen, wegen möglicher Steuererhöhungen und wachsender Konkurrenz auf dem Arbeitsmarkt.

Auch die Warnungen (etwa des Bundespräsidenten) vor allzu heftigen deutschen Einheitsschritten blieben anfangs ohne Resonanz, zumal sie vor allem auf den außenpolitischen Kontext verwiesen. Sie kamen zudem von denen, die schon früh für die Beachtung des europäischen Zusammenhangs und für das Einpassen der deutsch-deutschen Annäherung in den KSZE-Prozeß sowie für eine Abrüstungspolitik plädiert hatten, die die Militärbündnisse überflüssig machen soll. Die raschen Erfolge der bundesdeutschen Außenpolitik ließen derlei Bedenklichkeit als gegenstandslos erscheinen, insbesondere die Einwilligung zuerst der Siegermächte, dann der NATO und des Warschauer Paktes und schließlich auch der EG in ein Verfahren, das es den Deutschen gestatten sollte, die Vereinigungsmodalitäten zunächst allein auszuhandeln und dann von den »Großen Vier« prüfen und sanktionieren zu lassen. Daß dies unter dem Druck der Ereignisse geschah, wurde häufig nicht wahrgenommen und damit auch nicht die eher wachsenden Sorgen der Nachbarn, in deren Erinnerung an ein größeres Deutschland ebenso wie in der Sowjetunion oder gar in Israel noch immer »Großdeutschland« mitschwingt. Die nationalen Töne von CDU/CSU und SPD förderten die Bedenken. Am meisten der Bundeskanzler, der viele Europäer öffentlich fürchten ließ, die Deutschen wollten im nationalen Überschwang womöglich gar die Oder-Neiße-Grenze korrigieren. Dies wiederum machte hierzulande etlichen bewußt, daß der Einigungsprozeß länger dauern kann, weil die deutsche Frage eben doch eine internationale ist und sich deshalb nur international beantworten läßt.

Auch die von vielen unternommene Kosten-Nutzen-Analyse, die Erkenntnis, daß die schnelle Einheit keineswegs für alle schnell zum Wohlstand führt, schwächte bei manchen das Vertrauen in ihre Bekömmlichkeit und öffnete sie für andere, problembewußtere Vereinigungskonzepte. Speziell den Älteren wie den Rentnern in der DDR fällt es offenbar schwer, sich in den künftigen Strukturen einer Leistungsgesellschaft nach bundesdeutschem Zuschnitt einen angenehmen Platz zu denken.

Stimmungen wie diese werden vor allem von denen wahrgenommen und politisch artikuliert, die darauf hoffen, wenigstens etwas von dem in einen deutschen Verbund einbringen zu können, was ihnen aus der DDR-Geschichte bewahrenswert erscheint: ein Stück der in der Mangelgesellschaft ausgeprägten Solidarität oder ein wenig von der stärkeren Gleichberechtigung der Geschlechter. Momente der sozialen Gleichheit also, die in diesem Teil Deutschlands zwar eher Postulate waren, doch gleichwohl für viele erstrebenswert blieben, zumal sie in manchen Bereichen (etwa in der Kinderversorgung in Krippen und Horten, in billigen Mieten und Tarifen) verwirklicht schienen – mit welchen Folgekosten auch immer.

Voran die Motoren der Oktober-Rebellion, die linken Bürgerbewegungen um das Neue Forum, die Initiative für Frieden und Menschenrechte oder die republikweite Sammlung Demokratie Jetzt wurden zu Sprechern dieser Betroffenheit. Sie sind allesamt repräsentiert von Frauen und Männern von meist intellektuellem Habitus, die in der DDR groß wurden, zu ihrer Verbesserung entschlossen waren und noch immer davon überzeugt sind, diese positiven Elemente der Identiät vieler DDR-Deutscher erhalten zu können. Es waren vor allem sie, die dafür sorgten, daß sich die provisorische Regierung Anfang März gegen einen schlichten Beitritt der DDR oder ihrer künftigen Länder zum Grundgesetz aussprach – wohl auch in der Erwartung, die ihr angehörenden Partei- und Bewegungs-Repräsentanten über den Wahltag hinaus auf eine Politik gegen ein spurloses Aufgehen von 40 Jahren DDR in einer westdeutsch geprägten Deutschen Republik festzulegen. In die gleiche Richtung zielte die vom Runden Tisch ausgearbeitete und von der Volkskammer verabschiedete »Sozialcharta«, mit der das in der alten DDR-Verfassung verankerte Recht auf Bildung, Wohnung und Arbeit in die nationale Sozialordnung eingebracht werden soll, Ziele, um deren Unterstützung bei den 2+4-Verhandlungen Modrow Gorbatschow bat.

Und auch mit dem am 12. März verabschiedeten Verfassungsentwurf, dessen plebiszitäre Momente und ordnungspolitische Vorstellungen in ein gesamtdeutsches Grundgesetz eingebracht werden sollen, versuchten sie, ein Stück dessen zu retten, was durch die »Einig-Vaterland«-Bewegung schon verweht schien, dann aber doch wieder von vielen zitiert wurde: jene diffuse Identität der DDR-Deutschen, an denen 40 Jahre Eigenentwicklung womöglich doch nicht so spurlos vorübergegangen sind.

Auch die ehemalige Staatspartei, die jetzige PDS, setzt auf diesen Aspekt der kollektiven Identität. Sie hatte zunächst noch an die Möglichkeit geglaubt, die DDR auf Dauer erhalten und modernisieren zu können, dann aber einzusehen begonnen, daß es für dieses Ziel keine Mehrheiten geben werde und warb schließlich für moderate Formen des Zusammenwachsens mit der Bundesrepublik: über eine Föderation im Kontext übergreifender europäischer Strukturen zu einem neutralen Staat mit der Hauptstadt Berlin – so der Plan, den Modrow am 1. Februar nach Abstimmung mit Gorbatschow vorlegte, der allerdings selbst in der PDS nur geteilte Aufnahme fand und in der Zwischenzeit wieder fallengelassen wurde. Im Wahlkampf setzte sie auf Besitzstandswahrung, zugleich allerdings auf die Marktwirtschaft, und niemand aus ihren Reihen war fähig, die Vereinbarkeit beider Ziele plausibel nachzuweisen.

Auf der anderen Seite jene, die – das Ohr am Mainstream – auf Einheit durch Markt und D-Mark setzten, »Freiheit statt Sozialismus« plakatierten oder versprachen, den Weg in die Einheit sozial erträglich abzusichern. Zwar durchaus nach bundesdeutschen Lagern unterscheidbar, verstärkten sie doch bei vielen die Gewißheit, daß ohne gesamtdeutschen staatlichen Rahmen selbst mittelfristig keines der DDR-Probleme zu lösen sei. Gleich ob eher CDU-, CSU-, FDP- oder SPD-orientiert – alle schickten die westdeutsche Wirtschaftskraft in den Meinungskampf, und sie strahlte um so heller, je düsterer die Krise der DDR gezeichnet wurde.

Überdies: Die politischen Lager stritten, doch die Wirtschaft setzte ihre Daten. Ohne präzise Regelungen abzuwarten, suchten und fanden westdeutsche Unternehmen Wege für Investitions- und Kooperationsvorhaben. Enteignete Grundstücks- oder Hausbesitzer meldeten alte Ansprüche an, und die Meldungen über die nahe Zahlungsunfähigkeit der DDR oder die Debatte um Voraussetzungen und Folgen einer Währungsunion galten den einen als trauriger Beweis der eigenen Schwäche, den anderen – der Mehrheit – als schönes Indiz für den baldigen Anschluß der DDR. Hinzu kam das Gründungsfieber potentieller Leistungsträger, geweckt durch die Ankündigung Bonns und etlicher Bundesländer, Unternehmenslustigen kräftig mit DM unter die Arme zu greifen. Hochkonjunktur für Wagemutige in West wie Ost, joint ventures allerwegen; schlechte Zeiten für DDR-Identität: vom Wir zum Ihr.

Daß da die PDS kaum eine Chance hatte, als politisch gestaltungsfähige Kraft zu bestehen, war bald offenbar. Die einst so hermetischen Reihen gelichtet (von den noch Mitte 1989 2,3 Millionen waren im März noch 650000 Mitglieder übrig), weithin ohne handlungsfähigen Apparat, mit nur noch mäßigem Einfluß auf Presse, Funk und Fernsehen und ohne professionelle Wahlkampfhilfe blieb von ihrer früheren Macht bloß deren schlechter Ruf. An ihrer Spitze ein Mann, der als Dissidenten-Verteidiger von den Medien einst gelobt, dann aber, voran der plötzlich sehr nationale SPIEGEL, schon im Vorwahlkampf im Westen wie im Osten als böser Geist gezeichnet wurde, obwohl er den Konkurs der SED doch mit Anstand, wenn auch ohne großes Geschick abzuwickeln suchte. Eingeholt vom Stalinismus-Verdikt, das sie zunächst selbst gegen ihre Vergangenheit ausgesprochen hatte, konnte sie zuletzt nur noch auf die setzen, die ihr Heil im Status quo (ante?) suchten.

Und von ihnen gab es noch immer viele: die Verwaltungseliten, insbesondere deren Spitzen, die Kader in den alten Massenorganisationen, ein Teil der Lehrer und Politwissenschaftler oder das Offizierskorps sowie der Sicherheitsapparat – zumeist also jene Angehörigen der »Intelligenz« (Absolventen von Hoch- und Fachschulen), die bislang die Staatsangelegenheiten und deren Schutz besorgten und einen Elitenwechsel befürchten müssen. Die Klientel der Partei der »Arbeiterklasse« schrumpfte auf ihren harten Kern, auf die Dienstelitcn des Obrigkeitsstaates sowie die sonstigen treuen Mitglieder. Hoffen konnte sie zudem auf jene sozialen Gruppen, die fürchten, unter westlichen Wettbewerbsbedingungen nicht mithalten zu können, sowie auf die Polarisierung im Lande, die ihnen womöglich die zuführen würde, denen weder der Westlack noch die angestrengte Professionalität von SPD und Bürgerblöcken behagt. Um sie hatte sie jedoch mit der neuen Linken und der SPD zu streiten: ein Potential von insgesamt kaum mehr als zwei Millionen Wählerinnen und Wählern – nur etwa 17 Prozent der Stimmberechtigten.

Die Industrie- und Landarbeiter – unter den SED-Mitgliedern schon unter Honecker kaum mehr als ein gutes Drittel – wandten sich anderen zu. In ihrer Mehrzahl – so wurde zunächst angenommen – der SPD. Deren Programm und bundesdeutscher Sozialhintergrund schien ihren Gruppenorientierungen am ehesten zu entsprechen, und viele meinten daher auch, sie sei am besten geeignet, die kommende Einheit sozial abzufedern. Vielleicht waren einige sozialdemokratische Parteigänger von Oskar Lafontaines nur mäßiger nationaler Leidenschaft enttäuscht. Doch das glich Willy Brandt anfangs aus. Sein Bild vom Zusammenwachsen der deutschen Teile bewegte die Seelen um so stärker, je deutlicher er – wie Ende Januar in Gotha – jene Nachbarn verwarnte, die sich in seiner Sicht hinter »Europa« nur »verstecken«, um »Deutschland« zu »verhindern«.

Die Ankündigung, die SPD wolle ihren Wahlkampf unter die seit der zweiten Leipziger Demo-Welle populäre Zeile aus Johannes R. Bechers DDR-Hymnen-Text stellen, verschaffte ihr auch bei denen Anhänger, die eher national- als sozialdemokratisch gesonnen sind. 1949 hatte sich Becher, wie seine KPD-Freunde ein alter Verächter der SPD, noch innig gewünscht, das Lied möge selbst von der »Gemüsefrau« mit Andacht gesungen werden. 1990 skandierte die Sozialdemokratie, heftig in der DDR und hörbar auch in der Bundesrepublik, sein »Deutschland einig Vaterland«. Modrows Versuch, seine Regierung mit seinem Einheitsplan-Motto: »Deutschland soll wieder ein einig Vaterland aller Bürger deutscher Nation werden« noch rasch in diese deutsche Gemeinschaft hineinzudefinieren, erwies sich als Flop – er offenbarte nur die Ratlosigkeit der Übergangsverwalter.

Daß die DDR nach dem Fall der Mauer und dem raschen Verfall ihrer Staatlichkeit in den Sog der bundesdeutschen Gesellschaft geraten würde, war bald abzusehen gewesen. Der nachgerade komplette Transfer des westlichen Parteiensystems nicht, jedenfalls nicht das Tempo und die Methoden, mit denen er geschah. Auch hier hatte die SPD – trotz der SPD=PDS-Kampagne der Konservativen – scheinbar die besseren Karten. In der DDR lagen ihre Weimarer Hochburgen; und obwohl häufig versucht worden war, sie politisch zu schleifen, hatte sozialdemokratischer Traditionalismus anscheinend widerstanden. Schon früher war das westdeutschen DDR-Beobachtern aufgefallen. Sie sprachen von einer sozialdemokratischen »Latenz«, die sie sowohl in den unteren SED-Rängen wie im Gewerkschaftsapparat zu spüren meinten. Hinzu kamen die materielle und personelle Wahlhilfe der westlichen Schwesterpartei sowie die Auseinandersetzung mit der PDS und auch die markigen Marktwirtschaftslektionen des bürgerlichen Lagers, das immer mal wieder – wie Otto Graf Lambsdorff – darauf verwies, wieviele (hier: zwei von drei) Arbeitnehmer in DDR-Fabriken recht eigentlich überflüssig und daher zu entlassen seien. Das schien eher der SPD zu nützen. Doch je harscher der Unionsblock den raschen ostdeutschen Beitritt zum Bund nach den Bestimmungen des Grundgesetz-Artikels 23 forderte (nach Bundeskanzler Kohl der »einzig« mögliche Weg) oder die Zugehörigkeit ganz Deutschlands zur NATO, desto moderater sprach sie von Selbstbestimmung, einer nach Artikel 146 möglichen neuen Verfassung oder gar einer Volksabstimmung über die Form der Vereinigung. Und damit verkannte sie – wie die Mehrzahl der deutschen Prognostiker – die Stimmungslage in der DDR, die »Einheit-jetzt«-Euphorie auch und gerade der »klassischen« SPD-Wählerschichten.

Schwieriger schien anfänglich die Lage von Konservativen und Liberalen. Den einen boten sich gleich mehrere Neugründungen an, speziell der Demokratische Aufbruch und die Deutsche Soziale Union. Strittig war zunächst, ob ein Bündnis mit der gewendeten CDU dem CDU/CSU-Lager mehr schaden oder nützen werde. Doch die Einheitsfront (wenn auch ohne gemeinsame Liste) kam zustande – in Gestalt der freilich inhomogenen »Allianz für Deutschland«, in der die CSU über ihr östliches Abbild, die DSU, einen überproportional großen Propaganda-Einfluß gewann, den sie in künftigen nationalen Wahlen womöglich nutzen wird.

Kompliziert war anfangs auch die Lage der Liberalen. Obschon sich potentielle Schwestern gleich im Dutzend fanden, schien der »geborene« Partner, die LDP, der beste zu sein. Sie entschloß sich freilich erst spät und als letzte der alten Blockparteien zur personel-

len Erneuerung. Das liberale Lager, der »Bund freier Demokraten« aus der LDP, der Ost-FDP und der Deutschen Forumspartei, bildete sich spät, zeigte bald Risse, und unklar blieb bis zuletzt, was DDR-Wähler dazu bewegen sollte, sich für die Genscher- statt für die Bundeskanzler-Variante von Pluralismus und sozialer Marktwirtschaft zu entscheiden. Es waren die Antworten beider auf die nationale Frage, die direkte der Konservativen, die bedächtigere der Liberalen, und die Schärfe ihrer Auseinandersetzung mit der SPD und der PDS. Sie gaben den Ausschlag.
Außerhalb der Bürgerblöcke, doch bestrebt, sich ihnen zuzurechnen, die Bauernpartei/DBD und die Nationaldemokraten/NDPD, beide 1948 von der sowjetischen Besatzungsmacht mit SED-Kadern aufgebaut, mit nützlichem Organisationsgefüge, etwas Geld und eigenen Zeitungen, doch ohne westliche Partnerinnen und deshalb weniger angesehen als LDP und CDU, die auf ihre honorige Frühgeschichte verweisen und ihre Instrumentalisierung seit den vierziger Jahren herzeigen können. Das ließ viele vergessen, daß ihre Parteiapparate wie viele ihrer Funktionäre sich noch gestern und durchaus willig dem Führungsanspruch der SED gefügt hatten. Doch sie hatten ja Anschluß gefunden.
In dieser Gemengelage konnten die linksalternativen und grünen Gruppen kaum durchdringen. Die Polarisierung nach westlichem Muster wirkte. Geschadet hat diesem Lager wohl auch die Zögerlichkeit bei der Blockbildung (»Bündnis 90« – Neues Forum, Demokratie Jetzt, Initiative Frieden und Menschenrechte – sowie die Listenverbindung von DDR-Grünen und Unabhängigem Frauenverband) und die Unsicherheit der West-Grünen, die sich zu skrupulös und zu spät auf sie einließen. Auch intensive Hilfe hätte freilich nur wenig genutzt. Denn das Ende der SED-Herrschaft – im wesentlichen von Aktivisten aus diesem Lager herbeigeführt – ging mit einer tiefen Skepsis gegenüber allen Politikansätzen einher, die auf einen Dritten Weg oder die Eigenstaatlichkeit der DDR zielen.
Ihr Traum von einem anderen Weg war kurz. Doch Hoffnung mag ihnen wie auch der Vereinigten Linken und weiteren Kleingruppen bleiben, wenn sie gesamtdeutsch an künftige nationale Wahlen denken. Bei ihnen ist nicht auszuschließen, daß sich ihr Wählerpotential, frei vom Polarisierungsdruck der DDR-Wahlen, neu besinnt. Sozialdemokratische Orientierungen, grün-alternative Stimmungen, aber auch das Kalkül der jetzigen PDS-Wähler könnten dann zu neuen Mehrheiten führen. Konrad Adenauer hatte sich wegen der mitteldeutschen (damals: SPD-) Stimmen immer wieder gesorgt, die Unionsparteien haben diese Eventualität der Vereinigung erst spät bedacht.
Doch derlei steht derzeit nicht auf der Tagesordnung. Zunächst geht es um die (interimistische) Stabilisierung der DDR. Für sie ein tragfähiges Konzept zu finden, dürfte für die neue Regierung schwer werden. Einerseits bleibt abzuwarten, wie Nachbarn und Großmächte die neue Lage verarbeiten. Ungewiß ist zudem, wie sich die Sowjetunion entwikkelt. Andererseits müssen nun noch dringlicher Verfahren gefunden werden, mit denen die Fusion der deutschen Staaten sozial wie wirtschaftlich verträglich realisiert werden kann. Die ordnungspolitische und außenwirtschaftliche Neuorientierung wird schon wegen der bestehenden Exportverpflichtungen gegenüber RGW und Sowjetunion kompliziert. Noch vor kurzem sind mit der UdSSR Lieferungen und Bezüge bis zum Jahre 1995 verabredet worden, die rund 30 Prozent der DDR-Exporte binden könnten. Eine rasche Umstellung der *gesamten* DDR-Wirtschaft auf westliche Märkte oder die EG scheint auch deshalb ungewiß. Eine deutsche Währungsunion setzt eine Währungsreform in der DDR voraus und diese die Abwertung oder doch das Einfrieren der Sparkonten sowie eine Preisreform, an die wiederum erst gedacht werden kann, wenn der Subventionsdschungel gelichtet ist und mit realen Kosten gerechnet werden kann, was manche Produktion unattraktiv und Arbeitslosigkeit unausweichlich macht. Und das alles in einer Situation, in der sich die neue Regierung einen funktionstüchtigen administrativen Unterbau schaffen, die weitere

Aushöhlung der Staatlichkeit im Interesse verläßlicher Übergangsverfahren verhindern und die Westwanderung schon mit Blick auf die Belastbarkeit des bundesdeutschen Sozialsystems stoppen muß.

Sollte dies gelingen, dann kämen alle jene Überlegungen zum Zuge, die auf längere Fristen setzen, auf eine international akzeptierte Verschmelzung im Rahmen einer gesamteuropäischen Föderation sowie im Kontext von Abrüstungsfortschritten und/oder des Abbaus der Blöcke. Wird der Einheitsdruck der Ostdeutschen allerdings so stark, daß ihn weder die Bundesdeutschen noch die Nachbarn bremsen können, dann schüfe wohl nur ein gemeinsames Veto der alten Siegermächte eine Barriere gegen das alle erschreckende »Zusammenwuchern« (v. Weizsäcker) der deutschen Staaten. Wirksam zu stoppen aber wäre eine solche Einheit auf diese Weise nicht. Das ist nur zu erwarten, wenn die DDR-Deutschen gute Gründe haben, die Vereinigung in ihrem Lande abzuwarten oder am Umzug in den Westen gehindert werden können. Doch für beides spricht derzeit nicht eben viel. Anfang November letzten Jahres erklärten bei einer nichtrepräsentativen Befragung 87 Prozent der Interviewpartner von Ostberliner Soziologen: »Ich bleibe bestimmt hier.« Seither sind es noch weniger geworden, wie die Wanderungsverluste der DDR (1989: ca. 330 000, bis Anfang März 1990 ca. 120000) und neue Umfrage-Daten zeigen. Im Februar ermittelten Leipziger Meinungsforscher (vorgeblich repräsentativ), daß nur noch 62 von Hundert »auf jeden Fall bleiben wollen«. Sollte sich jedoch auch nur ein Teil der übrigen in naher Zukunft zum Gehen entschließen, dann schwände mit der ökonomischen Leistungskraft der DDR wohl auch die soziale der Bundesrepublik – mit unabsehbaren Folgen für das Klima in Deutschland und die Stabilität Europas. Das will wohl niemand. Doch schnelle Hilfe verhindert der deutsche Dauerwahlkampf. Er könnte Wunden schlagen, die nur schwer vernarben, die eher wuchern statt zusammenwachsen.

Wilhelm Bleek/Johannes Kuppe

Deutschlands Perspektiven

Vorbemerkung

»Niemals davon reden, immer daran denken.« Das galt für die Polen nach den ihnen im 18. Jahrhundert aufgezwungenen Teilungen und für die Franzosen, nachdem sie 1871 Elsaß und Lothringen an das Deutsche Reich abtreten mußten. Gemeint war die Wiederherstellung der Einheit Polens bzw. die Wiedervereinigung der verlorenen Gebiete mit Frankreich. Für die deutsche Teilung und die sich daraus ergebende Forderung einer (Wieder-)Vereinigung der beiden deutschen Staaten galt lange Jahre das umgekehrte Wort: »Immer davon reden, niemals daran denken.« In der Bundesrepublik Deutschland ist zwar an der staatlichen Einheit Deutschlands als politischem Ziel festgehalten worden, doch in den Jahren nach dem Bau der Mauer im August 1961 und der dadurch bewirkten partiellen Stabilisierung der DDR als einem relativ eigenständigen Staat erschien die nationalstaatliche Einheit Deutschlands auf absehbare Zeit nicht erreichbar. Sie stand objektiv, trotz mancher Beteuerungen einzelner Politiker, nicht auf der Tagesordnung.

Die dramatischen Veränderungen in der DDR seit dem 9. Oktober 1989 haben das deutsche Thema auf drastische Weise revitalisiert. Nicht nur wird die deutsche Einheit von einem wachsenden Bevölkerungsteil der DDR gefordert und sind in der Bundesrepublik die Überlegungen zur Vereinigung aktueller und konkreter geworden, auch für die Weltöffentlichkeit hat die friedliche Revolution in der DDR die Frage nach der Vereinigung der beiden deutschen Staaten erneut aufgeworfen.

Der revolutionäre Wandel in der DDR hat in der Bundesrepublik nicht nur die Bürger, sondern auch die Politiker und die Experten überrascht. Ihre bisherigen Stellungnahmen blieben bisher jedoch weitgehend nur Reaktionen auf die Entwicklung jenseits der Elbe. Nur ansatzweise gelingt es, über die Zuschauerrolle und das bloße Reagieren hinaus Vorstellungen von der möglichen und wünschbaren Zukunft von dem, was in den nächsten Monaten bzw. Jahren getan werden muß, zu entwickeln.

Wir wollen in unserem Beitrag versuchen, einige Szenarios über die mögliche Entwicklung in der DDR vorzustellen. Sie sollen die wechselseitige Abhängigkeit von Reaktionen und Entscheidungen in beiden deutschen Staaten und der Entwicklung auf europäischer wie internationaler Ebene beleuchten.

Bei diesen Szenarios handelt es sich um idealtypische Konstrukte. Die *tatsächliche* Entwicklung wird wohl nicht eindeutig in die eine oder andere Richtung verlaufen, sondern Elemente der verschiedenen Szenarios in kaum vorhersehbarer Mischung enthalten. Dennoch meinen wir, daß durch derartige Szenarios der Blick in die Zukunft geschärft werden kann, während ein kleinkariertes Fortschreiben der Gegenwart den Erwartungen der Menschen nicht gerecht wird. Ob die Zukunft dem einen oder anderen Szenario folgen wird, hängt nicht nur von der Richtigkeit unserer Beobachtungen und Vermutungen ab, sondern vor allem von den Entscheidungen der Politiker und den Einstellungen der Deutschen in Ost und West. Nicht die Politiker in Deutschland-Ost und Deutschland-West haben in den letzten Monaten die Frage nach der Einheit Deutschlands neu gestellt, vielmehr waren es die Deutschen in der DDR mit ihrer friedlichen Novemberrevolution. Die Antwort auf diese Frage kann allerdings nicht allein von den Deutschen in der DDR kommen, sie ist nicht zuletzt eine

Herausforderung an die Deutschen in der Bundesrepublik.
Unser Versuch, mögliche Entwicklungen in der DDR in einen deutschen, europäischen und internationalen Zusammenhang zu stellen, ist daher vor allem ein Appell an die Deutschen hierzulande, sich intensiver und verantwortlicher als bisher mit ihrer politischen Zukunft zu befassen und nicht nur aus der Zuschauerperspektive des Fernsehsessels zu verfolgen, was am Brandenburger Tor abläuft. Erst ansatzweise ist den Bundesbürgern durch die Übersiedler-Welle aus der DDR bewußt geworden, daß auch sie die Vorgänge im lange Zeit so fernen und jetzt nahe gerückten anderen Deutschland in ihrem Lebensalltag tagtäglich berühren.
Aus Inhalt und Absicht dieses Beitrags ergibt sich seine Form. Es handelt sich nicht um eine systematische Analyse, sondern um einen politischen Essay ohne den üblichen wissenschaftlichen Apparat. Die Entwicklungen sollen nicht in ihren Details und Verästelungen, sondern in ihren Grundzügen und Einflußfaktoren herauskristallisiert werden. Zur Illustration unserer Überlegungen verweisen wir auf die in diesem Band zusamengestellten Materialien.
Noch zu keiner Zeit ist in Deutschland die Tugend der politischen Prognose besonders gepflegt worden. Sie setzt nämlich die Fähigkeit zur Entfaltung von politischer Phantasie voraus, die stets allzuleicht in den Verdacht ideologischen Spekulantentums gerückt wird. Es gibt jedoch historische Situationen, in denen die Kosten einer vernachlässigten Prognose höher als die möglichen Fehler von prospektiven Voraussagen werden können.
Beide deutsche Staaten befinden sich gegenwärtig, in unterschiedlichem Maß, an einem politischen Punkt Null. Für die DDR gilt: 40 Jahre nach ihrer Gründung ist ihr weiterer politischer Weg, ja ihre gesamte politische Existenz ungewisser denn je. Noch nicht alle Zeitgenossen hier haben begriffen, daß auch die Bundesrepublik am Anfang eines Weges steht, der die Überprüfung alles bisher Selbstverständlichen erfordert. Dies gilt für alle ihre Außenbeziehungen wie für die innere politische Landschaft, für ihre politischen Wertemuster und ihre Normenkataloge. Gerade hier blieb die deutsche Frage allzu lange von dem Mantel des – auf Dauer für unabänderlich angesehenen – Status quo verborgen. Er lieferte zugleich das Alibi, sich hinter den geistigen und praktischen Imponderabilien seiner möglichen Veränderung zu verstecken bzw. bestenfalls in der – damals zweifellos notwendigen und sinnvollen – Politik der kleinen Schritte eine dauerhafte Lösung zu sehen. Nun ist dieser Mantel gefallen, und die historischen Fakten entfalten ihre ganze Brutalität. Undenkbares ist zu denken, Unwahrscheinliches in das politische Kalkül einzubeziehen und Wünschbares gegebenenfalls auch zurückzustellen, wenigstens aber zu überprüfen. Die politisch Handelnden laufen heute mehr denn je Gefahr, auch Fehler zu begehen. Hier kann die plausible, faktengestützte Prognose im Sinne einer Extrapolation der aktuellen Situation helfen, Unsicherheiten einzugrenzen und potentielle Entwicklungen ins Blickfeld zu rücken, unabhängig davon, wie groß ihre Eintrittswahrscheinlichkeit ist.

Szenario 1: Der schnelle Weg in die nationalstaatliche Einheit (1–2 Jahre)

Der Zusammenbruch des bisherigen Systems diktatorischer und bürokratischer Herrschaft der kommunistischen SED in der DDR im Herbst 1989 hat diesen deutschen Staat selbst in Frage gestellt. Nun besteht die Möglichkeit, daß er in einem vereinigten Deutschland aufgeht. Inzwischen gewöhnen sich auf Druck breiter Bevölkerungsschichten immer mehr der noch in Opposition stehenden neuen Gruppen und Parteien an diese Aussicht. Auch in der Bundesrepublik stieß diese Perspektive zunächst auf mehrheitliche Skepsis, die aber heute zunehmend, wegen der aktuellen Entwicklungen, schwindet. Am

schnellsten hat die internationale Öffentlichkeit vor allem im Westen aus den dramatischen inneren Veränderungen in der DDR auf die bevorstehende Vereinigung Deutschlands geschlossen.
Nach dem Kollaps der SED als Staatspartei der DDR ist es daher vernünftig, als erstes Szenario die Möglichkeit des schnellen Weges in die nationalstaatliche Einheit ins Auge zu fassen.

DEUTSCHE DEMOKRATISCHE REPUBLIK

Die innenpolitischen Voraussetzungen in der DDR für einen schnellen Weg in die nationalstaatliche Einheit sind relativ leicht zu benennen. Allerdings ist gegenwärtig, das heißt bis zu den Wahlen, nicht abzusehen, wann und in welcher Mischung sie die politische Realität bestimmen werden. Entscheidend wird vor allem ein psychologischer Faktor werden: Wenn die »nationale Virulenz«, das heißt der Wunsch nach möglichst rascher Vereinigung in einem klar überschaubaren Zeitraum zunimmt, und vieles deutet darauf hin, dann könnte sich keine DDR-Regierung, wer sie auch nach dem 18. März stellen mag, der Aufgabe entziehen, konkrete Schritte in Richtung der Einleitung des staatsrechtlichen Vereinigungsprozesses zu unternehmen. Diese könnten z. B. in der Entsendung einer dann demokratisch voll legitimierten Kommission bestehen, die im Auftrag und im Namen der Deutschen in der DDR die Aufnahme der dann möglicherweise wieder existierenden Länder Mecklenburg, Sachsen-Anhalt, Sachsen, Thüringen und Brandenburg in den Staatsverband der Bundesrepublik Deutschland nach Artikel 23 GG beantragen soll. Voraussetzung für eine derartig dramatische Entwicklung ist allerdings die Auflösung von Rest-Identitäten und -Loyalitäten der Mehrheit der Bevölkerung gegenüber dem Staatswesen der DDR, ein vielleicht sogar eruptiver Ausbruch aus einer gegenwärtig noch in Ansätzen bestehenden Befindlichkeit (»Wir wollen erst mal bei uns Ordnung schaffen«). Jedenfalls erfordert es eine Absage an Vorstellungen von »Abwarten«, »Dritter Weg« und von Bewahrung sogenannter sozialer Errungenschaften. Zugleich müßten sich die jetzt schon zu beobachtenden Auffassungsunterschiede in der nationalen Frage zwischen den intellektuellen Wortführern in den neuen Bürgerrechtsbewegungen und den alten wie neuen Parteien einerseits und der Bevölkerung, vor allem der Arbeiterschaft, andererseits weiter vertiefen. Dann würde eine politisch-propagandistische Steuerung dieser nationalen Bugwelle durch gemäßigte Kräfte immer schwieriger und könnte schließlich ganz versagen. Dies wird vor allem dann passieren, wenn durch die jetzt offenen Grenzen national-populistische Parolen aus dem Westen Deutschlands weiter zusätzlich in die DDR hineingetragen werden, was zu erwarten ist. Damit würden zweifellos schon existierende nationale Emotionen noch weiter »angeheizt«, wovor Bundespräsident Richard von Weizsäcker in seinem Interview für das DDR-Fernsehen ausdrücklich gewarnt hat. Dies wiederum kann die politische Rationalisierung nationalstaatlicher Aspirationen drüben weiter erschweren und schließlich ganz unmöglich machen.
Anzeichen für eine derartige Entwicklung gibt es schon zur Genüge. Kommt dann noch hinzu, daß die angelaufenen Hilfsmaßnahmen und Unterstützungsprogramme der Bundesrepublik nicht bzw. nicht ausreichend schnell greifen, sich also die Versorgungslage der Bevölkerung weiter verschlechtert, und läßt sich auch der bereits eingetretene Produktionsrückgang in der Industrie durch ausbleibende Zulieferungen aus den ebenfalls desolaten RGW-Vertragsstaaten und insbesondere aus der eigenen Wirtschaft sowie durch eine neue Fluchtwelle nicht stoppen, dann wird in der DDR ein explosives Stimmungsgemisch entstehen.
Als einziger Ausweg aus der Misere böte sich in dieser Situation die rasche Vereinigung mit der wohlhabenden Bundesrepublik an. In diesem Falle würden jene Stimmen nicht mehr gehört, die zur Rücksicht auf die bremsenden internationalen Bedenken mahnen und vor allem auf den immer wieder beschworenen

europäischen Kontext der deutschen Frage verweisen.
Vor diesem Hintergrund, das heißt zunehmenden Auflösungserscheinungen in Staat, Wirtschaft und Gesellschaft, wachsendem Unmut in der Bevölkerung und einem zu erwartenden Kollaps der alten politischen Kräfte, bedürfte es nur eines Wahlausgangs, der die PDS (bis Anfang Februar 1990 SED-PDS) in eine klare Minderheitsposition abdrängt und einer handlungsfähigen Mehrheit um die erstarkende SPD-Ost herum ein Mandat für eine aktive Vereinigungspolitik erteilt. Da sich die neuen Kräfte heute schon mit wachsender Deutlichkeit zur nationalen bzw. nationalstaatlichen Einheit bekennen, wird es ihnen dann, wenn der Kessel DDR erst richtig national siedet, kaum noch möglich sein, Schritte zur deutschen Einheit wirklich von einer Synchronisation zwischen deutscher Vereinigung und europäischem Einigungsprozeß abhängig zu machen. Möglicherweise hören wir dann sogar wieder die Parole, daß erst die deutsche Einheit die europäische richtig zu beschleunigen vermag.
Ist dieses Szenario vom schnellen deutschen Vereinigungsweg realistisch? Wenn ja, dann inwiefern? Es bestehen gegenwärtig in der DDR die besten Voraussetzungen dafür, daß aus diesem Szenario eine deutsche Realität wird. Wer auch immer in diesem Szenario Gefahren sieht und die deutsche staatliche Einheit lieber im europäischen Geleitzug erreichen möchte, der muß sich vergegenwärtigen, daß in revolutionären Zeiten – und in der DDR gibt es alle Elemente einer friedlichen Revolution – noch niemals eine Kongruenz zwischen plausiblen, scheinbar schnell erreichbaren Nahzielen und den abwägenden, mit längeren Zeiträumen rechnenden Sicherheitskalkülen besonnener Kräfte hergestellt werden konnte. Wirkliche Revolutionen werden von den Massen gemacht, und die wollen ihre Ketten loswerden. Der schnelle Weg in die nationalstaatliche Einheit könnte sich immer mehr als das einzig wirksame Instrument erweisen, das diese Ketten wirklich bricht – und keiner fragt dann, was dabei auch sonst noch zu Bruch geht.

WELTPOLITISCHER KONTEXT

Die Frage, in welchem weltpolitischen Kontext eine rasche staatliche Vereinigung von Bundesrepublik und DDR stattfinden kann, steht unter der Prämisse, daß überhaupt ein günstiges internationales Bedingungsgefüge existieren muß, um nicht nur den schnellen, sondern um jeden Weg zur staatlichen Einheit gehen zu können. Diese Prämisse wird von nationalen Hitzköpfen hüben und drüben nicht immer akzeptiert. Die Frage selbst ist zudem nicht leicht zu beantworten. Nur auf den ersten Blick ist einiges klar: Das deutsche Volk in seiner Gesamtheit besitzt das – freilich beschränkte – Recht auf äußere und ein unbeschränktes auf innere Selbstbestimmung. Beschränkt, weil ein Selbstbestimmungsrecht, das nur mit Gewalt, Gewaltandrohung oder erheblichem politischen Druck durchgesetzt werden kann, dem völkerrechtlich höherstehenden absoluten Friedensgebot widerspräche, mithin nicht existiert. Die Nachbarn der Deutschen im Westen haben sich immer wieder zu diesem – so beschränkten – Recht bekannt; nach dem revolutionären Wandel in fast allen osteuropäischen Staaten in den letzten Jahren und Monaten sind ihnen auch die dortigen Regierungen gefolgt. Auch die Sowjetunion leugnet dieses Selbstbestimmungsrecht der Deutschen nicht, weigert sich freilich noch, alle Konsequenzen aus der Wahrnehmung dieses Rechts zu akzeptieren. Die Verbündeten der Bundesrepublik haben sich sogar in Artikel 7 des Deutschlandvertrags von 1952/54 verpflichtet, die Herstellung der deutschen staatlichen Einheit, als einen möglichen Ausfluß der Durchsetzung des Selbstbestimmungsrechts, aktiv zu unterstützen – mehr noch: diese Einheit gemeinsam mit den Deutschen herbeizuführen. Soweit die deutsche nationale Frage im internationalen Kontext »auf dem Papier«.
Die Wirklichkeit ist komplizierter, weil sie von realen Interessen und nicht von Wunsch- und Willensbekundungen bestimmt wird. Die Osteuropäer von Warschau bis Sofia zeigen zunehmend Verständnis für den Wunsch der

Deutschen nach staatlicher Vereinigung. Alle wollen aber deren Organisation nur im Rahmen einer europäischen Einigung, die Osteuropa voll einbezieht. Von ihnen ist vorläufig kein »Ja« zu einer raschen deutschen Vereinigung zu erwarten, da die Regierungen und Völker dieser Staaten, die sich gerade ihrer stalinistischen Herrschaftssysteme entledigt haben, psychologisch noch gar nicht auf einen noch größeren deutschen Nachbarn vorbereitet sind. Alte Ängste vor einem derartigen Deutschland sind noch keineswegs verschwunden. Sie werden sich auch nicht so schnell verflüchtigen, weil dieses neue Deutschland noch nicht oder nur ungenügend in ein ökonomisch und sicherheitspolitisch reorganisiertes Europa eingebunden wäre, weil eine ungebundene Großmacht Deutschland die Osteuropäer zwangsläufig erneut an den Rand Europas drängen würde – so jedenfalls sehen die aktuellen Perzeptionen der deutschen Frage heute in Warschau, Prag und Budapest aus. Es wäre unklug, davor die Augen zu verschließen oder diese Konstellationen außer acht zu lassen.

Die Sowjetunion setzt gegenwärtig noch allen Wegen zur deutschen staatlichen Einheit ein »Nein« entgegen, jedenfalls allen jenen, die in einem überschaubaren Zeitraum gegangen werden könnten. Das gilt auch nach der Begegnung Gorbatschow-Modrow Ende Januar 1990, bei der allerdings der Kreml-Chef zum ersten Mal in dieser Form und öffentlich das Recht der Deutschen auf staatliche Einheit »eingeräumt« hat. Doch erst wenn das ominöse »gemeinsame europäische Haus« errichtet worden ist, will man offenbar in Moskau einer Lösung der staatlichen Einigungsprobleme der Deutschen wirklich nähertreten.

Zum weltpolitischen Kontext unseres 1. Szenarios gehört also, daß die Sowjets gegenwärtig zwar den faktischen Zerfall ihres Blocks und damit auch das Verschwinden der Blockidentität seiner Mitglieder hinnehmen müssen, möglicherweise sogar eine Auflösung ihres eigenen Staatsverbandes in seiner bisherigen Form nicht werden verhindern können. Sie werden aber einer friedlichen Änderung des territorialen Status quo in Europa durch eine rasche staatliche Vereinigung der Deutschen gegenwärtig schon deswegen nicht sofort zustimmen, weil sie davon einen Beschleunigungseffekt für die Zerrüttungserscheinungen im eigenen Imperium befürchten. Außerdem würden sie sich mit einer fast bedingungslosen Zustimmung zum gegenwärtigen Zeitpunkt einer Verhandlungsposition im Falle einer Viermächtekonferenz über Deutschland begeben. Zwar hat sich Gorbatschow – und hier kann insbesondere auf seinen Chefberater A. Jakowlew verwiesen werden – inzwischen von der für seine Vorgänger typischen Sichtweise einer strengen Bipolarität des internationalen Systems (zwei Lager mit UdSSR und USA an der Spitze) verabschiedet und den Blick für die schon existierende Multipolarität (mit den Zentren UdSSR, USA, Japan, Europa) freigemacht. Jedoch hat er für die deutsche Frage daraus bisher noch nicht alle Konsequenzen gezogen. Nach wie vor erscheint im sowjetischen Sicherheitsdispositiv die Puffer- und Kooperationsfunktion eines Teil-Deutschland, eben der DDR (auch wenn sie kein sozialistisch-kommunistischer Staat mehr ist), für Moskau ebenso ertragreich wie als die mögliche Zusammenarbeit mit einem Gesamtdeutschland. Dieses wäre zwar für die Sowjetunion ein hochinteressanter und noch leistungsfähigerer Modernisierungspartner als die Bundesrepublik allein. Doch dieses Gesamtdeutschland ist ohne die Sicherheitsgarantien eines noch nicht bestehenden multilateralen europäischen Sicherheitssystems, das an die Stelle der bisherigen Blöcke zu treten hätte, für den Kreml verständlicherweise noch nicht wünschbar. Der schnelle Weg zur deutschen staatlichen Einheit erfordert also einen ebenso schnellen sowjetischen Umdenkungsprozeß, der angesichts historischer Erfahrungen mit zerfallenden Großreichen nicht selbstverständlich ist. Darüber hinaus behält ja Moskau, wie übrigens die anderen drei Kriegsalliierten auch, qua Viermächteverantwortung für Deutschland als Ganzes und Berlin (ehrlicher: Viermächtekontrolle über Deutschland) den Fuß in der Tür der europäischen Entwicklung. Warum sollte Gorbatschow ausgerechnet jetzt, da sich seine innenpolitischen Probleme zu einem Berg von Katastrophen zu türmen beginnen, unverzüglich auf diesen außenpolitischen Hebel freiwillig verzichten, nur weil die Deutschen es wollen? Wenig deutet ferner darauf hin, daß sich die Sowjets eine Änderung dieser Haltung abkaufen ließen – zu welchem bezahlbaren Preis übrigens? Auch eine von innen heraus kommende, von den eigenen Schwierigkeiten ausgelöste, veränderte Einschätzung der sowjetischen Interessenlage ist in dem Maße, wie sie für die sofortige Lösung der deutschen Frage nötig wäre, nicht erkennbar.

Der schnelle Weg zur deutschen Einheit ist nicht nur gegen die Sowjetunion unmöglich; er müßte gegenwärtig auch gegen die erkennbaren Einwände, die zögernd-mißtrauische und bremsende Politik der westlichen Verbündeten der Bundesrepublik gegangen werden. Die USA haben sich jetzt für Gorbatschow entschieden, sie wollen seinen Erfolg, und sie wollen ihr neues, gutes Verhältnis zu Moskau nicht durch eine scheinbar risikoreiche, kaum kalkulierbare schnelle Änderung des politisch-territorialen Status quo in Mitteleuropa stören lassen. Sie haben die Europäische Gemeinschaft als wichtiges Integrationsvehikel für diesen Kontinent neu entdeckt und räumen ihrer Entwicklung noch Priorität vor den nationalen Belangen der Deutschen ein. Das Großbritannien der Margaret Thatcher bleibt in seiner jahrhundertealten »balance-of-power«-Ideologie befangen und fürchtet offenbar alles, was dieses Gleichgewicht auf einem anderen, neuen Niveau einpendeln könnte.

Der französische Präsident Mitterrand hatte sich noch kurz vor Honeckers Staatsbesuch an der Seine im Januar 1988 so vehement gegen eine Fortdauer der Teilung Europas, das heißt gegen die Jalta-Ordnung ausgesprochen, und damit direkt auch die Eigenstaatlichkeit der DDR in Frage gestellt, daß damals seine Äußerungen in der DDR-Presse verschwiegen wurden. Doch nun hat er bei seinem Treffen mit Gorbatschow in Kiew im Herbst 1989 und bei seinem Besuch in Dresden im letzten Dezember dieses Jalta-Europa neu entdeckt. Es garantiert auch die Zweistaatlichkeit Deutschlands – jedenfalls bis zur Herausbildung eines geeinten Europa, in dem dann Mitterrand auch den Deutschen die Verwirklichung ihrer staatlichen Einheit konzediert. Allerdings scheint sich in jüngster Zeit eine Änderung der französischen Haltung in bezug auf das deutsche Vereinigungstempo anzubahnen.

Alle unsere übrigen Verbündeten denken mehr oder weniger in die gleiche Richtung – und damit genauso wie die Osteuropäer. Wenn heute die Europäische Gemeinschaft sogar mit dem Gedanken spielt, der DDR als erstem und vorerst einzigem RGW-Staat ein Assoziierungsabkommen und sogar die Aufnahme anzubieten, so steckt dahinter die klare Absicht, einen EG-Pfeiler für die staatliche Fortexistenz der DDR aufzubauen, das Vereinigungsdrängen von dort zu kanalisieren und wenn möglich abzubauen. Darüber hinaus würden zwei deutsche Mitgliedstaaten das ökonomische Gleichgewicht in der Gemeinschaft weniger gefährden als eine um die DDR erweiterte Bundesrepublik. In der Erklärung des EG-Gipfels vom Dezember 1989 wurde zwar erstmalig auf Drängen der Bundesregierung das Recht der Deutschen auf Wahrnehmung ihres Selbstbestimmungsrechtes (»seine Einheit wiederfinden«) ausdrücklich erwähnt, jedoch gleichzeitig an zahlreiche Vorbedingungen geknüpft, deren Erfüllung einen schnellen Weg zur Einheit noch in diesem Jahrhundert faktisch blokkiert. Was dahintersteckt, ist klar und mag manchen Deutschen enttäuschen, weil er es als ungerechtfertigt empfindet: 35 Jahre westdeutscher Integration in NATO und EWG/EG haben nicht vermocht, altes Mißtrauen gegen eine deutsche Zentralmacht in Europa, gegen ein 75-Millionen-Volk ohne ausreichende Bindungen an effektive (sicherheits-)politische Strukturen zu beseitigen. Wenn der amerikanische Botschafter Vernon Walters Anfang Januar dieses Jahres in Bonn kategorisch verkündet, ein vereintes Deutschland könne es nur als Mitglied der NATO geben,

dann handelt es sich dabei um ein faktisches Veto gegenüber einem raschen und einem langsamen deutschen Einigungsprozeß, es sei denn, Walters denkt auch an eine qualitative Änderung des Charakters der NATO in einer relativ kurzen Frist. Doch wer wagte sich im Westen an diese Aufgabe? Daß Moskau unter den gegenwärtigen und absehbaren Bedingungen einer Einbeziehung ganz Deutschlands in das westliche Militärbündnis in seiner derzeitigen Form zustimmen könnte, scheint mehr als unwahrscheinlich. Jedenfalls ist eine Ausdehnung des NATO-Stationierungsgebietes bis an die Oder weder der Sowjetunion noch Polen zuzumuten.
Nun wird immer wieder gefragt, wer uns Deutsche eigentlich und wie effektiv an einem raschen Vollzug der Einigung hindern könnte, wenn wir sie denn nun jetzt und sogleich konkret und operativ in Angriff nehmen würden. Nicht nur würde die Bundesregierung auf eine historisch einmalige Weise wortbrüchig, da sie wie alle ihre Vorgängerinnen immer wieder verkündet hat, die deutsche Einigung nur im Einvernehmen und mit Unterstützung der Nachbarn anstreben zu wollen. Die Bundesrepublik, die gegenwärtig zu Recht Glaubwürdigkeit in ihrer Deutschlandpolitik beansprucht, würde selbst neues Miß trauen und neue Vorbehalte gegen sich geradezu provozieren, mit allen hier nicht näher zu beschreibenden Konsequenzen für ihre Position in NATO und EG. Diese Bundesrepublik müßte darüber hinaus gewissermaßen an der Viermächteverantwortung für Deutschland als Ganzes vorbei Deutschlandpolitik betreiben, und sie müßte in diesem Falle den zu erwartenden harten diplomatisch-politischen Widerstand der Alliierten schlicht ignorieren. Dies aber verstieße gegen die unverändert gültige Maxime, daß jede Deutschlandpolitik nur von der gesicherten Basis einer Verankerung im westlichen Bündnis betrieben werden kann. Zu fragen ist, ob nicht die drei Alliierten zum Beispiel die Wahl eines gesamtdeutschen Parlaments verbieten könnten, wenn sie dies aus sicherheitspolitischen Erwägungen für notwendig hielten, da die Bundesrepublik zumindest in diesem Punkt über keine uneingeschränkte Souveränität verfügt. Daß ein solches Verbot vielleicht nur unter Bruch aller Brücken zwischen Bonn und den Alliierten durchsetzbar wäre, muß hier außer Betracht bleiben. Schon seine Möglichkeit kommt einer Horrorvision von der Zukunft Deutschlands in Europa und seinem Verhältnis zu den Nachbarn und Alliierten nahe. Es bleibt also nur die Hoffnung, daß der Westen unter dem Eindruck der Entwicklung drüben seinen hinhaltenden Widerstand gegen eine aus seiner Sicht zu schnelle Vereinigung reduziert.
Die gegenwärtigen welt- und europapolitischen Prioritäten, die ja von der Gemeinschaft der Völker Europas und nicht von der Bundesrepublik und der DDR allein bestimmt werden, lauten: Es geht um den Fortgang der Abrüstungsverhandlungen in Wien und Genf und vielleicht – wenn der Westen dem Vorschlag Gorbatschows zustimmen sollte – um die Einberufung einer weiteren KSZE-Konferenz, der zweiten nach dem Gipfeltreffen von Helsinki im Jahre 1975. Nur im Rahmen einer Fortentwicklung des KSZE-Prozesses in allen seinen Aspekten – so Genscher – kann die deutsche Sache im Sinne einer spannungsfreien Transformation der Spaltung in die Einheit vorangetrieben werden.
Kurz zusammengefaßt: Allein der weltpolitische Kontext der deutschen Frage im gegenwärtigen Zeitpunkt birgt für ihre rasche, übereilte Lösung so viele Risiken, daß eine Realisierung unseres ersten Szenarios wenig wünschenswert und aus deutscher Sicht auch unverantwortlich erscheint.

BUNDESREPUBLIK DEUTSCHLAND

In der Bundesrepublik Deutschland sind die verfassungsrechtlichen Voraussetzungen für die sofortige Herstellung der Einheit Deutschlands gegeben. Als vor über 40 Jahren das Grundgesetz in Kraft gesetzt wurde, verankerte man in seiner Präambel ausdrücklich, daß lediglich »dem staatlichen Leben für eine Übergangszeit eine neue Ordnung« gegeben werden sollte und das deutsche Volk aufgefordert bleibt, »in freier Selbstbestimmung die Einheit und Freiheit Deutschlands zu vollenden«. In den vier Jahrzehnten, die seitdem verstrichen sind, wurde gelegentlich erwogen, die Präambel den veränderten politischen Gegebenheiten anzupassen, doch haben sich diese Ideen nicht durchgesetzt. Vielmehr wurde vom Bundesverfassungsgericht das Einheitsgebot der Präambel mehrfach bekräftigt. Von »Wiedervereinigung« ist dabei jedoch nicht die Rede; im Grundgesetz und in der Rechtsprechung des obersten Gerichts fehlt jeder Bezug auf frühere nationalstaatliche Einheitsformen. Insbesondere die Forderung nach Wiederherstellung des Deutschen Reichs in den Grenzen von 1937 wird in der politischen Diskussion der Bundesrepublik zwar häufig erhoben, kann jedoch nicht verfassungsrechtlich begründet werden. Die Präambel des Grundgesetzes läßt mit der Aufforderung, »die Einheit und Freiheit Deutschlands zu vollenden«, dem politischen Gestaltungswillen der verantwortlichen Politiker großen Raum.

Das Grundgesetz weist zwei Wege zur staatlichen Vereinigung Deutschlands. Zunächst besteht nach Artikel 23 die Möglichkeit, das Grundgesetz »in anderen Teilen Deutschlands« nach deren Beitritt zur Bundesrepublik Deutschland in Kraft zu setzen. Das ist auch schon einmal geschehen, am 1. Januar 1957, als das Saarland ein Land der Bundesrepublik wurde. Für eine mögliche »große Vereinigung« der Länder jenseits der Elbe mit der Bundesrepublik lohnt es sich durchaus, die damaligen Formen, Probleme und Folgelasten der »kleinen Vereinigung« des westlichsten Bundeslandes mit dem Bundesgebiet in Erinnerung zu rufen, wenn sie sich auch in der Größendimension des Territoriums und der Aufgaben unterscheiden.

Einen zweiten, umfassenderen und radikaleren Weg der staatlichen Vereinigung Deutschlands eröffnet der Artikel 146 des Grundgesetzes, der Schlußartikel. Danach verliert das Grundgesetz, obwohl es Verfassungsänderungen sehr erschwert und grundlegende Verfassungsprinzipien nach der sogenannten Ewigkeitsklausel des Artikel 79 Absatz 3 sogar für unabänderbar erklärt, insgesamt »seine Gültigkeit an dem Tage, an dem eine Verfassung in Kraft tritt, die vom deutschen Volke in freier Entscheidung beschlossen worden ist«. Das Grundgesetz bietet mithin sowohl die Möglichkeit, die DDR auf schnellem Wege mit der Bundesrepublik zu vereinigen, als auch den Zusammenschluß der Deutschen in einem gesamtdeutschen Staat mit neuer Verfassung zu organisieren.

Alle westdeutschen Politiker haben in den vergangenen vier Jahrzehnten, mit Ausnahme von Vertretern der GRÜNEN, am Ziel der Wiederherstellung der Einheit Deutschlands festgehalten, auch wenn sie damit unterschiedliche Vorstellungen und Vorschläge zu ihrer Realisierung verbanden. In Wahlprogrammen, Regierungserklärungen und Reden zur Lage der Nation ist in der Bundesrepublik immer wieder die Einheit der deutschen Nation, trotz aller staatlichen Teilungsmaßnahmen und der politischen Abgrenzungsbemühungen der DDR, beschworen worden.

Auch bei der Bevölkerung in der Bundesrepublik könnte auf den ersten Blick der schnelle Weg in die nationalstaatliche Einheit auf Sympathie stoßen. In den letzten vier Jahrzehnten haben immer wieder in Meinungsumfragen zwischen 70 und 80 Prozent der Befragten den Wunsch nach Wiedervereinigung bekundet. Gleichzeitig aber zweifelte eine stetig wachsende Zahl von Bundesbürgern an den Aussichten für eine Wiedervereinigung und rückten sie in der Liste als wichtig angesehener politischer Ziele kontinuierlich nach unten. Hinzu kam in den siebziger und achtziger Jahren, daß bis zu zwei Drittel der westdeutschen Bevölkerung die Bundesrepublik mit »Deutschland« gleichsetzten und rund 50 Prozent die DDR schon als Ausland betrachteten.

Dieses ernüchternde demoskopische Bild läßt sich so erklären, daß man um so leichter am Fernziel der Wiedervereinigung festhielt, je unwahrscheinlicher dessen baldige Verwirklichung schien. Die spannende Frage lautet daher heute, nach den durch die Deutschen in der DDR bewirkten Veränderungen, umgekehrt, wie sich die öffentliche Meinung in der Bundesrepublik zur Wiedervereinigung in einer Situation stellt, in der diese eine zwar realistische, aber auch teure Möglichkeit geworden ist.

Zur Beantwortung dieser Frage liegen wenige Monate nach dem politischen Erdrutsch in der DDR demoskopische Untersuchungen über die bundesdeutsche Gefühlswelt vor. Danach rechnet eine monatlich wachsende Zahl von Bundesbürgern mit der Vereinigung spätestens im Jahr 2000 (Januar 1990: 68%). Doch wird sie auch gewünscht? Es gibt nämlich auch Untersuchungen zur durchaus ambivalenten Reaktion der Bundesbürger auf die Übersiedler aus der DDR, die seit 1984 bis Herbst 1989 in wachsender Zahl in die Bundesrepublik gekommen sind. Diese Übersiedlung war und ist, wie es hieß, eine »Wiedervereinigung auf dem Boden der Bundesrepublik«. Aus ihr ist auf die wirtschaftlichen, gesellschaftlichen und politischen Kosten einer staatsrechtlichen Vereinigung geschlossen worden.

Aus ökonomischer Sicht ist die »Übersiedlungs-Vereinigung« von der Bundesrepublik bisher verkraftet worden. Für die öffentlichen Haushalte sind nur vorläufige Kosten angefallen, denn die überwiegend gut ausgebildeten Übersiedler wurden bisher vom westdeutschen Arbeitsmarkt zu einem erfreulich hohen Prozentsatz (die 1989 gekommenen zu etwa 50%) aufgenommen. Welcher Weg auch immer zur Vereinigung beschritten wird – es ist mit weiteren Hunderttausenden von Übersiedlern und Arbeitsuchenden in den westdeutschen Produktionsräumen zu rechnen. Ob der hiesige Arbeitsmarkt künftig damit fertig werden kann, muß allerdings noch abgewartet werden.

Neben möglichen Spannungen auf dem Arbeitsmarkt dürften sich weitere ökonomische Probleme ergeben. Ohne einen innerdeutschen Lastenausgleich, zum Beispiel auch durch Steuererhöhungen in der Bundesrepublik, werden sich die auf dem Gebiet der DDR notwendigen immensen Renovierungslasten insbesondere im gesamten Bereich der Infrastruktur (Städtesanierung, Verkehrswege, Kommunikationsnetz, Gesundheits- und Bildungswesen, Umweltschutz) und die auf dem Gebiet der Bundesrepublik schon abzusehenden neuen Sozialkosten (Wohnungsbau, Renten) nicht bezahlen lassen. Die Vorstellung also, die Kosten einer raschen Vereinigung könnten ausschließlich von der kapitalkräftigen westdeutschen Industrie und dem immer rasche Rendite suchenden Kapitalmarkt getragen werden und der einzelne Bundesbürger werde nicht zur Kasse gebeten, ist völlig unrealistisch.

Sicher noch schwieriger dürfte sich die psychologische Integration der Übersiedler, vor allem aber der ebenfalls noch zu erwartenden großen Zahl von Aussiedlern erweisen. Dieser Personenkreis tritt nicht nur als Konkurrent auf dem Arbeits- und Wohnungsmarkt auf, sondern wird heute schon für eine Benachteiligung der sozial schwachen Bundesbürger und für die zunehmende Wohnungsnot in städtischen und industriellen Ballungsgebieten verantwortlich gemacht. Alle diese Probleme sind möglicherweise noch zu bewältigen, solange Hochkonjunktur herrscht. Doch dafür gibt es nun einmal keine Garantie.

Der schlagartige Wegfall der Grenze zwischen der Bundesrepublik und der DDR, nicht nur der staatlichen, sondern auch der wirtschaftlichen und gesellschaftlichen Trennungslinien, wird dazu führen, daß die Bundesbürger in den DDR-Deutschen nicht mehr jene armen »Brüder und Schwestern« hinter dem Eisernen Vorhang sehen, die man mit Päckchen versorgt, sondern nun vielleicht doch Fremde, die die gewohnte Ruhe und Ordnung im eigenen Haus stören. Hier schon vorhandene sozialpsychologische Ängste werden verstärkt und können in Ausgliederungstendenzen gegenüber den »neuen« Deutschen gesellschaftspolitische Sprengkraft entwikkeln.

Selbst wenn diese Befürchtungen hier dramatisiert werden, so steht doch fest, daß eine kurzfristige Herstellung der deutschen Einheit die Alteingesessenen mit ungewohnten Verhaltensweisen, Wertmustern, mit fremden Dialekten und Automarken konfrontieren.

Ohne Frage wird die Vereinigung der Deutschen aus der DDR mit der Bundesrepublik in unserem Staat und unserer Gesellschaft umfassende Gewöhnungsprozesse und schwierige Neuorientierungen notwendig machen. Über 40 Jahre Gewachsenes wird verändert und Selbstverständliches in kurzer Zeit in Frage gestellt.

Für die Notwendigkeit einer umfassenden Neuorientierung gibt es schon heute ein eindrucksvolles Beispiel. Alle bundesdeutschen Parteien sind bereits dabei, Schwesterparteien in der DDR zu finden und zu unterstützen. Das ist Ausdruck nicht nur solidarischer Verpflichtung und der Erkenntnis, daß der Wahlausgang in der DDR am 18. März 1990 auf die anstehenden Wahlentscheidungen in der Bundesrepublik zurückwirken wird. Darüber hinaus erkennen die bundesdeutschen Parteien, daß es jetzt in der DDR und zwischen den beiden deutschen Staaten um Weichenstellungen für ihre zukünftigen Wettbewerbsbedingungen geht. Wenn man weiß, wie schwer sich hier Parteien schon z. B. mit einfachen Wahlkreisreformen tun, dann ahnt man, was für sie bei einer Neuordnung der gesamtdeutschen politischen Landkarte auf dem Spiel steht. Wer also bisher in der Bundesrepublik glaubte, er könne den Prozeß der schnellen nationalstaatlichen Vereinigung aus einer Theaterloge, gewissermaßen unbetroffen und unbeteiligt, verfolgen, wird alsbald eines Besseren belehrt werden.

DEUTSCHLANDS ZUKUNFT

Der Zusammenbruch der politischen Herrschaft der SED, die Offenbarung der wirtschaftlichen Schwäche des anderen deutschen Staates und der wachsende Drang von Deutschen in der DDR nach »Wiedervereinigung« mit der Bundesrepublik haben viele Westdeutsche in der Vorstellung bestärkt, Gesamtdeutschland werde die gewohnte Gestalt einer bloß erweiterten Bundesrepublik haben. Das mag für die Ebene des Verfassungsrechts zutreffen, doch für alle anderen Gebiete der politischen, sozialen und wirtschaftlichen Lage des zukünftigen Deutschlands ist es eine Illusion.

Die Vereinigung der DDR mit der Bundesrepublik wird für die Situation in Deutschland und insbesondere das Verhältnis der Deutschen zueinander einschneidende, wenn nicht dramatische Veränderungen zur Folge haben. Das betrifft, noch mehr als die ökonomischen Realitäten, die sozialpsychologische Verfassung der Deutschen in West und Ost. Offiziell waren sie in vier Jahrzehnten politische Antipoden geworden und zugleich privat »Brüder und Schwestern« geblieben. Die Antinomie von politischer Gegnerschaft der Staaten und quasi-familiärer Verbundenheit der Menschen wird in einem vereinigten Deutschland in einem breiten Spektrum von gemischten, teilweise sogar feindseligen Gefühlen aufgehen. Bis es zu dieser Normalität von gesellschaftlichen Empfindungen in einem regional und sozialstrukturell vielfältigen Nationalstaat kommt, müssen die Deutschen aus Ost und West erst miteinander vertraut werden, insbesondere ihre unterschiedlichen Erfahrungen und Erinnerungen aus vierzig Jahren Teilung respektieren und verstehen lernen. Der staatsrechtliche Zusammenschluß läßt sich vielleicht mit einem Federstrich bewerkstelligen, doch das neue Zusammenwachsen des deutschen Volkes wird nicht mit nationalen Lippenbekenntnissen gelingen, sondern nur mit Geduld und Zeit.

Keine Schonfrist wird das vereinigte Deutschland im Hinblick auf seine Nachbarn haben. Für alle europäischen Nachbarstaaten ist die Wiederherstellung der staatlichen Einheit nicht wie für die Deutschen die Erfüllung einer Hoffnung, sondern die traumatische Erinnerung an eine Vergangenheit. Das geeinte und große Deutschland war es, das über sie herfiel, ihre staatliche Identität zerstörte und die physische Existenz Hunderttausender, ja Millionen ihrer Bürger vernichtete.

Bisher konnten die Deutschen auf eine Arbeitsteilung zwischen den beiden Teilstaaten bei der Aussöhnung mit den Nachbarvölkern hoffen. So suchte die Bundesrepublik vor allem den Ausgleich mit den westeuropäischen Nachbarn, die DDR ihrerseits auf der offiziellen Schiene die Verständigung mit ihren Anrainern, den sozialistischen Bruderstaaten. Die Bundesrepublik hat acht Nachbarstaaten, die DDR zwei, hinzu kommt ihre Nachbarschaft untereinander. Ein vereinigtes Deutschland wird aufgrund seiner mitteleuropäischen Lage neun direkte Nachbarn haben, schon zahlenmäßig ein Weltrekord. Die Gestaltung eines guten Verhältnisses zu ihren Nachbarn ist eine große politische Aufgabe und Verpflichtung. Der fällige Abschluß eines Friedensvertrages mit Deutschland kann dem dienen, wenn nicht von rechtsradikalen Gruppierungen versucht wird, ihn als Hebel für die Durchsetzung revisionistischer Ansprüche zu mißbrauchen.

Im Hinblick auf den Westen wird Gesamtdeutschland vor allem sein Verhältnis zur westlichen Allianz und zur Europäischen Gemeinschaft neu definieren müssen. Die westlichen Nachbarn haben nach 1949 der Wiedererlangung politischer Souveränität der Bundesrepublik nur zugestimmt, weil sie in die ökonomische, militärische und politische Integration des Westens eingebunden werden konnte. Einem vereinigten Deutschland wird heute noch in den Augen der Nachbarn ein größeres Potential an möglichen neuen Hegemonie- und Expansionsbestrebungen unterstellt. Im Falle seiner Neutralität könnte sich zudem der deutsche Gulliver irgendwann der auferlegten Fesseln entledigen. Andererseits kann der Westen und insbesondere die Europäische Gemeinschaft nicht auf Deutschland als integraler Teil, wenn möglich sogar als Lokomotive der europäischen Integration verzichten.

Noch komplizierter erscheinen die Auswirkungen der deutschen Vereinigung auf die Militärbündnisse. Natürlich hätten die USA gegen eine Vergrößerung des militärischen »Potentials« der Bundesrepublik um das Gebiet zwischen Elbe und Oder nichts einzuwenden. Doch im Hinblick auf das originäre Sicherheitsbedürfnis der osteuropäischen Staaten, insbesondere der Sowjetunion, ist eine solch einschneidende europäische Machtverschiebung zugunsten der NATO illusorisch. Die diesbezüglichen Äußerungen von Außenminister Genscher, die die Zustimmung seines amerikanischen Amtskollegen Baker fanden, zeigen, daß dies im westlichen Bündnis inzwischen auch so gesehen wird.

Ein vereinigtes Deutschland wird nicht, wie bisher die Bundesrepublik, seine Ostpolitik nur als Ergänzung, gewissermaßen in den Nischen seiner Westpolitik betreiben können, sondern eine aktive und engagierte Politik gegenüber den osteuropäischen Staaten und der Sowjetunion konzipieren müssen. Konnte man diese bisher als potentiell feindliche Staaten abtun, so wird es sich in Zukunft um Staaten vielfältiger, auch bürgerlich-demokratischer Regierungssysteme handeln, die ihr Sicherheitsinteresse gegenüber dem vereinigten Deutschland um so legitimer vorbringen können. Nicht erst nach, schon vor der staatlichen Vereinigung werden die Deutschen die endgültige Anerkennung der Oder-Neiße-Grenze als ihre Ost- und Polens Westgrenze zusagen müssen. Sonst wird man überall in der Welt in der Wiederherstellung der Einheit Deutschlands vor allem den Versuch der Deutschen vermuten, sich der Folgen ihrer Niederlage im Zweiten Weltkrieg endgültig zu entledigen und Deutschland erneut auf Kosten seiner Nachbarn vergrößern zu wollen.

Ein vereinigtes Gesamtdeutschland wird ohne Zweifel mächtiger sein als die Bundesrepublik. Es wird vor der historischen Aufgabe stehen, sich und der Welt zu zeigen, daß ein Zuwachs an Größe und Macht nicht unbedingt eine Bedrohung für die Nachbarn und die internationale Sicherheit bedeutet. Innen- wie außenpolitisch will jedoch dieser Umgang mit größerer Macht gelernt sein. Es ist fraglich, ob das Ausland den schnell vereinigten Deutschen ausreichende Lernerfolge schon zutraut. Gerade die schnelle deutsche Vereinigung muß in der Welt als Ausfluß des Selbstbestimmungsrechts akzeptiert werden können und darf daher nicht zu neuen nationalistischen Bewegungen im Innern und revisionistischen Forderungen nach außen führen.

Szenario 2: Die DDR als vorläufig eigenständiger Staat einer deutschen Konföderation (5–10 Jahre)

Die demokratische Revolution in der DDR im Herbst 1989 kann als die zweite, die eigentliche Geburt des anderen deutschen Staates nach seiner formalen Gründung im Oktober 1949 gedeutet werden. Erst seit wenigen Monaten gibt es zwischen Elbe und Oder ein relativ eigenständiges und halbwegs selbstbestimmtes Gemeinwesen. Bis dahin war die äußere Gestalt der DDR Ergebnis der Teilung Deutschlands nach 1945 durch die Siegermächte und die innere Ordnung Produkt einer »Revolution von oben« durch die von Moskau ausgehaltene kommunistische Staatspartei. Durch die Revolution im vergangenen Herbst haben sich die Deutschen in der DDR vom Schicksal der Fremdbestimmung befreit und ohne jede Hilfe von außen in freier Selbstbestimmung einen Staat ermöglicht, der sich nun wirklich den Namen einer Deutschen und Demokratischen Republik zu verdienen beginnt. Wie sich vor 200 Jahren in Frankreich der Dritte Stand zur Nation erklärte, so konstituierten sich in der DDR nach dem 9. Oktober 1989 die Demonstranten in Leipzig, Ost-Berlin, Dresden und anderen Städten stellvertretend für die gesamte Bevölkerung mit ihrer scheinbar so schlichten, aber an Prägnanz kaum zu übertreffenden Parole »Wir sind das Volk« zum Staatsvolk des zweiten deutschen Staates und verschafften damit der DDR erstmals demokratische Existenzberechtigung und Legitimität.

In diesem Sinne einer jetzt demokratischen und endlich eigenständigen DDR haben auch die Wortführer der Revolution vom Herbst 1989, die Schriftsteller sowie die Initiatoren und Träger der neuen politischen Gruppierungen, ihre Protestaktionen gegen die stalinistische Partei- und Staatsführung der DDR verstanden. Ihnen ging es zunächst nicht um die Abschaffung der DDR und deren Aufgehen in einer kapitalistischen Bundesrepublik, sondern um die Demokratisierung des eigenen Staates. Das haben sie in Erklärungen und Reden immer wieder deutlich gemacht, wie es z. B. unter Federführung von Stefan Heym und Christa Wolf in dem Aufruf vom 28. November 1989 »Für unser Land« geschah.

Auch die Übergangsregierung unter dem Reformkommunisten Hans Modrow vertrat lange Zeit diese Position der Bewahrung der Eigenständigkeit der DDR. Damit sollten nach ihrer Vorstellung die Verbindungen mit der Bundesrepublik in Gestalt einer »Vertragsgemeinschaft« intensiviert werden, was aber nicht zum Aufgehen der DDR in einem deutschen Gesamtstaat führen sollte. Erst Anfang Februar hat Modrow mit seinem Konzept »Für Deutschland, einig Vaterland« überhaupt das Ziel der Vereinigung auch aus offizieller Sicht einer DDR-Regierung ins Blickfeld gerückt. Die Bundesregierung in Bonn hatte mit ihrem Vorschlag, mittels »konföderativer Schritte« die Zusammenarbeit zu intensivieren und zu institutionalisieren, Modrows Konzeption aufgegriffen, wollte jedoch von vornherein über diese Schritte längerfristig zu einem gesamtdeutschen Bundesstaat kommen.

Ohne Zweifel bevorzugt das gesamte Ausland eine auf längere Zeit noch eigenständige DDR, die wie die Bundesrepublik in bestehende und neue europäische Zusammenschlüsse auf dem Gebiet von Politik und Wirtschaft eingebunden werden soll. Verallgemeinernd kann man daher feststellen, daß die politische Klasse in Ost und West eher Interesse an der Bewahrung einer zwar demokratischen, aber vorläufig selbständigen DDR hat. Doch was setzt dieses zweite Szenario einer Konföderation zwischen den beiden deutschen Staaten voraus?

DEUTSCHE DEMOKRATISCHE REPUBLIK

Szenario 2 ist faktisch ein Unterfall von Szenario 1. Auch der Weg über eine deutsch-deutsche Konföderation führt schließlich – wenn auch langsamer, aber historisch zwangsläufig, vielleicht über einen Zeitraum von 5 bis 10 Jahren – zur Herstellung der staatlichen Einheit Deutschlands. Nahezu alle im Szenario 1 genannten, dem raschen Vereinigungsweg noch entgegenstehende Faktoren gelten auch in diesem Szenario, jedoch besteht die Chance, ihre Bremswirkung entscheidend zu reduzieren.

Zunächst ist für das Zustandekommen einer Konföderation erforderlich, daß in der DDR jene Kräfte nicht ganz verschwinden, die sich auf einer zweifelsfrei demokratischen Grundlage noch für eine vorläufige Beibehaltung der Eigenstaatlichkeit der DDR einsetzen. Das wird nur nach Auflösung der SED-PDS und Neugründung einer links-sozialistischen, einen Teil des Mitgliederstammes der alten SED-PDS auffangenden Partei möglich sein. Da es nicht realistisch ist, von einem vollständigen Verschwinden der alten SED auszugehen, muß nach der Funktion ihrer »Trümmer« in der politischen Landschaft der DDR gefragt werden. Diese »Trümmer«, die ja gegenwärtig und wohl noch für eine Übergangszeit wegen ihrer faktischen Unersetzlichkeit im Staats- und Verwaltungsapparat überproportional vertreten sind, könnten sich schon aus existentiellen Gründen mit jenen neuen Kräften, z. B. Demokratie jetzt, Vereinigte Linke und Initiative Frieden und Menschenrechte, aber auch mit Teilen des Neuen Forum verbinden, die die DDR erst nach einer Konsolidierungsphase in einen gesamtdeutschen Staatsverband führen wollen und sich daher wenigstens noch halbherzig für eine deutsche Konföderation einsetzen. Eine derartige »Koalition für Konföderation« könnte auch zustande kommen, wenn – was wahrscheinlich ist – die PDS nach den Wahlen in eine Minderheitsposition gedrängt wird. Diese »Koalition für Konföderation« müßte auch vor und nach den Wahlen eine in der DDR zunehmend geforderte Volksabstimmung über eine schnelle Vereinigung verhindern können.

Für eine derartige Koalition gibt es allerdings zwei unabdingbare Voraussetzungen. Zunächst müßten westliche wirtschaftliche Hilfsmaßnahmen für die DDR viel schneller und sichtbarer greifen, als das bisher zu sehen ist. Die Regierung der DDR muß dafür ihre legislatorische Tätigkeit in Richtung Verabschiedung von Reformgesetzen deutlich beschleunigen und alle Reste planwirtschaftlichen Denkens aus ihrer Vorstellungswelt verbannen. Erst wenn unzweideutige Reformgesetze existieren, wird in ausreichendem Maße westliches Hilfsgeld fließen, und erst damit würden Fortschritte für die Bevölkerung spürbar werden. Das gesamte Gestrüpp bürokratischer Hemmnisse im Bereich Gewerbe und mittelständische Industrie müßte schlagartig abgeholzt und die Verlagerung zentraler administrativer Entscheidungsbefugnisse auf regionale und lokale Einheiten stark vorangetrieben werden (z. B. durch Wiedereinrichtung der alten fünf Länder). Die im Januar 1990 angekündigte volle Gewerbefreiheit in der DDR kann nur als erster Schritt in die richtige Richtung betrachtet werden. Es kommt entscheidend darauf an, der Bevölkerung eine eigenständige ökonomische und politische Zukunftsperspektive zu geben, die darüber hinaus noch durch neue landsmannschaftliche und heimatlich-regionale Bindungseffekte verstärkt bzw. neu begründet werden muß.

Diese Perspektive setzt ferner voraus, daß sowohl die Übergangsregierung Modrow als auch ihre Nachfolgerin den Überleitungs- und Wendeprozeß in der DDR entscheidend beschleunigt. Damit könnte jenes Maß an Vertrauen in der Bevölkerung geschaffen werden, das den Gedanken der deutschen Konföderation überhaupt erst mal attraktiv werden läßt – was gegenwärtig noch nicht der Fall ist. Die Menschen müssen in der Schaffung einer Konföderation die Gewähr dafür erblicken, daß eine auch nur partielle Beibehaltung alter Machtstrukturen ausgeschlossen wird, geschweige denn eine Rückkehr zu ihnen möglich ist. Bei der Popularisierung des Konföderationsgedankens kann nicht auf große Geduld bei der Bevölkerung gesetzt werden. Jedoch könnte bei ihr die heute noch nicht oder nicht mehr existierende Einsicht Boden gewinnen, daß die Besserung des eigenen Schicksals auf dem Weg über die deutsche Konföderation genauso sicher zu erwarten ist wie bei einer schnellen Vereinigung, aber mit weniger Friktionen im Verhältnis zum politischen Umfeld beider deutscher Staaten. Alles, was die scheinbar greifbaren Ziele der DDR-Deutschen, nämlich Freiheit und Wohlstand, perzeptiv in die Nähe von Ungewißheit und Verzögerung rückte, würde drüben sofort dem Verdikt verfallen, die Wünsche der Menschen würden erneut übertriebener Rücksichtnahme auf »andere« geopfert. Jede Deutschlandpolitik, die jetzt in den Verdacht verzögernd-hinhaltender Taktik und vorgeschobener Argumente gerät, wird, ja muß schnell und noch in diesem Jahr scheitern. Scheitern jene, die noch auf konföderative innerdeutsche Beziehungen setzen, so kann es alsbald zu einer neuen Fluchtwelle kommen, die dann Szenario 1, möglicherweise aber sogar Szenario 3 (Kollaps der DDR) Realität werden läßt. Selbst ein Anhalten der gegenwärtigen Fluchtbewegung (im Durchschnitt 2000 DDR-Bürger pro Tag) könnte das gesamte Szenario 2 Makulatur werden lassen.

Schließlich gehört zu Szenario 2, daß sich in der DDR die neuen politischen Kräfte in den Augen der Bevölkerung als realistische und handlungsfähige Alternative zu den alten Parteien, und zwar zu allen, nicht nur in freien Wahlen durchsetzen, sondern auch stabilisierem können – was heute noch nicht selbstverständlich ist. Die neue SPD-Ost, die Ende Januar 1990 über rund 50000 Mitglieder und eine sich langsam festigende Organisationsstruktur verfügt, könnte und müßte sich als politische Gruppierung erweisen, der sowohl die erstrebte zeitweilige Stabilisierung der DDR als auch ihr deutschlandpolitisches Ziel geglaubt wird, die Einheit in einem überschaubaren Zeitraum unter Berücksichtigung der Interessen der europäischen Nachbarn herzustellen. Unter diesen Voraussetzungen kann sich das Konzept der konföderativen Annäherung und anschließenden Vereinigung beider deutscher Staaten durchsetzen lassen. Zum realistischen Unterfangen wird dieses Konzept der schrittweisen Vereinigung jedoch durch einen Blick auf seine internationalen Komponenten.

WELTPOLITISCHER KONTEXT

Wer hüben und drüben nicht im Wunschdenken befangen ist, muß einräumen, daß nur der weltpolitische Kontext von Szenario 2 eine spannungsfreie Transformation des jetzigen politisch-territorialen Status quo in Deutschland ermöglicht. Alle in Szenario 1 vorgeführten, aus dem gegenwärtigen Ost-West-Verhältnis herrührenden Einflußfaktoren können nämlich in Szenario 2 entschärft, in ihrer Bremswirkung gemildert und ihrer potentiell gefährlichen, mit hohen politischen Kosten verbundenen Entfaltung mittels einer überzeugenden politisch-diplomatischen Gegenstrategie beider deutscher Regierungen begegnet werden.

Europa und die übrige Welt erhielten die Gelegenheit, sich an ein neues Machtgleichgewicht auf diesem Kontinent zu gewöhnen – ein für die von den öffentlichen Meinungen abhängigen Massendemokratien des Westens wie für die Stimmungslage der Völker Osteuropas ebenso wichtiger wie notwendiger Prozeß. Die bereits vorhandenen supranationalen Strukturen (NATO, EG, Warschauer Pakt, Rat für gegenseitige Wirtschaftshilfe) könnten, als Auffang- und Widerlager für ein größer gewordenes Deutschland, den neuen Bedingungen angepaßt sowie Übergangsregelungen, politische Modi vivendi und neue Kooperationsnetze geschaffen werden. Da ein sicherheitspolitisch und wirtschaftlich ungebundenes neues Deutschland weder möglich noch in seinem eigenen Interesse wünschenswert erscheint, können zum Beispiel auch über eine Fortsetzung des KSZE-Prozesses auf höherer Ebene als durch die Überprüfungs- und Folgekonferenzen für Helsinki Mechanismen geschaffen werden, die ausreichend nötiges Vertrauen zu den Deutschen wachsen lassen. Damit könnte das neue Deutschland seinen – dann unangefochtenen – Platz in diesem Europa finden.

So zu tun, als handele es sich bei der Vereinigung eigentlich nur um eine Vergrößerung der Bundesrepublik und nicht um eine qualitative, langfristig gravierende Ausweitung aller Ressourcen der Deutschen, muß sich als Fehlkalkulation erweisen. Dieses Europa ist, trotz vieler Integrationsfortschritte insbesondere seines westlichen Teils, noch immer der Schauplatz zahlloser nationaler Egoismen und eines mühsam immer wieder herzustellenden Interessenausgleichs aller beteiligten Staaten und Völker. Mehr als 30 Jahre Erfahrungen mit der westeuropäischen Integration lehren uns, wie schwierig und langwierig der Ausgleich nationaler Interessen selbst zwischen ähnlichen Herrschafts- und Gesellschaftssystemen ist. Zwar ließe sich wohl heute die Vereinigung auch gegen die offenen und geheimen Befürchtungen der meisten unserer Nachbarn durchsetzen, doch dann hätten die Deutschen erneut bewiesen, daß sie ihr nationales Interesse auch ohne Rücksicht auf tatsächliche oder formale Einwände von außen durchsetzen wollen. Das Bild vom häßlichen und gefährlichen Deutschen erhielte neue Nahrung. Wer kann das leichtsinnigerweise in Kauf nehmen?

Auch der Blick in Richtung Osten zwingt zu deutschlandpolitischer Nüchternheit. Schließlich gäbe gerade Szenario 2 der Sowjetunion ausreichend Zeit, eine neue Abwägung ihrer europapolitischen Interessen vorzunehmen. Das bisherige, wenn auch schon vorsichtig modifizierte »Nein« aus Moskau zur Vereingung (der sowjetische Außenminister Schewardnadse Ende Januar 1990: »Vereinnahmung der DDR«) muß ja nicht das letzte Wort sein. Die Sowjets könnten erkennen, daß ganz Deutschland, wenn der Zug dahin sowieso nicht mehr zu stoppen ist, in einem westlichen politischen Sicherheitsnetz, zu dem sich freilich die NATO in dieser Dekade noch entwickeln müßte, auch aus sowjetischer Sicht gut aufgehoben ist. Mit der Einbindung ganz Deutschlands in eine *neue* NATO, die sich von einem westlichen Verteidigungsbündnis zu einem gesamteuropäischen multilateralen Sicherheitssystem gemausert hat, würde sowjetischen Sicherheitsinteressen ausreichend Rechnung getragen, auch und vor allem gerade dann, wenn der Zerfallsprozeß des Warschauer Paktes nicht mehr gestoppt werden kann. Dies würde auch neue Spannungen zwischen den Großmächten über die Lösung der deutschen Frage vermeiden helfen. USA und UdSSR erhielten die Möglichkeit, zusammen mit Großbritannien und Frankreich auf einer Viermächtekonferenz ihre Verantwortung für Deutschland als Ganzes sichtbar und operativ und nicht nur wie bisher verbal zu demonstrieren; sie würden damit ihre Einflußmöglichkeiten auf die zentraleuropäische Entwicklung wahren, könnten ihre Abrüstungsverhandlungen zu einem vorläufigen Abschluß bringen und dann auf einem deutlich niedrigeren Rüstungsniveau die so erleichterte Vorbereitung eines deutschen Friedensvertrages mit einem gesamtdeutschen Souverän in Angriff nehmen.

Wer auf diese hier avisierten Fristen nur mit Ungeduld sehen kann, übersieht, daß es der weltpolitische Kontext dieses Szenarios 2 ermöglicht, jetzt schon alles, wirklich alles, zu tun, was für eine grundlegende Verbesserung der Situation in der DDR notwendig ist, ohne den zweiten Schritt vor dem ersten zu tun, ohne also mit der Herstellung der staatsrechtlichen Endform eines vereinigten Deutschland voraussetzungslos zu beginnen.

BUNDESREPUBLIK DEUTSCHLAND

In der Bundesrepublik setzte die Durchführung des Szenarios 2, die Herstellung einer deutschen Konföderation, vor allem voraus, daß auf die sofortige Umsetzung des Einheitsgebots im Grundgesetz und die Wiedervereinigungsparolen verzichtet werden muß. Das sollte uns nicht schwerfallen, haben wir es doch in den letzten Jahrzehnten ohne große Skrupel verstanden, mit der Existenz zweier deutscher Staaten zu leben und die Spannung zwischen Einheitspostulat und Teilungsrealität auszuhalten. Wenn nämlich die Konzeption einer vorübergehend noch eigenständigen DDR eine Chance bei ihren eigenen Bürgern erhalten soll, dann wird man in der Bundesrepublik auf jene Reden verzichten müssen, in denen sonntags pathetisch eine gesamtdeutsche Dringlichkeit beschworen

wird und denen dann werktags eine nüchterne Politik der kleinen Schritte folgt.
Die DDR ist von der Bundesrepublik als eigenständiger Staat anzuerkennen, der für eine Übergangszeit selbständig über seinen politischen Kurs nach innen und außen entscheidet. Zwar hat die sozial-liberale Bundesregierung Brandt/Scheel in den Jahren 1969/72 die DDR als politische und staatsrechtliche Realität akzeptiert und die christdemokratisch-liberale Bundesregierung Kohl/Genscher diese Entscheidung nach 1982 nicht »gewendet«, doch jetzt ginge es zunächst um die volle Anerkennung der jetzt demokratischen Legitimität der DDR. Der Gedanke einer Konföderation zweier Staaten setzt nämlich zwingend die Existenz zweier sich uneingeschränkt anerkennenden Partner voraus. Die neue Legitimität der DDR kann dieser eigentlich von der Bundesrepublik, sowohl von ihrer Regierung als auch ihren Bürgern, nicht vorenthalten werden, nachdem die Deutschen in der DDR auf demokratische und friedliche Weise ihr politisches Schicksal in die eigenen Hände genommen haben und am 18. März 1990 in freien Wahlen ein Parlament und damit eine demokratische Regierung gewählt haben.
Für die Anerkennung der DDR als eigenständigem demokratischen Staat durch die Bundesrepublik spricht nicht nur dieses verfassungstheoretische Argument, sondern auch die Einstellung der Mehrheit der Bundesbürger zu ihrem eigenen Staat. Längst wird die Bundesrepublik nicht mehr als ein Provisorium angesehen, sondern als ein »ganz normaler Staat« (Kurt Sontheimer), der aus sich selbst heraus handelt. Die Bundesrepublik hat in den letzten 20 Jahren ihre Selbstanerkennung faktisch vollzogen, da wird es ihr eigentlich nach der demokratischen Revolution in der DDR nicht schwerfallen, deren Eigenständigkeit als Voraussetzung für das Zustandekommen einer Konföderation anzuerkennen.
Wie ernst es der Bundesrepublik wirklich mit der Achtung der demokratischen Autonomie der DDR und ihrer Bürger ist, zeigt sich in der politischen Alltagspraxis. Im letzten halben Jahr haben alle politischen Kräfte in Westdeutschland immer wieder bekräftigt, daß sie sich nicht in den demokratischen Selbstbestimmungsprozeß der Deutschen in der DDR einmischen wollen. Das sind sehr ehrenhafte Beteuerungen, die aber in der Realität kaum von jemandem eingehalten werden. Alle bundesdeutschen Parteien sind zur Zeit dabei, Schwesterorganisationen in der DDR nicht nur zu finden und mit organisatorischer und technischer Hilfe unter die Arme zu greifen, sondern mehr oder weniger direkt auf ihre Entscheidungen Einfluß zu nehmen. Vielleicht kann das auch gar nicht anders sein, und vielleicht ist jede Forderung nach Nichteinmischung etwas blauäugig, wenn man bedenkt, daß die umfassendste und wirksamste Einmischung in die innere Willensbildung der DDR die schlichte Existenz der Bundesrepublik mit ihrer ökonomischen, sozialen und politischen Attraktivität ist. So wäre es ehrlicher und realistischer, von der Bundesrepublik und ihren Politikern statt Nichteinmischung mehr Zurückhaltung bei Stellungnahmen zur Neugestaltung der inneren Ordnung der DDR zu fordern, wenn sie schon vorgeben, das Selbstbestimmungsrecht der Deutschen in der DDR achten und die Eigenständigkeit des anderen deutschen Staates auf dem Weg in die deutsche Konföderation respektieren zu wollen.
Doch mit derartiger politischer Zurückhaltung muß schnelle und massive ökonomische Hilfe einhergehen, wenn die DDR als vorübergehend eigenständiger Staat eine Zukunftsperspektive haben soll. Natürlich wird man darauf achten müssen, daß die Wirtschaftshilfe der Bundesrepublik, sei es durch die öffentliche Hand oder die private Wirtschaft, an einen Staat mit demokratischer und rechtsstaatlicher Verfassung und an eine entbürokratisierte Wirtschaft mit kalkulierbaren Renditeerwartungen geht. Alle weiteren Vorbedingungen, die an die Gewährung ökonomischer Hilfe gebunden werden, schnüren das Recht der Deutschen in der DDR auf eine freie Gestaltung ihres Gesellschaftssystems von neuem ein. Die politische, wirtschaftliche und gesellschaftliche Hilfe aus der Bundesre-

publik an die DDR und ihre Bürger muß Ausdruck einer nationalen Solidarhaltung aller Deutschen sein. Insbesondere bei den Bundesbürgern muß sich die Einsicht durchsetzen, daß nicht die Deutschen drüben allein und auf ewig die Lasten einer gemeinsam verschuldeten Vergangenheit tragen können. Bei aller Achtung, die die Westdeutschen heute vor dem revolutionären Mut ihrer Landsleute im Osten bekunden, auf dem Gebiet der Gesellschafts- und Wirtschaftsordnung ist die Versuchung zur Bevormundung unverändert groß.

Die Änderung gewohnter Verhaltensweisen in der Bundesrepublik muß von der phantasievollen Entwicklung neuer Umgangsformen zwischen den beiden deutschen Staaten und ihren Bürgern begleitet werden. Auf politischem Gebiet gibt es mit Hans Modrows Idee von einer Vertragsgemeinschaft und Helmut Kohls Angebot zur Schaffung »konföderativer Strukturen« ein hoffnungsvolles, wenn auch noch recht vages Beispiel für den guten Willen, ein neues innerdeutsches Verhältnis zu begründen. Diese Konzepte beruhen auf der Einsicht, daß auch eine eigenständige DDR zwar autonom handeln, aber von der Bundesrepublik weniger denn je separiert sein kann, wenn sie ihre ökonomische Krise überwinden und den nationalen Hoffnungen der Mehrzahl ihrer Bürger Rechnung tragen will. Es bieten sich Modelle politischer Zusammenarbeit und rechtlicher Verfaßtheit an, in der die Partner auf zahlreichen Gebieten noch eigenständig handeln, auf vielen Sektoren aber gemeinsame Institutionen schaffen und gemeinsame Problemlösungen erarbeiten. Bei der Entwicklung solcher Konföderationsmodelle liefert der Blick in die deutsche Geschichte Anregungen und Warnungen. Zu erinnern ist nicht nur an den kleindeutschen Bundesstaat von 1867–71 mit seinem problematischen Übergewicht der preußischen Hegemonialmacht, sondern auch an den Deutschen Bund von 1815. Aber auch die Erfahrung in der Bundesrepublik selbst mit dem Zusammenwachsen ihrer in der Mehrzahl erst nach 1945 geschaffenen Länder bietet genug gesamtdeutsches Anschauungsmaterial. Schließlich ist die Bundesrepublik Deutschland seit Jahrzehnten in eine Staatengemeinschaft eingebunden, deren schwierige, aber aus der Zeitperspektive doch erfolgreiche Entwicklung zeigt, daß es nicht auf die Konstruktion verfassungsrechtlicher Modelle wie Staatenbund oder Bundesstaat, sondern auf dynamische Prozesse der Zusammenarbeit und des Zusammenwachsens ankommt.

Diese Einsicht sollte auch für die Schaffung eines neuen Typs zwischenmenschlicher Beziehungen im zusammenwachsenden Deutschland nutzbar gemacht werden. Die Entfremdungen und Verklemmungen aus vier Jahrzehnten staatlicher und gesellschaftlicher Teilung werden nicht schlagartig der homogenisierenden Verbrüderung weichen; diese Illusion konnte nur in den Tagen nach der Öffnung der Mauer am 9. November 1989 aufkommen. Bundesbürger werden Deutsche aus der DDR mit spezifischen Erfahrungen und Prägungen aus 45 Jahren SBZ/DDR-Geschichte verstehen lernen und zugleich als »normale« Deutsche akzeptieren müssen. Diese Erwartungen an die Bundesrepublik und ihre Deutschen müssen noch erfüllt werden; bis heute gibt es da noch erhebliche Defizite.

DEUTSCHLANDS ZUKUNFT

Deutschland wird, dem Szenario 2 zufolge, noch für eine überschaubare Übergangszeit von vielleicht 5 bis 10 Jahren aus zwei Staaten bestehen. Bundesrepublik Deutschland und Deutsche Demokratische Republik werden in der Welt als zwei separate Einheiten auftreten und nach innen eigenständige Verfassungsordnungen und getrennte politische Strukturen haben. Doch auch auf diesem Weg wird das nationale Ziel der Vereinigung konkret angestrebt, seine Vollendung jedoch in einem konföderativen Prozeß organisiert. Das Zusammenwachsen der beiden deutschen Staatsgebiete und der in ihnen lebenden Deutschen wird zunächst in den alltäglichen Lebensbereichen von Gesellschaft, Kultur,

Sport, Bildung und Wirtschaft erfolgen, bevor mit der staatlichen Einheit der Schlußstein in das aufzubauende deutsche Haus eingesetzt wird.

Die Durchführung eines solchen Konzeptes der zeitlichen Dehnung des Vereinigungsprozesses und seine Differenzierung nach Bereichen und Phasen hätte erhebliche Vorteile. Die Vereinigung Deutschlands würde zu einem langfristigen Prozeß entdramatisiert werden. Sie könnte für alle Beteiligten ein Vorgehen nach den Prinzipien von »trial and error«, einen Prozeß des Versuchens und Lernens aus Fehlern ermöglichen. Das Risiko des Scheiterns, das immer mit umfassenden und übereilten Lösungsversuchen verbunden ist, würde verkleinert. Die gesellschaftlichen und ökonomischen Kosten einer Vereinigung würden gestreckt und damit leichter finanzierbar.

Vor allem aber erlaubt eine zeitliche Verschiebung der Herstellung staatlicher Einheit und ein Vorschalten gesellschaftlicher und wirtschaftlicher Angleichungsprozesse eine Gewöhnung aller Beteiligten und Betroffenen in Europa und der Welt an die neue Konstellation.

Die Teilung Deutschlands erfolgte nicht an einem einzigen Tag, weder im Juni 1948 durch die Währungsreform, noch im September und Oktober 1949 durch die Konstituierung der beiden Staaten, wie manche Zeitgenossen und Chronisten meinen. Sie war vielmehr ein langwieriger, differenzierter und komplizierter Prozeß, der schon 1945, ja schon mit der Herausforderung und Bedrohung der europäischen Nachbarn durch den nationalsozialistischen Einheitsstaat einsetzte und mit konjunkturellen Auf- und Abschwüngen bis zum Einsetzen der Fluchtwelle aus der DDR im Sommer 1989 ablief. Seitdem, eindeutig seit dem Beginn der Revolution in der DDR am 9. Oktober 1989, verläuft die Entwicklung umgekehrt; sie führt jetzt nicht mehr von der Einheit Deutschlands weg, sondern zu ihr hin. Doch auch die Aufhebung der Teilung und die Beseitigung ihrer Folgen kann nicht an einem Tag geschehen; sie wird vielmehr Jahre brauchen, wenn auch nicht noch einmal 45. Das Szenario 2 mit seiner Konzeption einer in diesem Jahrzehnt noch eigenständigen DDR, die jedoch der Bundesrepublik konföderativ verbunden wird, trägt den Einsichten in die zeitliche Dimension von nationalen Teilungs- und Vereinigungsprozessen Rechnung.

Szenario 3: Der Kollaps der DDR (1990)

Bis zum Sommer 1989 konnte die DDR, jedenfalls im Vergleich mit anderen kommunistischen Staaten Osteuropas, beinahe als Hort der Stabilität gelten, die allerdings eigentlich Stagnation war. Die politische Führung saß fest im Sattel, und Erich Honecker faßte sogar mit 77 Jahren eine Verlängerung seiner Amtszeit an der Spitze von Partei und Staat noch über den nächsten, ursprünglich für Frühjahr 1991 geplanten Parteitag der SED hinaus ins Auge. Reformprozesse in der Sowjetunion, in Ungarn und Polen wurden für die DDR mit Hinweis auf deren ökonomische Vorreiterrolle im Osten als unnötig abgetan. Die DDR galt als die entwickeltste und produktivste Wirtschaftsmacht Osteuropas. In der Gesellschaft gärte es zwar in kleinen Gruppen und Zirkeln, doch wurde das von der SED auf Einflüsse westlicher Medien und die üblichen Generationskonflikte zurückgeführt. Die Masse der Bevölkerung schien sich mit der autoritären Herrschaft der kommunistischen Staatspartei abzufinden, solange nur der Lebensstandard gemäß der offiziellen Parole von der »Einheit von Wirtschafts- und Sozialpolitik« halbwegs gesichert war. Nur Eingeweihte spekulierten über auch in der DDR notwendige Wandlungsprozesse, doch die Dramatik des Umbruchs sah niemand voraus. Noch Anfang

1989 verkündete Honecker unbeirrt, daß die Mauer auch »in 50 oder 100 Jahren« noch stehen werde.

Neun Monate später ist nicht nur die politische Herrschaft der SED kollabiert, auch die Partei selbst treibt trotz ihrer Anpassungs- und Neuformierungsbemühungen dem Ende ihrer Existenz als politischer Kraft entgegen. Enthüllungen über unglaubliche Bereicherungen, über Nepotismus und krasse Fehleinschätzungen der Situation brachten die SED um den letzten Kredit. Vor allem aber ist die Fassade ökonomischer Effizienz und Produktivität zusammengebrochen, laviert die DDR-Wirtschaft infolge ihrer planbürokratischen Schwerfälligkeit und verrotteten Infrastruktur am Rande des Kollapses. Die ganze Gesellschaft ist in der DDR im Umbruch, alle bestehenden Autoritätsstrukturen sind erschüttert. Ein Großteil der Bevölkerung ist im Aufbruch, weniger in eine neue demokratische Zukunft im eigenen Staat, sondern bereit zur Übersiedlung in die Bundesrepublik als derjenigen Gesellschafts- und Wirtschaftsordnung, an der der eigene Staat immer gewogen und als zu leicht befunden wurde.

Das alte System in der DDR ist in sich zusammengestürzt, doch eine neue, eindeutig von der Mehrheit der Bevölkerung getragene Ordnung hat sich noch nicht herauskristallisiert. So ist es durchaus möglich, daß die Entwicklung in der DDR wie auf einer schiefen Ebene immer mehr in den Zusammenbruch aller Institutionen und Strukturen abgleitet und schließlich die DDR selbst als politische, ökonomische und gesellschaftliche Einheit kollabiert. Die Voraussetzung und Folgen einer solchen Entwicklung sollen im Szenario 3 untersucht werden.

DEUTSCHE DEMOKRATISCHE REPUBLIK

Um die Elemente dieses Szenario 3 im Innern der DDR zu beschreiben, bedarf es im April 1990 keiner großen Phantasie mehr. Nach Aussagen von Wissenschaftlern und Politikern aus der DDR steht der andere deutsche Staat bereits jetzt kurz vor einem ökonomischen Kollaps. Unter ökologischen Gesichtspunkten müßten 70 Prozent der Betriebe geschlossen werden, der Rest arbeitet völlig unrentabel und müßte ebenfalls zugemacht werden. Die Situation in der Wirtschaft könnte sich bis zum völligen Stillstand der Produktion verschärfen, wenn – worauf Anzeichen hindeuten – die Zulieferung sogenannter Vorprodukte weiter rückläufig ist und ganze Belegschaften nach Hause geschickt werden müssen. Käme es dann z. B. auch noch zu Streiks in den technisch z. T. völlig veralteten Braunkohlengruben, was katastrophale Auswirkungen für Industrie und Haushalte hätte, entstünde eine unkontrollierbare Situation, in der wohl auch westliche Hilfe zu spät käme. Denkbar ist schon jetzt, daß empörte Bürgerkomitees die Schließung besonders »dreckiger« (Kern-)Kraftwerksanlagen und chemischer Betriebe erzwingen, was wiederum erhebliche Folgen für die gesamte Produktion und die Versorgung der Bevölkerung hätte. Gegen Versorgungsdemonstrationen ließe sich auch eine jetzt schon mit der Bevölkerung solidarische Volkspolizei und eine zerbröselnde Nationale Volksarmee nicht mehr einsetzen, jede Ordnungsmacht löste sich auf. Plünderungen und Sabotageakte könnten in bürgerkriegsähnliche Zustände ausarten, öffentliche Dienstleistungen (Müllabfuhr, Gesundheitswesen, Personen- und Güterverkehr) würden nur noch »auf Sparflamme« geboten. Die Vertretungskörperschaften arbeiten nicht oder fast nicht mehr, die Kommunalwahlen müßten verschoben oder sogar ganz abgesagt werden, weil eine ungehinderte Stimmabgabe nicht mehr möglich ist. Die Bürgerrechtsbewegungen können ihre Divergenzen nicht überwinden und werden von den Resten stalinistischer Kader in Verbindung mit teilweise wiederbewaffneten Stasi-Einheiten bei der Ausübung ihrer Tätigkeiten massiv behindert. Die in der DDR stationierte Westgruppe der sowjetischen Streitkräfte (früher GSSD) sähe sich möglicherweise in einem solchen Fall gezwungen, wenigstens teilweise Ordnungsfunktionen zu übernehmen, ohne allerdings unmittelbar einzugreifen. Westliche Hilfe an die DDR würde unterbrochen, weil die Sicherheit des Personals nicht mehr gewährleistet ist bzw. weil die ökonomischen Risiken unkalkulierbar werden. Dies wiederum ließe aus der Fluchtwelle eine Fluchtwoge werden. Eine allgemeine Torschlußpanik triebe Hunderttausende in die Bundesrepublik, hier müßten dann Zeltstädte gebaut und möglicherweise eine Wohnraumbewirtschaftung eingeführt werden. In einer Spiralendynamik triebe das öffentliche Leben in der DDR auf ein Chaos zu, ein Überlebenskampf der Zurückgebliebenen bzw. der Zurückgelassenen nach dem Motto »jeder gegen jeden« würde das staatliche Ende der DDR ankündigen.

Eine unwahrscheinliche Vision, ein Schrekkensgemälde? Werden es die ordnungsliebenden Deutschen drüben nicht so weit kommen lassen? Hier geht es nicht darum zu untersuchen, wie wahrscheinlich eine solche Situation in der DDR ist. Vielmehr hat ein verantwortungsbewußter Politiker alle denkbaren Zustände in sein Kalkül einzubeziehen. Zugegebenermaßen kann dieses Szenario nur Realität werden, wenn jedes Krisenmanagement, auch das des Westens, versagt, weil auch im internationalen System neue negative Entwicklungen eintreten.

WELTPOLITISCHER KONTEXT

Nicht mehr undenkbar scheint zunächst, daß die Sowjetunion 1990 außenpolitisch zunehmend handlungsunfähig wird, jedenfalls in ihrem alten europäischen Glacis. Da sie selbst in ihrer bisherigen Form einer partiellen Selbstauflösung zutreibt, könnten für den Kreml Vorgänge außerhalb seiner Grenzen, zumindest vorübergehend, an Bedeutung verlieren. Zwar ist Moskau gegenwärtig zu einer Intervention weder fähig noch willens. Jedoch hätte seine innenpolitisch bedingte außen- und europapolitische Selbstfesselung zur Folge, daß eine mit den Westmächten abgestimmte Lösung der deutschen Frage nicht zustande kommt, möglicherweise noch nicht einmal in Angriff genommen werden kann. In diesem Fall würden wohl auch die laufenden Abrüstungsverhandlungen in Wien und Genf unterbrochen, ein neuer Rüstungsschub drohte am Horizont. Die Intrablockbeziehungen im RGW und im Warschauer Pakt würden aufgrund der andauernden politischen und ökonomischen Stagnation in Osteuropa weiter reduziert und möglicherweise auf einem Minimum eingefroren, was wiederum die ökonomische Krise in der DDR weiter vertiefen müßte. Europa und die Welt stünden an der Schwelle eines neuen »Kalten Krieges«.

Daß in einer derartigen Situation eine Entschärfung der Spannungen durch schlichten Anschluß der DDR an die Bundesrepublik in Form einer geräuschlosen Ausdehnung ihrer Hoheitsgewalt bis an Oder und Neiße erreicht werden könnte, ist völlig unwahrscheinlich. Wahrscheinlich ist dagegen, daß Deutschland neue innenpolitische und innergesellschaftliche Spannungen erlebt und ganz Europa zu einem neuen Krisengebiet wird. Deutschlands Zukunft jedenfalls wäre ungewisser denn je. Wie sich in diesem Krisenszenario die westlichen Verbündeten der Bundesrepublik verhielten, kann kaum prognostiziert werden. Zwar würden die bestehenden supranationalen institutionellen und gesetzlichen Bindungen einiges auffangen, jedenfalls eine weitreichende Entfremdung zwischen Bonn und seinen westlichen Nachbarn möglicherweise verhindern, jedoch würde das Verhältnis zum Westen zweifellos belastet und die gerade ernsthaft begonnene westeuropäische Integration gefährdet.

Dieses Szenario wurde nicht entworfen, um mit der besonders abschreckenden Variante einer denkbaren Entwicklung für einen möglichst reibungslosen Weg in die deutsche Zukunft zu werben, sondern um eine politische Kostenkalkulation zu ermöglichen. Selbst Versicherungsprämien werden auf der Basis der größten anzunehmenden Unfälle berechnet.

BUNDESREPUBLIK DEUTSCHLAND

Wie würde die Bundesrepublik im Falle des abzusehenden Zusammenbruchs der staatlichen und wirtschaftlichen Ordnung in der

DDR und einer internationalen Großkrise reagieren? Sicherlich wäre man bei uns nicht mehr bereit, noch in die DDR als einem »Faß ohne Boden« zu investieren. Wie beim Übernahmekampf zwischen Großfirmen auf kapitalistischen Märkten könnte die Strategie eingeschlagen werden, den Übernahmekandidaten, in diesem Fall die DDR, zunächst den Bankrott erklären zu lassen, um ihn dann billig aufzukaufen.

Andere Kosten kämen aber unweigerlich auf die Bundesrepublik zu. Millionen von Deutschen aus der DDR und Aussiedler aus den osteuropäischen Staaten würden die ökonomische und gesellschaftliche Integrationskraft in der Bundesrepublik vielleicht überfordern. Die öffentliche Meinung würde die Verantwortlichen in Bund, Ländern und Gemeinden drängen, Dämme gegen die Flut aus dem Osten zu errichten, die Solidaritätsgefühle würden drastisch abnehmen.

In den stürmischen Wassern der europäischen und internationalen Politik würde es zum Hauptinteresse der Bundesregierung, das eigene Staatsschiff in der turbulenten Großwetterlage zu stabilisieren und von außen geschlagene Lecks abzuschotten. Die ökonomischen und sozialpsychologischen Ressourcen zum solidarischen Einsatz für die Deutschen in und aus der DDR würden in einer solchen dramatischen internationalen Situation rasch aufgebraucht sein.

DEUTSCHLANDS ZUKUNFT

Parallel zur politischen Talfahrt in der DDR wird die Bundesrepublik mit einer neuen, dann millionenfachen Übersiedlungswelle konfrontiert. Deutschland »wuchert« tatsächlich zusammen, die DDR fällt dem Westen wie eine reife Frucht in den Schoß. Was in Szenario 1 und 2 in mehr oder weniger geordneten Bahnen abliefe, geschieht jetzt eher anarchisch und chaotisch. Das politische und gesellschaftliche Ordnungsgefüge der Bundesrepublik wird bis an die Westgrenze Polens ausgedehnt. Dieses Deutschland wäre auf lange Zeit in eine prosperierende westliche sowie in eine halb entvölkerte und notleidende östliche Landeshälfte geteilt. Seine Beziehungen zu NATO und EG würden aufs äußerste belastet, weil niemand auf den Umgang mit diesem deutschen Koloß vorbereitet wurde. Deutschland würde zudem von neuartigen inneren politischen und sozialen Spannungen erschüttert, die noch stets den Nährboden für nationale Demagogen geliefert haben. Es würde für alle Nachbarn zum unsicheren Kantonisten par exellence, der sich wohl sehr rasch einer großen Abwehrkoalition der mißtrauischen Umwelt gegenübersähe. Der europäische Einigungsprozeß würde für eine nicht absehbare Zeit unterbrochen, wenn nicht ganz gestoppt. Die deutsche Regierung hätte für außen- und bündnispolitische Reparaturarbeiten kaum Zeit, weil ihre gesamte Energie auf die Bewältigung der inneren Probleme gerichtet wäre. Die Deutschen hätten dann zwar ihr geeintes Deutschland, aber es wäre ein Deutschland mit einer ebenfalls geeinten, jedoch feindlichen Umwelt. Wir hätten zwar die innere Freiheit bewahrt und die staatliche Einheit erlangt, doch beides nur um den Preis einer beträchtlichen außenpolitischen Isolation. Deutschlands geographische Lage, sein neues Machtgewicht und seine nicht wesentlich verringerte ökonomische Stärke könnten dann vielleicht verhindern, daß sich Europa langfristig von ihm abwendet, denn Europa müßte auch mit diesem Deutschland auskommen.

Aber können wir uns dessen sicher sein? Welche Qualität hätte dieses »Auskommen«? Welchen militärischen Status müßte darüber hinaus Deutschland haben, um nicht endgültig als neuer Gefahrenherd betrachtet zu werden? Hätte es noch genug Kraft, sich am Reformprozeß in der Sowjetunion und Osteuropa im versprochenen Umfang zu beteiligen? Wie würden die vier Alliierten auf die neue sicherheitspolitisch ungeklärte Situation reagieren? Mehr Fragen, als Antworten gegeben werden können.

Es besteht kein Zweifel: Deutschlands neue Zukunft sollte nicht mit einem Kollaps der DDR beginnen.

Szenario 4: Der Weg der DDR zurück in die Vergangenheit

Nach dem radikalen Umbruch der politischen und daran anschließend der gesellschaftlichen und wirtschaftlichen Verhältnisse in der DDR, der den Namen einer Revolution verdient hat, wird eine stalinistische Restauration in der DDR von niemandem in Deutschland in Erwägung gezogen. Selbst die abgesetzten und ausgestoßenen kommunistischen Oberbonzen des zweiten deutschen Staates und ihr Anhang bekennen heute ihre Schuld; niemand von ihnen hält so hartnäckig wie ein Nikolae Ceausescu an seinem Herrschaftsanspruch fest. Doch ohne Zweifel gibt es in der DDR noch Politiker und Apparatschiks, die den alten Zeiten nachtrauern. Wie sich diese Kräfte in einer politischen Konstellation verhalten würden, in der sich eine Rückkehr zur Vergangenheit anbietet, weil die Gegenwarts- und Zukunftsprobleme unlösbar erscheinen, kann nicht ganz außer Betracht bleiben.

Zwar sind auch aus reformerisch gesinnten Kreisen der alten Kräfte durchaus ehrenwerte und intelligente Stimmen zu hören, die die Eigenständigkeit der DDR dauerhaft bewahren wollen – jedoch nicht durch einen Weg zurück in die stalinistische Vergangenheit, sondern durch Schaffung eines demokratischen und sozialistischen Staates zwischen Elbe und Oder. Diesem hier nicht näher auszumalenden Szenario steht aber entgegen, daß heute eine überwältigende Mehrheit der Bevölkerung der DDR kein weiteres, auch noch so gut gemeintes, demokratisch aufgezogenes sozialistisches Experiment mehr dulden wird.

Daher soll hier nur die Wende zurück in eine stalinistische Vergangenheit wenigstens kurz skizziert werden.

In der DDR gibt es eigentlich keine Voraussetzungen für eine derartige Entwicklung. Der Zusammenbruch des alten Systems hat seine ganze politische und moralische Verdorbenheit schonungslos offenbart. Eine Restauration könnte daher nur mit offener Gewalt versucht werden. Voraussetzung dafür wäre, daß der Reformprozeß in der Sowjetunion ebenfalls abgebrochen, Gorbatschow gestürzt oder jedenfalls entmachtet wird und eine Militärdiktatur die Macht an sich reißt. Die neuen Herren müßten dann stark genug sein, wenigstens auch in Polen, als Brückenland zur DDR, eine Rückkehr zu alten Verhältnissen erzwingen zu können, damit dann in der DDR eine stalinistische Konterrevolution mit Panzern eingeleitet werden kann.

Hier kann nur auf die mit einer solchen Entwicklung verbundene große Gefahr eines neuen Weltkrieges hingewiesen werden. Anders als in Szenario 3 stünde dem internationalen System jedenfalls mehr als der Beginn eines neuen »Kalten Krieges« ins Haus. Wer hat eigentlich letzte Gewißheit, daß das Ende eines Imperiums geräuschlos über die Bühne gehen muß?

Wenn auch nicht viel für dieses Szenario spricht – in der DDR fände sich wohl ein Quisling aus der alten Herrschaftsgarde, der sich als ziviler Gouverneur von sowjetischen Gnaden dazu hergäbe, eine neue Mauer zu bauen und dann einen Bürgerkrieg gegen die eigene Bevölkerung zu führen. Alles nur Hirngespinste? Hoffentlich! Restauration findet jedoch häufig dann statt, wenn man sie eigentlich für unmöglich hält. Auch wenn der Weg zurück in weniger dramatischer Form stattfände – im Westen verschwände jedenfalls die deutsche Frage vermutlich wieder, und zwar für eine längere Zeit, von der politischen Tagesordnung.

In Westdeutschland würde man die Rückkehr zu den alten Verhältnissen in der DDR zwar aufrichtig bedauern. Doch treffen wird die Wiederherstellung der Situation vor dem Herbst 1989 die Bundesrepublik kaum, und dagegen auflehnen werden sich die Bundesbürger auch nicht. In der Bundesrepublik wird man sich wieder daran gewöhnen, mit der staatlichen Teilung zu leben, ihre Folgen insbesondere für die Deutschen in der DDR zu mildern und an der deutschen Einheit als endgültig verblassendem Fernziel festzuhalten. Begrüßen wird man diese Möglichkeit nicht, doch sie unterschwellig vielleicht mit

einer gewissen Erleichterung hinnehmen, bleiben uns doch dann die Kosten und Ungewißheiten der deutschen Vereinigung erspart.
Zwar gäbe es sicher Rückwirkungen auf das hiesige Parteiengefüge, z. B. Aufwind für Rechtsradikale, aber insgesamt würde sich die Politik der Bundesrepublik wohl recht schnell wieder dem Ausbau der westeuropäischen Integration zuwenden. Die Abschaffung des Wiedervereinigungsgebots im Grundgesetz würde mit Aussicht auf Erfolg wieder in die Diskussion eingeführt, Deutschland würde wohl auch verfassungsrechtlich endgültig zweigeteilt werden.
Die Prognose über Deutschlands Zukunft, wenn in der DDR die Vergangenheit wieder hergestellt würde, kann nicht schwerfallen. Sie sähe so wie in den siebziger und achtziger Jahren aus, nur die Stimmung wäre im Hinblick auf die deutsche Teilung, nachdem sie wieder zementiert worden ist, absolut resignativ. Die Bundesrepublik wird nicht nur mit ihrer Wirtschaft und Politik, sondern auch mit ihrem kollektiven Selbstbewußtsein völlig in der westeuropäischen Gemeinschaft aufgehen und den Deutschen in der DDR nur noch aus schlechtem Gewissen materielle Hilfe leisten. Die in der DDR eingeschlossenen Deutschen werden zunächst an ihrem Schicksal verzweifeln, sich dann ohnmächtig mit ihm abfinden, vielleicht sogar wieder arrangieren. Allmählich wird es zwischen den Deutschen in der Bundesrepublik und der DDR zu wachsender Entfremdung aufgrund der unterschiedlichen Lebensbedingungen und -erfahrungen kommen. In der Erinnerung wird der Aufbruch des Jahres 1989 in die Demokratie und des Jahres 1990 in die Einheit Deutschlands als eine unwirkliche Periode erscheinen, in der langjährige Hoffnungen nicht nur enttäuscht, sondern endgültig ausgehöhlt worden sind. Eine Zukunft hätte Deutschland als einheitlicher Nationalstaat nach dem Zurück der DDR zu den alten Verhältnissen für eine absehbare Zeit nicht mehr, weil auch der politische Wille der Betroffenen zur Überwindung der Teilung diesen Rückschlag nicht unbeschadet überstehen würde.

Schlußfolgerungen

Der schnelle Weg der DDR in die nationalstaatliche Einheit mit der Bundesrepublik Deutschland; die Bewahrung der Eigenstaatlichkeit der DDR für eine Übergangszeit bei immer enger werdender konföderativer Zusammenarbeit mit der Bundesrepublik; der dramatische Kollaps von Staat und Wirtschaft in der DDR und die notwendige Übernahme des Gebietes zwischen Elbe und Oder durch die Bundesrepublik: Möglich erscheinen Anfang 1990 alle drei Szenarios, wobei die Wirklichkeit wahrscheinlich Elemente der verschiedenen idealtypischen Konstruktionen verbinden wird. Unwahrscheinlicher ist die Verwirklichung des Szenarios 4, der Rückkehr in der DDR zu den Verhältnissen vor der Revolution vom Herbst 1989, hätte das doch eine umfassende Restauration der kommunistischen Verhältnisse in der Sowjetunion und den osteuropäischen Staaten zur Voraussetzung. Unsere Schlußfolgerungen über Ähnlichkeiten und Unterschiede der verschiedenen Entwicklungsmöglichkeiten und daraus abgeleitete Präferenzen für die Zukunft können sich daher auf die drei ersten Möglichkeiten beschränken.
Allen drei Szenarios ist gemeinsam, daß die Auswahl zwischen ihnen vor allem von der Entwicklung der weltpolitischen Konstellation abhängig ist. Die Deutschen in der DDR haben mit ihrer Revolution die deutsche Frage wieder aufgeworfen, doch wie die Antwort im Hinblick auf die deutsche Einheit lauten wird, hängt mehr, als manchen Zeitgenossen bewußt ist, von den europäischen Nachbarn und insbesondere den Weltmächten ab. Ihre Interessen müssen bei jeder Lösung der deutschen Frage berücksichtigt werden, wenn

diese von Dauer sein soll. Der zweite, aber ebenso wichtige Faktor, der die möglichen Entwicklungen beeinflußt, wird die Bevölkerung in der DDR sein. Nicht die Absichten der Eliten im anderen deutschen Staat, auch nicht des Führungspersonals der neuen Gruppen und Parteien, sondern die Erwartungen und Lageeinschätzungen der 15 Millionen Deutschen zwischen Elbe und Oder werden den Ausschlag geben, nicht nur für die Entwicklung der DDR, sondern auch für die der deutsch-deutschen Beziehungen. Von der ostdeutschen Bevölkerung wird entscheidender Druck kommen, das eine oder andere Szenario zu verwirklichen.

Doch ganz gleich, welche der drei Entwicklungsmöglichkeiten angestrebt wird, die Übersiedlerwelle von Deutschen aus der DDR in die Bundesrepublik wird noch auf längere Zeit anhalten. Die Wahl des einen oder anderen Szenarios wird lediglich einen Einfluß auf ihre Zuwachsrate haben. Noch auf Monate hinaus werden weiterhin tagtäglich Tausende von Deutschen aus der DDR in die Bundesrepublik kommen. Diese Flut durch Beschränkung der Aufnahme- und Sozialleistungen einschränken zu können, ist vorläufig nur eine Hoffnung; ausschlaggebend für die Übersiedlung vom einen in das andere Deutschland ist die politische Perspektive (Sicherung der neuen Freiheit) und das Gefälle im Lebensstandard, das auch durch einen dramatischen Umbau der Wirtschaft in der DDR und umfangreiche Hilfe aus dem Westen nicht kurzfristig eingeebnet werden kann. Der Osten Deutschlands wird, ganz gleich welcher Weg gewählt wird, in Relation zum Westen auf längere Zeit ein deutsches Entwicklungsgebiet bleiben, nicht unähnlich dem Süden Italiens im Verhältnis zum Norden. Mit diesem innerdeutschen Lebensstandardgefälle sind erhebliche Probleme nicht nur wirtschaftlicher, sondern vor allem gesellschaftlicher und individueller Natur verbunden, deren Bewältigung die nationale Solidargemeinschaft der Deutschen in Ost und West vor fundamentale Bewährungsproben stellen wird. Die Bundesrepublik und die Bundesbürger haben diese Entwicklung mitzutragen und vor allem mitzufinanzieren, es sei denn, sie wollten von ihren jahrzehntelangen Bekundungen der nationalen Verbundenheit mit den sogenannten Brüdern und Schwestern drüben nichts mehr wissen.

Welches der drei Szenarios auch immer Wirklichkeit werden wird, am Ende wird die Vereinigung der Bundesrepublik Deutschland und der DDR stehen. Alle anderen Vorstellungen, wie sie in beiden deutschen Staaten vor allem von Intellektuellen vertreten werden, sind angesichts der legitimen Bedenken gegen die Risiken einer Wiederherstellung der staatlichen Einheit Deutschlands durchaus ehrenwert, aber im Hinblick auf die ökonomische Lage in der DDR und deren Einschätzung durch die Deutschen dort unrealistisch. Fraglich sind lediglich noch die Umstände und der Zeitpunkt der Vereinigung Deutschlands. Unter Abwägung aller Vor- und Nachteile, vor allem aber bei Berücksichtigung aller internationalen Faktoren, sollte und müßte ein deutscher Weg zur staatlichen Einheit über eine Konföderation führen – es sei denn, die Geschichte der Revolution in der DDR vom Herbst 1989 und ihre gesamtdeutschen Auswirkungen folgen einem noch unbekannten Drehbuch.

Auch wenn also die Herstellung der staatlichen Einheit Deutschlands unter den gegenwärtigen Bedingungen sehr wahrscheinlich erscheint, so macht es auch einen erheblichen Unterschied, auf welchem der Entwicklungswege das erfolgen wird. Nach unserem Urteil haben die Szenarios 1 und 3, ganz zu schweigen von Szenario 4, erhebliche Nachteile, das Szenario 2 hingegen bei einer Kosten-Nutzen-Analyse überwiegend Vorteile. Das schnelle Aufgehen der DDR in der nationalstaatlichen Einheit Deutschlands, sei es geplant (Szenario 1) oder durch Bankrott und Kollaps der DDR (Szenario 3), wird mit erheblichen politischen, ökonomischen und sozialen Kosten und mit Lernzwängen verbunden sein, die vermutlich schlagartig anfallen bzw. entstehen werden. Durch eine Entwicklung nach Szenario 2, das heißt einem allmählichen ökonomischen und gesellschaftlichen Zusammenwachsen von Bundesrepublik Deutschland und DDR und dem Gewinn der politischen und staatlichen Einheit erst zum Schluß, werden diese Kosten zeitlich gestreckt und können von allen Deutschen leichter erwirtschaftet werden. Vor allem aber wird die sukzessive Herstellung der Einheit Deutschlands individuelle und kollektive Lernprozesse ermöglichen, die Zeit erfordern.

Diese der Vereinigung Deutschlands vorausgehenden Lernprozesse werden auf drei Ebenen notwendig sein. Zum einen werden die Deutschen in den beiden Staaten in ihren gesellschaftlichen Verhaltensweisen umlernen müssen, wenn sie in einer neuen, umfassenderen nationalstaatlichen Einheit ohne gesellschaftliche Friktionen zusammenleben wollen. Bundesrepublik und DDR werden schon für sich allein bei der Aussicht auf eine mögliche Vereinigung nicht mehr so sein wie in Zeiten, als noch keine reale Chance auf die Wiedererlangung der nationalstaatlichen Einheit bestand. Zum zweiten werden zwischen den beiden deutschen Staaten und vor allem zwischen den in ihnen lebenden Deutschen komplexe und langwierige Anpassungs- und Gewöhnungsabläufe erforderlich werden. Zum dritten schließlich werden sich die europäischen Nachbarn Deutschlands an die Wiederherstellung eines ungeteilten Deutschlands gewöhnen müssen und lernen können, daß davon eine erneute Gefährdung ihrer territorialen Integrität und politischen Souveränität nicht ausgeht. Alle diese Aspekte sprechen für eine Entwicklung nach Szenario 2, das eine schrittweise Wiederherstellung der deutschen Einheit beschreibt.

Ob sich dieses Szenario verwirklichen läßt, hängt nur zu einem geringen Teil von der Einsicht der beteiligten deutschen Politiker ab. Bedeutsamer werden die Entwicklung der internationalen und europäischen Einflüsse auf die Lage in Deutschland, vor allem aber das Verhalten der DDR-Bevölkerung sein, deren Vereinigungsdruck nicht dramatisch zunehmen darf und die sich auf überschaubare Zeitperspektiven für die Herstellung der deutschen Einheit einlassen muß. Die Bundesrepublik kann auf diesen für die weitere Dynamik des Vereinigungsprozesses zentralen Faktor, auf die Einstellung der Deutschen in der DDR, direkt durch schnelle und massive Hilfe und indirekt einwirken, indem sie praktikable und vor allem glaubwürdige Strategien zur Vereinigung entwickelt. Die Vereinigung Deutschlands wird einerseits ein offener und variabler Prozeß sein müssen, andererseits darf er nicht völlig ungeordnet und ungeplant ablaufen. Bei der Entwicklung von Integrationsstrategien zur Herstellung deutscher Einheit auf den verschiedensten Gebieten von Wirtschaft, Gesellschaft und Politik lassen sich die Erfahrungen mit dem (west-)europäischen Einigungsprozeß nutzen.

Die Einheit Deutschlands läßt sich emotional sehr leicht fordern oder verwerfen, doch die politische Verwirklichung dieses Ziels braucht sowohl nüchterne Köpfe bei den verantwortlichen Politikern als auch viel Einsicht und Geduld der Bürger in beiden, bisher noch separaten deutschen Staaten.

Nachbetrachtung vom 18. März 1990

Dieser Essay wurde im wesentlichen mit dem Wissensstand von Ende Januar 1990 geschrieben. Die aus Szenario 2 folgende Empfehlung, den geordneten Weg eines konföderativen Zusammenwachsens der beiden deutschen Staaten zu gehen, bleibt *im Kern* richtig, obwohl sich nicht nur die deutschen, sondern auch die internationalen Realitäten in den letzten zwei Monaten teilweise gewandelt haben.

Daß die staatliche Einheit der Deutschen wiederhergestellt wird – und das sogar rascher, als zum Jahreswechsel allgemein erwartet, wird heute im europäischen Umfeld der beiden deutschen Staaten zwar keineswegs begeistert begrüßt, aber doch akzeptiert. Dabei sind einige Widerstände, insbesondere auf östlicher Seite, schneller als vorhersehbar aufgegeben worden, während andere weiterbestehen.

Beim Besuch von Bundeskanzler Kohl und Außenminister Genscher Mitte Februar in Moskau erklärte Gorbatschow erstmals öffentlich, die Deutschen könnten über Form und Tempo ihrer Vereinigung selbst entscheiden. Das war ein Wendepunkt in der Deutschlandpolitik der Sowjetunion. Daß ein vereinigtes Deutschland neutral sein müsse und keineswegs der NATO angehören dürfe, blieb zunächst als Forderung bestehen. Doch sogar diese Rückzugsposition des Kreml weicht langsam auf. Im Beraterkreis Gorbatschows gibt es inzwischen Stimmen – so Prof. Daschitschew –, die die Mitgliedschaft Deutschlands in einer sich zum europäischen Sicherheitsbündnis gewandelten NATO für vereinbar mit sowjetischen Sicherheitsinteressen halten. Die Warschauer-Pakt-Staaten Polen und die Tschechoslowakei z.B. haben sich schon gegen ein neutrales Deutschland ausgesprochen.

Andere Barrieren sind aber keineswegs weggeräumt. Unter der Oberfläche prinzipieller Zustimmung gibt es bei Deutschlands Nachbarn zunehmend Sorgen, das von der Bundesrepublik eingeschlagene, von den Wünschen einer Mehrheit der DDR-Bevölkerung diktierte hohe Vereinigungstempo verstoße mehr und mehr gegen das unerläßliche Gebot der Synchronisation von deutscher Vereinigung und europäischer Einigung. Vor allem die als zweideutig empfundene Haltung der Bundesregierung in der Frage der endgültigen Anerkennung der gegenwärtigen polnischen Westgrenze hat in Ost und West den Verdacht genährt, die Bundesrepublik lasse es an der immer wieder versprochenen Rücksicht auf ihre Nachbarn fehlen. Nicht zu vergessen ist schließlich, daß weder die Ablösung der alliierten Vorbehaltsrechte für Deutschland als Ganzes und Berlin auf den anstehenden »2+4«-Konferenzen schon bewältigt ist, noch die Frage der Einbeziehung der DDR in die EG – entweder als zunächst noch selbständiger Staat oder als Teil eines nun größer gewordenen deutschen Gesamtstaates – bereits geklärt ist.

Aber auch die Situation in beiden deutschen Staaten hat sich verändert. Die Fluchtwelle läuft vorläufig weiter, die Aufnahmebereitschaft der Bundesrepublik hat ihre Grenze erreicht, ihr sozialer und politischer Friede gerät schon in Gefahr. Die Bevölkerung der DDR schwankte lange zwischen übertriebenen Erwartungen und (nicht ganz) ungerechtfertigten Ängsten, die sich auf die Vereinigung richten. Jene Kräfte, die die Revolution gemacht haben und in den Vereinigungsprozeß auch eigene Ziele einbringen wollen, wurden zunehmend von den lautstarken Befürwortern eines raschen Anschlusses an das größere Deutschland übertönt.

Nun aber hat sich das deutsche Volk auf dem Gebiet der DDR in freien Wahlen entschieden. Der überraschende und hohe Wahlsieg der von den Bonner Regierungsparteien CDU und CSU gesteuerten konservativen »Allianz für Deutschland« bedeutet, daß jetzt eine Mischung aus Szenario 1 und 3 eintreten wird. Der formelle Akt des Beitritts der DDR zum Geltungsbereich des Grundgesetzes nach Art. 23 wird wohl erfolgen, bevor die äußerst schwierigen Übergangsprobleme hüben und drüben überhaupt begriffen wurden. Die (Bundes-)Republik Deutschland muß nun den schnellen staatsrechtlichen, aber ökonomisch, sozial und gesellschaftspolitisch komplizierten Weg der Vereinigung gehen und *zugleich* die europäische Einigung glaubwürdig vorantreiben. Das Zweite ohne das Erste geht nicht (mehr), das Erste ohne das Zweite würde das Schicksal des neuen deutschen Staates mit einer unerträglichen Hypothek belasten.

Zeittafel zur Geschichte der SBZ/DDR von 1945 bis August 1989 und zu den Beziehungen zwischen beiden deutschen Staaten

1945

5.–11. Februar: **Konferenz in Jalta** (Krim): Die »Großen Drei« (USA, UdSSR, Großbritannien) behandeln die deutsche Frage (Reparationen, Beteiligung Frankreichs an der Besetzung deutschen Staatsgebietes, Kontrolle über Deutschland).

30. April: Die »Gruppe Ulbricht«, benannt nach dem späteren Staats- und Parteichef der DDR Walter Ulbricht, trifft aus der Sowjetunion im Raum Berlin ein; sie beginnt im Auftrag der Roten Armee mit dem Aufbau einer Verwaltung.

7./9. Mai: Bedingungslose **Kapitulation der deutschen Wehrmacht** in Reims/Frankreich und Berlin-Karlshorst.

5. Juni: **Die vier Alliierten** (einschließlich Frankreich) **übernehmen die oberste Regierungsgewalt** in Deutschland; dieses wird in den Grenzen von 1937 **in vier Zonen aufgeteilt**, Groß-Berlin wird durch Streitkräfte aller vier Siegernationen besetzt (Viersektorenstadt). Einsetzung des **Alliierten Kontrollrats** mit Sitz in Berlin; er besteht aus den Oberbefehlshabern der vier Besatzungsmächte und bildet bis → *20. März 1948* das oberste Regierungsorgan in Deutschland (Beschlüsse müssen einstimmig gefaßt werden, der Vorsitz wechselt monatlich).

10. Juni: Die am Vortag gebildete **Sowjetische Militäradministration** in Deutschland (**SMAD**) erlaubt die Gründung »antifaschistischer« **Parteien und Gewerkschaften** sowie den Abschluß von Kollektivverträgen zwischen Arbeitgebern und Arbeitnehmern in der sowjetisch besetzten Zone (SBZ). In der Folge werden die Kommunistische Partei Deutschlands (**KPD**) am *11. Juni* (Neukonstituierung), der Freie Deutsche Gewerkschaftsbund (**FDGB**) am *15. Juni,* die Sozialdemokratische Partei Deutschland (**SPD**) am *15. Juni* (Neukonstituierung), die Christlich-Demokratische Union Deutschlands (**CDU**) am *26. Juni* und die Liberal-Demokratische Partei Deutschlands (**LDPD**) am *5. Juli* gegründet; *1948* folgen die Demokratische Bauernpartei Deutschlands (**DBD**) am *29. April* und die National-Demokratische Partei Deutschlands (**NDPD**) am *25. Mai.*

1.–3. Juli: Die US-amerikanischen und britischen Truppen ziehen sich entsprechend den Vereinbarungen von Jalta aus Sachsen, Thüringen und Mecklenburg zurück und rücken in die Westsektoren von Berlin ein.

11. Juli: Eine interalliierte Militärkommandantur übernimmt die Kontrolle über Groß-Berlin und teilt die Stadt in 4 Besatzungssektoren auf.

14. Juli: In der SBZ wird die »Einheitsfront der antifaschistischdemokratischen Parteien« (KPD, SPD, CDU, LDPD) gegründet (**Antifa-Block**; dieser wird am 5. August 1948 durch Aufnahme der DBD und des FDGB und am 7. September 1948 der NDPD erweitert).

17. Juli – 2. August: Die **Potsdamer Konferenz** legt die weitere Behandlung Deutschlands, die Reparationsansprüche und die Demontagen fest. Königsberg und der Nordteil Ostpreußens werden der UdSSR, das übrige Ostdeutschland bis zur Oder-Neiße-Linie Polen zur Verwaltung bis zur endgültigen Regelung durch eine Friedenskonferenz übergeben.

1946

21./22. April: **Vereinigungsparteitag** von KPD und SPD zur Sozialistischen Einheitspartei Deutschlands (**SED**) auf Druck der SMAD. Wilhelm Pieck (KPD) und Otto Grotewohl (SPD) werden gemäß dem zunächst geltenden Paritätsprinzip zu Vorsitzenden gewählt.

1947

25. Februar: Förmliche **Auflösung des Staa-**

tes Preußen durch den Alliierten Kontrollrat, da er »seit jeher Träger des Militarismus und der Reaktion in Deutschland gewesen« sei.
14. Juni: Die SMAD setzt die **Deutsche Wirtschaftskommission** (DWK) ein; diese koordiniert in der SBZ zentral die Arbeit der Landesverwaltungen und gewährleistet die Reparationslieferungen. (Ab 9. März 1948 obliegen der DWK als De-facto-Regierung vor allem die Wirtschaftsplanung, ab 20. April 1948 mit Gesetzgebungsbefugnissen; am 12. Oktober 1949 wird sie in die provisorische Regierung der DDR eingegliedert.)
6. Dezember: Konstituierung des ersten »deutschen **Volkskongresses** für Einheit und gerechten Frieden« als vorläufiges Regierungsorgan in der SBZ; er wird am 18. März 1948 von einem zweiten Kongreß abgelöst.

1948
20. März: Die sowjetischen Vertreter verlassen den **Alliierten Kontrollrat**. Dieser wird damit **beschlußunfähig**, so daß er ohne förmliche Auflösung seine Arbeit praktisch einstellt (alle weiteren Maßnahmen der Besatzungspolitik werden bis → *3. September 1971* nur noch einseitig vorgenommen).
23. April: In der SBZ wird die Vereinigung Volkseigener Betriebe (**VVB**) gegründet. Sie hat die Leitung bei Entwicklungsfragen im Rahmen der wirtschaftlichen Planvorhaben.
16. Juni: Die UdSSR stellt auch in der interalliierten Militärkommandantur (Verwaltung Berlins) ihre Mitarbeit ein. Die Westmächte errichten daher am *21. Dezember* eine eigene Kommandantur für Berlin (West).
18.–20. Juni: **In den drei Westzonen** wird die **Währungsreform** durchgeführt.
23. Juni: In der DDR wird die »Deutsche Mark der Deutschen Notenbank« geschaffen. (Sie wird 1964 zur »Mark der Deutschen Notenbank«, 1967 zur »Mark der Deutschen Demokratischen Republik« umbenannt.)
24.–28. Juni: **Währungsreform auch in der SBZ**. Der Versuch der UdSSR, diese auf ganz Berlin zu erstrecken, scheitert am Widerstand der Westmächte.
23./24. Juni: Beginn der **Berlin-Blockade**: Die UdSSR sperrt die Land- und Wasserwege für den Personen- und Güterverkehr zwischen Berlin (West) und Westdeutschland. Die USA und Großbritannien stellen durch eine **Luftbrücke** (vom *26. Juni 1948* bis *30. September 1949*) die Versorgung von Berlin (West) sicher. Die Blockade endet am *12. Mai 1949* mit Inkrafttreten des Jessup-Malik-Abkommens zwischen den USA und der UdSSR.
16. September: Im Rahmen der Umformung der SED zu einer Kaderorganisation (»Partei des neuen Typs«) werden auf Beschluß des Parteivorstands die **Zentrale Parteikontrollkommission** (ZPKK) sowie die Parteikontrollkommissionen auf Bezirks- und Kreisebene (BPKK, KPKK) gegründet; sie haben alle Vergehen von Parteimitgliedern zu untersuchen.
30. November: In Berlin (Ost) wird eine eigene Stadtverwaltung unter Friedrich Ebert eingerichtet, die **Spaltung der Berliner Verwaltung ist vollendet**.

1949
6.–8. April: Die Außenminister der drei westlichen Besatzungsmächte beschließen in Washington ein **gemeinsames Besatzungsstatut für die Westzonen**.
24. Mai: Das in Kraft tretende Grundgesetz der **Bundesrepublik Deutschland** bezieht Berlin in seinen Geltungsbereich ein (Artikel 21). Die westlichen Militärgouverneure erklären ihren Vorbehalt, »demzufolge Berlin keine abstimmungsberechtigte Mitgliedschaft im Bundestag oder Bundesrat erhalten und auch nicht durch den Bund regiert werden wird«.
7. Oktober: **Gründung der Deutschen Demokratischen Republik (DDR)**: Der (vom 3. Volkskongreß am *30. Mai 1949* gewählte) zweite Deutsche Volksrat erklärt sich zur Provisorischen Volkskammer (in der die SED die stärkste Fraktion bildet) und setzt die **Verfassung** für das Gebiet der SBZ **in Kraft**. Die Verfassung bestimmt **Ost-Berlin** zur **Hauptstadt der DDR**.
10. Oktober: Die SMAD überträgt die Verwaltungsfunktionen an die Provisorische Regierung der DDR und wird in die Sowjetische Kontrollkommission (SKK) umgewandelt.

10. Oktober: Die 5 Landtage der DDR wählen die **Provisorische Länderkammer**.
11. Oktober: Die Provisorische Volkskammer und die Provisorische Länderkammer wählen Wilhelm **Pieck** zum **Präsidenten der DDR** (er bleibt dies bis zu seinem Tod am 7. September 1960).
12. Oktober: Die Provisorische Volkskammer bestätigt die **Provisorische Regierung** der DDR aus Vertretern der SED, der LDPD, der CDU, der NDPD, der DBD und einem Parteilosen. Otto **Grotewohl** wird **Ministerpräsident**.
21. Oktober: Bundeskanzler Konrad Adenauer betont im Bundestag, die Bundesrepublik Deutschland sei »allein befugt, für das deutsche Volk zu sprechen« (Alleinvertretungsanspruch).

1950

3. Februar: Bildung des **Nationalrats der Nationalen Front** aus dem erweiterten Präsidium des Deutschen Volksrates. Er verabschiedet am *15. Februar* das Programm der Nationalen Front.
8. Februar: Das Ministerium für Staatssicherheit (**MfS**) wird errichtet; ihm obliegt vor allem die innere Herrschaftssicherung.
22. März: Die Bundesregierung fordert erstmals eine Wiedervereinigung durch freie, allgemeine, gleiche, geheime und direkte Wahlen zu einem gesamtdeutschen Parlament unter internationaler Kontrolle.
1. Mai: Das **Gesetz der Arbeit** begründet und kodifiziert das sozialistische Arbeitsrecht in der DDR (Rechte und Pflichten der Werktätigen, Garantierung eines Arbeitsplatzes mit gleichem Lohn für gleiche Arbeit). Es wird am *12. April 1961* durch ein Gesetzbuch der Arbeit (GBA) abgelöst.
6. Juli: Die DDR und Polen schließen den Görlitzer Vertrag, der die **Oder-Neiße-Grenze** als »unantastbare Friedens- und Freundschaftsgrenze« bestätigt.
25. Juli: Walter **Ulbricht** wird **Generalsekretär des** sich konstituierenden **ZK der SED**.
29. September: Die **DDR wird Mitglied des** Rates für Gegenseitige Wirtschaftshilfe (**RGW/COMECON**).
15. Oktober: Bei den **Wahlen** zur 1. Volkskammer, zu den Landtagen, Kreistagen und Gemeindevertretungen in der DDR stellt die **Nationale Front** eine gemeinsame Kandidatenliste auf; die Sitze werden nach einem Schlüssel verteilt, den zuvor der Demokratische Block (vorher Antifa-Block) beschlossen hatte. Die Einheitsliste bestimmt künftig die Wahlpraxis.
30. November: Brief Grotewohls an Adenauer mit dem Vorschlag, einen »Gesamtdeutschen Konstituierenden Rat« mit paritätischer Zusammensetzung aus Vertretern Ost- und Westdeutschlands zu bilden, der die Einsetzung einer provisorischen gesamtdeutschen Regierung vorzubereiten, die Vier Mächte bei der Ausarbeitung eines Friedensvertrages zu konsultieren und gesamtdeutsche Wahlen zu organisieren hätte. – Adenauer stellt am *15. Januar 1951* in einer Erklärung fest, »daß diejenigen, die auf das deutsche Gebiet östlich der Oder und Neiße im Warschauer Abkommen Verzicht geleistet haben, nicht legitimiert erscheinen, von einer Wiedervereinigung Deutschlands zu sprechen«; die Voraussetzungen für freie Wahlen – eine rechtsstaatliche Ordnung, eine freiheitliche Regierungsform, der Schutz der Menschenrechte und die Wahrung des Friedens – seien in der Sowjetzone und im Sowjetsektor Berlins nicht gegeben.

1951

9./13. Juli: Großbritannien und Frankreich (am *19. Oktober* auch die USA) erklären den Kriegszustand mit Deutschland für beendet.
20. September: Das **Berliner Abkommen** zwischen den Währungsgebieten der DM-West und der DM-Ost regelt den Interzonenhandel und bildet die Rechtsgrundlage für den **Innerdeutschen Handel** (IDH).

1952

10. März: Die sowjetische Regierung schlägt den drei Westmächten vor, einen Friedensvertrag mit Deutschland – vertreten durch eine gesamtdeutsche Regierung – abzuschließen (sog. »Stalin-Note«). Die Westmächte und die Bundesregierung lehnen je-

Ländergliederung 1925

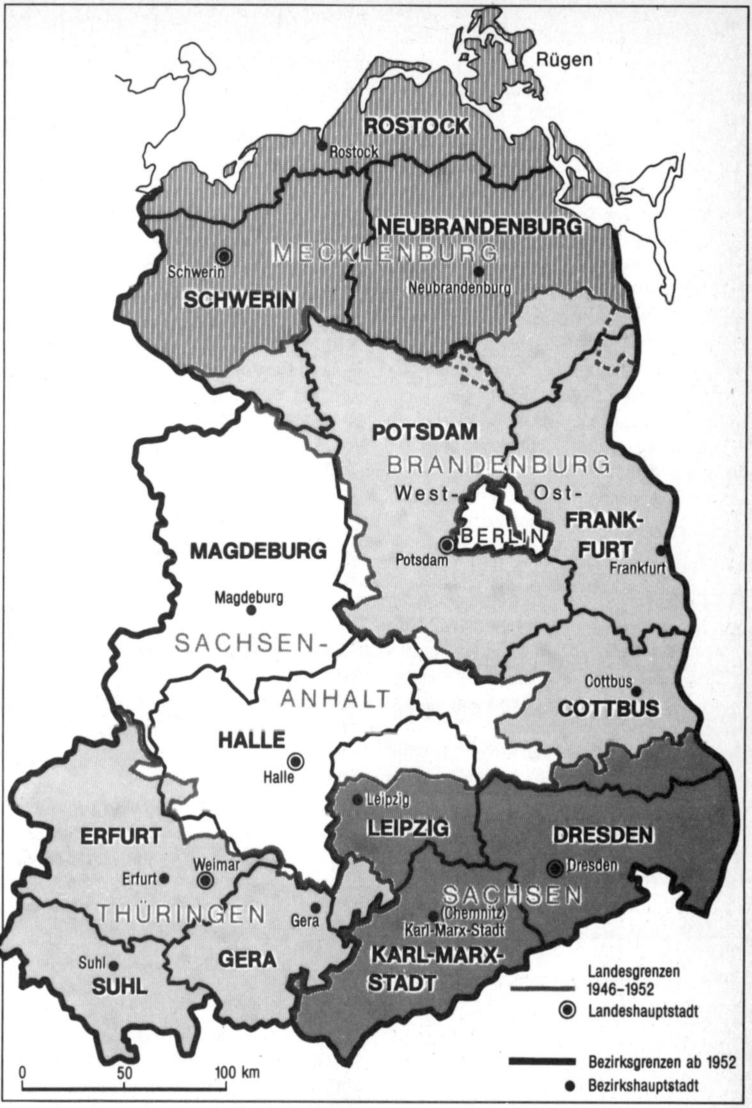

Die Verwaltungseinteilungen der DDR ab 1946

doch am *25. März* Verhandlungen ab, bevor nicht über freie gesamtdeutsche Wahlen entschieden ist.

26. Mai: Die DDR-Regierung erläßt eine Verordnung über eine 5 km breite **Sperrzone** entlang der Demarkationslinie.

9.–12. Juli: Auf der 2. Parteikonferenz der SED werden die **Richtlinien für den planmäßigen Aufbau des Sozialismus** beschlossen: u. a. Bildung landwirtschaftlicher Produktionsgenossenschaften (LPG), Vorrang der Schwerindustrie, verschärfter Klassenkampf gegen Kirchen, den bürgerlichen Mittelstand und die bürgerliche Intelligenz.

23. Juli: Auflösung aller Organe der fünf Länder der DDR (Sachsen, Thüringen, Sachsen-Anhalt, Brandenburg und Mecklenburg) und Einführung von 14 Bezirken und 217 Kreisen (»demokratischer Zentralismus« in der Staatsverwaltung).

1953

21. Mai: Die Sowjetische Kontrollkommission (SKK) wird in die Hohe Kommission der UdSSR in Deutschland umgewandelt, die Diplomatische Mission am 1. Oktober in eine Botschaft. Wladimir Semjonow wird Hoher Kommissar. (Die Hohe Kommission besteht bis *20. September 1955.)*

17. Juni: Bauarbeiterstreiks (gegen die Erhöhung der Arbeitsnormen) weiten sich zu einem **Volksaufstand** in Berlin (Ost) und in anderen Städten der DDR (Erfurt, Halle und Magdeburg) aus. Er wird **durch sowjetische Truppen niedergeschlagen**.

26. Juli: **Ulbricht** wird **Erster Sekretär des ZK der SED** (bisher Generalsekretär).

4. August: Der Deutsche Bundestag erklärt den 17. Juni zum »Tag der deutschen Einheit« (Staatsfeiertag).

1954

25. März: Die **UdSSR proklamiert die Souveränität der DDR**. Funktionen, die mit der Gewährleistung der Sicherheit in Zusammenhang stehen und sich aus Verpflichtungen ergeben, die der UdSSR aus Viermächtevereinbarungen über Deutschland erwachsen, sind ausgenommen.

1955

25. Januar: Die **UdSSR beendet den Kriegszustand mit ganz Deutschland**. Sie betrachtet die Wiedervereinigung als ausschließliche Angelegenheit der Deutschen und erklärt sich zur Normalisierung der Beziehungen zur Bundesrepublik Deutschland bereit (»Zwei-Staaten-Theorie«).

27. März: In Berlin (Ost) wird erstmals die Jugendweihe als Festakt zelebriert. Mit dem Gelöbnis auf die DDR, den Sozialismus und die Freundschaft mit der UdSSR sollen die Jugendlichen den Kirchen (Konfirmation, Kommunion etc.) entfremdet werden.

5. Mai: Die Bundesrepublik Deutschland erlangt die volle Souveränität und wird am 6. Mai Mitglied der NATO.

18. Juli: Die Genfer Gipfelkonferenz der vier Großmächte erzielt hinsichtlich des Deutschlandproblems keine Einigung.

20. September: Im **Vertrag über die Beziehungen der DDR und der UdSSR** heißt es, die DDR sei frei in ihrer Innen- und Außenpolitik sowie in den Beziehungen zur BRD.

23. September: Bundeskanzler Konrad Adenauer formuliert die **»Hallstein-Doktrin«**: Danach betrachtet die Bundesrepublik die Aufnahme diplomatischer Beziehungen anderer Staaten zur DDR als unfreundlichen Akt.

27. Oktober – 15. November: **Genfer Außenministerkonferenz** der vier Großmächte: Die Westmächte schlagen einen Wiedervereinigungsplan für Deutschland, dagegen die UdSSR die Errichtung eines gesamtdeutschen Rates vor, dem die Westmächte mit dem Vorschlag der Bildung einer Viermächtekommission zwecks Vorbereitung freier Wahlen in ganz Deutschland begegnen.

1956

18. Januar: Die DDR-Volkskammer beschließt die **Schaffung der Nationalen Volksarmee** (NVA). In der Bundesrepublik Deutschland begannen die ersten Einheiten der Bundeswehr am *2. Januar* ihren Dienst.

27. Januar: Die **DDR tritt dem Warschauer Pakt bei**.

22. November: Bei den XVI. Olympischen

Sommerspielen in Melbourne tritt erstmals eine **gesamtdeutsche Mannschaft** an.

1957

12. März: Die DDR und die UdSSR schließen einen **Vertrag über die zeitweilige Stationierung sowjetischer Truppen** (Gruppe der Sowjetischen Streitkräfte in Deutschland – GSSD) in der DDR.

27. Juli: Der DDR-Ministerrat schlägt die Bildung einer **Konföderation** zwischen beiden deutschen Staaten als Staatenbund vor.

29. Juli: Die drei Westmächte betonen in ihrer Berliner Erklärung die Verantwortung der Siegermächte des II. Weltkriegs für Gesamtdeutschland; Fortschritte in der Ost-West-Entspannung sollen von Fortschritten in der Deutschlandfrage abhängen.

19. Oktober: Die Bundesrepublik Deutschland wendet erstmalig die »Hallstein-Doktrin« an: Sie bricht die diplomatischen Beziehungen zu Jugoslawien wegen dessen Aufnahme von diplomatischen Beziehungen zur DDR ab.

1958

28. Mai: Die DDR-Volkskammer beschließt die Abschaffung der Rationierung und die Einführung einheitlicher Lebensmittelpreise.

4. September: Der DDR-Ministerrat schlägt in gleichlautenden Noten an die Regierungen der vier Großmächte sowie in einer Note an die Bundesrepublik Deutschland die Bildung einer Viermächtekommission zur Vorbereitung eines Friedensvertrages mit Deutschland vor; dem schließt sich am *18. September* die sowjetische Regierung an. Die Westmächte lehnen diese Vorschläge am *30. September* und die Bundesrepublik am *17. November* ab.

10. November: **Berlin-Ultimatum** Nikita S. Chruschtschows (seit *27. März* sowjetischer Ministerpräsident) an die drei Westmächte (außerdem Sowjetnoten vom *27. November*): Umwandlung von Berlin (West) in eine »entmilitarisierte Freie Stadt« innerhalb von sechs Monaten. Die Westmächte lehnen am *31. Dezember* jede Veränderung des Status von Berlin ab.

8. Dezember: Auflösung der DDR-Länderkammer.

1959

10. Januar: **Ein sowjetischer Friedensvertragsentwurf** sieht die Neutralisierung Deutschlands vor: Wiedervereinigung auf dem Weg einer Konföderation beider deutscher Staaten.

1. Oktober: Die DDR-Volkskammer ändert die **Staatsflagge**: Hammer und Zirkel im Ährenkranz werden als Emblem der Arbeiter-und-Bauern-Macht Bestandteil der schwarzrotgoldenen Fahne. Sie soll die staatliche Eigenständigkeit der DDR symbolisieren und sie von der Bundesrepublik Deutschland mit ihrem »Alleinvertretungsanspruch« abgrenzen (»Spalterflagge«).

1960

10. Februar: **Bildung des Nationalen Verteidigungsrates** der DDR. Vorsitzender: Walter Ulbricht.

15. April: Nachdem alle Bauern den Landwirtschaftlichen Produktionsgenossenschaften (LPG) beigetreten sind, ist die **Kollektivierung der DDR-Landwirtschaft beendet**. Nur 7,6 % der gesamten Nutzfläche sind noch in Privatbesitz.

29. August: Die DDR erläßt Beschränkungen im Reiseverkehr zwischen Berlin (West) und Berlin (Ost). Die Bundesrepublik Deutschland kündigt daraufhin am *30. September* das Interzonenhandelsabkommen mit der DDR (Zurücknahme der Kündigung am *31. Dezember*).

12. September: Nach dem Tod des DDR-Präsidenten Wilhelm Pieck (am *7. September*) wird das Präsidentenamt abgeschafft und statt dessen ein **Staatsrat** (aus 24 Mitgliedern) gebildet. **Vorsitzender: Walter Ulbricht**.

1961

13. August: Abriegelung der Grenzen zu den Westsektoren durch die DDR (**Berliner Mauer**; *(→ Sp. 111 ff.)*

16. August: Seit 0.00 Uhr ist die Zonengrenze für Einwohner der DDR und Ost-Berlins, die nach Westdeutschland reisen wollen, gesperrt. *Fortsetzung → Sp. 117)*

Chronik der Berliner Mauer

Die Öffnung des Brandenburger Tores in Berlin am 22. Dezember 1989 (→ Sp. 116) beendete symbolisch die 28 Jahre währende Teilung der Stadt und stellt einen Höhepunkt der politischen Veränderungen in der DDR dar.

1949–1961: Die Zahl der Flüchtlinge aus der DDR erreicht 1959 einen neuen Rekord: 143917 Menschen kommen in den Westen. Die Fluchtwelle hält auch 1960 an: 56000 verlassen die DDR. Im Januar 1961 sind es 16697, im Juni mehr als 30000. Drei Viertel davon kamen durch das Schlupfloch Berlin (West). Der Bau der Berliner Mauer sollte den ständig ansteigenden Flüchtlingsstrom aus Berlin (Ost) – vom September 1949 bis August 1961 etwa 2,7 Millionen Flüchtlinge – und die im Berlin-Ultimatum der UdSSR vom 27. November 1958 gestellte Forderung nach einer »entmilitarisierten Freien Stadt West-Berlin« unterstreichen.

15. Juni 1961: Walter Ulbricht erklärt auf einer internationalen Pressekonferenz: »Niemand hat die Absicht, eine Mauer zu errichten.«

25. Juli 1961: US-Präsident John F. Kennedy betont in einer Rundfunkrede die Entschlossenheit der USA zur Verteidigung des freien Berlins, notfalls atomar. Unabdingbar seien »three essentials«: 1. die Anwesenheit westlicher Truppen, 2. der freie Zugang von und nach Berlin und 3. die Freiheit und Lebensfähigkeit der Stadt.

3. August 1961: Die UdSSR fordert in einem Memorandum an die Bundesregierung und die Westmächte den Abschluß eines Friedensvertrages mit Deutschland noch im Laufe des Jahres.

3.–5. August 1961: Auf dem Treffen der Generalsekretäre der KPs der Staaten des Warschauer Paktes in Moskau erhält Ulbricht die Zustimmung zur Abriegelung der Fluchtwege nach West-Berlin, um den wirtschaftlichen Zusammenbruch der DDR zu verhindern.

9. August 1961: Der ständig ansteigende Strom von DDR-Flüchtlingen erreicht mit 1926 erfaßten Personen den bisher höchsten an einem Tag erreichten Stand.

11. August 1961: Die DDR-Volkskammer erteilt der Regierung eine Blankovollmacht zum Abschluß eines Friedensvertrages und »Maßnahmen für den Schutz der DDR«.

12. August 1961: Das DDR-Innenministerium erklärt: »Zur Unterbindung der feindlichen Tätigkeit der revanchistischen und militärischen Kräfte West-Berlins wird eine solche Kontrolle an den Grenzen der Deutschen Demokratischen Republik einschließlich der Grenze zu den Westsektoren von Groß-Berlin eingeführt, wie sie an den Grenzen jedes souveränen Staates üblich ist. Es ist an den Westberliner Grenzen eine verläßliche Bewachung und eine wirksame Kontrolle zu gewährleisten, um der Wühltätigkeit den Weg zu verlegen. Diese Grenzen dürfen von Bürgern der Deutschen Demokratischen Republik nur noch mit besonderer Genehmigung passiert werden. Solange West-Berlin nicht in eine entmilitarisierte neutrale Freie Stadt verwandelt ist, bedürfen Bürger der Hauptstadt der Deutschen Demokratischen Republik für das Überschreiten der Grenzen nach West-Berlin einer besonderen Bescheinigung.«

13. August 1961: Der DDR-Ministerrat veranlaßt mit Zustimmung der Staaten des

Warschauer Paktes die Errichtung von Sperrmaßnahmen entlang den Westsektoren Berlins in einer Länge von 162,2 km. Um 1.00 Uhr sperren DDR-Sicherheitskräfte den Weg in die Westsektoren. Eine Stunde später beginnen Pioniereinheiten mit der Aufstellung Spanischer Reiter und der Verlegung von Stacheldraht; das Pflaster wird aufgerissen, mit Steinen und Asphalttrümmern werden Barrikaden errichtet. Die Volkspolizei der DDR bewacht die Grenze. Der DDR-Ministerrat begründet die Sperrung der Grenze: »Die Erhaltung des Friedens erfordert, dem Treiben der westdeutschen Revanchisten einen Riegel vorzuschieben.« Deshalb wrde eine Kontrolle an den Grenzen zu den Westsektoren von Groß-Berlin eingeführt, »wie sie an den Grenzen jedes souveränen Staates üblich ist«.

15. August 1961: Bei den Sperrmaßnahmen werden erstmals Betonteile statt Stacheldraht verwendet – es ist der Beginn des Mauerbaus. (In der Folge werden 111,6 km Betonplatten mit Rohrauflage sowie 55,7 km Metallgitterzaun um die Westsektoren errichtet und mit Sicherungsanlagen versehen. Auf den etwa 43 km, die die beiden Stadthälften teilen, beträgt die Höhe der Mauer ca. 4 Meter; in den Außenbezirken und am Brandenburger Tor ist sie weitaus niedriger.)

17. August 1961: Die Westmächte legen in einer Note an die Regierung der UdSSR gegen die Sperrung der Grenze »feierlichen Protest« ein. Diese Grenze zwischen dem sowjetischen und den westlichen Sektoren sei keine Staatsgrenze. Die ergriffenen Maßnahmen seien illegal.

18. August 1961: Die UdSSR beantwortet die westlichen Noten: Die von der DDR getroffenen Maßnahmen würden voll unterstützt, weil damit die »Wühltätigkeit gegen die Länder der sozialistischen Gemeinschaft unterbunden« werde.

19. August 1961: An der Mauer gibt es den ersten Toten: Beim Sprung aus einem Wohnhaus an der Bernauer Straße kommt ein Ostberliner ums Leben. – US-Vizepräsident Lyndon B. Johnson besucht Berlin (West) und gibt eine Freiheitsgarantie.

22. August 1961: Bundeskanzler Konrad Adenauer besucht Berlin (West).

23. August 1961: Westberliner können nur noch mit Aufenthaltsgenehmigungen in den Ostsektor fahren. Dazu werden in Berlin (West) Ausgabestellen eingerichtet. Die westalliierten Behörden schließen diese. Damit kommt der Verkehr zwischen Ost- und West-Berlin praktisch zum Erliegen.

20. September 1961: Die an der Grenze in Ost-Berlin gelegenen Häuser werden zwangsgeräumt. Anstelle von Stacheldraht und Barrikaden wird eine feste Mauer errichtet. (Nach Fertigstellung besteht die Absperrung aus 12 Kilometern Mauer, 137 Kilometern Stacheldraht, rund 500000 Quadratmetern Schneisen-, Todes- und Schußstreifen.

17. August 1962: Der bei der Flucht angeschossene 18jährige Ostberliner Peter Fechter verblutet an der Mauer, da ihm keine Hilfe geleistet wird.

26. Juni 1963: Während eines siebenstündigen Besuches in Berlin (West) sagt US-Präsident John F. Kennedy vor dem Schöneberger Rathaus zu rund 400000 Menschen u. a.: »Der stolzeste Satz, den man heute in der freien Welt sagen kann, heißt: Ich bin ein Berliner... Deshalb bin ich als freier Mensch stolz darauf, sagen zu dürfen: Auch ich bin ein Berliner!«

17. Dezember 1963: Die 1. Passierscheinregelung erlaubt Bürgern von Berlin (West) den Besuch in Berlin (Ost) in der Zeit vom 18. Dezember 1963 bis zum 5. Januar 1964. 1,2 Millionen Westberliner nutzen diese Gelegenheit. Mehrere solcher Abkommen folgen.

1. Dezember 1967: Walter Ulbricht erklärt vor der DDR-Volkskammer, West-Berlin liege »auf dem Territorium der DDR« und gehöre »rechtlich« zu ihr, sei aber »zur Zeit noch einem Besatzungsregime unterworfen«; die DDR werde sich dafür einsetzen, daß »Schritt um Schritt auch die letzten Überreste des II. Weltkrieges beseitigt werden«.

11. Juni 1968: Auf den Zugangswegen nach Berlin (West) wird ein Paß- und Visumzwang eingeführt.

31. Januar 1971: Der Telefonverkehr zwischen Ost- und West-Berlin wird nach 19jähriger Unterbrechung mit 10 Leitungen wiederaufgenommen.

3. September 1971: Vier-Mächte-Berlin-Abkommen *(→ Zeittafel)*.

29. März 1972: Bürger von Berlin (West) dürfen nach sechs Jahren erstmals wieder nach Berlin (Ost).

15. September 1983: Erstmals trifft ein Bürgermeister von Berlin (West) (Richard von Weizsäcker) in Berlin (Ost) mit einem DDR-Staatschef (Erich Honecker) zusammen.

1. April 1988: Zwischen Berlin (Ost) und Berlin (West) wird ein Gebietsaustausch von 184 ha vereinbart.

20. Januar 1989: SED-Chef Erich Honekker erklärt, daß die Mauer so lange stehen bleibe, wie die Bedingungen für ihren Bau sich nicht geändert hätten.

6. Februar 1989: Die Mauer fordert das 77. und letzte Todesopfer. Der Fluchtversuch zweier junger DDR-Bürger endet im Kugelhagel der DDR-Grenzsoldaten: Der 20jährige Chris Gueffroy wird tödlich getroffen. Der gleichaltrige Begleiter wird schwer verletzt. – Die drei Stadtkommandanten äußern ihre Empörung darüber, »daß einem Menschen, der seine Freiheit will, dieses Grundrecht verwehrt wird«, und fordern, daß »die Verantwortlichen diesen Verbrechen ein Ende setzen«.

10. März 1989: Nachdem bei einem weiteren Fluchtversuch an der Mauer erneut von Schußwaffen Gebrauch gemacht wird und drei DDR-Bürger verhaftet werden, sagt Bundeswirtschaftsminister Helmut Haussmann ein mit Honecker für den 13. März verabredetes Treffen ab. Der Besuch Haussmanns auf der Leipziger Messe wird ebenso abgesagt wie eine geplante Reise von Wohnungsbauminister Oscar Schneider.

13. August 1989: Zum 28. Jahrestag des Mauerbaus in Berlin verteidigt das SED-Zentralorgan Neues Deutschland – ebenso wie alle anderen Medien der DDR – die Existenz der Mauer: »Die Mauer wird nicht niedergelegt, solange die Bedingungen weiterbestehen, die zu ihrer Errichtung führten, und solche Bedingungen bestehen weiter.« Der Mauerbau habe die Völker Europas vor einem neuen kriegerischen Inferno bewahrt, Ruhe und Sicherheit für den sozialistischen Aufbau der DDR gestiftet und im Westen einen Prozeß des »Nachdenkens, ja Umdenkens« erzwungen.

9. November 1989: Kurz vor 18.00 Uhr gibt SED-Politbüromitglied Günter Schabowski die Öffnung der Grenzen zur Bundesrepublik Deutschland und nach West-Berlin bekannt. Tausende eilen noch in der Nacht zu den Sektorenübergängen – die Schlagbäume werden geöffnet. Auf Westberliner Gebiet spielen sich bewegende Szenen ab. Vor dem Brandenburger Tor überwinden zahlreiche Menschen – unbehelligt von den Grenzpolizisten – die Absperrungen und klettern auf die Mauerkrone.

22. Dezember 1989: Um 15.00 Uhr wird die Freigabe des Brandenburger Tores in Berlin als 26. Grenzübergang durch die Regierungschefs der beiden deutschen Staaten, Bundeskanzler Helmut Kohl und Ministerpräsident Hans Modrow, mit einem Händedruck besiegelt *(→ Sp. ..)*. Modrow erinnert in einer kurzen Ansprache daran, daß das Tor 1961 durch den Mauerbau geschlossen worden sei, um die Existenz der DDR zu sichern. Die Geschichte müsse urteilen, ob der Mauerbau die »Ultima ratio« gewesen sei. Kohl sagt, er erlebe die glücklichsten Stunden seines Lebens, weil er spüre, daß er jetzt als Deutscher mitten in Deutschland sei.

23. August: Als Reaktion auf das Vorgehen der DDR-Behörden gehen US-Panzer an der Sektorengrenze in Berlin in Stellung; sowjetische Panzer werden auf der anderen Seite in Position gebracht.
30. Dezember: Ulbricht erklärt in einem »Prawda«-Interview, die Massenflucht von DDR-Bürgern habe dem Staat einen Schaden von 30 Milliarden Mark verursacht.

1962
24. Januar: Einführung der **allgemeinen Wehrpflicht** in der DDR.
17. September: Die UdSSR erklärt einseitig den Viermächtestatus von Berlin für beendet.

1963
15.–21. Januar: Die **SED** verabschiedet auf ihrem VI. Parteitag erstmals ein förmliches **Parteiprogramm**, in dem der Kommunismus sowjetischer Prägung als zu erstrebendes Ziel festgelegt wird.
21. Juni: Der DDR-Ministerrat erläßt eine Verordnung über den **Schutz der »Staatsgrenze«** zwischen der DDR und Berlin (West) sowie Anordnungen über die Errichtung eines besonderen Grenzgebietes (100 Meter breiter »Schutzstreifen«) und über die Ordnung in diesem Grenzgebiet (zu Berlin [West]).
24./25. Juni: Das ZK der SED und der DDR-Ministerrat beschließen Richtlinien für das Neue ökonomische System der Planung und Leitung (**NöSPL**).
17. Dezember: Vertreter des Senats von Berlin (West) schließen zum ersten Male ein **Passierscheinabkommen** mit den DDR-Behörden (→ Berliner Mauer, Sp. ħ ff.). Weitere folgen.

1964
12. Juni: Die **UdSSR garantiert** in einem Freundschafts- und Beistandsabkommen ausdrücklich **die Unantastbarkeit der DDR-Staatsgrenzen** (in Kraft am *26. September*). – Die Westmächte reagieren am *13. Juni* mit einer Erklärung, in der sie erneut ihre Verantwortung für Berlin und das Selbstbestimmungsrecht des deutschen Volkes bekräftigen.
1. September: Die DDR-Volkskammer bestätigt die Straffreiheit für Flüchtlinge, die vor dem 13. August 1961 (Mauerbau) die DDR verließen.
9. September: Der DDR-Ministerrat gestattet DDR-Rentnern **Verwandtenbesuche** in der Bundesrepublik und in Berlin (West).
24. September: Nach dem Tod Grotewohls (am *21. September*) wird Willi **Stoph Vorsitzender des Ministerrates** und stellvertretender Vorsitzender des Staatsrates der DDR.
25. November: Die DDR-Regierung setzt mit Wirkung vom *1. Dezember* den **Zwangsumtausch** von DM-Beträgen in Ostmark für Reisende aus der Bundesrepublik Deutschland und Berlin (West) sowie allen nichtsozialistischen Ländern fest: Rentner und Kinder ausgenommen, müssen pro Tag und Person mindestens 3 DM im Verhältnis 1:1 gewechselt werden.

1965
25. Februar: Gesetz über das »einheitliche sozialistische Bildungssystem« in der DDR.
7. April: Sowjetische und DDR-Behörden blockieren zeitweilig die Zugänge zu Wasser und zu Lande nach Berlin (West) mit der Begründung, der Deutsche Bundestag halte dort rechtswidrig – weil West-Berlin nicht zur Bundesrepublik gehöre – Plenarsitzungen ab.
30. April: Der sowjetische Außenminister Andrej Gromyko erklärt anläßlich eines Besuchs in Paris, Frankreich und die UdSSR seien sich einig, daß die Nachkriegsgrenzen Deutschlands nicht mehr angetastet werden dürften.

1966
7. Februar – 18. März: Offener Briefwechsel SED – SPD über einen geplanten Redneraustausch, der aber dann auf Veranlassung der östlichen Seite nicht stattfinden kann.
9. Mai: Inbetriebnahme des 1. Atomkraftwerks der DDR in Rheinsberg.

1967
20. Februar: Die Volkskammer verabschiedet das »Gesetz über die Staatsbürgerschaft der DDR«.

10. Mai: Mit einem Schreiben des DDR-Ministerpräsidenten Willi Stoph an Bundeskanzler Kurt Georg Kiesinger beginnt ein **erster direkter Notenwechsel** zwischen beiden Regierungen. Auf die Forderung Stophs nach völkerrechtlicher Anerkennung der DDR antwortet Kiesinger am *13. Juni* mit dem Vorschlag, »praktische Fragen des Zusammenlebens der Deutschen« zu regeln. Als Stoph am *18. September* einen Abkommensentwurf über »normale« völkerrechtliche Beziehungen unterbreitet, spricht Kiesinger am *28. September* von einem »Teilungsvertrag«. Der Dialog scheitert an unüberbrückbaren Meinungsverschiedenheiten.

16. August: Die Bundesregierung verfügt die Aufhebung der (im Frühjahr 1962 eingeführten) Widerrufsklausel im Interzonenhandel.

28. August: Für die Werktätigen der DDR tritt die **Fünf-Tage-Arbeitswoche** als gesetzliche Regelung in Kraft: Die Wochenarbeitszeit wird von bisher 45 auf 43¾ Stunden (Schichtarbeiter 42 Stunden) verkürzt.

1968

12. Januar: Das **Strafgesetzbuch** und die **Strafprozeßordnung** kodifizieren das sozialistische Strafrecht der DDR. Es soll u. a. die Staats- und Gesellschaftsordnung schützen.

8. April: Die am 6. April durch »Volksentscheid« angenommene **neue sozialistische Verfassung der DDR** tritt in Kraft. In Artikel 1 wird der Führungsanspruch der SED festgelegt.

11. Juni: Die DDR-Volkskammer führt die **Paß- und Visapflicht im Reise- und Transitverkehr** der Bundesrepublik und West-Berlins mit der DDR ein.

20./21. August: Einheiten der NVA nehmen an der Intervention in der CSSR teil.

28. Oktober: Bundesaußenminister Willy Brandt erneuert ein Verhandlungsangebot an die DDR und erklärt die Bereitschaft, von der Existenz der DDR als eines zweiten Staates in Deutschland auszugehen und der DDR-Regierung auf der Basis der Gleichberechtigung zu begegnen.

1969

18. Dezember: Ulbricht schlägt in einem an Bundespräsident Gustav Heinemann gerichteten Schreiben den baldigen Beginn von Verhandlungen über einen dem Schreiben angefügten »Entwurf zu einem Vertrag über die Aufnahme gleichberechtigter Beziehungen« zwischen der DDR und der Bundesrepublik Deutschland vor. Heinemann nimmt in seiner Antwort am *20. Dezember* nicht zu Sachfragen Stellung, da dies in die Kompetenz der Bundesregierung falle.

1970

14. Januar: Bundeskanzler Willy Brandt lehnt im Bericht zur Lage der Nation den Vertragsentwurf Ulbrichts vom 18. 12. 1969 ab und schlägt den Austausch von Gewaltverzichtserklärungen zwischen beiden deutschen Staaten vor.

19. Januar: Ulbricht fordert auf einer Pressekonferenz als Voraussetzung für ein Gewaltverzichtsabkommen die völkerrechtliche Anerkennung der DDR durch die Bundesrepublik Deutschland.

19. März: **Treffen Stoph–Brandt in Erfurt** zu einem ersten Gespräch über die Beziehungen zwischen beiden deutschen Staaten.

21. Mai: Stoph und Brandt treffen **in Kassel** zu einem zweiten Gespräch zusammen.

1971

3. Mai: **Rücktritt Ulbrichts** vom Amt des Ersten Vorsitzenden des ZK der SED »aus Altersgründen« (er bleibt Staatsratsvorsitzender); Erich **Honecker wird sein Nachfolger**, am 24. Juni auch als Vorsitzender des Nationalen Verteidigungsrates.

3. September: Die Botschafter der vier Siegermächte treten als Alliierter Kontrollrat in Berlin zusammen *(vgl. → 20. März 1948)* und unterzeichnen das **Viermächteabkommen über Berlin**. Die UdSSR gewährleistet den ungehinderten zivilen Verkehr von Personen und Gütern zwischen den Westsektoren Berlins und der Bundesrepublik Deutschland. Die Behörden beider deutschen Staaten sollen gemeinsame Regelungen für den Reise- und Besuchsverkehr zwischen West- und

Ost-Berlin, zwischen Berlin (West) und der DDR sowie über den Transitverkehr zwischen der Bundesrepublik und Berlin (West) ausarbeiten.

30. September: Abschluß eines **Post- und Fernmeldeabkommens** zwischen der DDR und der Bundesrepublik. Es bringt u. a. Verbesserungen im Fernsprechverkehr.

17. Dezember: Unterzeichnung eines **Transitabkommens** zwischen der DDR und der Bundesrepublik.

20. Dezember: **Vereinbarungen** des DDR-Ministerrats und des Senats von Berlin (West) **über Reise- und Besucherverkehr** sowie über Gebietsaustausch. Demnach können erstmals seit 1961 Bewohner von Berlin (West) den Ostteil der Stadt und die DDR besuchen.

1972

26. Mai: Unterzeichnung eines **Verkehrsvertrages** zwischen der DDR und der Bundesrepublik über Verbesserungen und Erleichterungen im Reiseverkehr. Es ist der erste Staatsvertrag zwischen beiden deutschen Staaten; er tritt am 17. Oktober in Kraft.

3. Juni: Unterzeichnung des Viermächteschlußprotokolls zum Berlin-Abkommen vom *3. September 1971;* damit treten das Viermächteabkommen, das Transitabkommen sowie die Vereinbarungen zwischen dem Senat von Berlin (West) und der DDR in Kraft.

1. September: **Neue DDR-Grenzordnung**: An der »Staatsgrenze West« werden Schutzstreifen und Sperrzonen genau festgelegt; die Anwendung der Schußwaffe durch die DDR-Grenztruppen ist gemäß den Bestimmungen des Ministeriums für Nationale Verteidigung zulässig.

21. Dezember: Unterzeichnung des »Vertrages über die Grundlagen der Beziehungen zwischen der Bundesrepublik Deutschland und der Deutschen Demokratischen Republik« (**Grundlagenvertrag**): Anerkennung der Viermächteverantwortung, Unverletzlichkeit der Grenzen, Beschränkung der Hoheitsgewalt auf das jeweilige Staatsgebiet, Austausch »ständiger Vertreter«, Beibehaltung des innerdeutschen Handels, Antrag beider Staaten auf UNO-Mitgliedschaft. (Der Vertrag tritt am *21. Juni 1973* in Kraft.) In einem »Brief zur deutschen Einheit« betont die Bundesregierung, daß der Vertrag nicht im Widerspruch zum politischen Ziel einer späteren Wiedervereinigung der beiden deutschen Staaten steht.

1973

9. Februar: Die ehemaligen Besatzungsmächte Frankreich und Großbritannien erkennen – als Reaktion auf den Grundlagenvertrag – (als 70. bzw. 71. Staat) die DDR an.

18. September: Die DDR und die Bundesrepublik Deutschland werden (als 133. bzw. 134. Staat) **in die UNO aufgenommen**.

2. Oktober: Die SED beschließt ein **Wohnungsbauprogramm**, das die Wohnungsprobleme bis 1990 lösen soll.

3. Oktober: Nach dem **Tod Ulbrichts** (am *1. August*) werden **Willi Stoph Staatsratsvorsitzender** und **Horst Sindermann Ministerratsvorsitzender** der DDR.

15. November: Die DDR erhöht den Zwangsumtausch für Besuche in Berlin (Ost) auf 10 DM und für Besuche in die DDR auf 20 DM täglich.

1974

14. März: Unterzeichnung eines Protokolls über die gegenseitige **Errichtung »Ständiger Vertretungen«** in Bonn und Berlin (Ost). Es tritt am *2. Mai* in Kraft.

25. April: Unterzeichnung eines Abkommens über den nichtkommerziellen Zahlungs- und Verrechnungsverkehr sowie eines **Gesundheitsabkommens** (Anspruch auf kostenfreie ambulante und stationäre Behandlung für Reisende aus dem jeweils anderen deutschen Staat) zwischen der DDR und der Bundesrepublik.

6./7. Mai: Willy Brandt, Bundeskanzler seit 1969, tritt – zwei Wochen nach der Verhaftung seines persönlichen Referenten, des DDR-Spions Günter Guillaume – zurück. Der neue Bundeskanzler Helmut Schmidt bezeichnet am *17. Mai* den Spionagefall als ernste Belastung des Verhältnisses zwischen beiden deutschen Staaten.

4. September: Die DDR und die USA nehmen diplomatische Beziehungen auf.
27. September: Die DDR-Volkskammer beschließt ein Gesetz zur Ergänzung und **Änderung der Verfassung** (vom *8. April 1968*) mit Wirkung vom 7. Oktober. Durch die Änderungen wird u. a. die Formel »Getragen von der Verantwortung, der ganzen deutschen Nation den Weg in die Zukunft des Friedens und des Sozialismus zu weisen« gestrichen und der Begriff »sozialistischer Staat der Arbeiter und Bauern« ersetzt.
15. November: Der verbindliche Mindestumtausch für Besucher der DDR und Berlins (Ost) aus nichtsozialistischen Ländern wird auf 13 DM pro Tag und Person festgelegt.
12. Dezember: Vereinbarung über die **Fortführung der Swing-Regelung** im innerdeutschen Handel vom *6. Dezember 1968* für den Zeitraum 1976–1981; Einführung einer Höchstgrenze für den Swing von 850 Mill. Verrechnungseinheiten (VE).
20. Dezember: Durch eine DDR-Anordnung werden Personen unter 16 Jahren und Rentner vom Mindestumtausch beim Besuch der DDR und Berlins (Ost) wieder ausgenommen.

1975
1. August: Anläßlich der Unterzeichnung der KSZE-Schlußakte in Helsinki kommt es zu einem Treffen zwischen SED-Chef Erich Honecker und Bundeskanzler Helmut Schmidt.
7. Oktober: In Moskau wird ein zweiter Vertrag über Freundschaft, Zusammenarbeit und gegenseitigen Beistand unterzeichnet.
19. Dezember: Neue Verkehrsvereinbarungen zwischen der DDR und der Bundesrepublik über Verbesserungen im Berlin-Verkehr (u. a. Autobahnausbau).

1976
30. März: Unterzeichnung eines Post- und Fernmeldeabkommens sowie von drei zusätzlichen Verwaltungsabkommen (Errichtung des Durchwählverkehrs bei Telefonaten) zwischen beiden deutschen Staaten; es tritt am *1. Juli* in Kraft.
29. Oktober: Willi **Stoph** wird wieder (wie bereits von 1964 bis 1973) **Ministerratsvorsitzender**; anstelle von Stoph wird Erich **Honecker Staatsratsvorsitzender** (und als Vorsitzender des Nationalen Verteidigungsrates bestätigt).

1977
1. Januar: Inkrafttreten mehrerer DDR-Verordnungen und Regelungen, die den Berlin-Status berühren: Einführung der Visumpflicht für Ausländer bei Tageseinreisen von Berlin (West) nach Berlin (Ost); Aufhebung der Kontrollstellen an den Ausfallstraßen Berlins (Ost) zur DDR.
7. Oktober: Tumulte (bei einem Konzert) auf dem Ostberliner Alexanderplatz fordern drei Tote, darunter zwei Volkspolizisten.

1978
30. Juni: Der DDR-Systemkritiker Rudolf Bahro (Buch: »Die Alternative«) wird wegen »Geheimnisverrats« und »Landesverrats« zu acht Jahren Gefängnis verurteilt (jedoch im *Oktober 1979* in die Bundesrepublik entlassen).
16. November: Unterzeichnung von Abkommen zwischen beiden deutschen Staaten über den Bau der Autobahn Berlin–Hamburg, die Wiedereröffnung des Teltow-Kanals in Berlin und den nichtkommerziellen Zahlungsverkehr.
29. November: Unterzeichnung eines Protokolls zwischen beiden deutschen Regierungen über die Überprüfung, Erneuerung und Ergänzung der **Markierung der** 1393 km langen **innerdeutschen Grenze**, die Grenzdokumentation und die Regelung sonstiger mit dem Grenzverlauf in Zusammenhang stehender Probleme.

1979
28. Juni: Die DDR-Volkskammer beschließt eine **Änderung des Wahlgesetzes**: Die bisherige Entsendung der Abgeordneten von Berlin (Ost) durch die Stadtverordnetenversammlung wird durch deren direkte Wahl in die Volkskammer ersetzt.
5. September: Unterzeichnung eines auf sechs Jahre befristeten **Energieabkommens**

zwischen beiden deutschen Staaten; es legt die gegenseitigen Rohöl-, Benzin- und Kohlelieferungen fest.
14. Dezember: Abschluß einer vom DDR-Staatsrat am 24. September zum 30. Jahrestag der Staatsgründung beschlossenen **Amnestie**. Nach offiziellen DDR-Angaben wurden u. a. 21928 Strafgefangene entlassen und 34115 sonstige Strafen erlassen.
21. Dezember: Unterzeichnung eines Veterinärabkommens zwischen beiden deutschen Staaten; es tritt am 14. 8. 1980 in Kraft.

1980
1. Januar: Bundesbürger und Westberliner brauchen bei Transitfahrten durch die DDR keine **Straßenbenutzungsgebühren** mehr zu entrichten. Die Bundesregierung zahlt dafür eine **Jahrespauschale** (50 Mill. DM).
3. Juli: Das Bundesministerium für innerdeutsche Beziehungen gibt bekannt, daß durch »besondere Bemühungen« der Bundesregierung zwischen 1964 und 1980 rd. 13000 **politische Häftlinge** in der DDR vorzeitig in die Bundesrepublik **entlassen** wurden. Im gleichen Zeitraum kamen über 30000 DDR-Bürger im Rahmen der **Familienzusammenführung** in die Bundesrepublik Deutschland.
9. Oktober: Die DDR erhöht den Mindestumtauschsatz für Besucher aus nichtsozialistischen Ländern in die DDR von 13 auf 25 DDR-Mark pro Tag.
13. Oktober: Honecker fordert in Gera von der Bundesrepublik die Anerkennung der Existenz zweier souveräner, voneinander unabhängiger Staaten.

1981
14. Juni: Bei den **Wahlen zur 8. Volkskammer**, den 14 Bezirkstagen und (erstmals direkt) zur Ostberliner Stadtverordnetenversammlung stimmen 99,86% der Wähler (Wahlbeteiligung: 99,21%) für die Einheitsliste der Nationalen Front.
11.–13. Dezember: Auf Einladung Honeckers kommt Bundeskanzler Schmidt zu einem innerdeutschen Gipfeltreffen an den Werbellin- und Döllnsee.
15. Dezember: In einer Erklärung der DDR-Presseagentur ADN wird die am 13. Dezember erfolgte Verhängung des Ausnahmezustands in Polen begrüßt.

1982
23. März: Neue DDR-Reisebestimmungen in dringenden Familienangelegenheiten dehnen den Kreis der zu Besuchen in der Bundesrepublik Deutschland berechtigten DDR-Bürger im berufstätigen Alter aus.
18. Juni: Zwischen der DDR und der Bundesrepublik Deutschland bzw. Berlin (West) werden u. a. folgende **Vereinbarungen** getroffen: schrittweise Reduzierung des zinslosen Überziehungskredits (Swing) von 850 Mill. auf 600 Mill. Verrechnungseinheiten jährlich bis 1. 1. 1985; Erhöhung der jährlichen Rate im nichtkommerziellen grenzüberschreitenden Zahlungsverkehr zwischen 1983 und 1985 von 50 Mill. auf 60 Mill. Mark durch die DDR; Straffreiheit für alle ehemaligen DDR-Bürger, die das Land vor dem 1. 1. 1981 illegal verlassen haben; Tagesbesucher aus Berlin (West) brauchen künftig ihren Aufenthalt in der DDR bzw. in Berlin (Ost) erst um 2 Uhr statt um 24 Uhr zu beenden.
28. September: Die DDR und die Bundesrepublik vereinbaren Maßnahmen zum Gewässerschutz in Berlin.
20. November: Eröffnung der Transitautobahn Berlin–Hamburg.

1983
14. Februar: In Dresden demonstrieren rd. 100 000 Teilnehmer für den Frieden.
1. Juli: In München wird ein von der Bundesregierung verbürgter **Kreditvertrag über 1 Mrd. DM** für die DDR unterzeichnet.
28. September: Die DDR beginnt mit dem **Abbau von Selbstschußanlagen** an der innerdeutschen Grenze (am *30. November 1984* beendet).
15. November: Ein neues **Post- und Fernmeldeabkommen** sieht die Anhebung der jährlichen Pauschalleistung der Bundesrepublik an die DDR von 85 Mill. auf 200 Mill. DM bis 1990 vor. Verbessert wird u. a. der Geschenkpaketverkehr.

30. Dezember: Zwischen dem Senat von Berlin (West) und der DDR-Reichsbahn wird die **Übernahme der S-Bahn auf Westberliner Gebiet durch den Berliner Senat** zum *9. Januar 1984* vereinbart.

1984

22. Januar: Sechs DDR-Bürger, die in der US-Botschaft politisches Asyl suchten, dürfen ausreisen.

24. Januar: DDR-Bürger, die in die Ständige Vertretung der Bundesrepublik geflüchtet waren, dürfen ausreisen.

15. Juni: Auf der 9. Tagung der DDR-Volkskammer werden die SED-Politbüromitglieder und Staatsratsmitglieder Egon Krenz und Günter Mittag zu Stellvertretenden Staatsratsvorsitzenden gewählt.

25. Juni: Die Ständige Vertretung der Bundesrepublik Deutschland in Berlin (Ost) wird vorübergehend (bis *31. Juli*) geschlossen, da 55 DDR-Bürger, die Ausreiseanträge gestellt haben, bis zur Klärung ihrer Gesuche in der Ständigen Vertretung bleiben wollen. Am 30. Juni verlassen 25 von ihnen nach Verhandlungen mit dem Beauftragten der DDR-Regierung, Rechtsanwalt Vogel, »freiwillig und ohne Nachteile« die Vertretung.

25. Juli: Die Bundesregierung billigt einen erneuten **Kredit von 950 Mill. DM** zwischen westdeutschen Banken und der DDR.

1. August: Die DDR erleichtert im Gegenzug den innerdeutschen Grenzverkehr u. a. durch die Herabsetzung des Zwangsumtauschsatzes und eine verlängerte Verweildauer in grenznahen Kreisen der DDR.

1. Dezember: In der DDR tritt eine **Erhöhung der Mindestrenten** auf 300 Mark in Kraft.

1985

15. Januar: Die letzten DDR-Bürger verlassen die Botschaft der Bundesrepublik Deutschland in Prag, nachdem ihnen seitens der DDR Straffreiheit und Prüfung ihrer Ausreiseanträge zugesichert worden ist.

5. Juli: Im innerdeutschen Handel wird eine Erhöhung des zinslosen Überziehungskredits (Swing) für die DDR von 600 Mill. auf 850 Mill. DM vereinbart.

3. November: Abschluß der **Räumung der Minenfelder** an der innerdeutschen Grenze.

Innerdeutscher Handel

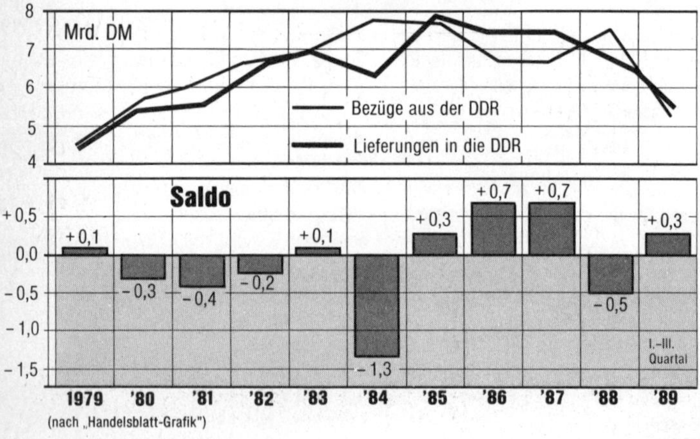

(nach „Handelsblatt-Grafik")

1986

6. Februar: Das Ministerium für Staatssicherheit (»Stasi«) wird »für vorbildliche Pflichterfüllung ... im Interesse des ganzen werktätigen Volkes« mit dem Karl-Marx-Orden und einem Ehrenbanner des ZK der SED ausgezeichnet.

19.–21. Februar: Der Präsident der DDR-Volkskammer Horst **Sindermann besucht** (auf Einladung der SPD-Bundestagsfraktion) **die Bundesrepublik Deutschland**. Er trifft u. a. mit Bundeskanzler Kohl, dem Bundestagspräsidenten Philipp Jenninger, dem SPD-Vorsitzenden Willy Brandt und Vertretern von SPD, CDU, CSU und FDP zusammen.

23. April: Eisenhüttenstadt und Saarlouis schließen eine Grundsatzvereinbarung über die erste deutsch-deutsche Städtepartnerschaft *(hierzu → Sp. ....)*.

6. Mai: Nach 12 Jahre währenden Verhandlungen wird ein **Kulturabkommen** zwischen beiden deutschen Staaten unterzeichnet. Es regelt den Austausch in den Bereichen Wissenschaft, Musik, Film, Malerei, Sport, Verlagswesen, Denkmalpflege und Theater und hat eine Laufzeit von 5 Jahren.

8. Juni: Bei den **Wahlen zur 9. Volkskammer**, den 14 Bezirkstagen und der Ostberliner Stadtverordnetenversammlung stimmen 99,94% der Wähler (Wahlbeteiligung 99,74%) für die Einheitsliste der Nationalen Front.

1987

5. Februar: Der DDR-Spionagechef Markus Wolf scheidet auf eigenen Wunsch aus dem Ministerium für Staatssicherheit aus.

7. Juni: In Berlin (Ost) kommt es in der Nähe des Brandenburger Tors zu schweren Auseinandersetzungen zwischen DDR-Volkspolizisten und Jugendlichen, die ein Rockkonzert am 300 Meter entfernten Reichstag in Berlin (West) hatten verfolgen wollen.

9. Juni: Trotz großen Polizeiaufgebots fordern rd. 3000 Menschen in der Straße Unter den Linden in Sprechchören den Abriß der Mauer und Freiheit; auch »Gorbatschow«-Rufe werden laut.

17. Juli: In der DDR wird mit sofortiger Wirkung die **Todesstrafe abgeschafft**.

26. August: Die Bundesregierung beschließt die **Erhöhung des Begrüßungsgeldes** für DDR-Besucher von bisher zweimal jährlich 30 DM auf einmal 100 DM pro Besucher und Jahr.

7.–11. September: Besuch des DDR-Staatsratsvorsitzenden **Honecker in der Bundesrepublik Deutschland**. Unterzeichnung von Abkommen über Strahlenschutz und die Zusammenarbeit in Wissenschaft und Technik. In Abweichung vom Redemanuskript läßt Erich Honecker die Bemerkung fallen vom Tag, »an dem **Grenzen uns nicht mehr trennen, sondern Grenzen uns vereinen**, so wie uns die Grenze zwischen der DDR und der VR Polen vereint«.

12. Oktober: Im Rahmen einer allgemeinen **Amnestie** (zum 38. Jahrestag der DDR-Gründung) werden nach DDR-Angaben 24612 Personen aus dem Strafvollzug entlassen.

1. November: Erleichterungen im Reise- und Paketverkehr treten in Kraft; u. a. dürfen Fachzeitschriften, Kalender, Briefmarken, Schallplatten und verschiedene Arzneimittel in die DDR eingeführt bzw. versandt werden.

1988

17. Januar: Bei **Demonstrationen** zum 69. Jahrestag der Ermordung von Rosa Luxemburg und Karl Liebknecht verhaftet der DDR-Staatssicherheitsdienst rund 120 Personen, die sich mit eigenen Spruchbändern, wie z. B. mit dem Luxemburg-Zitat »Freiheit ist auch immer die Freiheit des Andersdenkenden«, der offiziellen SED-Kundgebung anschließen wollten. Mehrere DDR-Bürger aus dem Bereich der Ostberliner Zionskirchengemeinde werden, nachdem sie auf eine Teilnahme an der Demonstration nicht verzichten wollten, ausgebürgert und in die Bundesrepublik abgeschoben (u. a. Freya Klier, Stephan Krawczyk, Vera Wollenberger).

1. März: Einwohner von Berlin (West) können künftig bei Tagesreisen nach Berlin (Ost) einmal dort übernachten.

31. März: Zwischen dem DDR-Ministerrat und dem Senat von Berlin (West) wird nach

Bevölkerung der DDR

Einwohner je km^2 (Ende 1988)

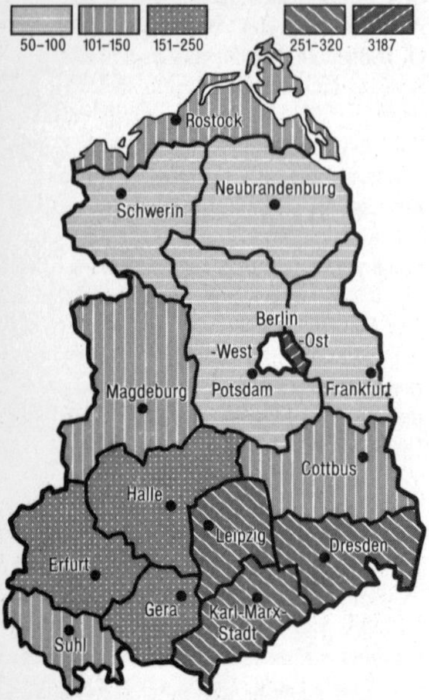

Verteilung der Bevölkerung auf Stadt und Land (in % der Bevölkerung)

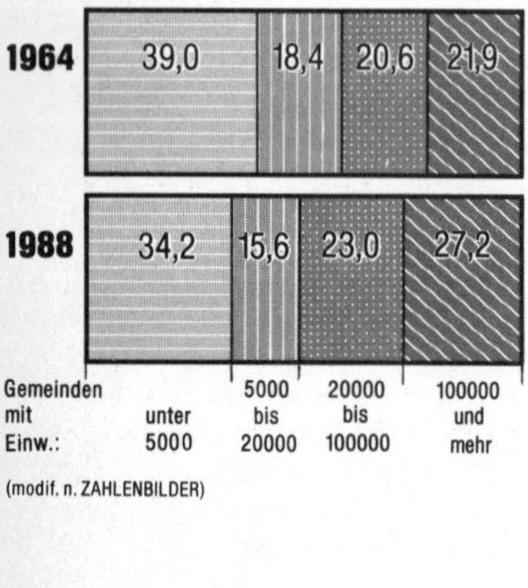

(modif. n. ZAHLENBILDER)

fünfjährigen Verhandlungen eine **Vereinbarung über einen Gebietsaustausch** unterzeichnet. Der 3. Gebietsaustausch seit Abschluß des Viermächteabkommens 1971 umfaßt 18 unbewohnte Flächen von insgesamt 184 ha: 96,7 ha kommen zu Berlin (West), 87,3 ha zu Berlin (Ost). Berlin (Ost) erhält eine Ausgleichszahlung von 76 Mill. DM.

9. Mai: Bundeskanzler Helmut Kohl beendet eine dreitägige private Reise durch die DDR, auf der er die Städte Gotha, Erfurt, Weimar und Dresden besuchte.

15. August: Die DDR nimmt diplomatische Beziehungen mit der EG auf.

14. September: Zwischen beiden deutschen Staaten werden **Verbesserungen im Transitverkehr** zwischen Berlin (West) und dem Bundesgebiet vereinbart; gleichzeitig wird die **Transitpauschale** für 1990–99 von derzeit 525 Mill. auf 860 Mill. DM pro Jahr **erhöht**.

27.–29. September: Honecker erklärt nach Gesprächen mit Michail Gorbatschow in Moskau die »Unterstützung für den Kurs der Erneuerung der sowjetischen Gesellschaft«.

1989

1. Januar: Eine neue **Reiseverordnung** für DDR-Bewohner regelt neben Dienst-, Touristen- und Privatreisen auch »ständige Ausreisen, also Übersiedlungen in den Westen. Sie sieht auch ein Beschwerderecht der DDR-Bewohner gegen die Versagung von Reiseanträgen vor. Die Reiseverordnung wird am *1. April* (nach Kritik aus der Bevölkerung) erweitert.

15. Januar: Am 70. Jahrestag der Ermordung von Rosa Luxemburg und Karl Liebknecht fordern mehrere hundert Demonstranten in Leipzig das Recht auf freie Meinungsäußerung, Versammlungs- und Pressefreiheit. 80 werden verhaftet.

12. März: 600 Ausreisewillige demonstrieren in Leipzig.

17. Mai: Bei **Kommunalwahlen** in der DDR erreicht nach amtlichen Angaben die Zustimmung zu der Liste der Nationalen Front, dem Zusammenschluß der fünf Parteien (SED, CDU, LDPD, NDPD, DBD), der Massenorga-

nisationen und Verbände 98,85 %. Opposition und Kirche in der DDR sprechen von **Wahlfälschung**.
5. Juni: Das SED-Zentralorgan »Neues Deutschland« verteidigt das Massaker auf dem Platz des Himmlischen Friedens in Peking.
8. Juni: Die DDR-Volkskammer zeigt in einer einstimmig angenommenen Erklärung Verständnis für die Maßnahmen der Partei- und Staatsführung der VR China zur »Wiederherstellung von Ordnung und Sicherheit unter Einsatz bewaffneter Kräfte« (d. h. Niederschlagung der Demokratiebewegung).
29. Juni: Die in der DDR stationierte »Gruppe der Sowjetischen Streitkräfte in Deutschland« (*→ 12. 3. 1957*) wird in »West-Gruppe der Sowjetischen Streitkräfte« umbenannt.
6. Juli: Die Umweltminister beider Staaten unterzeichnen eine gemeinsame Erklärung, nach der sich die Bundesrepublik mit 300 Mill. DM an der **Finanzierung von 6 Umweltschutzprojekten** in der DDR beteiligt; die DDR steuert 470 Mill. Mark eigener Währung bei.
1. August: Neue **Erleichterungen im innerdeutschen Reiseverkehr** treten in Kraft: u. a. erhalten Touristen aus der Bundesrepublik Deutschland oder aus Berlin (West) künftig bei Besuchen in der DDR, die bei einem Reisebüro gebucht werden, ein Visum für die ganze DDR (bisher war die Einreiseerlaubnis nur für einen einzelnen Bezirk gültig).
10. August: Aufnahme des innerdeutschen Flugverkehrs.
August: Die **Fluchtbewegung aus der DDR verstärkt sich** (*Einzelheiten → Sp. 137 ff.*).

Übersiedler und Flüchtlinge aus der DDR bzw. SBZ von Kriegsende bis Ende 1989

(Quelle: Nach Angaben des Bundesministerium des Innern und »Frankfurter Allgemeine« vom 20. 10. 1989)

Übersiedler: sind deutsche Staatsangehörige und deutsche Volkszugehörige, die die DDR und Berlin (Ost) verlassen haben, um in der Bundesrepublik Deutschland einschließlich des Landes Berlin im Wege der Aufnahme nach § 1 des Aufnahmegesetzes ständigen Aufenthalt zu begründen.

Flüchtlinge: sind deutsche Staatsangehörige und deutsche Volkszugehörige aus der DDR oder Berlin (Ost), die unter Gefahr für Leib und Leben oder die persönliche Freiheit in die Bundesrepublik Deutschland einschließlich des Landes Berlin gekommen sind.

Sonstige: sind deutsche Staatsangehörige und deutsche Volkszugehörige, die nach vorangegangener Haft in der DDR mit Genehmigung der dortigen Behörden oder auf deren Veranlassung ohne eigenen Antrag in die Bundesrepublik Deutschland einschließlich des Landes Berlin gekommen sind.

Erfassungs-zeitraum	Gesamt	
Kriegsende bis 31. 12. 1948	732100	Erfassung des Zuzugs aus der sowjetischen Besatzungszone durch das Statistische Bundesamt
1. 1. 1949 bis 12. 8. 1961	2686942	Erfassung der Anstragsteller nach dem Aufnahmegesetz
1945 bis August 1961	**3419042**	
1989	**343854**	
1961–89	**959905**	**Siehe dazu im einzelnen die Tabelle auf Sp. 135 f.**
Kriegsende –Ende 1989	**4378962**	

		Übersiedler		Flüchtlinge über andere Länder		Flüchtlinge über die Grenzbefestigungen		Sonstige/Freigekaufte Häftlinge	
Jahr	Gesamt	Zahl	%	Zahl	%	Zahl	%	Zahl	%
8–12/1961	51624		0,0	43117	83,5	8507	16,5		
1962	21356	4615	21,6	10980	51,4	5761	27,0		
1963	42632	29665	69,6	9267	21,7	3692	8,7	8	0,0
1964	41873	30012	71,7	7826	18,7	3155	7,5	880	2,1
1965	29552	17666	59,8	8397	28,4	2329	7,9	1160	3,9
1966	24131	15675	65,0	6320	26,2	1736	7,2	400	1,7
1967	19578	13188	67,4	4637	23,7	1203	6,1	550	2,8
1968	16036	11134	69,4	3067	19,1	1135	7,1	700	4,4
1969	16975	11702	68,9	3230	19,0	1193	7,0	850	5,0
1970	17519	12472	71,2	3246	18,5	901	5,1	900	5,1
1971	17408	11565	66,4	3611	20,7	832	4,8	1400	8,0
1972	17164	11627	67,7	3562	20,8	1245	7,3	730	4,3
1973	15189	8667	57,1	4050	26,7	1842	12,1	630	4,1
1974	13252	7928	59,8	3255	24,6	969	7,3	1100	8,3
1975	16285	10274	63,1	4188	25,7	673	4,1	1150	7,1
1976	15168	10058	66,3	3010	19,8	610	4,0	1490	9,8
1977	12078	8041	66,6	1846	15,3	721	6,0	1470	12,2
1978	12117	8271	68,3	1905	15,7	461	3,8	1480	12,2
1979	12515	9003	71,9	2149	17,2	463	3,7	900	7,2
1980	12763	8775	68,8	2683	21,0	424	3,3	881	6,9
1981	15433	11093	71,9	2602	16,9	298	1,9	1440	9,3
1982	13208	9113	69,0	2282	17,3	283	2,1	1530	11,6
1983	11343	7729	68,2	2259	19,9	228	2,0	1127	9,9
1984	40974	34982	85,4	3459	8,4	192	0,5	2341	5,7
1985	24912	18752	75,3	3324	13,3	160	0,7	2676	10,7
1986	26178	19982	76,3	4450	17,0	210	0,8	1536	5,9
1987	18958	11459	60,4	5964	31,5	288	1,5	1247	6,6
1988	39845	29033	72,9	9129	22,9	589	1,5	1094	2,7
1961–88	**616066**	**382481**	**62,1**	**163815**	**26,6**	**40100**	**6,5**	**29670**	**4,8**

Chronik der Fluchtwelle aus der DDR

vom 4. 8.–9. 11. 1989

Der am 2. Mai 1989 begonnene Abbau des ungarischen Grenzzaunes zu Österreich löste eine Fluchtwelle von DDR-Bürgern über Ungarn in den Westen aus, die schließlich am 9. November zur Öffnung der Westgrenze der DDR führte.

15./31. Juli: Aus Budapest, Prag und Berlin (Ost) kommen erste Berichte über den Aufenthalt von DDR-Flüchtlingen in den Botschaften der Bundesrepublik Deutschland bzw. in der Ständigen Vertretung (in Ost-Berlin).

4. August: In Bonn wird inoffiziell mitgeteilt, 150 DDR-Bürger hielten sich in der Botschaft der BR Deutschland in Budapest auf, um ihre Ausreise zu erzwingen.

7. August: Das DDR-Außenministerium wirft der Bundesrepublik »grobe Einmischung in souveräne Angelegenheiten der DDR« vor. Die Botschaften der Bundesrepublik hätten keinerlei Recht, für DDR-Bürger tätig zu werden. Die Wahrnehmung sogenannter Obhutspflichten sei eine »typische großdeutsche Anmaßung«.

8. August: Die Ständige Vertretung der Bundesrepublik in Berlin (Ost) wird wegen des Ansturms von Ausreisewilligen geschlossen. In ihr halten sich über 100 DDR-Bürger auf.

13. August: Auch die Bonner Botschaft in Budapest muß wegen Überfüllung schließen. Von dort wollen 181 DDR-Bürger ausreisen.

19. August: Während einer ungarisch-österreichischen Veranstaltung (»Pan-Europäisches Picknick«) an der gemeinsamen Grenze drücken mehrere hundert DDR-Bürger ein Grenztor zu Österreich auf und fliehen.

22. August: Die Botschaft der Bundesrepublik Deutschland in Prag wird wegen Überfüllung geschlossen. 140 DDR-Bürger wollen von dort ausreisen.

24. August: Mit Duldung der ungarischen Regierung und mit Hilfe des Roten Kreuzes können 108 DDR-Bürger, die sich in der Botschaft der Bundesrepublik in Budapest aufhalten, über Wien in die Bundesrepublik reisen. Über die »grüne Grenze« von Ungarn nach Österreich gelangen im August rund 3000 DDR-Bürger in den Westen. Damit beginnt die Massenflucht.

6. September: Die Botschaft der DDR in Budapest richtet in der Nähe des Flüchtlingslagers Zugliget in einem Wohnmobil eine Beratungsstelle für DDR-Bürger ein, in der sie zur Rückkehr in die DDR aufgefordert werden sollen.

8. September: Alle 117 DDR-Bürger, die sich seit fast sechs Wochen in der Ständigen Vertretung Bonns in Berlin (Ost) aufhalten, um ihre Ausreise zu erzwingen, verlassen das Gebäude ohne die ausdrückliche Zusicherung einer Ausreise; es wird ihnen aber Anwaltshilfe in Aussicht gestellt.

11. September: Ungarn öffnet kurz nach Mitternacht die Schlagbäume an der Grenze zu Österreich. Die ungarische Regierung hatte zuvor Bestimmungen des Reiseabkommens mit der DDR außer Kraft gesetzt, die untersagten, Bürger des jeweils anderen Staates in westliche Länder ausreisen zu lassen. Die mittlerweile 7000 ausreisewilligen DDR-Bürger dürfen das Land verlassen. Weitere kommen über die Tschechoslowakei nach Ungarn. Innerhalb von drei Tagen gelangen 15000 DDR-Bürger in die Bundesrepublik Deutschland. – Die DDR-Führung reagiert an den beiden folgenden Tagen mit scharfen Attacken gegen

Bonn und Budapest auf die Entscheidung der ungarischen Regierung, die Flüchtlinge ausreisen zu lassen. Die amtliche Nachrichtenagentur ADN spricht von »organisiertem Menschenhandel«, einer »illegalen Nacht-und-Nebel-Aktion« und wirft der ungarischen Regierung vor, die Souveränität der DDR sowie völkerrechtliche Verträge verletzt zu haben. Der ungarische Außenminister Gyula Horn weist diese Vorwürfe als »unakzeptabel und beleidigend« zurück.

12. September: 250 der inzwischen über 400 DDR-Bürger verlassen die Botschaft der Bundesrepublik Deutschland in Prag und treten die Rückreise in die DDR an, nachdem ihnen Straffreiheit und eine Anwaltshilfe zur Ausreise zugesagt wurde.

18. September: Die Zahl der Ausreisewilligen in der Prager Botschaft der Bundesrepublik steigt erneut auf rund 400. In Warschau sind es bereits 100.

19. September: Da immer mehr Ausreisewillige aus der DDR auf dem Botschaftsgelände Zuflucht suchen, muß die Botschaft der Bundesrepublik Deutschland in Warschau für den Publikumsverkehr geschlossen werden. Nach der Ständigen Vertretung in Berlin (Ost) und den Missionen in Prag und Budapest ist die Botschaft in Warschau die vierte, die vorübergehend geschlossen werden muß. Zwar ist die Botschaft in Budapest inzwischen wieder geöffnet, nachdem die Flüchtlinge das Gebäude verlassen haben, aber immer noch hoffen in den anderen Vertretungen mehr als 600 Menschen, auf diesem Weg ihre Ausreise erreichen zu können.

23./24. September: In der Frage der mehr als 900 DDR-Flüchtlinge in den Bonner Vertretungen in Prag und Warschau nimmt die DDR direkten Kontakt mit der Bundesregierung auf. Kanzleramtsminister Rudolf Seiters trifft sich mit dem Ostberliner Rechtsanwalt Wolfgang Vogel, der eine Botschaft des DDR-Staats- und Parteichefs Erich Honecker überreicht. Bundesaußenminister Hans-Dietrich Genscher appelliert an die DDR-Führung, sich nicht aus der Reformentwicklung in Europa auszuklammern.

26. September: Mit der Zusage der DDR, innerhalb von 6 Monaten in den Westen ausreisen zu dürfen, verlassen etwa 200 der insgesamt 1200 DDR-Bürger die Botschaft der Bundesrepublik in Prag. Die meisten der Zurückgebliebenen lehnen das vom DDR-Unterhändler Vogel unterbreitete Angebot ab; sie wollen die Botschaft nur dann verlassen, wenn sie direkt in die Bundesrepublik ausreisen dürfen.

27. September: Am Rande der UNO-Vollversammlung in New York gelingt es Bundesaußenminister Hans-Dietrich Genscher, in Verhandlungen mit den Außenministern der ČSSR und der DDR, Jaromir Johanes und Oskar Fischer, die Ausreise der Flüchtlinge in den bundesdeutschen Botschaften in Prag und Warschau zu erreichen.

30. September: Bundesaußenminister Hans-Dietrich Genscher verkündet in Prag die Ausreiseerlaubnis für die mehr als 3000 Botschaftsflüchtlinge. Die etwa 600 Flüchtlinge in Warschau dürfen ebenfalls in die Bundesrepublik ausreisen. Die DDR-Regierung verlangt allerdings, daß die Flüchtlinge mit Sonderzügen der DDR-Reichsbahn und durch DDR-Gebiet fahren, um die Ausreise offiziell als »Ausweisung« deklarieren zu können.

1. Oktober: Die 1. Massenausreise beginnt. Nach der als »einmalig« deklarierten Regelung treffen aus Prag rund 6000 DDR-Flüchtlinge in der Bundesrepublik ein, aus Warschau etwa 800. Der erste Zug mit DDR-Flüchtlingen aus Prag trifft um 6.00 Uhr im bayerischen Hof ein. In Begleitung der Flüchtlinge befinden sich die Staatssekretäre Jürgen Sudhoff vom Auswärtigen Amt der Bundesregierung und Franz Bertele, Leiter der Ständigen Vertretung der Bundesrepublik Deutschland in der DDR, die zusammen mit Kanzleramtsminister Rudolf Seiters und dem Staatssekretär im

Bundesministerium für innerdeutsche Beziehungen Walter Priesnitz einen Hauptteil der Verhandlungen über die Ausreiseerlaubnis geführt hatten.
1.–3. Oktober: Der Flüchtlingsstrom in und vor der Botschaft der Bundesrepublik Deutschland in Prag wächst erneut auf 7600 Menschen an, obwohl tschechoslowakische Polizeikräfte dies zu unterbinden versuchen.
3. Oktober: Der DDR-Ministerrat erklärt sich bereit, den zum Teil unter freiem Himmel kampierenden mehreren tausend Menschen die Ausreise über DDR-Gebiet zu gestatten. Gleichzeitig setzen die DDR und die ČSSR den paß- und visafreien Reiseverkehr zwischen den beiden Staaten aus.
4. Oktober: Die zweite Massenausreise beginnt mit eintägiger Verspätung, weil Gleise und Bahnhöfe in der DDR von Menschen geräumt werden mußten, die auf die Flüchtlingszüge aufspringen wollten. Dabei kommt es im und vor dem Bahnhof Dresden zu gewalttätigen Auseinandersetzungen zwischen mehr als 3000 Bewohnern, die u. a. die Ausreise fordern, und Sicherheitskräften. Ähnliche Vorfälle werden von anderen Bahnhöfen entlang der Fahrstrecke der nunmehr verriegelten Flüchtlingszüge gemeldet.
5. Oktober: Unmittelbar vor den großen Jubiläumsfeierlichkeiten zur DDR-Gründung sagt die DDR-Regierung auch den 633 Zufluchtsuchenden die Ausreise zu, die sich an den vergangenen Tagen in die Botschaft der Bundesrepublik in Warschau begeben hatten. Sie werden mit einem Sonderzug der DDR-Reichsbahn nach Hannover gebracht.
17. Oktober: Mit einer Sondermaschine der polnischen Fluggesellschaft LOT landet am Abend eine erste Gruppe (125 Personen) der rund 1500 Flüchtlinge, die vor der westdeutschen Botschaft in Warschau betreut werden, auf dem Flughafen in Düsseldorf. Eine Ausreise mit dem Zug über DDR-Gebiet hatte die DDR-Führung abgelehnt.
20. Oktober: Eine zweite Sondermaschine aus Warschau trifft ein. Die Zahl der Wartenden steigt auf über 1700. In der Botschaft in Prag sind es wieder 70. – Nach der Ablösung Honeckers durch Egon Krenz (*→ Sp. 155*) beschließt die neue DDR-Führung die Erarbeitung eines Reisegesetzes und kündigt an, daß künftig alle DDR-Bürger einen Reisepaß erhalten sollen. Ehemaligen DDR-Bürgern wird die Rückkehr in ihre »angestammte Heimat« angeboten.
24. Oktober: Das SED-Politbüro empfiehlt dem DDR-Ministerrat, künftig alle Bürger frei in den Westen und nach West-Berlin reisen zu lassen.
27. Oktober: Der DDR-Staatsrat verkündet eine Amnestie für Flüchtlinge und inhaftierte Teilnehmer von nicht genehmigten Demonstrationen.
1. November: Die Visumpflicht der DDR-Bürger für die ČSSR wird wieder aufgehoben. Erneut wollen Tausende über die bundesdeutsche Botschaft ausreisen.
3. November: Die DDR gestattet die direkte Ausreise der etwa 4500 DDR-Bürger in Prag, die bei der Botschaft der Bundesrepublik Zuflucht gesucht haben.
5. November: Rund 15000 DDR-Bürger kamen innerhalb von zwei Tagen über die ČSSR in die Bundesrepublik Deutschland.
9. November: Das Bundesinnenministerium gibt bekannt, daß 1989 bisher 225233 Übersiedler aus der DDR in die Bundesrepublik gekommen seien, davon 48177 seit der Öffnung der Grenze zur ČSSR am 3. November. – Auf Beschluß des DDR-Ministerrates werden am Abend die Grenzübergänge zur Bundesrepublik Deutschland und nach Berlin (West) geöffnet; außerdem werden neue Bestimmungen für Privatreisen und ständige Ausreisen aus der DDR für DDR-Bewohner in Kraft gesetzt. Innerhalb weniger Stunden kommen mehrere tausend DDR-Bürger über die Sektorenübergänge nach West-Berlin, wo es zu volksfestartigen Verbrüderungsszenen kommt.

Strukturdaten DDR* und Bundesrepublik im Vergleich

	DDR	BRD
Bevölkerung		
insgesamt (1989, geschätzt)	16675 Tsd.	61715 Tsd.
darunter im Alter von 15 bis 65	11231 Tsd.	43262 Tsd.
über 65	2204 Tsd.	9442 Tsd.
Anteil der Frauen	52,4%	52,0%
Anteil der Ausländer	0,8%	7,6%
Religionszugehörigkeit		
röm.-kathol.	7,2%[1]	42,9%
evang.	46,2%[1]	41,6%
Erwerbstätige		
insgesamt	8594 Tsd.	27306 Tsd.[2]
Anteil der Frauen	48,9%	
Erwerbstätige in % der Bevölkerung	51,6%	44,4%
Erwerbstätige im Produzierenden Gewerbe	47,1%	40,5%
Außenhandel (Waren)		
Ausfuhr	90,2 Mrd. Valuta M[3]	567,7 Mrd. DM
darunter in sozialistische Länder	62,7 Mrd. Valuta M	24,7 Mrd. DM
Einfuhr	59,9 Mrd. Valuta M[3]	439,6 Mrd. DM
darunter aus sozialistischen Ländern	26,6 Mrd. Valuta M	20,5 Mrd. DM
Einkommen und Versorgung der privaten Haushalte		
Durchschnittliche monatliche Bruttoentgelte der Beschäftigten in der Industrie[4]	1290 M	3876 DM
Ersparnis[5] je Einwohner und Monat	57 M	251 DM
Sparquote[6]	7%	13,9%
Anteil der Haushalte[7] mit		
Personenkraftwagen	52%	97%
Farbfernsehempfänger	52%	94%
Telefon	–	98%
Staatshaushalt (inkl. Sozialversicherung)		
Einnahmen	269,7 Mrd. M	966,0 Mrd. DM
Ausgaben	269,5 Mrd. M	1021,0 Mrd. DM

* Auf Basis der offiziellen Statistiken, über deren Aussagefähigkeit keine zuverlässigen Angaben gemacht werden können

[1] Laut offiziellen DDR-Angaben von 1985. [2] Ergebnis der Volkszählung berücksichtigt. [3] inkl. innerdeutscher Handel, den die DDR im Gegensatz zur BRD zum Außenhandel zählt, direkter Vergleich daher problematisch. [4] DDR ohne Teilzeitbeschäftigte; BRD ohne Bergbau und verarbeitendes Gewerbe. [5] DDR: Veränderung des Bargeldumlaufs, der Sparguthaben sowie der Guthaben bei sparwirksamen Personenversicherungen. [7] Ersparnis in % der Nettogeldeinnahmen bzw. der verfügbaren Einkommen. [7] BRD: Vier-Personen-Arbeitnehmerhaushalte mit mittlerem Einkommen.

Quelle: »Handelsblatt« vom 11. 12. 1989 und »Der Fischer Weltalmanach 1990«

Die friedliche Revolution in der DDR

Chronik der Ereignisse vom 1. 9. 1989 bis 18. 3. 1990

Die Ära Honecker geht zu Ende

1. September 1989: Der SED-Generalsekretär und DDR-Staatsratsvorsitzende Erich Honecker verläßt »nach erfolgreicher Gallenblasenoperation« das Krankenhaus und tritt einen Genesungsurlaub an.

4. 9.: Vor der Nikolai-Kirche in Leipzig demonstrieren Hunderte von Menschen für mehr Reisefreiheit; mitgeführte Transparente (Aufschrift z. B. »Reisefreiheit statt Massenflucht«) werden den Demonstranten von Angehörigen des Staatssicherheitsdienstes entrissen.

5. 9.: Das SED-Zentralorgan »Neues Deutschland« veröffentlicht unter dem Titel »40 Jahre Deutsche Demokratische Republik« einen Vorabdruck eines Beitrages von SED-Generalsekretär Erich Honecker für die September/Oktober-Ausgabe der Zeitschrift »Einheit«; er kennzeichnet darin die DDR als einen Staat »mit einem funktionierenden, effektiven sozialistischen Gesellschaftssystem, das sich mit den von ihm verwirklichten Menschenrechten auch an den Herausforderungen der neunziger Jahre bewähren wird«.

7. 9.: Auf dem Ostberliner Alexanderplatz unterbinden DDR-Sicherheitskräfte eine Aktion von DDR-Bürgern, die gegen vermutete Wahlfälschung bei den Kommunalwahlen vom 7. Mai protestieren; rd. 80 Personen werden vorübergehend festgenommen. – In Ost-Berlin werden aus Anlaß des bevorstehenden 40. Jahrestages der Gründung der VR China »Pekinger Tage in Berlin« eröffnet.

10. 9.: Aus Anlaß des »Internationalen Gedenktages für die Opfer des faschistischen Terrors und des Kampftages gegen Faschismus und Krieg« (ADN) findet in Ost-Berlin eine Kundgebung statt, an der nach DDR-Angaben 200 000 Personen teilnehmen. – In einem Festgottesdienst in der St.-Hedwig-Kathedrale in Berlin wird Prälat Georg Sterzinsky zum Bischof geweiht und in sein Amt als Bischof von Berlin eingeführt. Sterzinsky, früher Generalvikar des apostolischen Administrators in Erfurt/Meiningen, war am 24. Juni zum Nachfolger von Kardinal Joachim Meisner, jetzt Erzbischof in Köln, ernannt worden. – In den evangelischen Kirchengemeinden der DDR wird während des Gottesdienstes ein Brief verlesen, den die Konferenz der Evangelischen Kirchenleitungen in der DDR an den SED-Generalsekretär und DDR-Staatsratsvorsitzenden Honecker geschrieben hat; in ihm wird das Problem der ausreisewilligen DDR-Bewohner angesprochen sowie »erneut und dringlich« um gesellschaftliche Reformen in der DDR gebeten.

11. 9.: **Ungarn öffnet seine Grenzen für alle DDR-Bürger**; an den folgenden drei Tagen kommen 15 000 in die Bundesrepublik Deutschland (→ *s. Sp. 137 ff.*). – Das »Neue Forum«, die erste in der ganzen DDR wirkende Oppositionsgruppe, formiert sich. – In Leipzig werden mehr als 70 Oppositionelle beim Verlassen der Nikolai-Kirche festgenommen, wo wöchentliche Friedensandachten stattfinden.

12. 9.: Eine Delegation des ZK der KPdSU unter Leitung von Jegor Ligatschow, Mitglied des Politbüros und Sekretär des ZK, trifft zu einem viertägigen Besuch in der DDR ein. – Als weitere oppositionelle Gruppe meldet sich mit einem Aufruf zur »Einmischung in eigener Sache« in Ost-Berlin eine **Bürgerbewegung »Demokratie Jetzt«** zu Wort.

14. 9.: Auf dem Schlachtberg bei Bad Frankenhausen wird das Bauernkriegspanorama mit dem Monumentalbild von Werner Tübke »Frühbürgerliche Revolution in Deutschland« der Öffentlichkeit übergeben. Das Rundbild mit einer Fläche von 1722 m^2 ist das größte Gemälde der Welt.

15. 9.: In Eisenach beginnt die fünftägige Synodaltagung des Bundes der Evangelischen Kirchen in der DDR. Der Kirchenbundvorsitzende und thüringische Landesbischof Werner Leich appelliert an die DDR-Führung, »jetzt deutliche Zeichen« für gesellschaftliche, politische und wirtschaftliche Reformen zu geben. Im Verlauf der Synode geben vier im Bereich der evangelischen Kirche tätige Mitglieder der DDR-CDU einen Brief an ihre Parteiführung bekannt, in dem die CDU zu gesellschaftlichen und politischen Reformen in der DDR aufgefordert wird, wozu unter anderem ein neues Wahlverfahren, eine »nicht auf Verdrängen und Beschönigung« ausgerichtete Medienpolitik und ein Abbau der Reisebeschränkung gehörten. Zum Abschluß ihrer Tagung (19. 9.) verabschiedet die Synode einen Beschluß, in dem »dringend notwendige Reformen in Staat, Wirtschaft und Gesellschaft der DDR« gefordert werden. – Die DDR sagt eine für die kommende Woche geplante Reise einer Delegation der SPD-Bundestagsfraktion nach Ost-Berlin ab. Als Begründung teilt DDR-Volkskammerpräsident Horst Sindermann in einem Brief mit, der im Frühjahr vereinbarte Besuch diene »nicht den vereinbarten Zielen des Dialogs im Interesse des Friedens und der Sicherheit sowie der gleichberechtigten Zusammenarbeit der beiden deutschen Staaten«. Erklärungen von Hans-Jochen Vogel, Vorsitzender der SPD und Vorsitzender der Bundestagsfraktion seiner Partei, und Horst Ehmke, stellvertretender Vorsitzender der SPD-Bundestagsfraktion, seien »beleidigend und herausfordernd«. Ehmke und Vogel hatten die Reformunwilligkeit der SED kritisiert.

18. 9.: In Leipzig werden etwa 100 Personen von DDR-Sicherheitskräften festgenommen, die sich im Anschluß an ein Friedensgebet in der Nikolai-Kirche an einer nicht genehmigten Demonstration beteiligt haben sollen.

19. 9.: **Das Neue Forum« beantragt** unter Berufung auf Art. 29 der DDR-Verfassung beim Innenministerium sowie in elf Bezirken **die offizielle Zulassung als Vereinigung**. Das Innenministerium lehnt den Antrag am 21.9. ab, da die Gruppe »staatsfeindlich« sei. Das Neue Forum will die Entscheidung gerichtlich überprüfen lassen.

20. 9.: Das LDPD-Organ »Der Morgen« veröffentlicht eine Ansprache des LDPD-Vorsitzenden Manfred Gerlach zum 40. Jahrestag der DDR, der u. a. sagt: »Die DDR braucht Fragende, Ungeduldige, Neugierige; sie braucht jeden, der sich an der ›Normalität‹ reibt und so hilft, Neues zu entdecken und durchzusetzen.«

24. 9.: In Leipzig treffen sich 80 Delegierte der Reformgruppen.

25. 9.: SED-Generalsekretär und DDR-Staatsratsvorsitzender Honecker nimmt nach längerer Krankheit seine Amtsgeschäfte wieder auf. **In Leipzig demonstrieren rund 8000 Menschen für Meinungs- und Versammlungsfreiheit und Zulassung der Oppositionsgruppe Neues Forum**; etwa ein Dutzend Demonstranten wird von DDR-Sicherheitskräften festgenommen. – Eine Delegation der SED-Bezirksleitung Dresden unter Leitung ihres ersten Sekretärs Hans Modrow trifft auf Einladung der baden-württembergischen SPD zu einem dreitägigen Besuch in Stuttgart ein; er kommt auch mit Lothar Späth, Ministerpräsident von Baden-Württemberg, zusammen.

28. 9.: An einem Empfang des chinesischen Botschafters in Ost-Berlin zum 40. Jahrestag der Gründung der VR China nehmen Willi Stoph, Vorsitzender des Ministerrates und SED-Politbüromitglied, die Politbüromitglieder Werner Krolikowski, Günter Mittag und Günter Schabowski sowie zahlreiche weitere Angehörige der Partei- und Staatsführung der DDR teil.

29. 9.: Aus Kirchenkreisen in der DDR wird bekannt, daß bisher elf Teilnehmer der Friedensgebete in Leipzig zu Haftstrafen bis zu sechs Monaten wegen »Zusammenrottung« verurteilt wurden; knapp zwei Dutzend weitere hätten Geldstrafen bis zu 5000 Mark erhalten.

30. 9.: In der LDPD-Tageszeitung »Der Morgen« wird eine Rede des Vorsitzenden Manfred Gerlach zum 100. Geburtstag von Carl von Ossietzky abgedruckt; er plädiert darin für die Integration von Oppositionellen: »Widerrede ist nicht Widerstand.«

1. Oktober 1989: Die landesweite **Oppositionsgruppe Demokratischer Aufbruch** wird in der DDR **gegründet**.

2. 10.: In Leipzig beendet die Polizei eine Demonstration von 25 000 Menschen gewaltsam, die für demokratische Erneuerung und Reformen eintreten; die Sicherheitskräfte werden erstmals von Einheiten der Betriebskampfgruppen unterstützt.

3. 10.: SED-Generalsekretär und DDR-Staatsratsvorsitzender Erich Honecker sowie weitere Mitglieder der Partei- und Staatsführung empfangen anläßlich des 40. Jahrestages der DDR-Gründung in Ost-Berlin »antifaschistische Widerstandskämpfer und Aktivisten der ersten Stunde« (so die DDR-Nachrichtenagentur ADN). In einer Ansprache sagt Honecker u. a.: »Gerade jetzt glaubt man in der BRD, die DDR durch einen umfassenden Angriff aus den Angeln heben zu können.« Die DDR sei jedoch »ein fester Sperriegel gegen alle Versuche, die Ergebnisse des Zweiten Weltkriegs, die territorialpolitischen Realitäten in Europa zu revidieren«. DDR-Ministerratsvorsitzender Willi Stoph erklärt am gleichen Tag in einer Ansprache: »Die gegenwärtige Hetz- und Verleumdungskampagne von Politikern und Massenmedien der BRD gegen die DDR« sei »keinesfalls zufällig am Vorabend des 40. Jahrestages unserer Republik erfolgt«. – Das erste Teilstück des vor eineinhalb Jahren vereinbarten innerdeutschen Stromverbundes von Helmstedt bis Magdeburg wird in Helmstedt offiziell seiner Bestimmung übergeben; ab 1. 1. 1990 wird die DDR dadurch Strom aus einem Kraftwerk des bundesdeutschen Stromversorgers »Preußen Elektra AG« beziehen können.

5. 10.: In Magdeburg und Dresden werden Demonstrationen von DDR-Sicherheitskräften zum Teil mit Gewalt aufgelöst. – An den Übergängen von West- nach Ost-Berlin wird zahlreichen Personen die Einreise nach Ost-Berlin verweigert. Die alliierten Stadtkommandanten wenden sich an die sowjetische Botschaft in Ost-Berlin mit der Erwartung, daß sie »die erforderlichen Maßnahmen ergreift, um diesen Mißstand zu beheben«.

6. 10.: Der sowjetische Partei- und Staatschef Michail Gorbatschow trifft zur Teilnahme an der Feier zum 40. Jahrestag der DDR-Gründung in Ost-Berlin ein. – Auf einer Festveranstaltung zum 40. Jahrestag der DDR-Gründung bezeichnet Erich Honecker die Gründung der DDR als eine historische Notwendigkeit und einen »Wendepunkt in der Geschichte des deutschen Volkes«. Gorbatschow äußert in seiner Ansprache die Erwartung, »daß die SED mit allen gesellschaftlichen Kräften politische Antworten auf die Fragen findet, die auf die Tagesordnung gesetzt worden sind und die die Bürger bewegen«. An einem Fackelzug der FDJ nehmen in Ost-Berlin nach Angaben von ADN über 100 000 Jugendliche teil. – Etwa 2500 Personen billigen auf einer Versammlung in der Ostberliner Erlöser-Kirche eine **»Gemeinsame Erklärung« regimekritischer Gruppen**. Darin werden u. a. geheime und freie Wahlen unter Kontrolle der UNO gefordert. Das Neue Forum, fünf weitere Initiativen und Vertreter von Friedenskreisen hatten sich am 4.10. auf dieses Dokument geeinigt.

7. 10.: Die Lage in der DDR spitzt sich zu. Vor dem Hintergrund wachsender Flüchtlingsströme (s. Chronik »Fluchtwelle«, S. 137 ff.)

feiert die DDR-Führung den **40. Jahrestag der Staatsgründung** mit einer Parade der Nationalen Volksarmee/NVA in Ost-Berlin und mit einer Flottenparade der DDR-Marine vor Rostock. Die westlichen Alliierten protestieren gegen die Militärparade in Ost-Berlin, weil sie gegen den entmilitarisierten Status der Stadt verstößt. SED-Generalsekretär Erich Honecker trifft in Ost-Berlin mit dem sowjetischen Partei- und Staatschef Michail Gorbatschow zu einem Gespräch zusammen, bei dem nach Angaben von sowjetischer Seite den »Veränderungen, die zur Zeit in vielen sozialistischen Ländern ablaufen«, große Aufmerksamkeit gewidmet wird. Zugleich mahnt Gorbatschow vor der internationalen Presse in kaum verhüllter Form Reformen an. Sein Satz **»Wer zu spät kommt, den bestraft das Leben«** wird zum Aufbruchsignal für die Opposition in der DDR. – Am Abend kommt es in Ost-Berlin zu spontanen Demonstrationen gegen das SED-Regime. »Wir bleiben hier«, rufen die Demonstranten der Führung zu, aber auch »Gorbi, hilf uns!«. Nicht nur in Ost-Berlin, sondern auch in Leipzig, Dresden, Plauen, Jena, Potsdam und anderen Städten der DDR werden Demonstrationen für Meinungsfreiheit und Reformen, an denen Zehntausende teilnehmen, gewaltsam und zum Teil mit großer Brutalität aufgelöst. Viele Demonstranten werden verletzt, weit mehr als 1000 bis zum 13. 10. festgenommen. Journalisten werden während der Demonstration behindert, Geräte und Material teilweise beschlagnahmt und zerstört. Die Ostberliner Nachrichtenagentur ADN spricht von »Randalierern«, die sich im »Zusammenspiel mit westlichen Medien« zusammengerottet und republikfeindliche Parolen gerufen hätten. Die »Rädelsführer« seien festgenommen worden. – In Schwante (Bezirk Potsdam) wird eine **Sozialdemokratische Partei in der DDR (SDP) gegründet**, zu deren Geschäftsführer der Ostberliner Historiker Ibrahim Böhme gewählt wird.

8. 10.: In Ost-Berlin und anderen Städten der DDR demonstrieren erneut mehrere 1000 Menschen. Es kommt wieder zu Übergriffen der Sicherheitskräfte, zahlreiche Demonstranten werden festgenommen.

9. 10.: Auf dem Karl-Marx-Platz in Leipzig kommt es zur größten Demonstration in der DDR seit dem Volksaufstand vom 17. Juni 1953. Die Menschen fordern eine demokratische Erneuerung. Der Ruf **»Wir sind das Volk – keine Gewalt«** und eine unter dramatischen Umständen von dem Kapellmeister des Gewandhausorchesters, Kurt Masur, im letzten Augenblick mit Sekretären der SED-Bezirksleitung getroffene Verabredung verhindern einen blutigen Zusammenstoß; die aufmarschierte Staatsmacht hält sich zurück. – In Dresden beteiligen sich rund 12 000 Menschen an Demonstrationen. Oberbürgermeister Wolfgang Berghofer empfängt 20 Personen, die am 8. 10. von Tausenden Demonstranten zu ihren Sprechern bestimmt worden waren. In einem 9-Punkte-Programm wird u. a. gefordert: Klärung des gewaltsamen Vorgehens von Sicherheitskräften gegen Demonstranten am Vortag, Gewährung von Meinungs-, Demonstrations- und Reisefreiheit, freie Wahlen, Zulassung des Neuen Forums. Berghofer sagt zu, die Forderungen zu prüfen. Der Bischof der Evangelischen Kirche in Berlin-Brandenburg, Gottfried Forck, verliest in der Ostberliner Gethsemane-Kirche einen Appell, in dem die Staatsführung der DDR aufgefordert wird, »umgehend deutliche und glaubhafte Schritte einzuleiten, damit eine breite Übereinstimmung für eine demokratische und rechtsstaatliche sozialistische Perspektive der DDR gefunden wird«. – SED-Generalsekretär Erich Honecker empfängt Yao Yilin, Mitglied des Politbüros der chinesischen KP und stellvertretender Ministerpräsident, zu einem Gespräch. Beide Politiker stimmen darin überein, daß »eine grundsätzliche Lehre aus dem konterrevolutionären Aufruhr in Peking sowie der gegenwärtigen Hetzkampagne gegen die DDR« darin bestehe, »unbeirrt an den Grundwerten des Sozialismus festzuhalten und gleichzeitig die sozialistische Gesellschaft ständig weiter zu vervollkommnen«.

10. 10.: Nach Gesprächen zwischen Oppositionellen und Oberbürgermeister Wolfgang Berghofer werden in Dresden 500 festgenommene Demonstranten freigelassen. Die DDR-Nachrichtenagentur ADN verbreitet eine Information des DDR-Innenministeriums, in der es angeblich auf »besorgte Anfragen von Bürgern zu den von westlicher Seite erhobenen Verleumdungen über den Einsatz der Volkspolizei in den letzten Tagen« u. a. heißt, »Randalierer, aufgeputschte Störer und kriminelle Elemente« hätten »staatsfeindliche Parolen« gerufen und »die im Ordnungseinsatz befindlichen Volkspolizisten tätlich« angegriffen. Die Volkspolizei sei »äußerst zurückhaltend« gewesen und erst »nachdem sie angegriffen wurde, gegen Unruhestifter unter Anwendung polizeilicher Hilfsmittel vorgegangen«.

11. 10.: Das Politbüro des ZK der SED veröffentlicht eine Erklärung, mit der alle Bürger der DDR aufgefordert werden, die anstehenden Probleme mit vereinten Kräften zu lösen. Für Verbesserungen und für die Aufnahme eines Dialogs sollten auf der Grundlage der sozialistischen Ordnung gemeinsame Anstrengungen unternommen werden. Der stellvertretende Vorsitzende des Bundes der Evangelischen Kirchen in der DDR, Konsistorialpräsident Manfred Stolpe, bezeichnet (12. 10.) die Erklärung des SED-Politbüros als einen »Einstieg vor allem erst einmal in einen Gesprächsprozeß in diesem Lande. Das scheint mir das Wichtigste zu sein.« – Der DDR-Rundfunk zitiert Äußerungen des SED-Politbüromitglieds und ZK-Sekretärs Kurt Hager, der gegenüber der sowjetischen Wochenzeitung »Moskowkije Nowosti« als »Aufgabe der allernächsten Zeit die Ausarbeitung einer präzisen Konzeption für die Verwirklichung erforderlicher Neuerungen« genannt hat. Dies setze in erster Linie eine aktive Einbeziehung der Bevölkerung in die Lösung gesellschaftlich bedeutsamer Probleme und eine Verbesserung der Informationspolitik der DDR voraus. Es sei notwendig, Hindernisse aus dem Weg zu räumen, »die besonders Jugendliche darin hindern, ihre Fähigkeiten umfassend geltend zu machen«. – In Ost-Berlin werden 30 Polizeioffiziere aus der DDR zu einem sechswöchigen UNO-Einsatz in Namibia verabschiedet.

12. 10.: Generalsuperintendent Günter Krusche von der Evangelischen Landeskirche Berlin-Brandenburg teilt nach einem Gespräch mit dem Ostberliner Oberbürgermeister Erhard Krack, an dem auch Bischof Gottfried Forck teilnimmt, mit, es seien »ausgeweitete Reisemöglichkeiten, eine neue Medienpolitik und Mitsprache der Bürger bei gesellschaftlichen Entwicklungen« versprochen worden. Die »Neue Zeit«, Organ der CDU der DDR, veröffentlicht unter der Überschrift »Unsere Verantwortung« einen Artikel des Vorsitzenden Gerald Götting, der darin die Meinung vertritt, es gäbe viele Fragen, die gründlicher Diskussion und überlegter Entscheidungen bedürfen, »damit unser Volk zu innerem Frieden gelangt und unser Land wieder von allen seinen Bürgern als ihre Heimat und ihre Aufgabe betrachtet wird«.

13. 10.: SED-Generalsekretär Erich Honecker trifft mit den Vorsitzenden der »befreundeten Parteien« und dem Präsidenten der Nationalen Front zu einem Gespräch über »aktuelle Aufgaben bei der weiteren Gestaltung der entwickelten sozialistischen Gesellschaft« zusammen.

14. 10.: Mehr als 100 Vertreter der regimekritischen Gruppe Neues Forum versammeln sich in Ost-Berlin zu einem Koordinierungstreffen.

15. 10.: Der thüringische Landesbischof Werner Leich, Vorsitzender des Bundes der Evangelischen Kirchen in der DDR, warnt die DDR-Führung in einem Hirtenbrief davor, Kritiker als »Staatsfeinde« zu behandeln; er fordert die DDR-Sicherheitskräfte auf, keine Gewalt gegen friedliche Demonstranten anzuwenden. In Halle und Plauen demonstrieren mehrere 1000 Menschen für demokratische Reformen in der DDR.

16. 10.: Bei der bislang **größten Protestdemonstration seit dem Aufstand vom 17. Juni**

1953 ziehen mehr als 100000 Menschen durch Leipzig; sie fordern Reformen und eine demokratische Erneuerung der DDR. Die Sicherheitskräfte greifen nicht ein. In Dresden ziehen rund 10000 Menschen vor das Rathaus, um sich über das Ergebnis des zweiten Gesprächs von Oberbürgermeister Berghofer mit Bürgern der Stadt sowie Vertretern beider Kirchen zu informieren. – Das LDPD-Organ »Der Morgen« veröffentlicht als einzige Zeitung in der DDR eine Mitteilung über eine Präsidiumssitzung des Schriftstellerverbandes der DDR am 11. 10. Darin wird eine »revolutionäre Reform« für notwendig erklärt. Die Ignoranz der Medien sei unerträglich. Der öffentliche demokratische Dialog auf allen gesellschaftlichen Ebenen müsse sofort beginnen.

17. 10.: Auf einer Sitzung des politischen Ausschusses des LDPD-Zentralvorstands wird ein breiter demokratischer Dialog über alle wichtigen Fragen der gesellschaftlichen Entwicklungen gefordert; dazu gehören u. a. »generelle Reisemöglichkeiten und neue gesetzliche Regelungen zur Entlassung aus der Staatsbürgerschaft, Erhöhung und Gewährleistung der Rechtssicherheit der Bürger, Normalisierung und Verbesserung des Verhältnisses zwischen Staat und Kirche«.

18. 10.: Das SED-Zentralkomitee tritt zu einer Sondersitzung zusammen. **Partei- und Staatschef Erich Honecker bittet, ihn »aus gesundheitlichen Gründen« von seinen Funktionen** als Generalsekretär des ZK, Mitglied des Politbüros, Vorsitzender des Staatsrats und Vorsitzender des Nationalen Verteidigungsrates **zu entbinden**. Ferner scheiden aus dem Politbüro Günter Mittag und Joachim Herrmann aus, die außerdem ihre Funktionen als ZK-Sekretäre für Wirtschaft bzw. für Agitation und Propaganda verlieren. **Politbüromitglied Egon Krenz wird einstimmig zum neuen Generalsekretär des ZK der SED gewählt.** In einer von Rundfunk und Fernsehen übertragenen Rede erklärt Krenz, **die SED habe eine »Wende« eingeleitet**; sie habe in den vergangenen Monaten die Entwicklung nicht real genug eingeschätzt und nicht rechtzeitig die richtigen Schlußfolgerungen gezogen; das Vertrauensverhältnis mit dem Volk sei beeinträchtigt. Die entstandenen Probleme seien jedoch politisch lösbar; die Partei habe dazu die Tür weit geöffnet und sei zu einem ernstgemeinten Dialog bereit. Unmittelbar nach seiner Wahl trifft Krenz mit den Vorsitzenden der Blockparteien, Vertretern der Massenorganisationen und dem Präsidenten der Nationalen Front zusammen.

Die »Wende«-Zeit mit Egon Krenz

19. 10.: SED-Generalsekretär Egon Krenz kommt mit Arbeitern, Ingenieuren und Leitern im Ostberliner Stammbetrieb des VEB Werkzeug-Maschinen-Kombinats »7. Oktober« zusammen. Später trifft er sich mit Landesbischof Werner Leich, Vorsitzender des Evangelischen Kirchenbundes in der DDR; beide unterstreichen »den festen Willen, Vertrauen zu schaffen und Vertrauen zu wagen«. – Der DDR-Ministerrat beauftragt Innenminister Friedrich Dickel, »umgehend« einen Gesetzentwurf »über Reisen von Bürgern der DDR ins Ausland« vorzubereiten. – Der im Ostteil der Stadt residierende katholische Bischof von Berlin, Georg Sterzinsky, fordert im SFB freie Wahlen in der DDR; es könne nicht mehr hingenommen werden, »daß es nur Blockparteien gibt, die fraglos die führende Rolle der Arbeiterklasse anerkennen«. – **Im DDR-Fernsehen findet erstmals eine Live-Sendung mit Politikern, Wissenschaftlern und Journalisten im Dialog mit Bürgern statt**, die unter dem Titel »Donnerstagsgespräch« neu in das Programm aufgenommen worden ist und künftig zweiwöchentlich stattfinden soll. In Zittau (Bezirk Dresden) nehmen rd. 10000 Menschen an einer Informationsveranstaltung teil, zu der das Neue Forum eingeladen hat.

20. 10.: Vor der Synode der Sächsischen Landeskirche in Dresden stellt Bischof Johannes Hempel den Führungsanspruch der SED in Frage. – Der DDR-Minister für Post- und Fernmeldewesen, Rudolph Schulze, teilt mit, daß die sowjetische Monatszeitschrift »Sputnik« wieder in den Postzeitungsvertrieb der DDR sowie in die Postzeitungsliste aufgenommen wird (die Zeitschrift war im November 1988 wegen offener Kritik an sozialistischen Problemen von der Postzeitungsliste gestrichen worden). – Ein Sprecher des DDR-Außenministeriums teilt mit, daß alle, die die DDR verlassen haben, zurückkehren könnten, wenn sie das wollten. Sie könnten sich »mit diesem Anliegen an die diplomatischen Vertretungen der DDR im Ausland, darunter auch an die Ständige Vertretung der DDR in der BRD wenden«. – In Dresden demonstrieren an die 50000, in Karl-Marx-Stadt über 5000 Menschen für demokratische Reformen.

21. 10.: Zehntausende demonstrieren in Ost-Berlin, Dresden, Plauen, Potsdam und Karl-Marx-Stadt; aus keinem der Orte werden Zwischenfälle gemeldet. In Ost-Berlin diskutieren Oberbürgermeister Erhard Krack und Politbüromitglied Günter Schabowski, Erster Sekretär der SED-Bezirksleitung, über eine Stunde mit den Demonstranten. Vor der Synode der Sächsischen Landeskirche in Dresden fordert Bischof Johannes Hempel die DDR-Führung auf, sich für das brutale Vorgehen von Sicherheitskräften gegen Demonstranten öffentlich zu entschuldigen. Der Synode liegt ein Bericht über die Ausschreitungen vor, den das Dresdner Landeskirchenamt nach den Aussagen von Augenzeugen erstellt hat. In diesem Bericht wird die Einsetzung einer unabhängigen Untersuchungskommission gefordert.

22. 10.: Im Leipziger Gewandhaus debattieren mehr als 500 Einwohner u. a. mit dem Leiter des Gewandhausorchesters Kurt Masur, dem stellvertretenden Kulturminister Klaus Höpcke und Sekretären der SED-Bezirksleitung über die aktuelle Lage in der DDR; solche Gespräche sollen künftig jeden Sonntag geführt werden.

23. 10.: Am Abend vor der geplanten Wahl von Egon Krenz zum Staatsratsvorsitzenden demonstrieren **in Leipzig** nach Schätzungen aus Kirchenkreisen **rd. 300000 Menschen für freie Wahlen und gegen eine »neue Machtkonzentration«**. Auch in Dresden, Ost-Berlin, Schwerin, Stralsund, Magdeburg, Zwickau und Halle versammeln sich Tausende auf Straßen und Plätzen. Vertreter fast aller Reformgruppen informieren auf einer Pressekonferenz in Ost-Berlin über Übergriffe von DDR-Sicherheitskräften auf Demonstranten bei den Demonstrationen am 7. und 8. Oktober. Der stellvertretende Generalstaatsanwalt Klaus Voß sichert die »umfassende und unvoreingenommene Prüfung« aller Anzeigen zu. Der Ostberliner Bischof Gottfried Forck übergibt eine Sammlung mit Schilderungen von Übergriffen an den Ostberliner Oberbürgermeister Erhard Krack und SED-Bezirkssekretär Günter Schabowski.

24. 10.: **Die DDR-Volkskammer wählt Egon Krenz in offener Abstimmung zum Staatsratsvorsitzenden und Vorsitzenden des Nationalen Verteidigungsrats.** Entgegen der bisherigen Praxis bei solchen Entscheidungen gibt es 26 bzw. acht Gegenstimmen und 26 bzw. 17 Enthaltungen. Krenz hat damit alle wichtigen Ämter Honeckers übernommen. Der am 18. 10. aus dem Politbüro ausgeschiedene Günter Mittag wird von seiner Funktion als Stellvertretender Staatsratsvorsitzender »abberufen«. Krenz kündigt in seiner ersten Rede als Staatsratsvorsitzender gesellschaftlichen Dialog und einen neuen Arbeitsstil für Volkskammer und Staatsrat an. – Unmittelbar nach der Wahl von Krenz spricht sich das SED-Politbüro dafür aus, daß alle DDR-Bürger künftig ungehindert reisen dürfen. – Am Abend demonstrieren in Ost-Berlin etwa 12000 Menschen gegen die Wahl von Krenz. Der Vorsitzende des Volkskammerausschusses für nationale Verteidigung, Wolfgang Herger, gibt eine Erklärung ab, in der es u. a. heißt, daß bei polizeilichen Einsätzen gegen Demonstranten »auch Unbeteiligte« zu Schaden gekommen seien. Der Generalstaatsanwalt der DDR sei beauftragt, jeden einzelnen Fall genau zu überprüfen. – Die DDR zieht in Genf einen Bericht zurück, in dem sie dem UN-Menschenrechtskomitee über den Stand der zivilen und politischen Rechte im Land berichten sollte, da das Papier »nicht mehr der aktuellen Lage entspreche«.

25. 10.: Der Rat der Vorsitzenden der Kollegien der Rechtsanwälte in der DDR setzt sich in einer Erklärung für den Ausbau der Rechtsordnung, die Erhöhung der Rechtssicherheit, Reisefreiheit und ein neues Wahlrecht ein. – In Neubrandenburg nehmen rd. 20 000, in Jena 5000 Menschen an Demonstrationen teil. Auch in Greifswald, Halberstadt und Ost-Berlin gehen Tausende auf die Straße. – SED-Generalsekretär Egon Krenz trifft in Ost-Berlin mit dem Vorsitzenden der FDP-Bundestagsfraktion Wolfgang Mischnick zu einem Gedankenaustausch zusammen; an der Begegnung nimmt der LDPD-Vorsitzende Manfred Gerlach teil, mit dem Mischnick bereits am Vortag zu einem Gespräch zusammentraf. Mischnick war am 20.10. nach Dresden gereist und hatte Gespräche mit dem dortigen SED-Bezirkschef Hans Modrow geführt.

26. 10.: In Dresden kommen rd. 100 000 Menschen zusammen, um sich vom Ersten Sekretär der SED-Bezirksleitung Hans Modrow und von Oberbürgermeister Wolfgang Berghofer über die Ergebnisse einer außerordentlichen Sitzung der Stadtverordnetenversammlung informieren zu lassen. Modrow erklärt dabei, das jetzt Begonnene werde in der DDR »einen revolutionären Wandel auslösen«; beide beantworten auch kritische Fragen aus der Bevölkerung. – Am gleichen Tag demonstrieren Zehntausende in Erfurt, Gera, Dresden und Rostock für Reformen und mehr Demokratie. Unter der Überschrift »Wir brauchen Dialog, nicht Unruhe und Gebrüll« heißt es in einem Kommentar im »Neuen Deutschland«: »Sind die stundenlangen Demonstrationen und das Gebrüll die Umstände, unter denen man den Dialog führen kann?« Die Gesellschaft werde durch Demonstrationen »zusätzlich unter Spannung gesetzt«. – SED-Politbüromitglied Günter Schabowski, Erster Sekretär der Ostberliner SED-Bezirksleitung, empfängt in Ost-Berlin die Angehörigen des Neuen Forums Jens Reich und Sebastian Pflugbeil zu einem informativen Gespräch. – Neun Präsidiumsmitglieder des P. E. N.-Zentrums der DDR fordern in einer Erklärung an Partei- und Staatschef Egon Krenz u. a. einen »Umbau des Staates und weiter Bereiche der Gesellschaft«. Heinz Kemnitzer, Präsident des P. E. N.-Zentrums, legt daraufhin sein Amt nieder. – **Bundeskanzler Helmut Kohl führt mit dem neuen Partei- und Staatschef der DDR Egon Krenz ein zwanzigminütiges Telefongespräch** über die Fortsetzung der Zusammenarbeit zwischen beiden deutschen Staaten.

27. 10.: Der DDR-Staatsrat beschließt eine **Amnestie für Personen, die vor dem 27. Oktober 1989 geflüchtet sind** oder »die Ausreise widerrechtlich durchzusetzen« suchten. Die Flüchtlinge werden zur Rückkehr aufgerufen, da akute Versorgungsengpässe entstanden sind. Alle wegen »Republikflucht« Verurteilten sollen bis zum 30. November aus der Haft entlassen und laufende Strafverfahren ausgesetzt werden. – Das DDR-Innenministerium veröffentlicht eine Mitteilung, derzufolge die zeitweilige Aussetzung des paß- und visafreien Verkehrs mit der Tschechoslowakei mit Wirkung vom 1. November wieder aufgehoben wird. – Zehntausende demonstrieren in mehreren Städten der DDR, u. a. in Dresden, Karl-Marx-Stadt, Güstrow, Lauchhammer und Großräschen (beide Bezirk Cottbus) und Saalfeld (Bezirk Gera) für »Veränderungen im politischen, wirtschaftlichen und kulturellen Leben«. – Dorothee Wilms, Bundesministerin für Innerdeutsche Beziehungen, beruft eine wissenschaftliche Kommission, die »eine vergleichende Untersuchung über die Umweltsituation und die umweltpolitische Entwicklung in der Bundesrepublik Deutschland und der DDR kritisch begleiten soll«. – Der zwischen der DDR-Fluggesellschaft Interflug und der Deutschen Lufthansa AG vereinbarte ursprünglich bis zum 31. Oktober 1989 befristete Flugverkehr zwischen Leipzig und Düsseldorf bzw. Frankfurt/Main und Leipzig wird zunächst bis zum 1. Februar 1990 fortgesetzt.

28. 10.: Das Organ der DDR-CDU »Neue Zeit« veröffentlicht den Diskussionsentwurf eines Positionsentwurfs des Präsidiums des Hauptvorstandes der CDU der DDR, in dem u. a. freie und geheime Wahlen sowie »ein grundlegend verändertes öffentliches Leben, das sich durch lebendige Demokratie, strikte Rechtsstabilität und realistische Medien« auszeichnet, gefordert werden. – In verschiedenen Städten der DDR, u. a. in Plauen, Greiz, Rostock und Senftenberg, demonstrieren Zehntausende für »konsequente Reformen in allen gesellschaftlichen Bereichen«.

29. 10.: Mit Diskussionsrunden vor dem Roten Rathaus und in der Kongreßhalle beginnen in Ost-Berlin »Sonntagsgespräche« unter dem Motto »Offene Türen – offene Worte«, zu denen der Ostberliner Oberbürgermeister Erhard Krack die Bürger der Stadt eingeladen hat. Günter Schabowski, Politbüromitglied und Erster Sekretär der SED-Bezirksleitung Berlin, erklärt, Demonstrationen würden künftig »auch in Berlin zur politischen Kultur gehören«. Mit einer Schweigeminute gedenken die etwa 20000 Menschen der Toten an der Mauer. Erstmals wird bei der Veranstaltung öffentlich gefordert, die Mauer abzureißen. Auch in anderen Städten der DDR, z. B. Leipzig, Erfurt und Karl-Marx-Stadt, finden ähnliche Gesprächsforen statt. – Am Abend trifft West-Berlins Regierender Bürgermeister Walter Momper in einem Ostberliner Hotel mit Schabowski zusammen.

30. 10: Staats- und Parteichef Egon Krenz hält vor Absolventen der Militärakademie in Ost-Berlin eine Ansprache. Darin sagt er u. a., daß jetzt »viele Selbstbewußte auf die Straße« gingen »mit dem Ruf: Wir sind das Volk«. Krenz weiter: »Aber das Volk sind wir alle ... alle, die Verantwortung tragen, daß an der Trennlinie zwischen Sozialismus und Kapitalismus in jeder Minute Normalität herrscht.« Nach dem traditionellen Friedensgebet **in Leipzig demonstrieren wieder mehr als 200000 Menschen**. Sprechchöre verlangen u. a. »Reformer an die Macht« und »Zulassung des Neuen Forums«. Zu weiteren Demonstrationen mit mehreren 10000 Teilnehmern kommt es in Halle, Schwerin, Karl-Marx-Stadt, Pößneck, Cottbus und Magdeburg. – Der Dresdner Oberbürgermeister Wolfgang Berghofer, der mit Teilnehmern der Gruppe der Zwanzig zum »3. Dresdner Rathausgespräch« zusammentrifft, verständigt sich mit ihnen darüber, »daß die Gruppe als eine neue Form der Bürgerinitiative betrachtet, als Verhandlungspartner anerkannt und respektiert werde und auch ohne Verzug alle dafür erforderlichen Arbeitsmöglichkeiten erhalten wird«. Die **Nachrichtensendung des DDR-Fernsehens** »Aktuelle Kamera« **präsentiert sich in neuer Form**. Chefredakteur Klaus Schickhelm erklärt: »Wir wollen in Zukunft den Zuschauern gerade in die Augen sehen können.« **Der »Schwarze Kanal«**, die Sendung des DDR-Fernsehens, in der Karl-Eduard von Schnitzler fast 30 Jahre lang gegen die Bundesrepubklik agitiert hat, **wird abgesetzt**.

31. 10.: In Weimar, Meißen und Meiningen finden Demonstrationen u. a. für Demokratie und Umweltschutz statt, an denen mehrere 1000 Menschen teilnehmen.

1. November: Der SED-Generalsekretär und DDR-Staatsratsvorsitzende Egon Krenz, der sich zu einem eintägigen Besuch in Moskau aufhält, trifft mit dem sowjetischen Partei- und Staatschef Michail Gorbatschow zu einem Gespräch zusammen. Krenz nennt dabei die »Politik des neuen Denkens und der Perestroika« eine »Quelle ständiger Anregungen für die Beschleunigung des gesellschaftlichen Fortschritts«. Zum Thema Wiedervereinigung erklärt Krenz, diese Frage stehe »nicht auf der Tagesordnung«. – An einem Demonstrationszug in Neubrandenburg beteiligen sich mehr als 20000 Menschen. In Frankfurt/Oder demonstrieren mehrere 10000 Menschen für gesellschaftliche Veränderungen; außerdem findet in Freital (Bezirk Dresden) eine Demonstration statt. – Die »Leipziger Volkszeitung« veröffentlicht ab 1. 11. den Tagesmittelwert sowie die jeweiligen Höchstwerte der Luftbelastung durch Staub und Schwefeldioxid in einigen Stadtbezirken. (Das Industriegebiet um Leipzig/Halle/

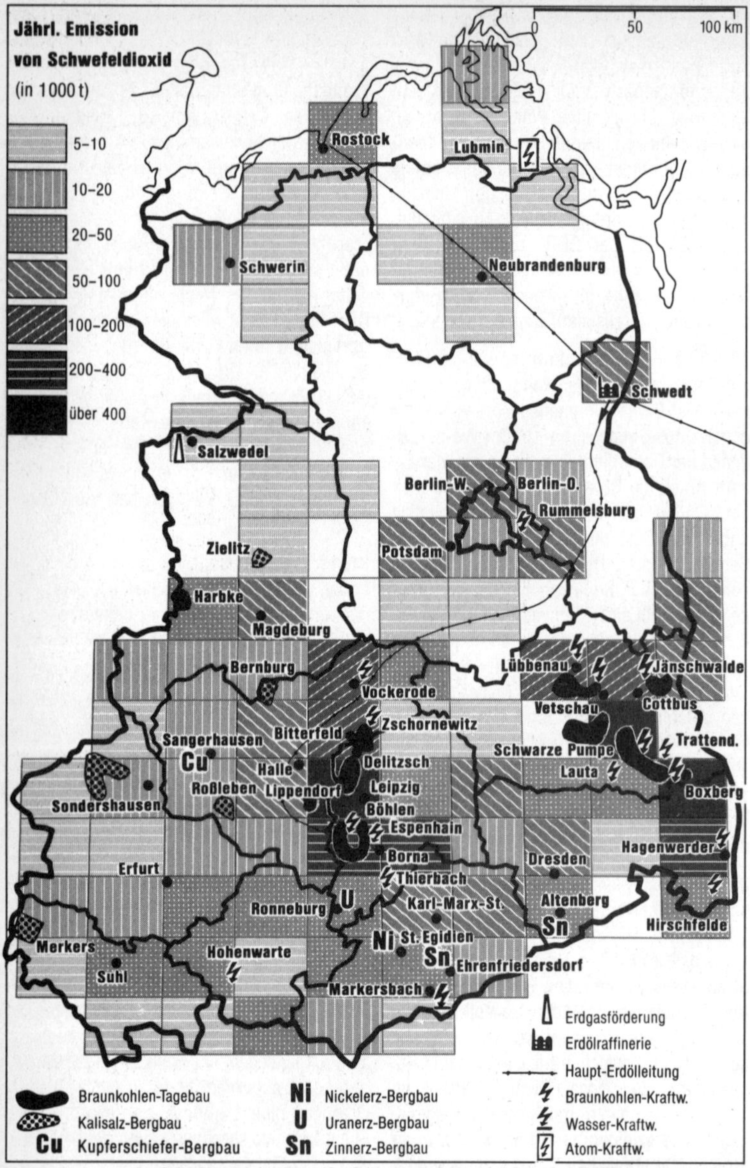

Luftbelastung durch Schwefeldioxid in der DDR

Bitterfeld gehört zu den meistbelasteten Gebieten in der DDR. Die Luftverschmutzung in und um Leipzig wird zu 60 Prozent durch die privaten Haushalte und die rund 700 Kleinfeuerungsanlagen verursacht. Einen Anteil von 40 Prozent hat die Industrie, vor allem die Kohlekraftwerke und die Kohleverschwefelungsanlagen. Ein mit Braunkohle betriebenes Kraftwerk mit einer Leistung von 3000 Megawatt produziert jährlich 20000 Tonnen Staub, 200000 Tonnen Schwefeldioxid, 2 Millionen Tonnen Asche und 40 Millionen Tonnen Kohlendioxid, so die Schätzungen des kirchlichen Ökomagazins »Erfurter Filterpapier«.)

2. 11.: Zahlreiche DDR-Politiker verlieren ihre Ämter: Margot Honecker nach 26jähriger Tätigkeit als Volksbildungsministerin, Harry Tisch nach 15 Jahren an der Spitze des Freien Deutschen Gewerkschaftsbundes/FDGB (Nachfolgerin: Annelies Kimmel), Gerald Götting und Heinrich Homann als Vorsitzende der Blockparteien CDU und NDPD; Herbert Ziegenhahn (Gera) und Hans Albrecht (Suhl) sind die ersten SED-Bezirkschefs, die ihre Ämter verlieren (bis Mitte November gibt es auch in anderen Bezirken Führungswechsel). Am Vortag hatte die Rücktrittswelle den Vorsitzenden der Metall-Gewerkschaft Gerhard Nennstiel nach Vorwürfen im Zusammenhang mit dem Bau eines Eigenheims erfaßt (Nachfolger Ende November: Hartwig Bugiel); am 3.11. wird der Chef der DDR-Gewerkschaft Kunst, Herbert Bischoff, abgelöst. – Martin Bangemann, Vizepräsident der EG-Kommission, und SED-Generalsekretär Egon Krenz befürworten bei einem Gespräch in Ost-Berlin den baldigen Abschluß eines Handelsabkommens zwischen DDR und EG. – In Erfurt, Guben, Halle, Gera und Rostock finden Demonstrationen statt, bei denen mehrere 10000 Menschen ihre Forderung nach demokratischer Erneuerung in der DDR zum Ausdruck bringen. – Nach einer vom DDR-Ministerrat verabschiedeten Verordnung soll künftig jährlich ein »Umweltbericht« vorgelegt werden; bislang unterlagen Umweltdaten in der DDR der Genehmigung. – Der Schriftsteller Günter de Bruyn lehnt den ihm Anfang Oktober zuerkannten »Nationalpreis der DDR« ab, da er es mit seinem Gewissen nicht habe vereinbaren können, »von einer Regierung, deren Starre, Intoleranz und Dialogunfähigkeit ich ablehnte und kritisierte, eine Auszeichnung anzunehmen, die mir in diesem Moment wie eine Art Bestechung erschien«.

3. 11.: In einer Ansprache über Hörfunk und Fernsehen teilt der SED-Generalsekretär und DDR-Staatsratsvorsitzende Egon Krenz mit, das SED-Politbüro habe auf seiner Sitzung Grundzüge eines **Aktionsprogramms für die Erneuerung in Politik, Wirtschaft und Gesellschaft** verabschiedet, das u. a. vorsieht: Errichtung eines Verfassungsgerichtshofs und Verwaltungsgerichts, Einführung eines zivilen Wehrersatzdienstes, grundsätzliche Reformen der Wirtschafts- und Bildungspolitik. Er gibt ferner bekannt, daß die SED-Politbüromitglieder Hermann Axen, Kurt Hager, Erich Mielke, Erich Mückenberger und Alfred Neumann dem ZK vorgeschlagen hätten, »sie von ihrer Funktion als Mitglieder des Politbüros zu entbinden, um jüngeren Kräften Platz zu machen«, und appelliert an die Bevölkerung: »Vertrauen Sie unserer Politik der Erneuerung.« – Der Leipziger Oberbürgermeister Bernd Seidel erklärt als Reaktion auf den Vertrauensverlust bei den Leipziger Bürgern seinen Rücktritt. Mehrere 10000 Menschen beteiligen sich an Demonstrationen für Veränderungen im politischen, wirtschaftlichen und kulturellen Leben des Landes, die in Karl-Marx-Stadt, Dessau, Güstrow, Eberswalde-Finow und Schleusingen stattfinden; in Erfurt nehmen rd. 50000 Menschen an einer öffentlichen Diskussion auf dem Domplatz teil.

4. 11.: Etwa **eine Million Menschen demonstrieren in Ost-Berlin für Presse-, Meinungs- und Versammlungsfreiheit sowie für freie Wahlen**. Während der fünfstündigen Veranstaltung, zu der DDR-Künstlerverbände aufgerufen hatten und die vom DDR-Fernsehen übertragen wird, wenden sich 26 Redner an die Versammelten, unter ihnen die Schriftsteller Stefan Heym, Christa Wolf und Christoph Hein, die den abgesetzten Partei- und Staatschef Erich Honecker für »Fehler, Versäumnisse und Verbrechen« verantwortlich machen. Zehntausende demonstrieren wie auch in den vorangegangenen Tagen in anderen Städten der DDR (Magdeburg, Potsdam, Arnstadt, Altenburg, Rostock, Ludwigslust, Parchim, Gadebusch, Suhl und Dresden) und suchen den Dialog mit der Staatsführung. – In der »Aktuellen Kamera« des DDR-Fernsehens wird eine Erklärung der SED-Kreisleitung des DDR-Fernsehens verlesen, in der »mit tiefer Betroffenheit« Mitverantwortung für die Krisensituation eingestanden und die Bevölkerung um Entschuldigung gebeten wird.

5. 11.: Tausende Ostberliner versammeln sich im Roten Rathaus und anderen Gebäuden zur zweiten Runde der »Sonntagsgespräche« über Reformen. Bei einem dieser Gespräche teilt der amtierende Volksbildungsminister Günther Fuchs mit, das **Unterrichtsfach Wehrerziehung** sei im laufenden Frühjahr **»ausgesetzt«**; er gehe davon aus, »daß wir es damit abgeschafft haben«. – Dem Greifswalder Bischof Horst Gienke wird auf einer Synodaltagung seiner Landeskirche das Vertrauen entzogen; er tritt einige Tage später von seinem Amt zurück. Gienke hatte im Juni dieses Jahres ohne Absprache mit den anderen evangelischen Bischöfen in der DDR Erich Honecker zur Wiedereinweihung des restaurierten Greifswalder Doms eingeladen und in einem – im »Neuen Deutschland« veröffentlichten – Dankesbrief an den damaligen Partei- und Staatschef die Kirchenpresse angegriffen.

6. 11.: In der DDR-Presse wird der **Entwurf für ein neues Reisegesetz** veröffentlicht (und bis zum 30. 11. zur öffentlichen Diskussion gestellt), der 30 Tage Auslandsaufenthalt pro Jahr und ein bürokratisches Genehmigungsverfahren vorsieht. Das DDR-Fernsehen sendet kritische Stellungnahmen von DDR-Bürgern zu diesem Entwurf. In vielen DDR-Städten wird am Abend demonstriert. Hunderttausende vereinen sich in Leipzig zur bisher machtvollsten Demonstration. Sie fordern u. a. ein Reisegesetz ohne Einschränkungen, Aufgabe des Führungsanspruchs der SED und freie Wahlen. In Dresden demonstrieren 70 000 Menschen; Hans Modrow, Erster Sekretär der SED-Bezirksleitung Dresden, charakterisiert den in Gang gesetzten Dialog »als bisher größte demokratische Bewegung des Volkes in der DDR«. Auch in Halle, Magdeburg, Cottbus und Schwerin demonstrieren Zehntausende.

7. 11.: Der Verfassungs- und Rechtsausschuß der DDR-Volkskammer lehnt den Entwurf des Reisegesetzes als unzureichend ab. **Die DDR-Regierung unter Willi Stoph tritt geschlossen zurück**; sie bleibt bis zur Wahl eines neuen Ministerrats geschäftsführend im Amt. – Günter Hartmann, bisher stellvertretender Vorsitzender der NDPD-Volkskammerfraktion, wird als Nachfolger des zurückgetretenen Heinrich Homann zum Vorsitzenden seiner Partei gewählt. – Die Berliner Bischofskonferenz wählt den Bischof von Berlin, Georg Sterzinsky, zu ihrem neuen Vorsitzenden; er tritt damit auch in diesem Amt die Nachfolge von Kardinal Joachim Meisner an, der jetzt Erzbischof in Köln ist. – An Demonstrationen für freie Wahlen und gegen den Führungsanspruch der SED beteiligen sich in Wismar 50 000 und in Meiningen 20 000 Menschen. – Eine Ausstellung mit Gemälden und Zeichnungen von Winfried Wolk wird in Königswinter eröffnet; Wolk ist Mitglied des Hauptvorstands der DDR-CDU.

8. 11.: Zu Beginn der 10. Tagung des ZK der SED in Ost-Berlin (bis 10. 11.) **tritt das Politbüro geschlossen zurück**. Anschließend bestätigt das ZK Egon Krenz einstimmig als Generalsekretär und wählt dann – mit bis zu 66 Gegenstimmen – die übrigen Mitglieder und die Kandidaten des von 21 auf elf Mitglieder verkleinerten Politbüros, dem auch der Exponent des Reformflügels, der Dresdner Parteisekretär Hans Modrow, angehört; das ZK empfiehlt der Volkskammer, Modrow zum neuen Ministerpräsidenten zu wählen. Tausende SED-Mitglieder versammeln sich vor dem ZK-Gebäude und melden auf Transparenten und in Sprechchören ihre Forderungen an – z. B. »für eine Parteiführung, die auf das Volk hört«. – Das DDR-Innenministerium bestätigt die Anmeldung des Neuen Forum als Vereinigung. – Wiederum demonstrieren Zehntausende (u. a. in Neubrandenburg und in Limbach-Oberfrohna/Bezirk Karl-Marx-Stadt) für freie Wahlen und Reisefreiheit. – Bundeskanzler Helmut Kohl erstattet vor dem Bundestag den Bericht zur Lage der Nation im geteilten Deutschland. Als Bedingung, mit der DDR über eine »ganz neue Dimension« wirtschaftlichen Beistands zu sprechen, nennt er die Beendigung des Machtmonopols der SED, die Zulassung unabhängiger Parteien und die Zusicherung freier Wahlen in der DDR. Kohl erklärt, die Selbstbestimmung für alle Deutschen sei und bleibe das Herzstück seiner Deutschlandpolitik.

9. 11.: Die DDR öffnet die Grenzübergänge zur Bundesrepublik Deutschland und nach West-Berlin. Den entsprechenden Beschluß gibt Günter Schabowski, Informationssekretär des SED-Zentralkomitees, um 18.57 Uhr vor Journalisten bekannt. Genehmigungen für Reisen würden kurzfristig erteilt und nur in Ausnahmefällen verweigert. Unverzüglich könnten Personen, die die DDR verlassen wollten, Visa für eine Ausreise bekommen. Reisen und ständige Ausreisen könnten über alle Grenzübergänge erfolgen. Diese Regelung gelte mit sofortiger Wirkung bis zum Inkrafttreten eines neuen Reisegesetzes. – Noch in der Nacht eilen Tausende nach West-Berlin und werden dort begeistert empfangen. **Berlin feiert ein großes Fest des Wiedersehens.** Am Wochenende brechen mehrere Millionen DDR-Bewohner zu Reisen in die Bundesrepublik Deutschland auf. Bis zu 60 km lang stauen sich »Trabi«-Kolonnen, obwohl die DDR schnell neue Grenzübergänge öffnet (bis zum 30. November werden 50 neue Übergänge eröffnet).

10. 11.: Hunderttausende von Ostberlinern strömen nach West-Berlin. In Sichtweite der Mauer, aber auch auf dem Kurfürstendamm spielen sich unbeschreibliche Szenen der Freude ab. Die DDR-Behörden schlagen in kurzer Zeit Breschen in die Mauer, um den Übergang nach West-Berlin zu erleichtern. An zahlreichen Stellen der innerdeutschen Grenze kommt es ebenfalls zu lebhaftem Reiseverkehr. – **Bundeskanzler Helmut Kohl unterbricht seine Polen-Reise und begibt sich nach Berlin.** Auf einer Kundgebung vor dem Schöneberger Rathaus in West-Berlin sprechen Bundeskanzler Helmut Kohl, Bundesaußenminister Hans-Dietrich Genscher, der Ehrenvorsitzende der SPD, Willy Brandt, und der Regierende Bürgermeister von West-Berlin, Walter Momper. – Das ZK der SED verabschiedet ein »Aktionsprogramm« zur Verwirklichung der von Egon Krenz am 3.11. angekündigten Reformen, in dem u. a. freie, allgemeine und geheime Wahlen, eine Wirtschaftsreform, ein neues Strafrecht, ein Mediengesetz sowie ein Gesetz für Versammlungs- und Vereinigungsfreiheit in Aussicht gestellt werden. Die bereits abgelösten ZK-Sekretäre Günter Mittag und Joachim Herrmann werden aus dem Zentralkomitee ausgeschlossen. Auf einer SED-Kundgebung in Ost-Berlin, an der rd. 150000 Menschen teilnehmen, informiert Egon Krenz über die 10. ZK-Tagung. – Lothar de Maizière wird als Nachfolger des zurückgetretenen Gerald Götting zum Vorsitzenden der DDR-CDU gewählt.

11. 11.: Bundeskanzler Helmut Kohl und SED-Generalsekretär Egon Krenz sprechen sich in einem Telefongespräch für eine Intensivierung der Zusammenarbeit auf vielen Gebieten aus und einigen sich grundsätzlich auf eine baldige persönliche Begegnung in der DDR. – Die »Neue Zeit«, zentrale Tageszeitung der DDR-CDU, teilt mit, daß sich als Jugendorganisation der CDU die »Christlich-Demokratische Jugend«/CDJ gegründet habe, die eng mit kirchlichen Jugendgruppen zusammenarbeiten wolle.

12. 11.: In mehreren Städten der DDR finden **Kundgebungen und Versammlungen der SED** statt, auf denen die Basis für eine »Erneuerung der Partei von unten« eintritt. – Auf Druck der Parteibasis beschließt das ZK auf

Fortsetzung → Sp. 175

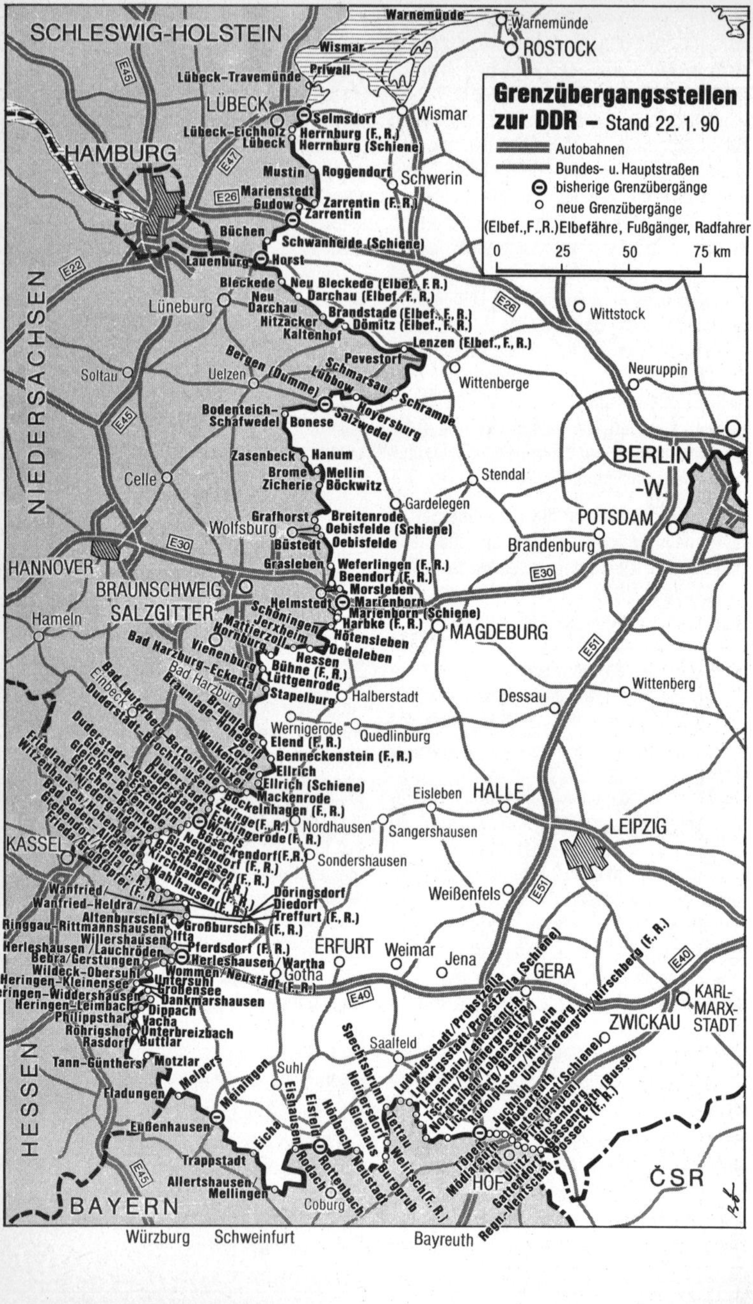
Grenzübergangsstellen zur DDR – Stand 22. 1. 90
Autobahnen
Bundes- u. Hauptstraßen
bisherige Grenzübergänge
neue Grenzübergänge
(Elbef., F., R.) Elbefähre, Fußgänger, Radfahrer
0 25 50 75 km
SCHLESWIG-HOLSTEIN
NIEDERSACHSEN
HESSEN
BAYERN
ČSR
Warnemünde
ROSTOCK
Wismar
Priwall
Lübeck-Travemünde
LÜBECK
Selmsdorf
Lübeck-Eichholz
Herrnburg (F., R.)
Lübeck
Herrnburg (Schiene)
HAMBURG
Mustin
Roggendorf
Schwerin
Marienstedt
Gudow
Zarrentin (F., R.)
Zarrentin
Büchen
Schwanheide (Schiene)
Lauenburg
Horst
Bleckede
Neu Bleckede (Elbef., F. R.)
Neu Darchau
Darchau (Elbef., F., R.)
Lüneburg
Hitzacker
Brandstade (Elbef., F., R.)
Dömitz (Elbef., F., R.)
Kaltenhof
Lenzen (Elbef., F., R.)
Wittstock
Pevestorf
Bergen (Dumme)
Schmarsau
Lübbow
Schrampe
Wittenberge
Neuruppin
Soltau
Uelzen
Bodenteich-Schafwedel
Bonese
Salzwedel
Hoyersburg
BERLIN-W.
Zasenbeck
Hanum
Brome
Mellin
Zicherie
Böckwitz
Celle
Stendal
Gardelegen
Grafhorst
Breitenrode
Wolfsburg
Oebisfelde (Schiene)
Büstedt
Oebisfelde
POTSDAM
Brandenburg
HANNOVER
Grasleben
Weferlingen (F., R.)
Beendorf (F., R.)
BRAUNSCHWEIG
Morsleben
Helmstedt
Marienborn
Marienborn (Schiene)
SALZGITTER
Hameln
Schöningen
Jerxheim
Harbke (F., R.)
MAGDEBURG
Mattierzoll
Hötensleben
Hornburg
Hessen
Oebisfelde
Vienenburg
Bühne (F., R.)
Lüttgenrode
Bad Harzburg-Eckertal
Stapelburg
Halberstadt
Dessau
Wittenberg
Einbeck
Bad Harzburg
Braunlage
Wernigerode
Quedlinburg
Elend (F., R.)
Benneckenstein (F., R.)
Ellrich
Ellrich (Schiene)
Mackenrode
Böckelnhagen (F., R.)
Eisleben
HALLE
Nordhausen
Sangershausen
LEIPZIG
KASSEL
Sondershausen
Weißenfels
Wanfried
Wanfried-Heldra
Döringsdorf
Diedorf
Treffurt (F., R.)
Altenburschla
Großburschla (F., R.)
Ringgau-Rittmannshausen
Willershausen
Ifta
Herleshausen/Lauchröden
Pferdsdorf (F., R.)
Bebra/Gerstungen
Herleshausen/Wartha
ERFURT
Weimar
Jena
GERA
Wildeck-Obersuhl
Wommen/Neustädt (F., R.)
Gotha
Heringen-Kleinensee
Untersuhl
Heringen-Widdershausen
Großensee
Heringen-Leimbach
Dankmarshausen
Dippach
Philippsthal
Vacha
Röhrigshof
Unterbreizbach
Rasdorf
Buttlar
Tann-Günthers
Motzlar
Saalfeld
Suhl
Fladungen
Melpers
Meiningen
Eußenhausen
Eicha
Eisfeld
Rottenbach
Trappstadt
Allertshausen/Mellingen
Rodach
Coburg
Neustadt
Burggrub
Welitsch (F., R.)
Tettau
Töpen
Juchhöh
Mödlareuth
Hof
HOF
ZWICKAU
KARL-MARX-STADT
Würzburg
Schweinfurt
Bayreuth
E45
E47
E26
E22
E30
E51
E40

Grenzübergangsstellen zur DDR nach Bundesländern

(Stand: 22. 1. 1990)

Schleswig-Holstein:

Lübeck-Schlutup/Selmsdorf	1
Lübeck-Eichholz/Herrnburg	2
Lübeck/Herrnburg	1
Mustin/Roggendorf	
Marienstedt/Zarrentin	2
Gudow/Zarrentin	1
Lauenburg/Horst	1, 3
Büchen/Schwanheide	1

Niedersachsen:

Bleckede/Neu Bleckede	2a
Neu Darchau/Darchau	2a, 4
Hitzacker/Bitter	2a
Kaltenhof/Dömitz	2a
Pevestorf/Lenzen	2a
Schmarsau/Schrampe	
Lübbow/Hoyersburg	
Bergen (Dumme)/Salzwedel	1
Bodenteich-Schafwedel/Bonese	
Wittingen-Zasenbeck-/Hanum	
Brome/Mellin	
Brome-Zicherie/Böckwitz	
Grafhorst-Breitenrode	
Wolfsburg/Oebisfelde	1, 5, 9
Büstedt/Oebisfelde	
Grasleben/Weferlingen	2
Helmstedt/Beendorf	2
Helmstedt/Morsleben	3
Helmstedt/Marienborn	1
Helmstedt/Marienborn	1, 9
Helmstedt/Harbke	2
Schöningen/Hötensleben	
Jerxheim/Dedeleben	
Mattierzoll/Hessen	
Hornburg/Bühne	2
Vienenburg/Lüttgenrode	
Bad Harzburg-Eckertal/Stapelburg	
Braunlage/Elend	2
Braunlage-Hohegeiß/Benneckenstein	
Zorge/Ellrich	
Walkenried/Ellrich	1, 5, 9
Nüxel/Mackenrode	
Bad Lauterberg-Bartolfelde/Bockelnhagen	2, 4
Duderstadt-Brochthausen/Zwinge	2, 4
Duderstadt/Ecklingerode	2
Duderstadt/Worbis	1
Duderstadt-Nesselröden/Böseckendorf	2, 4
Gleichen-Etzenborn/Neuendorf	2, 4
Gleichen-Beienrode/Glasehausen	2, 4
Gleichen-Bremke/Bischhagen	2
Friedland-Niedergandern/Kirchgandern	2

Hessen:

Neu-Eichenberg/Hohengandern	
Bad Sooden-Allendorf/Wahlhausen	2
Meinhard-Grebendorf/Kella	2, 4
Meinhard-Frieda/Großtöpfer	2
Wanfried/Döringsdorf	4
Wanfried/Katharinenberg	
Wanfried-Heldra/Treffurt	2
Altenburschla/Großburschla	2
Ringgau-Rittmannshausen/Ifta	3
Herleshausen-Willershausen/Pferdsdorf	
Herleshausen/Wartha	1
Herleshausen/Lauchröden	2
Herleshausen-Wommen/Neustädt	2, 4
Bebra/Gerstungen	1, 9
Wildeck-Obersuhl/Untersuhl	
Heringen-Kleinensee/Großensee	2
Heringen-Widdershausen/Dankmarshausen	
Heringen-Leimbach/Dippach	
Philippsthal (Werra)/Vacha	
Philippsthal (Werra)/Unterbreizbach	6
Rasdorf/Buttlar	
Tann-Günthers/Motzlar	

Bayern:

Fladungen/Melpers	
Eußenhausen/Meiningen	1
Trappstadt/Eicha	
Allertshausen/Hellingen	7
Rodach b. Coburg/Eishausen	
Rottenbach/Eisfeld	1
Neustadt b. Coburg/Hönbach	
Stockheim-Burggrub/Neuhaus-Schiernitz	
Pressig-Welitsch/Heinersdorf	2
Tettau/Spechtsbrunn	
Ludwigsstadt/Probstzella	
Ludwigsstadt/Probstzella	1, 9
Ludwigsstadt-Lauenhain/Lehesten	2, 4
Tschirn/Brennersgrün	2, 4
Nordhalben/Rodacherbrunn	
Lichtenberg/Blankenstein	
Rudolphstein/Hirschberg	1
Untertiefengrün/Hirschberg	2
Töpen/Juchhöh	3
Mödlareuth/Mödlareuth	
Hof/Gutenfürst	1, 9
Hof/Heinersgrün	
Ullitz/Blosenberg	
Gattendorf/Gassenreuth	8
Regnitzlosau-Nentschau/Posseck	2

1 vor 9. 11. 1989 bereits vorhanden – 2 nur Fußgänger und Radfahrer – 2a Elbefähre (nur Fußgänger und Radfahrer) – 3 ab 1. 1. 1990 auch für Transit von und nach Berlin – 4 nur an Wochenenden geöffnet – 5 auch für Schienenpersonenverkehr – 6 nur Do–So – 7 Kfz ab 26. 1. 90 – 8 nur für Linien- und Reisebusse – 9 Schienenverkehr

einer Sondersitzung die Einberufung eines außerordentlichen Parteitages anstelle einer Parteikonferenz. – Nach Mitteilung des DDR-Innenministeriums sind vom 9. bis zum Mittag des 12. November rd. 4,3 Millionen Visa für Privatreisen in die Bundesrepublik Deutschland und West-Berlin bzw. andere Staaten erteilt worden. – Zwischen dem Polizeipräsidenten von West-Berlin und dem Präsidium der Volkspolizei in Ost-Berlin wird eine direkte Telefonverbindung eingerichtet. – Bundespräsident Richard von Weizsäcker besucht nach einem Gottesdienst in der Westberliner Kaiser-Wilhelm-Gedächtniskirche den neuen Übergang am Potsdamer Platz und begrüßt dort auch DDR-Grenzsoldaten.

13. 11.: Die **DDR-Volkskammer wählt** den Vorsitzenden der Bauernpartei/DBD **Günther Maleuda** im 2. Wahlgang mit 246 von 477 geheim abgegebenen Stimmen **zu ihrem neuen Präsidenten** (mit 230 Stimmen unterlegener Gegenkandidat: Manfred Gerlach/LDPD). Der bisherige Amtsinhaber Horst Sindermann war zu Beginn der Sitzung zurückgetreten. Ohne Aussprache und durch Handzeichen wählt die Volkskammer bei einer Gegenstimme das neue SED-Politbüromitglied **Hans Modrow zum neuen Ministerpräsidenten** (Vorgänger: Willi Stoph). – In Leipzig demonstrieren rund 200 000 Bürger, in Dresden 100 000 für freie Wahlen, Reisefreiheit und gegen den Führungsanspruch der SED. Zehntausende demonstrieren auch in Neubrandenburg, Cottbus, Schwerin, Halle, Magdeburg und Karl-Marx-Stadt. – **Die DDR hebt die Sperrzonen entlang der innerdeutschen Grenze sowie in den küstennahen Gewässern der Ostsee auf** und macht sie damit wieder für ihre Bürger zugänglich. Auch der **Schießbefehl für die Grenztruppen** sei gänzlich **abgeschafft**, versichert der geschäftsführende Verteidigungsminister Heinz Keßler. Am 27. 11. beginnen Grenzsoldaten im nördlichen Grenzbereich mit dem Abbau des Schutzstreifenzauns.

14. 11.: Das DDR-Finanzministerium gibt eine Neuregelung für die Behandlung des Vermögens ehemaliger DDR-Bürger bekannt; danach werden für das zurückgelassene Vermögen von Übersiedlern keine staatlichen Treuhänder mehr eingesetzt. Wer die DDR nach dem 31. Juli verlassen hat, kann über sein Vermögen verfügen. – Heinz Albrecht wird als Nachfolger von Günter Schabowski, Mitglied des Politbüros und Sekretär des ZK der SED für Informationswesen und Medienpolitik, zum Ersten Sekretär der SED-Bezirksleitung Berlin gewählt.

15. 11.: Die FDGB-Vorsitzende Annelies Kimmel trifft in Ost-Berlin mit dem DGB-Vorsitzenden Ernst Breit zu einem Gespräch zusammen. – Die Bürgermeister von Görlitz und Suhl, Kurt Butziger und Joachim Kunze, erklären ihren Rücktritt.

16. 11.: Das Plenum der Akademie der Wissenschaft der DDR beschließt, die Streichung der Mitgliedschaft des ordentlichen Akademiemitglieds Ernst Bloch und des korrespondierenden Akademiemitglieds Robert Havemann aus der Mitgliederliste der Wissenschaftsakademie rückgängig zu machen. Der Philosoph Bloch (1885–1977) war Ende der fünfziger Jahre, der Chemiker Havemann (1910–1982) im Jahre 1966 aus der Mitgliederliste gestrichen worden. – Eva Rohmann wird als Nachfolgerin von Ilse Thiele zur Vorsitzenden des Demokratischen Frauenbunds Deutschland/DFD gewählt. – Die »Berliner Zeitung« (SED) und die »Neue Zeit« (DDR-CDU) beginnen mit der Veröffentlichung von Fernsehprogrammen der Bundesrepublik Deutschland. – Wolfgang Spikkermann übernimmt als Nachfolger von Herbert Naumann die Chefredaktion des SED-Zentralorgans »Neues Deutschland«. – Die Leipziger Zeitung der DDR-CDU »Die Union« berichtet, daß im Oktober notfalls Einheiten der Nationalen Volksarmee gegen Demonstranten in Leipzig eingesetzt werden sollten. Für die Soldaten sei der Ausnahmezustand verkündet worden. Sie seien darauf hingewiesen worden, daß »im Einzelfall und bei entsprechendem Befehl auf das Volk geschossen werden muß«. – In Erfurt, Gera und Rostock finden Demonstrationen für eine »Fortführung der demokratischen Erneuerung« in der

DDR statt, an denen sich mehrere 10 000 Bürger beteiligen. – Bundeskanzler Helmut Kohl nimmt vor dem Deutschen Bundestag in einer Regierungserklärung zur Lage in der DDR Stellung. – Die Ständige Vertretung der Bundesrepublik Deutschland in Ost-Berlin wird wieder für den Besucherverkehr geöffnet; sie war seit dem 8. August 1989 wegen Überfüllung mit zufluchtsuchenden DDR-Bürgern und anschließend wegen Renovierungsarbeiten geschlossen gewesen.

17. 11.: In Ost-Berlin beginnt die 12. Tagung der DDR-Volkskammer. Als Nachfolger von Willi Stoph wird **Hans Modrow als neuer Regierungschef vereidigt**. Modrow kündigt in seiner Regierungserklärung umfassende Reformen in Staat, Wirtschaft und Gesellschaft an. Auf Antrag ihrer Fraktion werden von ihren Funktionen im DDR-Staatsrat die stellvertretenden Vorsitzenden Horst Sindermann, Willi Stoph (beide SED), Gerald Götting (CDU), Heinrich Homann (NDPD) sowie die Mitglieder Kurt Hager, Werner Krolikowski und Harry Tisch (alle drei SED) abberufen; neu gewählt werden Manfred Mühlmann (NDPD) zum stellvertretenden Staatsratsvorsitzenden sowie Gerhard Lindner (LDPD) zum Mitglied des Staatsrats; ferner stimmt die Volkskammer einem Antrag der SED-Fraktion zu, das Mandat von 27 Abgeordneten aufzuheben und für sie Nachfolgekandidaten aufzunehmen. Am zweiten Tag (18. 11.) bestätigt die Volkskammer in offener Abstimmung mit fünf Gegenstimmen und sechs Enthaltungen den neuen Ministerrat; von den 28 Ministern (früher 44) gehören 17 der SED, 4 der LDPD, 3 der DDR-CDU und je 2 der DBD und der NDPD an; drei Kabinettsmitglieder sind Frauen. Die Volkskammer beschließt die Bildung einer Kommission, die Änderungen und Ergänzungen der DDR-Verfassung prüfen soll; ein zeitweiliger Ausschuß soll ein neues Wahlgesetz ausarbeiten. Ferner nimmt die Volkskammer einen Bericht von DDR-Generalstaatsanwalt Günter Wendland über die bisherigen Ergebnisse der Überprüfung der Sicherheitsorgane anläßlich der Demonstrationen im Zusammenhang mit dem 40. Jahrestag der DDR entgegen; danach sei es zu »Übergriffen ..., vor allem Tätlichkeiten und die Würde der zugeführten Personen verletzendem Verhalten« gekommen. Insgesamt 76 Ermittlungsverfahren seien bisher eingeleitet worden. – Ein Memorandum des DDR-Ministerratsvorsitzenden Hans Modrow an die EG wird in Paris von der DDR-Botschaft der französischen Regierung überreicht, die gegenwärtig die EG-Präsidentschaft ausübt; in dem Dokument erklärt die DDR ihre Bereitschaft, die Entwicklung der Beziehungen zu den EG auszubauen. – Der Vorsitzende der Berliner Bischofskonferenz Georg Sterzinsky trifft mit dem Vorsitzenden der DDR-CDU Lothar de Maizière zu einem Gespräch zusammen; die CDU wolle in neuer Weise auf Kirchen zugehen, heißt es anschließend in einer Presseinformation der Bischofskonferenz. – Hans Hansen, Präsident des Deutschen Sportbundes (DSB) der Bundesrepublik Deutschland, und Klaus Eichler, Präsident des Deutschen Turn- und Sportbundes (DTSB) der DDR, verabreden bei dem Gespräch in West-Berlin, daß es künftig keine »Sportkalender« mit einer bestimmten Anzahl von Begegnungen mehr geben wird; alle Verbände, Vereine und Sportgemeinschaften sollen jetzt selbst entscheiden, mit welchen Partnern sie Wettkämpfe vereinbaren wollen. Die Dachorganisationen wollen nur noch Absprachen über große internationale Wettkämpfe treffen.

18. 11.: Das Sekretariat der politischen Hauptverwaltung der Nationalen Volksarmee teilt mit, daß in der NVA und in den Grenztruppen »künftig die Verantwortung und die Kompetenzen der SED-Parteiorganisationen und der staatlichen Führungsorgane klar voneinander getrennt« würden. – Weit über 150 000 Menschen demonstrieren in Ost-Berlin, Leipzig, Dresden, Suhl, Plauen und Eberswalde-Finow gegen den Führungsanspruch der SED und für freie Wahlen. Rund 15 000 nehmen in Leipzig an der ersten offiziell genehmigten Kundgebung des Neuen Forum teil.

19. 11.: Erneut demonstrieren in mehreren Städten der DDR (Frankfurt/Oder, Schwedt,

Karl-Marx-Stadt, Gera, Suhl, Erfurt, Potsdam und Ost-Berlin) Zehntausende für die konsequente Verwirklichung von Meinungs-, Medien- und Versammlungsfreiheit. – Bundeskanzler Helmut Kohl gibt – am Rande des EG-Gipfels in Paris – erstmals dem DDR-Fernsehen für die Nachrichtensendung »Aktuelle Kamera« ein Interview; darin sagt er zur Regierungserklärung des DDR-Ministerratsvorsitzenden Hans Modrow, daß es in ihr »positive Ansätze für Reformen« gebe.

20. 11.: In mehreren Städten der DDR (Leipzig, Dresden, Cottbus, Halle, Schwerin, Neubrandenburg, Karl-Marx-Stadt und Magdeburg) demonstrieren erneut Hunderttausende u. a. gegen den Führungsanspruch der DDR, für rasche gesellschaftliche Veränderungen in der DDR und für eine Bestrafung der Schuldigen an der Krise in der DDR. – Rudolf Seiters, Bundesminister für besondere Aufgaben und Chef des Bundeskanzleramtes, trifft in Ost-Berlin mit Egon Krenz, SED-Generalsekretär und DDR-Staatsratsvorsitzender, und dem DDR-Ministerratsvorsitzenden Hans Modrow zu Gesprächen über die finanzielle Ausstattung eines gemeinsamen Devisenfonds zusammen; gesprochen wird auch über den Reise- und Besucherverkehr, die Wirtschafts- und Handelsbeziehungen und die Zusammenarbeit im Umweltschutz, die Erweiterung der Post und Fernmeldebeziehungen sowie über Verkehrsfragen. Am zweiten Tag seines Besuchs trifft Seiters in Ost-Berlin zu Gesprächen mit dem Bischof der Evangelischen Kirche in Berlin-Brandenburg, Gottfried Forck, dem Vorsitzenden der Berliner Bischofskonferenz, Bischof Georg Sterzinsky, sowie mit den Vorsitzenden der Oppositionsgruppe Demokratischer Aufbruch, Wolfgang Schnur und Rainer Eppelmann, zusammen.

22. 11.: Das SED-Politbüro bietet Gespräche am »Runden Tisch« an.

23. 11.: Der **DDR-Ministerrat beschließt die Einführung von Zollkontrollen, damit die DDR nicht »leergekauft« wird**. Danach dürfen bestimmte Waren nur noch an DDR-Bürger sowie in der DDR lebende und arbeitende Ausländer verkauft werden. In den Geschäften werden Kontrolleure eingesetzt, die Zollkontrollen werden verschärft. Die Transitstraßen zwischen Polen und der Bundesrepublik Deutschland bzw. West-Berlin dürfen nur noch in Notfällen verlassen werden. Diese Maßnahmen treten am 24. 11. in Kraft. Die **Bewohner der DDR dürfen künftig auch ohne Ausreisevisum in jedes Land ihrer Wahl fahren**. Der frühere SED-Wirtschaftschef Günter Mittag wird aus der Partei ausgeschlossen. Ausschlußverfahren laufen auch gegen den ehemaligen Staats- und Parteichef Erich Honecker sowie mehrere frühere Bezirkschefs der SED. Der 1957 aus der Partei ausgeschlossene frühere Leiter des Aufbauverlags, Walter Janka, wird rehabilitiert. – Auf einer Vollversammlung des Ostberliner Bezirksverbandes des DDR-Schriftstellerverbandes wird der Ausschluß von neun Mitgliedern vom 7. Juni 1979 annulliert; es handelt sich um die Schriftsteller Stefan Heym, Rolf Schneider, Kurt Bartsch, Adolf Endler, Karl-Heinz Jakobs, Klaus Poche, Klaus Schlesinger, Dieter Schubert und Joachim Seyppel. – In einem Interview mit dem »Neuen Deutschland« kündigt Partei- und Staatschef Egon Krenz eine Entflechtung von Staat und Partei sowie eine »umfassende Selbstreinigung« der SED an und spricht sich für einen Verzicht auf den Artikel 1 der Verfassung der DDR aus, in dem das Machtmonopol der SED festgeschrieben ist. – Der Vorstand der DDR-CDU tritt in einer von der »Neuen Zeit« veröffentlichten Stellungnahme für einen »demokratischen Neubeginn« und für Marktwirtschaft ein; die Partei strebe eine Konföderation beider deutscher Staaten an, in der sich die »Einheit der Nation« widerspiegeln solle. – In Gera und Erfurt demonstrieren Zehntausende für Reformen in der DDR.

24. 11.: In Ost-Berlin wird eine Grüne Partei in der DDR gegründet, die sich »über den nationalen Rahmen hinaus als Teil der globalen, insbesondere der europäischen Bewegung der Grünen« versteht. In einem Gründungsaufruf heißt es, die Partei sei »ökologisch, feministisch und gewaltfrei«. – Auf einer Sitzung des FDJ-Zentralrates wird der bisherige Erste Sekretär der FDJ-Bezirksleitung Dresden, Frank Törkowsky, zum neuen Ersten Sekretär der FDJ gewählt; er ist Nachfolger des zurückgetretenen Eberhard Aurich. – Ministerratsvorsitzender Modrow und der österreichische Bundeskanzler Franz Vranitzky unterzeichnen in Ost-Berlin eine Vereinbarung über die Schwerpunkte der wirtschaftlichen Zusammenarbeit im Jahre 1990; Vranitzky trifft in Ost-Berlin auch mit Vertretern oppositioneller Gruppen zusammen. – CDU-Generalsekretär Volker Rühe und der CDU-Vorsitzende von Berlin-West, Eberhard Diepgen, treffen in Ost-Berlin zu einem Gespräch mit dem Vorsitzenden der DDR-CDU, Lothar de Maizière, zusammen. – Der Dresdner Oberbürgermeister Wolfgang Berghofer (SED), der sich zu einem Besuch in der Partnerstadt Hamburg aufhält, trifft mit dem Ersten Bürgermeister Henning Voscherau zu einem Gespräch zusammen; im Rahmen der Städtepartnerschaft Dresden – Hamburg treffen außerdem 900 Dresdner Bürger zu einem zweitägigen Besuch in Hamburg ein. – Bundeskanzler Helmut Kohl empfängt Wolfgang Schnur und Rainer Eppelmann, die sich als Vertreter der DDR-Oppositionsgruppierung Demokratischer Aufbruch zu einem Besuch in Bonn aufhalten.

26. 11.: Der FDP-Vorsitzende Otto Graf Lambsdorff trifft in Ost-Berlin zu Gesprächen mit dem LDPD-Vorsitzenden Manfred Gerlach sowie mit Wolfgang Schnur und Rainer Eppelmann von der Oppositionsgruppierung Demokratischer Aufbruch zusammen.

27. 11.: An einer Demonstration in Leipzig für »demokratische Erneuerung und Fortsetzung des Reformprozesses« nehmen rund 200 000 Menschen teil; weitere Demonstrationen mit insgesamt mehreren 10 000 Teilnehmern werden aus Halle, Schwerin, Neubrandenburg und Magdeburg gemeldet.

28. 11.: Bundeskanzler Kohl legt dem Bundestag ein zehn Punkte umfassendes Programm zur Deutschlandpolitik vor. Ziel bleibe die »Wiedergewinnung der staatlichen Einheit Deutschlands«. Die Bundesregierung sei bereit, über die von DDR-Ministerpräsident Modrow angeregte »Vertragsgemeinschaft« hinauszugehen und »konföderative Strukturen zwischen beiden Staaten in Deutschland zu entwickeln mit dem Ziel, danach eine Föderation, d. h. eine bundesstaatliche Ordnung in Deutschland zu schaffen«. Kohl vermeidet zeitliche Festlegungen; er betont, daß die Entwicklungen der innerdeutschen Beziehungen »in den gesamteuropäischen Prozeß und die West-Ost-Beziehungen« eingebettet bleiben müssen. Er stellt der DDR rasche und umfassende Hilfe in Aussicht, sofern der Wandel in der DDR »unumkehrbar in Gang gesetzt« werde. Für die Bundesregierung bedeute dies, »daß sich die DDR-Staatsführung mit den Oppositionsgruppen auf eine Verfassungsänderung und auf ein neues Wahlgesetz verständigt« *(→ auch Dokumente, Sp. 369 ff.)*. – Die Sowjetunion verurteilt Kohls Plan; er widerspreche den KSZE-Prinzipien. – In den westlichen Hauptstädten findet die Erklärung Kohls zurückhaltende Aufnahme. Das Selbstbestimmungsrecht der Deutschen wird zwar anerkannt, die Wiedervereinigung aber als nicht aktuell erklärt.

29. 11.: SED-Generalsekretär und DDR-Staatsratsvorsitzender Egon Krenz sowie DDR-Ministerpräsident Hans Modrow schließen sich einem Aufruf »Für unser Land – zur Bewahrung der Eigenständigkeit der DDR« (→ *Dokumente, Sp. 333*) an, die am Vortag tag auf einer Presseerklärung in Ost-Berlin verlesen worden war. Zu den Initiatoren und ersten Unterzeichnern des Aufrufs gehörten Schriftsteller (darunter Stefan Heym, Christa Wolf und Volker Braun), Künstler, Wissenschaftler und Vertreter der Kirche sowie oppositionelle Gruppen. – In Frankfurt/Oder, Ilmenau und Karl-Marx-Stadt nehmen Zehntausende an Demonstrationen teil. In Leipzig demonstrieren Tausende Mitglieder der SED für die »Einheit der Partei«.

30. 11.: Der Vorsitzende des Kreises Waren (Bezirk Neubrandenburg) und die DDR-Oppositionsgruppe Neues Forum stellen Strafantrag gegen die ehemaligen SED-Politbüromitglieder Erich Honecker, Willi Stoph und Günther Kleiber; im Zusammenhang mit ihren Jagdhäusern soll gegen sie u. a. wegen »Untreue zum Nachteil sozialistischen Eigentums« ermittelt werden. Die TU Dresden aberkennt dem ehemaligen SED-Politbüromitglied Günter Mittag die Ehrendoktorwürde, die ihm am 4. Oktober 1986 verliehen worden war. Nach dem Rücktritt von Otto Reinhold amtiert Prof. Rolf Reißig als Rektor der Akademie für Gesellschaftswissenschaften beim SED-Zentralkomitee. – Nach einer Beratung von Direktoren und Cheflektoren der DDR-Buchverlage mit Mitarbeitern der Hauptverwaltung Verlage und Buchhandel des DDR-Kulturministeriums wird mitgeteilt, daß die **staatliche Druckgenehmigung für die Herausgabe von Literatur abgeschafft** ist.

1. Dezember: Die **Volkskammer der DDR streicht** nach nur kurzer Aussprache und ohne Gegenstimme (bei fünf Stimmenthaltungen) den **Führungsanspruch der SED aus der Verfassung**. Der erste Absatz des Artikel 1 der DDR-Verfassung lautet jetzt: »Die Deutsche Demokratische Republik ist ein sozialistischer Staat der Arbeiter und Bauern. Sie ist die politische Organisation der Werktätigen in Stadt und Land.« Ein Zwischenbericht des Anti-Korruptionsausschusses deckt ein großes Ausmaß an Korruption und Amtsmißbrauch auf. Das ZK wird zu einer Krisensitzung einberufen. Ferner verabschiedet die Volkskammer – ebenfalls ohne Gegenstimme – eine Erklärung an die föderative Versammlung und die Völker der ČSSR, in der sich die DDR für ihre Beteiligung an militärischen Aktionen gegen die ČSSR im Jahre 1968 entschuldigt. – In der DDR tritt eine Verordnung über die nichtkommerzielle Ein- und Ausfuhr von Kraftfahrzeugen und Kraftfahrzeugteilen in Kraft. – Der Liedermacher Wolf Biermann gibt in Leipzig – nach 25jährigem Auftrittsverbot – vor etwa 4000 Besuchern sein erstes öffentliches Konzert in der DDR; der 13 Jahre zuvor ausgebürgerte Künstler war am selben Tag mit DDR-Kulturmininister Dietmar Keller in Ost-Berlin zu einem Gespräch zusammengetroffen. – **Zwischen den Städten Hamburg und Dresden sowie München und Leipzig wird** – entsprechend einer Vereinbarung der beiden Luftfahrtunternehmen Deutsche Lufthansa und Interflug – **eine direkte Flugverbindung aufgenommen**.

2. 12.: Mehrere 1000 SED-Mitglieder fordern vor dem ZK-Gebäude den sofortigen Rücktritt von Politbüro und Zentralkomitee und die Umgestaltung der Partei durch die Basis. Egon Krenz wird von der Menge ausgepfiffen, der frühere Suhler SED-Chef Hans Albrecht unter dem Verdacht der Anstiftung zur Untreue verhaftet. Einem Aufruf der DDR-Oppositionsgruppe Neues Forum folgend, demonstrieren in Potsdam und Magdeburg Tausende von Menschen.

3. 12.: Es mehren sich die Zeichen für fortschreitende Auflösungserscheinungen in der DDR und für den rapiden Machtverfall der bisherigen Staatspartei SED. **Unter dem Druck der Basis tritt das Politbüro mit Egon Krenz an der Spitze ebenso geschlossen zurück wie das gesamte ZK der Partei.** Prominente Vertreter der früheren Führung, auch Erich Honecker, werden förmlich aus der SED ausgeschlossen. An die Spitze der Partei tritt ein provisorischer, aus unbelasteten SED-Politikern bestehender 25köpfiger Arbeitsausschuß unter Leitung des Ersten Sekretärs der SED-Bezirksleitung Erfurt, Herbert Kroker. Er soll den ursprünglich für Mitte Dezember geplanten außerordentlichen SED-Parteitag vorbereiten und mit Hilfe von Unterkommissionen Mißstände und die dafür Verantwortlichen feststellen. – Die Enthüllungen über immer weitere Korruptionsskandale in der Parteispitze haben zur Folge, daß der Arbeitsausschuß früheren ZK- und Politbüromitgliedern den Zugang zu Panzerschränken, Unterlagen und EDV-Anlagen untersagt. – Unzählige Bürger der DDR folgen einem Aufruf der Aktion Sühnezeichen, des Neuen Forum sowie anderer Oppositionsgruppen und bilden eine **Menschenkette quer durch das Land**, um damit ihre Entschlossenheit zur demokratischen Erneuerung zu bekunden. – Der ehemalige ZK-Sekretär für Wirtschaft Günter Mittag und der frühere FDGB-Vorsitzende Harry Tisch werden unter dem Vorwurf der Veruntreuung von Volksvermögen verhaftet, ebenso der ehemalige Erfurter SED-Chef Gerhard Müller. Staatssekretär Alexander Schalck-Golodkowski, der wichtigste Devisenbeschaffer der DDR, wird unter dem Verdacht des Waffenhandels zur Fahndung ausgeschrieben und aller Ämter enthoben.

4. 12.: Das SED-Organ »Neues Deutschland« erscheint nach einer Entscheidung des »Arbeitsausschusses«, dem neuen Führungsgremium der SED, nicht mehr wie bisher als »Organ des ZK der SED«, sondern als »Zentralorgan der SED«. – Als erste löst sich die CDU der DDR aus dem sogenannten Demokratischen Block mit der SED. – In zahlreichen Städten der DDR (u. a. Leipzig, Karl-Marx-Stadt, Schwerin, Dresden, Neubrandenburg, Cottbus, Halle, Magdeburg, Ost-Berlin, Potsdam, Suhl und Frankfurt/Oder) demonstrieren Hunderttausende gegen Amtsmißbrauch und Korruption. **Auf den Demonstrationen ertönt zum ersten Mal der Ruf nach einer raschen Vereinigung der beiden deutschen Staaten**.

5. 12.: Der stellvertretende Generalstaatsanwalt Harri Harrland teilt mit, daß **ehemalige SED-Politbüromitglieder**, bei denen die strafrechtliche Verfolgung erst noch beginnt, darunter der entmachtete Staats- und Parteichef Erich Honecker und der frühere Staatssicherheitschef Erich Mielke, in der Waldsiedlung Wandlitz **unter Hausarrest gestellt** worden sind. – Die Leitung des Amtes für nationale Sicherheit – wie das frühere Ministerium für Staatssicherheit jetzt heißt – tritt geschlossen zurück. – DDR-Generalstaatsanwalt Günter Wendland und dessen erster Stellvertreter Karl-Heinrich Borchert treten im Zusammenhang mit dem Vorwurf, die Ermittlungen bei den zutage getretenen Fällen von Korruption und Amtsmißbrauch verzögert zu haben, von ihren Ämtern zurück. – Der DDR-Ministerratsvorsitzende Hans Modrow und Kanzleramtsminister Rudolf Seiters einigen sich in Ost-Berlin auf einen gemeinsamen Devisenfonds samt einem teilweise gestützten Umtauschkurs für DDR-Besucher; damit soll der Reiseverkehr von Ost nach West eine bessere Grundlage erhalten. Zugleich werden bei Besuchen von Bundesbürgern in der DDR der bisherige Zwangsumtausch und die Visumpflicht aufgehoben. – In Ost-Berlin trifft der Regierende Bürgermeister von West-Berlin, Walter Momper, mit dem Ostberliner Oberbürgermeister Erhard Krack zu einem ersten offiziellen Gespräch über eine kommunale Zusammenarbeit zusammen.

6. 12.: Wegen der wachsenden Empörung über den Amtsmißbrauch der alten SED-Führung **tritt Egon Krenz nach nur 44 Tagen auch als Vorsitzender des Staatsrates und des** (danach aufgelösten) **Nationalen Verteidigungsrates zurück**. Mit der Wahrnehmung seiner Aufgaben wird der stellvertretende Staatsratsvorsitzende Manfred Gerlach/LDPD beauftragt und zum amtierenden Staatsoberhaupt ernannt. Der Staatsrat beschließt zugleich eine **Amnestie**, die für Personen gilt, die vor dem 6.12.1989 wegen Vergehen oder Verbrechen zu Freiheitsstrafen bis zu drei Jahren verurteilt wurden, und zwar auch dann, wenn die Rechtskraft des Urteils erst nach dem 6. 12. eintritt. – Die Mitglieder der Untersuchungskommission der Ostberliner Stadtverordnetenversammlung beschließen, beim DDR-Generalstaatsanwalt im Zusammenhang mit Übergriffen von Sicherheitsorganen gegen Demonstranten am 7. und 8. Oktober Strafanzeige u. a. gegen den ehemaligen DDR-Staatssicherheitsminister Erich Mielke zu erstatten. – Der stellvertretende DDR-Verkehrsminister Herbert Keddy wird zum neuen Generaldirektor der Deutschen Reichsbahn berufen; gleichzeitig erhält er den Auftrag, die Eisenbahn zur selbständigen Wirtschaftseinheit im zentral geleiteten DDR-Verkehrswesen umzugestalten. – Die DDR-Regierung weitet das Gebiet in der Lübecker Bucht, in dem Fischer aus der Bundesrepublik Deutschland entsprechend einer Vereinbarung zwischen der DDR und der Bundesrepublik Deutschland vom 29. Juli 1977

Fischfang ausüben können, bis zum 11.° östlicher Länge aus. – Der ehemalige DDR-Staatssekretär Schalck-Golodkowski, der im DDR-Außenhandelsministerium für den Bereich kommerzielle Koordinierung zuständig war und nach dem seit dem 3. Dezember wegen des Verdachts von Devisenschiebungen gefahndet wird, stellt sich in West-Berlin den Justizbehörden; er wird in Untersuchungshaft genommen.

Die politischen Gespräche am »Runden Tisch«

7. 12.: Zum ersten Mal treffen sich in Ost-Berlin auf Einladung der Kirchen, deren Vertreter auch als Moderatoren bei den Sitzungen fungieren, **die fünf ehemaligen Blockparteien mit führenden Vertretern der Oppositionsgruppen an einem »Runden Tisch«.** Zu den praktischen Übereinkünften zählen die Aufforderung an die Regierung, das »Amt für Nationale Sicherheit« aufzulösen, und die **Empfehlung, am 6. Mai 1990 die ersten freien Wahlen durchzuführen.** – Vertreter des Bundes der Evangelischen Kirchen in der DDR und des Ministeriums für Nationale Verteidigung treffen in Ost-Berlin zu einer Beratung über den Entwurf eines Zivildienstgesetzes zusammen. – Nach der CDU, der LDPD, dem DBD beendet auch die NDPD ihr Mitwirken im Demokratischen Block der DDR.

8. 12.: In Ost-Berlin beginnt am Abend der **vorgezogene Parteitag der SED**, der erst am folgenden späten Vormittag endet. Der Rechtsanwalt **Gregor Gysi** wird **nahezu einstimmig zum neuen Parteivorsitzenden gewählt**; seine Stellvertreter werden der Ministerratsvorsitzende Hans Modrow und der

Die Teilnehmer am "Runden Tisch"

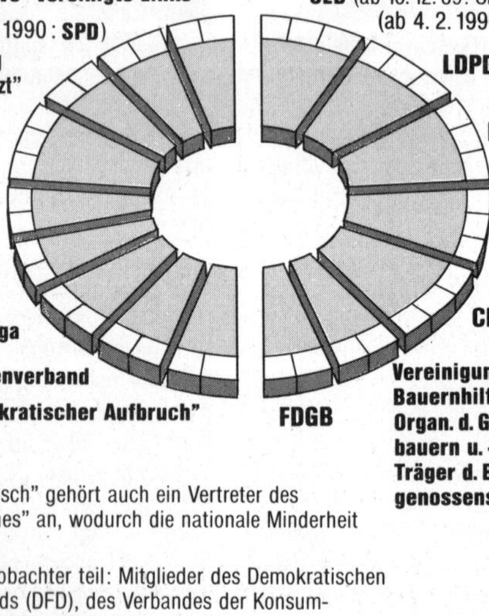

Dem zentralen "Runden Tisch" gehört auch ein Vertreter des Sorbischen "Runden Tisches" an, wodurch die nationale Minderheit der Sorben beteiligt ist.

Außerdem nehmen als Beobachter teil: Mitglieder des Demokratischen Frauenbundes Deutschlands (DFD), des Verbandes der Konsumgenossenschaften und der Umweltschutzpartei.

Dresdner Oberbürgermeister Wolfgang Berghofer. Ein Präsidium und ein Vorstand sollen künftig anstelle des ZK und Politbüros die SED leiten. Ausdrücklich entschuldigt sich die Partei dafür, daß die ehemalige SED-Führung das Land in eine existenzgefährdende Krise geführt habe. Zugleich schwört sie zugunsten radikaler Selbstreformen und eines demokratischen Sozialismus dem Stalinismus in allen seinen Formen ab. Der Parteitag soll am darauffolgenden Wochenende fortgesetzt werden. – **Der DDR-Generalstaatsanwalt leitet Ermittlungen gegen Erich Honecker, Erich Mielke, Willi Stoph, Günther Kleiber, Werner Krolikowski und Hermann Axen ein.** Ihnen wird Amtsmißbrauch und Korruption vorgeworfen. Die ehemaligen Politbüromitglieder Günther Kleiber und Werner Krolikowski werden festgenommen; damit befinden sich sieben der einst 24 Mitglieder des früheren Machtzentrums der Partei in Haft. Aufgrund einer Anzeige des Untersuchungsausschusses des CDU-Hauptvorstandes wird auch gegen den früheren CDU-Vorsitzenden Gerald Götting ein Ermittlungsverfahren eingeleitet. – Ministerpräsident Modrow setzt in allen DDR-Bezirken Regierungsbeauftragte ein, die im »Zusammenwirken mit den örtlichen Staats- und Rechtspflegeorganen und Vertretern des Bürgerkomitees alle mit der Tätigkeit der Dienststellen des Amts für nationale Sicherheit zusammenhängenden Fragen« beraten und einer Lösung zuführen sollen.

9. 12.: Der FDGB-Bundesvorstand beschließt in Ost-Berlin den Rücktritt des gesamten Vorstandes unter dem Vorsitz von Annelies Kimmel und des von ihr geleiteten Arbeitssekretariats; für die Zeit bis zu einem außerordentlichen Gewerkschaftskongreß am 31. Januar 1990 wird ein Vorbereitungskomitee gebildet.

10. 12.: Auf einer Tagung des NDPD-Hauptausschusses wird der ehemalige Parteivorsitzende Heinrich Homann wegen schwerer moralischer und politischer Schädigung des Ansehens der Partei durch Amtsmißbrauch zum persönlichen Vorteil aus der NDPD ausgeschlossen. – In Ilmenau und Suhl demonstrieren Tausende für eine Verwirklichung der Menschenrechte; weitere Demonstrationen werden aus Rostock, Cottbus, Magdeburg, Dresden, Erfurt, Plauen und Kronskamp gemeldet. – Der Wittenberger Pfarrer Friedrich Schorlemmer von der Oppositionsgruppe Demokratischer Aufbruch wird in West-Berlin stellvertretend für die Oppositionsbewegung in der DDR mit der Carl von Ossietzky-Medaille der Liga für Menschenrechte ausgezeichnet.

11. 12.: **Die Botschafter der USA, Großbritanniens und Frankreichs** in der Bundesrepublik Deutschland, Vernon Walters, Christopher Mallaby, Serge Boidevaix, **sowie der Botschafter der UdSSR** in der DDR, Wjatscheslaw Kotschemassow, **treffen** – 18 Jahre nach Inkrafttreten des Viermächteabkommens (→ Zeittafel, Sp. 97 ff.) – **im Kontrollratsgebäude in Berlin (West) zu einem Gespräch zusammen**; sie teilen anschließend mit, die Berlin-Initiative des früheren US-Präsidenten Ronald Reagan sei »geprüft worden« und »auf der Seite des sowjetischen Botschafters in der DDR auf positives Interesse gestoßen«. Weitere Expertengespräche sollen folgen. – DDR-Gesundheitsminister Thielmann gibt bekannt, daß 1989 etwa 1500 Ärzte und Zahnärzte und 4000 Angehörige des mittleren medizinischen Personals die DDR verlassen haben. – Der Bezirksverband Gera des DDR-Schriftstellerverbandes hebt den Ausschluß des Autors Reiner Kunze auf; der Schriftsteller war vor 13 Jahren aus dem damals gemeinsamen Verband Erfurt/Gera ausgeschlossen worden und lebt seither in der Bundesrepublik Deutschland. – In Leipzig demonstrieren erneut über 100 000 Menschen für die demokratische Erneuerung; an weiteren Demonstrationen nehmen in Karl-Marx-Stadt, Ost-Berlin, Neubrandenburg, Schwerin, Dresden, Halle, Potsdam und Frankfurt/Oder jeweils mehrere 1000 Personen teil.

12. 12.: Der DDR-Ministerratsvorsitzende Hans Modrow vereinbart in einem Gespräch in Ost-Berlin mit dem Regierenden Bürgermeister von West-Berlin, Walter Momper, an dem der Ostberliner Oberbürgermeister Erhard Krack teilnimmt, die **Bildung eines Regionalausschusses für den Raum Berlin**, um die neuen Möglichkeiten zu nutzen, beide Teile der Stadt zu einem Zentrum der Ost-West-Zusammenarbeit auszubauen; diesem Gremium sollen neben Regierungsvertretern der beiden Staaten in Deutschland Vertreter des Ostberliner Magistrats und des Westberliner Senats angehören. – Auf einer außerordentlichen Tagung des Deutschen Turn- und Sportbundes/DTSB erklärt dessen Präsident, Klaus Eichler, den Rücktritt des gesamten Präsidiums und des Sekretariats des Bundesvorstands; für die Fortführung der Arbeit wird ein 40köpfiger Ausschuß eingesetzt. – Der Ostberliner Polizeipräsident Friedhelm Rausch tritt zurück; er war in einem Untersuchungsausschuß im Zusammenhang mit Polizeiübergriffen anläßlich des 40. Jahrestages der Gründung der DDR am 7. Oktober belastet worden. – Der Bundesminister für Post und Telekommunikation Christian Schwarz-Schilling vereinbart in einem Gespräch mit dem DDR-Minister für Post- und Fernmeldewesen Klaus Wolf in Ost-Berlin Sofortmaßnahmen zwischen der Bundesrepublik Deutschland und der DDR zur Verbesserung der Zusammenarbeit. – US-Außenminister James Baker, der in Berlin (West) mit Bundeskanzler Helmut Kohl zusammentrifft, fährt anschließend zu einem Gespräch mit dem DDR-Ministerratsvorsitzenden Hans Modrow nach Potsdam.

13. 12.: Die Ostberliner Stadtverordnetenversammlung beschließt auf einer Tagung, dem ehemaligen SED-Generalsekretär und DDR-Staatsratsvorsitzenden Erich Honecker wegen Amtsmißbrauch die 1982 verliehene Ehrenbürgerschaft von Ost-Berlin abzuerkennen. – Der Geschäftsführer der SDP, Ibrahim Böhme, vereinbart mit dem SPD-Vorsitzenden Hans-Jochen Vogel, der sich an der Spitze einer Abordnung des SPD-Vorstandes zu Gesprächen mit Vertretern der SDP in Ost-Berlin aufhält, die Bildung eines Kontaktausschusses beider Parteien.

14. 12.: Die Oppositionsbewegung »Demokratie Jetzt« legt einen Drei-Stufen-Plan zur deutschen Einheit vor (1. Stufe: Nationalversammlung beider Staaten; 2. Stufe: Staatenbund und duale deutsche Staatsbürgerschaft; 3. Stufe: politische Einheit in einem Bund deutscher Länder).

15. 12.: Das DDR-Fernsehen strahlt erstmals ein Interview mit Bundeskanzler Helmut Kohl aus, in dem er den von ihm aufgestellten 10-Punkte-Plan zur Überwindung der Teilung Deutschlands und Europas als »Versuch einer politischen Linienführung« bezeichnet, »die in die Zukunft geht«. Die Verwirklichung des Plans für die deutsche Einheit erfordere Geduld. Die Sicherheitsinteressen der Weltmächte müßten unmittelbar in Betracht gezogen werden. – Der Vorsitzende der DDR-CDU, Lothar de Maizière, eröffnet in Ost-Berlin den **CDU-Sonderparteitag** (15./16.12.) unter dem Leitgedanken »Erneuerung und Zukunft«. Dabei werden ein neuer Parteivorstand und erstmals wieder seit 1966 ein Generalsekretär (Martin Kirchner) gewählt. Der amtierende Parteivorsitzende de Maizière wird in geheimer Wahl bestätigt. Auf den Begriff »Sozialismus« wird in den neuen Parteistatuten nicht mehr Bezug genommen. In der neuen Satzung bekennt sich die DDR-CDU zur »Einheit der Nation« und zu einer »Marktwirtschaft mit sozialer Bindung in ökologischer Verantwortung«. Als Gäste nehmen CSU-Generalsekretär Erwin Huber und der Westberliner CDU-Landesvorsitzende Eberhard Diepgen teil.

16. 12.: Nach einwöchiger Unterbrechung wird der außerordentliche SED-Parteitag in Ost-Berlin (16.–17. 12.) mit Debatten über die Ursachen der Krise in der Partei und Diskussionen über ihre Neugestaltung fortgesetzt. Der Parteivorsitzende, Gregor Gysi, spricht sich für eine tiefgreifende Reform von Staat und Gesellschaft in der DDR aus. Die SED sei immer noch die stärkste politische Macht im Lande. Stalinisten, so Gysi, dürften in der Zukunft jedoch in der SED keine politische Heimat mehr haben. Bei 172 Gegenstimmen und 39 Enthaltungen beschließen die 2434 Delegierten des Parteitags eine Ergänzung des Parteinamens; dieser lautet künftig **»Sozialistische Einheitspartei Deutschlands – Partei des demokratischen Sozialismus« (SED-PDS)**. Zum Abschluß des Parteitages wird ein vorläufiges Parteistatut verabschiedet. – Zum gleichen Zeitpunkt konstituiert sich als erste der zahlreichen Oppositionsgruppen in der DDR der Demokratische Aufbruch zu einer Partei. Auf ihrem Gründungsparteitag in Leipzig (16./17.12.) gibt sich die Partei den Namen **Demokratischer Aufbruch – sozial und ökologisch**. Zum Parteivorsitzenden wird der Rostocker Rechtsanwalt Wolfgang Schnur gewählt. Die Partei strebt eine Einigung Deutschlands im Rahmen einer europäischen Friedensordnung und eine Wirtschaftsordnung nach dem System der »Sozialen Marktwirtschaft mit sozialen und ökologischen Aspekten« an. Als Gäste aus der Bundesrepublik Deutschland nehmen an dem Parteitag u.a. Bundestagspräsidentin Rita Süssmuth, Bundesaußenminister Hans-Dietrich Genscher, Bundesarbeitsminister Norbert Blüm, CSU-Generalsekretär Erwin Huber, die stellvertretende SPD-Vorsitzende Herta Däubler-Gmelin und das Vorstandsmitglied der GRÜNEN Tobias Pflüger teil.

17.12.: Bundespräsident Richard von Weizsäcker, der sich auf Einladung des stellvertretenden Vorsitzenden der Konferenz evangelischer Kirchenleitungen in der DDR, Manfred Stolpe, zu einem Besuch in Potsdam aufhält, trifft dort mit dem amtierenden DDR-Staatsratsvorsitzenden Manfred Gerlach, dem DDR-Ministerratsvorsitzenden Hans Modrow und dem Vorsitzenden der DDR-CDU Lothar de Maizière zu Gesprächen zusammen.

18.12.: In Ost-Berlin findet die zweite Zusammenkunft der Teilnehmer des »Runden Tisches« statt, die sich künftig einmal wöchentlich treffen wollen. An dem politischen Gespräch nehmen außer den bei der ersten Zusammenkunft am 7. Dezember 1989 vertretenen Parteien, politischen Gruppierungen und Organisationen erstmals Vertreter der Grünen Liga und der Vereinigung der gegenseitigen Bauernhilfe (VdgB) teil. – Die SED-Tageszeitung »Neues Deutschland« verzichtet erstmals auf ihren Untertitel »Zentralorgan der SED« und erscheint statt dessen mit dem Untertitel »Sozialistische Tageszeitung«; außerdem entfällt im Zeitungskopf die bisher täglich abgedruckte Zeile aus dem Kommunistischen Manifest »Proletarier aller Länder, vereinigt euch!«. – 117 Jahre nach ihrer Gründung wird die Dresdner Bank wieder in Dresden vertreten sein. Dies vereinbaren der Oberbürgermeister von Dresden, Wolfgang Berghofer, und der Sprecher der Bank, Wolfgang Röller.

19.12.: **Bundeskanzler Helmut Kohl** trifft zu einem zweitägigen **Arbeitsbesuch in Dresden** ein. Er führt mit dem DDR-Ministerratsvorsitzenden Hans Modrow ein ausführliches Gespräch über den Stand und die Entwicklungsmöglichkeiten in den Beziehungen zwischen der Bundesrepublik Deutschland und der DDR. **Sie beschließen die Bildung einer Vertragsgemeinschaft** zwischen beiden Staaten in Deutschland. In einer gemeinsamen Absichtserklärung heißt es, beide Politiker hätten sich »gemeinsam für die umfassende Entwicklung der beiderseitigen Beziehungen und die Schaffung entsprechender vertraglicher Regelungen« ausgesprochen. Sie seien übereingekommen, über die beabsichtigte Vertragsgemeinschaft einen »gemeinsamen Vertrag über Zusammenarbeit und gute Nachbarschaft« abzuschließen. Ministerratsvorsitzender Modrow gibt bekannt, daß **Bürger der Bundesrepublik** bereits ab dem 24. Dezember **ohne Visum und Zwangsumtausch in die DDR** reisen könnten; das Brandenburger Tor in Berlin solle noch vor Weihnachten geöffnet werden, und vom 1. Januar 1990 an könnten DDR-Besucher aus der Bundesrepublik und West-Berlin ihre D-Mark im Verhältnis 1 : 3 gegen DDR-Mark tauschen. Er kündigte außerdem an, daß alle politischen Gefangenen in der DDR »möglichst noch vor Weihnachten« freigelassen werden sollen. Beide Seiten vereinbaren enge Zusammenarbeit auf den Gebieten der Wirtschaft, des Umweltschutzes, des Verkehrs-,

Post- und Fernmeldewesens. Auf einer Kundgebung vor der Ruine der Dresdner Frauenkirche, wo ihm Zehntausende zujubeln, dankt Bundeskanzler Kohl der Bevölkerung für die »friedliche Revolution in der DDR«. Sein Ziel bleibe, »wenn die geschichtliche Stunde es zuläßt, die Einheit unserer Nation«. Auf dem schwierigen Weg in die Zukunft gelte es jedoch, Geduld zu üben und auf alle Nachbarstaaten und ihre Sicherheitsinteressen Rücksicht zu nehmen. – Der SPD-Ehrenvorsitzende Willy Brandt, der sich zu einem Besuch in Magdeburg aufhält, nimmt an einer Kundgebung der SDP der DDR teil, zu der sich Zehntausende versammeln.

20. 12.: Der französische Staatspräsident François Mitterrand, der als erster Staatschef der westlichen Siegermächte des Zweiten Weltkrieges die DDR besucht (20.–22.12.), trifft mit dem amtierenden Staatsratsvorsitzenden Manfred Gerlach, mit dem Ministerratsvorsitzenden Hans Modrow und mit dem Vorsitzenden der SED-PDS Gregor Gysi zusammen. In einer Rede vor Studenten in Leipzig (21.12.) ruft Mitterrand die Deutschen auf, bei der Entscheidung über ihre Einheit die bestehenden Grenzen und Realitäten zu achten; beim legitimen Streben nach der deutschen Einheit dürfe das Gleichgewicht in Europa nicht verletzt werden.

22. 12.: Nach 28 Jahren wird das Brandenburger Tor an der Grenze zwischen Ost- und West-Berlin **wieder geöffnet**. Bundeskanzler Helmut Kohl und DDR-Ministerratsvorsitzender Hans Modrow eröffnen unter dem Jubel von mehreren 10000 Menschen zwei Fußgängerüberwege rechts und links des Tores. Kohl bezeichnet die Öffnung des Brandenburger Tores als eine »der glücklichsten Stunden meines Lebens«. Modrow nennt die Öffnung ein Zeichen der sich erneuernden DDR. Das Brandenburger Tor, so Modrow, solle ein »Tor des Friedens« sein, nie mehr dürfe an dieser Stelle »der Brandgeruch des Krieges wehen«. Der Ministerratsvorsitzende erinnerte auch an den Mauerbau von 1961. Damals habe die Mauer den Menschen »nützen sollen«, habe aber auch den »Menschen sehr weh getan«. Modrow: »Die Geschichte wird urteilen, ob dies die Ultima ratio war.« – Unter der Leitung des Regierenden Bürgermeisters von Berlin, Walter Momper, und des Ostberliner Oberbürgermeisters Erhard Krack tritt in West-Berlin der **Regionalausschuß Berlin (West) – Berlin (Ost)** zu seiner konstituierenden Sitzung zusammen. – Bei der dritten Sitzung des »Runden Tischs« in Ost-Berlin nimmt die stellvertretende DDR-Ministerratsvorsitzende für Wirtschaft, Christa Luft, an der Erörterung wirtschaftspolitischer Fragen teil. – Der Präsident des Schriftstellerverbandes der DDR, Hermann Kant, tritt von seinem Amt zurück; bis zur Wahl eines Präsidenten auf einem für März 1990 geplanten außerordentlichen Kongreß wird die Funktion des Präsidenten vom Präsidium des Verbandes kollektiv wahrgenommen. – Die beiden grenznahen Kreisstädte Mühlhausen und Eschwege vereinbaren eine Städtepartnerschaft (*→ Sp. 211 ff.*). Es ist die erste Partnerschaftsvereinbarung, die ohne Vermittlung zentraler Stellen unmittelbar von der Bevölkerung herbeigeführt wird.

27. 12.: In der vierten Beratungsrunde am »Runden Tisch« in Ost-Berlin verabschieden die Teilnehmer eine »Erklärung zu neofaschistischen Tendenzen in der DDR«. Darin, so heißt es, werde mit ernster Sorge beobachtet, »daß Auftritte neofaschistischer Kräfte im Lande zunehmen und deren Formierung beginnt«. Tags darauf teilt der Pressesprecher des DDR-Generalstaatsanwalts Peter Przybylski mit, daß wegen neonazistischer Aktivitäten insgesamt »im Jahr 1988 gegen 185, bis Dezember 1989 gegen 296 Personen ermittelt« worden ist.

29. 12.: Der amtierende DDR-Staatsratsvorsitzende Manfred Gerlach, der DDR-Ministerratsvorsitzende Hans Modrow und DDR-Volkskammerpräsident Günther Maleuda wenden sich mit einer gemeinsamen Neujahrsbotschaft an die Bürger der DDR. Sie erklären darin, »das zu Ende gehende Jahr 1989« werde »als das Jahr der friedlichen Revolution in die Geschichte unseres Landes

Fortsetzung → Sp. 199

Das Brandenburger Tor

An der Stelle des Brandenburger Tors stand seit 1734 eines der 15 Berliner Stadttore. König *Friedrich Wilhelm I.* hatte es errichten lassen »gegen Zollhinterziehung und Soldaten, die aus den Bürgerquartieren desertieren«. Dieses Stadttor bestand nur aus zwei mit Kartuschen und Trophäen gekrönten Tonpfeilern. 1788 beauftragte König *Friedrich Wilhelm II.* den Baumeister *Carl Gotthard Langhans* mit der Errichtung eines neuen Tores, das dieser nach dem Vorbild der Propyläen in Athen bis 1791 fertigstellte. Der Bau ist 20 Meter hoch, 65 Meter breit und elf Meter tief. Sechs dorische Säulenpaare bilden fünf Durchfahrten. Die mittlere war bis 1918 dem königlich-kaiserlichen Hof vorbehalten. Die Seitenflügel des Tores dienten als Wach- und Zollgebäude. Den krönenden Abschluß des Bauwerks bildet die Quadriga mit zwei Gruppen von jeweils zwei Pferden, die von einer in einem zweirädrigen Wagen stehenden Friedensgöttin gelenkt werden. Sie wurde nach einem Modell des Hofbildhauers *Johann Gottfried Schadow* in Kupfer getrieben und 1794 auf das Tor gehoben. Erst nach der Aufstellung entschied man über die Trophäen der Göttin. Zunächst waren auf dem Speer, den sie hält, Helm, Harnisch und zwei Rundschilde angebracht, die aber – so *Schadow* – die Leute als Laterne ansahen, so daß 1795 ein Eichenkranz mit einem Adler auf die Speerspitze gesetzt wurde.

Während der französischen Besatzungszeit befahl Napoleon 1806 die Abnahme der Quadriga vom Brandenburger Tor (»Pferdedieb von Berlin«) und ihre Verbringung nach Paris. Der Plan, dort einen Triumphbogen für die Quadriga zu errichten, wurde nicht realisiert. Nach der Niederlage Napoleons in den Befreiungskriegen (1813–1815) wurden Viktoria und die Quadriga in sechs Wagen mit 32 Pferden rückgeführt, restauriert und im August 1814 vor den Augen des preußischen Königs *Wilhelm III.* feierlich enthüllt. Nun aber hatte die Quadriga durch eine nur kleine Zutat, nämlich durch das von *Karl Friedrich Schinkel* entworfene Eiserne Kreuz innerhalb des Eichenkranzes, eine andere Bedeutung erlangt: das Eiserne Kreuz (vom König 1813 als Kriegsauszeichnung gestiftet) verwandelte die ursprünglich als Friedenssymbol verstandene Gruppe in ein Siegeszeichen – die Friedensgöttin wurde zur Siegesgöttin.

Im Zweiten Weltkrieg erlitt das Brandenburger Tor schwere Schäden; es wurde von 1956 bis 1958 restauriert. Die fast gänzlich zerstörte Quadriga wurde von einer Westberliner Firma erneut in Kupfer gegossen und 1958 an die Ostberliner Behörden übergeben; diese entfernten vor Wiederaufstellung jedoch aus der Trophäe der Viktoria das Eiserne Kreuz und den Adler, weil dies »Symbole des preußisch-deutschen Militarismus« seien. Nach dem Bau der Mauer im Jahre 1961 wurde das Brandenburger Tor – Wahrzeichen von Berlin und prunkvoller Abschluß der Straße »Unter den Linden« – zum Symbol des geteilten Berlin und des Willens zur deutschen Einheit.

In der Silvesternacht 1989/90 bestiegen übermütig Feiernde das Tor und fügten der Quadriga-Gruppe mutwillig schwere Beschädigungen zu. Die Restaurierungsmaßnahmen – wegen starker Umweltschäden ohnehin vorgesehen – sollen im August 1991 zum 200. Jahrestag der Errichtung des Brandenburger Tores abgeschlossen sein.

eingehen«. Die Unterzeichner betonen, sie seien »mit der Mehrheit aller Bürger in Übereinstimmung« in der Auffassung, die DDR brauche revolutionäre Veränderungen, Rechtsstaatlichkeit, Bürgerrechte und »die gute Arbeit aller Bürger«. Alle Kräfte müßten mobilisiert werden, um die Krise zu überwinden. Unterstützung dafür, insbesondere von seiten der Bundesrepublik, ist »notwendig, dringlich und willkommen«.

31. 12.: Bundeskanzler Helmut Kohl sagt in einer von ARD und ZDF übertragenen Neujahrsansprache zum Jahreswechsel 1989/90: »In meinem 10-Punkte-Programm zur deutschen Einheit habe ich den Weg aufgezeigt, wie das deutsche Volk in freier Selbstbestimmung seine Einheit wiedererlangen kann. Die Zulassung unabhängiger Parteien und freie Wahlen in der DDR sind wichtige Schritte auf diesem Wege. Wir wollen alles tun, um die wirtschaftliche Lage für die Menschen in der DDR rasch und spürbar zu verbessern. Sie sollen sich in ihrer Heimat – in Mecklenburg und Thüringen, in Brandenburg, Sachsen und Sachsen-Anhalt – wohl fühlen können. Die deutsche Einheit und die europäische Einigung müssen zusammen erstrebt werden. Deutschland ist unser Vaterland, Europa unsere Zukunft. Und die Europäische Gemeinschaft darf eben nicht an der Elbe enden.« – Nach Angaben des Bundesinnenministeriums in Bonn kamen **1989 insgesamt 343 854 Bewohner aus der DDR in die Bundesrepublik Deutschland**; im vorausgegangenen Jahr waren es 39 832. – Der Mitgliederschwund der SED-PDS hält an. Zum Jahreswechsel hat die Partei nach Angaben des Parteivorstands nur noch 1,5 Millionen eingetragene Mitglieder; damit verlor die SED 1989 800 000 Mitglieder.

1. Januar 1990: Hunderttausende von Berlinern aus beiden Teilen der Stadt feiern Silvester am Brandenburger Tor. Berlins Regierender Bürgermeister Walter Momper erklärt in der Neujahrsnacht – auf der Mauer vor dem Brandenburger Tor stehend –, die »Mauerspechte« mit ihren Hämmern könnten die Mauer demontieren: »Das Volk trägt die Mauer ab.« Nach den Vorstellungen des Ostberliner Oberbürgermeisters Erhard Krack könnte die Mauer künftig durch einen Zaun ersetzt werden. Solche Überlegungen seien Aufgabe des neuen Berliner Regionalausschusses, dem Politiker und Fachleute beider Teile der Stadt angehörten. – Der Vorsitzende der SED-PDS, Gregor Gysi, spricht sich zum Jahreswechsel abermals entschieden für die Eigenständigkeit und Eigenstaatlichkeit der DDR aus. Die DDR bleibe »die linke Alternative in Deutschland«. Die deutsche Frage müsse im europäischen Rahmen gelöst werden. Eine Vereinigung der beiden deutschen Staaten werde gegenwärtig zu einem »Übergewicht rechter Gedanken« führen. – Die National-Demokratische Partei Deutschlands (NDPD) veröffentlicht ihr Programm für die Wahl am 6. Mai. Darin bezeichnet sie sich als »eine Partei der Mitte, eine nationale und demokratische Partei mit antifaschistischer Grundhaltung aus Tradition, eine Partei des Friedens und des offenen Wortes«. Sie spricht sich für die Einheit der deutschen Nation durch Konföderation aus und sieht darin einen Weg zur Lösung der nationalen Frage.

2. 1.: Das Präsidiumsmitglied der SED-PDS Lothar Bisky erklärt in der Parteizeitung »Neues Deutschland«, Ende 1989 seien im ZK-Apparat jene Abteilungen aufgelöst worden, in denen ausschließlich hauptamtliche Funktionäre tätig gewesen seien. An die Stelle der Abteilungen seien neun Kommissionen getreten. Viele hauptamtliche Mitarbeiter seien ausgeschieden, weitere würden folgen. – Der neue tschechoslowakische Staatspräsident Vaclav Havel, der sich an der Spitze einer ČSSR-Delegation zu einem Besuch in Ost-Berlin aufhält, wird vom amtierenden Staatsratsvorsitzenden Manfred Gerlach und dem Ministerratsvorsitzenden Hans Modrow zu Gesprächen empfangen. Er trifft außerdem mit Vertretern des »Runden Tisches« zusammen. Auf einer Pressekonferenz drückt Havel die Hoffnung aus, »daß der Weg zu einer Konföderation beider deutscher Staaten recht schnell beschritten« werde. – In einem Interview des FDJ-Organs »Junge Welt« sprechen sich der Regierende Bürgermeister von Berlin Walter Momper und der Ostberliner Oberbürgermeister Erhard Krack für »Gesamt-Berlin als Olympiastadt« aus. Als mögliche Termine für Olympische Spiele nennt Momper die Jahre 2000 oder 2004. Als bisher höchster Repräsentant der DDR spricht sich auch Ministerratsvorsitzender Hans Modrow am 5. 1. erstmals für Olympische Spiele in beiden Teilen Berlins aus. Die **Bewerbung Berlins um Olympische Spiele** im Jahr 2000 oder 2004 werde Realität werden. Einen Tag danach spricht sich erstmals auch die Mitgliederversammlung des Nationalen Olympischen Komitees (NOK) der DDR auf der Tagung in Ost-Berlin dafür aus, eine Kandidatur Gesamt-Berlins zu unterstützen.

3. 1.: Die Teilnehmer des »Runden Tisches«, die in Ost-Berlin zur fünften Sitzung zusammenkommen, werden von der stellvertretenden DDR-Ministerratsvorsitzenden für Wirtschaft, Christa Luft, über die wirtschaftliche Lage in der DDR und die vorgesehene Wirtschaftsreform informiert. In einer gemeinsamen Erklärung protestieren alle neun Oppositionsgruppen gegen die von der Regierung beabsichtigte Einrichtung eines Verfassungsschutzes und eines Nachrichtendienstes noch vor der Wahl am 6. Mai; davon will die Regierung jedoch nicht abrücken. Die Oppositionsvertreter am »Runden Tisch« stellen dem Ministerratsvorsitzenden Hans Modrow ein Ultimatum: Wenn die DDR-Regierung nicht bis zum 8. Januar einen Nachweis über die Entwaffnung der ehemaligen Staatssicherheitskräfte erbringt, will die Opposition den »Runden Tisch« verlassen. – **Sechs oppositionelle Parteien und politische Bewegungen** (Sozialdemokratische Partei/SDP, Demokratischer Aufbruch, Neues Forum, Demokratie Jetzt, Vereinigte Linke sowie Initiative Frieden und Menschenrechte) **schließen sich zu einem »Wahlbündnis 90« zusammen**. In einer dazu verfaßten Erklärung bekräftigen sie den Willen, zu den Volkskammerwahlen am 6. Mai 1990 gemeinsam anzutreten, »um die bisher regierenden politischen Kräfte abzulösen«. Der Sprecherrat der Initiative »Vereinigte Linke« erklärt am 4. 1. gegenüber der SED-Zeitung »Neues Deutschland« die erteilte Zustimmung zum »Wahlbündnis 90« für falsch, »weil sie weder inhaltlich vorbereitet noch von der Basis legitimiert war«. – Mehrere Mitglieder der Partei Demokratischer Aufbruch/DA, darunter die stellvertretende Vorsitzende Sonja Schröter, die Pressesprecherin Christiane Ziller und der Mitbegründer des DA, Pfarrer Friedrich Schorlemmer, beschließen in Leipzig, die Partei zu verlassen. Schorlemmer und die anderen Mitglieder des DA in Leipzig schließen sich am 18. 1. – gemeinsam mit dem Verband Wittenberg des DA – der SPD in der DDR an. – Vor dem Ehrenmal »für die bei der Zerschlagung des Hitlerfaschismus gefallenen Sowjetsoldaten in Ost-Berlin-Treptow« findet eine Demonstration gegen »Neofaschismus und Anti-Sowjetismus« statt, an der nach ADN-Angaben mehr als 200 000 Menschen teilnehmen. Die Hauptforderung der Redner, darunter der SED-PDS-Vorsitzende Gregor Gysi, gilt einer »gemeinsamen Front gegen Neonazismus, Neofaschismus, Rassenhaß und Ausländerfeindlichkeit«. Dem Aufruf der SED-PDS hatten sich u. a. die Führungsgremien der alten Blockparteien mit Ausnahme der CDU der DDR angeschlossen.

4. 1.: Im Anschluß an die Sitzung des DDR-Ministerrates teilt der Pressechef des DDR-Verteidigungsministeriums, Oberstleutnant Uwe Hempel, mit, daß ein in Arbeit befindliches neues Wehrdienstgesetz u. a. eine **Verkürzung des Grundwehrdienstes** von 18 auf 12 Monate vorsieht. Außerdem sei eine gesetzliche Regelung für einen Zivildienst vorgesehen, der 18 Monate betragen soll. Die Frage der Totalverweigerung soll im Zivildienstgesetz ebenfalls Berücksichtigung finden. Bisher gab es in der DDR für Militärdienstverweigerer nur die Möglichkeit, in Einheiten der sog. »Bausoldaten« zu dienen. Die ersten Entlassungen von Soldaten, die bisher mindestens ein Jahr gedient haben, sollen bereits am 26. Januar beginnen.

Fortsetzung → Sp. 205

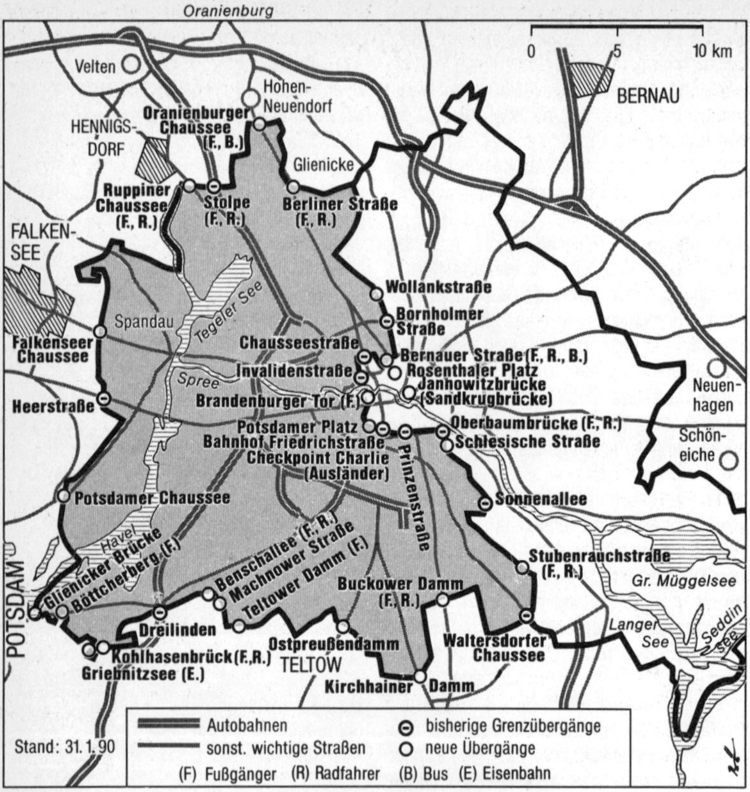

Größere Bewegungsfreiheit für Berlin

Die Übergänge auf einen Blick

5. 1.: In der DDR mehren sich die Stimmen aus den Reihen der neuen Oppositionsgruppen, aber auch aus den ehemaligen Blockparteien, über mangelnde Chancengleichheit gegenüber der SED-PDS im Hinblick auf die Wahlen am 6. Mai. Der stellvertretende Sprecher der Bundesregierung Norbert Schäfer erklärt dazu in Bonn, die angestrebte Zusammenarbeit der Bundesregierung mit der DDR stehe unter dem Vorbehalt, daß am 6. Mai freie Wahlen stattfänden. Dies heiße auch, daß Chancengleichheit gegeben sein müsse. »Und Chancengleichheit gibt es derzeit nach unserer Beobachtung nicht.« Der Presse- und Informationsdienst der DDR-Regierung teilt am gleichen Tag mit, daß der DDR-Ministerrat bereits am 21.12.1989 »umfangreiche Maßnahmen zur Unterstützung der Arbeit der am Runden Tisch vertretenen neuen Parteien und politischen Gruppierungen beschlossen hat«. Dies betreffe die Bereitstellung von Räumen und Fahrzeugen, Freistellungen von der beruflichen Tätigkeit, Regelung zur Finanzierung von Aufwendungen, den Zugang zu den Medien und die Gewährleistung notwendiger Informationstechnik. Auch die Medien hätten dafür Sorge zu tragen, daß die aktuelle Information über die Arbeit und die Aktivitäten der Parteien, gesellschaftlichen Organisationen und politischen Gruppierungen gewährleistet sei. – Ministerratsvorsitzender Hans Modrow ernennt den stellvertretenden Vorsitzenden der LDPD, Kurt Wünsche, zum neuen Justizminister, nachdem zuvor Hans-Joachim Heusinger von dieser Funktion entbunden wurde. – Das oberste Gericht der DDR hebt die Urteile wegen »Boykotthetze« gegen den früheren Leiter des Aufbau-Verlages, Walter Janka, und drei Mitangeklagte nach mehr als 30 Jahren auf. Janka und die Mitangeklagten Gustav Just, Heinz Zöger und Richard Wolf waren am 26. Juli 1957 in einem öffentlichen Schauprozeß zu Gefängnisstrafen zwischen zweieinhalb und sieben Jahren verurteilt worden. – Nach einer Mitteilung des DDR-Regierungssprechers Wolfgang Meyer werden Fernsehen und Rundfunk der DDR künftig die 1949 geschaffene **Hymne der DDR wieder mit dem Text von Johannes R. Becher** senden. Wegen der Formulierung »**Deutschland, einig Vaterland**« war das Singen der Hymne bei offiziellen Anlässen vor zwanzig Jahren untersagt worden.

6. 1.: Auf einer Tagung des SED-PDS-Parteivorstandes in Ost-Berlin hält der Vorsitzende Gregor Gysi ein Referat, in dem er die Wahlaussagen zur deutschen Frage so formuliert: »Wir wollen eine souveräne DDR und streben eine deutsch-deutsche Gemeinschaft im Rahmen einer gesamteuropäischen Konföderation an.« Die SED-PDS schlage für die Ausgestaltung der Vertragsgemeinschaft mit der Bundesrepublik Deutschland »auf militärischem Gebiet« ein zehn Punkte umfassendes »Sicherheitsmodell 2000« vor. Darin ist u. a. vorgesehen, die NVA und die Bundeswehr auf 50 Prozent ihres jetzigen Bestandes zu reduzieren, jegliche Modernisierung von Waffen und Schießgerät einzustellen, die allgemeine Wehrpflicht in beiden Staaten auf zwölf Monate festzulegen sowie Kernwaffen und chemische Waffen bis zum Jahr 1991 vom Territorium der Bundesrepublik Deutschland und der DDR abzuziehen. Ohne den Abbau der militärischen Gegnerschaft zwischen den beiden deutschen Staaten sei »jedes Wort über die Einheit der Nation unglaubwürdig«. – Auf einer Mitgliederversammlung des Nationalen Olympischen Komitees der DDR tritt Manfred Ewald als Präsident und Mitglied des NOK zurück; als amtierender Präsident wird der bisherige Vizepräsident Günther Heinze bestätigt. – In Leipzig wird eine **CSU/FDU** (Freie Demokratische Union) gegründet. Die CSU besteht in den Landesverbänden Sachsen/Thüringen, die FDU in den Landesverbänden Mecklenburg/Vorpommern sowie Ost-Berlin und Brandenburg.

7. 1.: Auf einem Landesdelegiertentreffen des Neuen Forum in Leipzig spricht sich die Mehrheit der Teilnehmer »für ein **Fortbestehen des Neuen Forum als Bürgerbewegung** und gegen weitere Spaltung aus«. Die Delegierten beschließen ein zunächst bis zur Landesdelegiertenkonferenz am 27. 1. 1990 gültiges Statut; danach versteht sich das Neue Forum als »eine unabhängige politische Vereinigung von Bürgerinnen und Bürgern, die Demokratie in allen Lebensbereichen durchsetzen wollen«. Ein vorgelegtes Sofortprogramm des Neuen Forum im Entwurf der Programmerklärung umfaßt 22 Forderungen, wonach u. a. die DDR-Regierung aufgefordert wird, »politische und wirtschaftliche Entscheidungen bis zu den Wahlen nur nach Konsultation und umfassender Information der Oppositionsgruppen« zu treffen. Die Delegiertenkonferenz verabschiedet einen Aufruf zu einer Demonstration am 5. Januar 1990 »gegen die Restaurationspolitik der SED und ihres Sicherheitsapparates«. – Zehntausende Einwohner des Kreises Duderstadt sowie des Werra-Meißner-Kreises und der DDR-Kreise Heiligenstadt, Worbis und Mühlhausen bilden eine grenzüberschreitende Menschenkette um das Eichsfeld, die »die Zusammengehörigkeit der Menschen zu beiden Seiten der Grenze dokumentieren« soll.

Die rapide Auflösung der staatlichen Machtstrukturen

8. 1.: Immer stärker artikuliert sich die **Kritik der Opposition an der weiterhin privilegierten Position der SED** und an fehlender Chancengleichheit für die kleineren Parteien. In diesem Zusammenhang erklärt der Sprecher der Bundesregierung, Hans Klein, in Bonn: »Die Chancengleichheit aller politischen Gruppierungen in der DDR sowie die Gewährleistung wirklich freier Wahlen« am 6. Mai 1990 seien für die Bundesregierung »unabdingbare Voraussetzungen für eine intensivierte Zusammenarbeit«. Der SED-PDS-Vorsitzende Gregor Gysi reagiert auf die Kritik der Opposition und gibt die Bereitschaft seiner Partei bekannt, den am »Runden Tisch« vertretenen neuen oppositionellen Parteien und Gruppierungen vom 15. Januar 1990 an 56 Arbeitsräume zur Verfügung zu stellen, die möbliert sind und über Telefonanschlüsse verfügen. – In Ost-Berlin finden zum sechsten Mal Beratungen am »Runden Tisch« statt. Peter Koch, Regierungsbeauftragter für die Auflösung des Amtes für nationale Sicherheit, und der Staatssekretär im DDR-Ministerrat Walter Halbritter informieren darüber, wie weit das Amt bisher abgebaut worden ist. Da beide Regierungsvertreter an sie gestellte Fragen unbefriedigend beantworten, wird ihnen in einer Erklärung der oppositionellen Parteien und Gruppierungen das Mißtrauen ausgesprochen. – Mit harter Kritik an der SED und vielen Aussagen zur deutschen Einheit setzen die Teilnehmer der ersten Montagsdemonstration in diesem Jahr in Leipzig ihr politisches Signal. Mit einem Meer von schwarz-rot-goldenen Fahnen und Transparenten mit der Aufschrift »Deutschland, einig Vaterland« bekundet die Mehrheit der Demonstranten ihren Willen zur Einheit. Auch in Schwerin, Karl-Marx-Stadt, Cottbus, Frankfurt/Oder, Magdeburg, Halle, Dalebusch, Neubrandenburg und Gera demonstrieren Zehntausende gegen die SED. – Der CDU-Bundestagsabgeordnete Kurt Biedenkopf teilt in Bonn mit, er werde eine Professur für Wirtschaftspolitik an der Universität Leipzig annehmen.

9. 1.: Der frühere Staats- und Parteichef **Egon Krenz legt sein Mandat als Abgeordneter der DDR-Volkskammer nieder** und gibt damit auch sein letztes politisches Amt auf. Er erklärt, er tue dies auf Wunsch der Führung seiner Partei, der SED-PDS. – Der langjährige Umweltminister der DDR, Hans Reichelt, tritt »aus Altersgründen« zurück. – Der ehemalige DDR-Staatssekretär Alexander Schalck-Golodkowski, der sich seit dem 6. Dezember 1989 in West-Berlin in Untersuchungshaft befand, wird aus der Haft entlassen, da im Geltungsbereich der dortigen Gesetze »keine zureichenden Anhaltspunkte für die Notwendigkeit eines strafrechtlichen Einschreitens durch die Strafverfolgungsbehörden bekanntgeworden« seien. Zugleich wird bekannt, daß Schalck, dem die DDR »Untreue zum Nachteil sozialistischen Eigentums im schweren Fall« vorwirft, Oberst des Staatssicherheitsdienstes der DDR war. – Die Partnerstädte Dresden und Hamburg sowie Leipzig und Hannover vereinbaren jeweils die Bildung von gemeinsamen Wirtschaftskommissionen (zu den Städtepartnerschaften → *Übersicht, Sp. 211 ff.*). – Die Pressestelle des DDR-Außenministeriums gibt bekannt, daß sämtliche **Restriktionen für die Arbeit ausländischer Journalisten in der DDR »ab sofort aufgehoben«** sind. – In Halle findet eine Demonstration für »die ungehinderte Entfaltung einer privaten Klein- und mittelständischen Wirtschaft in der DDR« statt.

10. 1.: Käthe Niederkirchner wird von der Volkskammerfraktion der SED-PDS zur neuen Vorsitzenden gewählt; sie löst in diesem Amt das ehemalige SED-Politbüromitglied Werner Jarowinsky ab, der die Fraktion seit November 1989 geleitet hatte. – Der Ratsvorsitzende des Bezirks Halle, Alfred Kolodniak, wird im Rahmen eines Ermittlungsverfahrens »wegen Untreue zum Nachteil des sozialistischen Eigentums im schweren Falle und Vertrauensmißbrauchs« verhaftet.

11. 1.: Der Ministerratsvorsitzende Hans Modrow gibt auf der **14. Tagung der Volkskammer** (11./12. 1. 1990) eine **Regierungserklärung** ab, in der er dazu aufruft, die historische Chance der demokratischen Umgestaltung in der DDR nicht zu verspielen. Den Gruppierungen und Parteien der Opposition bietet er weitere Möglichkeiten zur verantwortlichen Mitarbeit an, lehnt es jedoch ab, ein Vetorecht bei der Arbeit der Regierung zuzugestehen. In der heftig umstrittenen Frage der Umwandlung des Amtes für nationale Sicherheit in einen Verfassungsschutz (Amt für staatliche Sicherheit) – das Neue Forum und andere Gruppen hatten gedroht, den »Runden Tisch« zu verlassen, wenn ein Verfassungsschutz vor den Volkskammerwahlen gebildet werde – lenkt Modrow in letzter Minute ein. Im Schlußwort zur Aussprache über seine Regierungserklärung teilt er mit, daß der Beschluß über die Schaffung eines »Amtes für staatliche Sicherheit« aufgehoben werde. Bis zum Wahltag am 6. Mai werde es keine neuen Ämter auf diesem Gebiet geben. Im Verlauf der Volkskammersitzung billigen die Abgeordneten bei nur zwei Enthaltungen und keiner Gegenstimme eine Verfassungsänderung, mit der die **Gründung von »Unternehmen mit ausländischer Beteiligung« in der DDR legitimiert** wird. Zugleich wird in zweiter und damit letzter Lesung das neue Reisegesetz bei einer Gegenstimme und drei Enthaltungen verabschiedet; einstimmig angenommen wird ein Gesetz zur Anpassung rechtlicher Regelungen an das Reisegesetz. Beide Gesetze werden am 1. 2. 1990 in Kraft treten. Ebenfalls angenommen wird bei fünf Gegenstimmen und 15 Enthaltungen ein Änderungsgesetz zur Handwerksförderung, das regelt, daß private Handwerksbetriebe künftig mehr als zehn Personen beschäftigen können. Die Volkskammerkommission zur Änderung und Ergänzung der Verfassung, die sich im Dezember 1989 konstituiert hat, spricht sich für die Ausarbeitung einer völlig neuen DDR-Verfassung aus, da die jetzige Verfassung »entscheidend von stalinistischen Positionen bestimmt« sei; durch Veränderungen und Ergänzungen könne sie nur begrenzt funktionsfähig erhalten werden. Von der Volkskammer werden drei neue Minister und ein neuer Generalstaatsanwalt gewählt, vier der bisherigen Mitglieder der Regierung werden abberufen. 26 Abgeordnete scheiden aus der Volkskammer aus, darunter Egon Krenz, Werner Jarowinsky und Günter Schabowski. Damit hat sich die SED-Fraktion, die insgesamt 127 Mitglieder zählt, bis jetzt von 40 Abgeordneten getrennt. Unter ihren Nachfolgern ist so gut wie kein prominenter SED-Funktionär mehr zu finden. – Mehrere 1000 Menschen demonstrieren vor dem Volkskammergebäude in Ost-Berlin für weitere demokratische Veränderungen in der DDR. Rings um den Palast der Republik bilden sie eine Menschenkette und rufen »Stasi raus« und »SED muß weg«.

12. 1.: In Ost-Berlin wird die **erste Landesdelegiertenkonferenz der SDP** (13./14. 1.) eröffnet, an der rund 400 Delegierte teilnehmen. Die Delegierten beschließen die **Änderung ihres Parteinamens in SPD**. Mit dem

Fortsetzung → Sp. 215

Innerdeutsche Städtepartnerschaften

	Paraphierung*	Ratifizierung**
1. Saarlouis – Eisenhüttenstadt	25.04.86	19.09.86/06.10.86
2. Wuppertal – Schwerin	14.11.86	09.02.87/26.02.87
3. Neunkirchen (Saar) – Lübben	26.11.86	26.11.86/12.12.86
4. Erlangen – Jena	28.02.87	19.03.87/08.04.87
5. Saarbrücken – Cottbus	18.03.87	18.03.87/12.05.87
6. Trier – Weimar	24.05.87	05.09.87/18.09.87
7. Fellbach – Meißen	28.05.87	28.05.87/09.10.87
8. Karlsruhe – Halle	29.05.87	17.09.87/21.09.87
9. Bremen – Rostock	23.07.87	18.08.87/03.09.87
10. Hof – Plauen	04.08.87	09.10.87/22.10.87
11. Kiel – Stralsund	29.08.87	17.09.87/20.10.87
12. Hannover – Leipzig	14.09.87	23.11.87/04.12.87
13. Flensburg – Neubrandenburg	26.10.87	16.11.87/23.11.87
14. Lübeck – Wismar	28.10.87	28.10.87/16.12.87
15. Hamburg – Dresden	30.10.87	14.12.87/16.12.87
16. Bonn – Potsdam	01.11.87	26.01.88/06.03.89
17. Mainz – Erfurt	22.11.87	20.02.88/19.03.88
18. Osnabrück – Greifswald	03.12.87	18.02.88/01.03.88
19. Braunschweig – Magdeburg	–	08.12.87/20.+27.2.88
20. Offenburg – Altenburg	12.12.87	10.03.88/25.03.88
21. Marburg – Eisenach	11.02.88	27.05.88/10.06.88
22. Ludwigshafen – Dessau	12.02.88	02.03.88/29.03.88
23. Göttingen – Wittenberg (Lutherstadt)	16.03.88	04.05.88/11.05.88
24. Neu-Ulm – Meiningen	25.03.88	27.05.88/24.06.88
25. Böblingen – Sömmerda	27.03.88	16.05.88/20.06.88
26. Aachen – Naumburg/Saale	08.04.88	17.05.88/30.05.88
27. Düsseldorf – Karl-Marx-Stadt	13.04.88	01.06.88/24.06.88
28. Dillingen (Saar) – Hoyerswerda	19.04.88	23.06.88/21.09.88
29. Schwäbisch-Hall – Neustrelitz	19.04.88	18.05.88/08.06.88
30. Heilbronn – Frankfurt/Oder	20.04.88	29.09.88/25.10.88
31. Kaiserslautern – Brandenburg a. d. Havel	–	11.05.88/22.06.88
32. Eppelborn – Finsterwalde	13.05.88	01.07.88/22.09.88
33. Kulmbach – Saalfeld/Thüringen	18.05.88	15.09.88/29.09.88
34. Würzburg – Suhl	10.06.88	22.09.88/15.11.88
35. St. Ingbert – Radebeul	–	24.06.88/28.09.88
36. Kronberg – Ballenstedt	28.06.88	06.10.88/13.10.88
37. Mannheim – Riesa	29.06.88	06.09.88/24.10.88
38. Salzgitter – Gotha	08.07.88	20.09.88/02.11.88
39. Nürnberg – Gera	22.07.88	03.10.88/07.12.88
40. Dortmund – Zwickau	05.08.88	01.12.88/05.12.88

41. Lemgo – Stendal	31.08.88	09.10.88/02.11.88
42. Sindelfingen – Torgau	13.09.88	26.10.88
43. Berlin-Spandau – Nauen	–	20.09.88/28.09.88
44. Berlin-Zehlendorf – Königs Wusterhausen	–	27.10.88/03.11.88
45. Nordhorn – Reichenbach	03.11.88	05.01.89/09.02.89
46. Bottrop – Merseburg	07.11.88	06.01.89/10.03.89
47. Neuwied – Güstrow	16.11.88	14.02.89/01.03.89
48. Homburg (Saar) – Ilmenau	22.02.89	29.06.89/26.09.89
49. Husum – Heiligenstadt	25.04.89	21.09.89/17.10.89
50. Kassel – Arnstadt	27.05.89	26.06.89/12.07.89
51. Neustadt a. d. W. – Wernigerode	26.06.89	10.09.89/24.09.89
52. Unna – Döbeln	29.06.89	21.09.89/ .11.89
53. Recklinghausen – Schmalkalden	01.07.89	16.09.89/09.12.89
54. Wolfsburg – Halberstadt	06.07.89	21.09.89/24.10.89
55. Kornwestheim – Weißenfels	06.07.89	20.01.90/10.02.90
56. Lehrte – Staßfurt	08.07.89	13.09.89/16.09.89
57. Reinheim – Fürstenwalde	16.09.89	16.09.89/16.11.89
58. Leverkusen – Schwedt/Oder	–	27.10.89/11.12.89
59. Bad Schwartau – Bad Doberan	–	14.11.89/21.11.89
60. Püttlingen – Senftenberg	–	15.12.89
61. Eschwege – Mühlhausen	–	22.12.89
62. Bayreuth – Rudolstadt	29.12.89	

* = Unterzeichnung durch die jeweiligen Stadtoberhäupter
** = Billigung durch die jeweiligen Stadtparlamente

Nach Zusagen der DDR sind folgende Partnerschaften in Vorbereitung:

1. Neumünster – Parchim
2. Bad Kreuznach – Neuruppin
3. Oberhausen – Freital
4. Oppenheim – Werder an der Havel
5. Bad Nauheim – Bad Langensalza
6. Frankenberg (Eder) – Frankenberg (Sachsen)
7. Vöhringen – Hettstedt
8. Neustadt bei Coburg – Sonneberg
9. Bad Harzburg – Ilsenburg
10. Wiesbaden – Görlitz

rung ihres Parteinamens in SPD. Mit dem neuen Namen bekennt sich die Partei eindeutig zur Tradition der 1946 in der SED aufgegangenen SPD und zur Zusammengehörigkeit mit der Schwesterpartei in der Bundesrepublik Deutschland. Der Vorsitzende der SPD in der Bundesrepublik Deutschland, Hans-Jochen Vogel, der als Gast an dem Parteitag in Ost-Berlin teilnimmt, spricht von einer »historischen Entscheidung« und sichert der Schwesterpartei jede gewünschte Unterstützung zu. Auf der Konferenz wird eine Erklärung zur deutschen Frage verabschiedet, in der sich die Partei zur »Einheit der deutschen Nation« bekennt. Im Wirtschaftsbereich spricht sich die DDR-SPD für eine »soziale, ökologisch ausgerichtete Marktwirtschaft« aus. – Die CSU-Landesgruppe der CDU/CSU-Bundestagsfraktion setzt in Leipzig ihre in Kreuth begonnene Klausurtagung fort. Die CSU-Politiker, unter ihnen Bundesfinanzminister und CSU-Vorsitzender Theo Waigel, führen dort Gespräche mit Vertretern verschiedener Parteien und oppositioneller Gruppen.

13. 1.: Der SPD-Bundesvorsitzende Hans-Jochen Vogel, der sich zu einem Besuch in Ost-Berlin aufhält, trifft mit dem DDR-Ministerratsvorsitzenden Hans Modrow zu einem Gespräch zusammen. – Die erste Delegiertenkonferenz der DDR-Sozialdemokraten in Ost-Berlin, die sich am 7. 10. 1989 unter dem Namen Sozialdemokratische Partei in der DDR (SDP) gegründet hat, beschließt die Änderung des Parteinamens in **Sozialdemokratische Partei Deutschlands (SPD)**. Als SPD erhebt sie den Anspruch auf die politische und rechtliche Nachfolge der 1946 mit den Kommunisten zur SED zwangsvereinigten Sozialdemokratischen Partei. Sie fordert die von der SED übernommenen Vermögenswerte der alten SPD zurück, vor allem Häuser, Druckereien und Zeitungsverlage. Die Konferenz verabschiedet eine deutschlandpolitische Erklärung, die mit den Sätzen beginnt: »Wir Sozialdemokraten bekennen uns zur Einheit der deutschen Nation. Ziel unserer Politik ist ein geeintes Deutschland. Eine sozialdemokratisch geführte Regierung der DDR wird die notwendigen Schritte auf den Weg zur deutschen Einheit in Abstimmung mit der Regierung der Bundesrepublik gehen. Was sofort möglich ist, soll sofort geschehen.« – Die Teilnehmer an der Gründungsversammlung einer neuen Partei mit dem Namen »Die Nelken« bestätigen in Ost-Berlin mehrheitlich die Entwürfe eines Programms und eines Statuts als Arbeitsdokumente »bis zum ersten ordentlichen Parteitag der neuen marxistischen Partei der DDR«. – In der DDR werden die Preise für Kinderbekleidung um bis zu 141 % erhöht, bei Kinderschuhen um bis zu 156 %. Zum Ausgleich wird das staatliche Kindergeld um 45 Mark (bis zum 12. Lebensjahr) bzw. 65 Mark monatlich (ab 13. Lebensjahr) angehoben; bei Blumen und Zierpflanzen entfallen die bisher gezahlten staatlichen Subventionen, so daß die Preise um rund 50 % steigen.

14. 1.: Mehrere 10000 Menschen demonstrieren in vielen Städten der DDR für eine Erneuerung und **gegen Machtmißbrauch durch die SED**. Mit Kundgebungen und Demonstrationen wird in beiden Teilen Berlins der 1919 ermordeten Sozialisten Rosa Luxemburg und Karl Liebknecht gedacht. An deren Gedenkstätte in Berlin-Friedrichsfelde legen DDR-Ministerratsvorsitzender Hans Modrow und Vertreter von Parteien sowie staatlichen und gesellschaftlichen Organisationen Kränze nieder. In Ost-Berlin gibt es erstmals eine Gedenkkundgebung zu der von der SED-PDS organisierten Veranstaltung. An der SPD-Kundgebung auf dem Alexanderplatz in Ost-Berlin, an der mehrere 1000 Menschen teilnehmen, fordert der Regierende Bürgermeister und SPD-Vorsitzende von Berlin (West) Walter Momper die Sozialdemokraten in der DDR zur Geschlossenheit mit den anderen Oppositionsgruppen auf. DDR-Ministerratsvorsitzender Hans Modrow bekennt sich nach einem Gespräch mit dem Chef der Daimler-Benz AG, Edzard Reuter, zur sozialen Marktwirtschaft in der DDR; der Übergang zur sozialen Marktwirtschaft und die Annäherung zwischen den Wirtschaftsbündnissen RGW und EG müsse sich in Etappen vollziehen. – Nach Angaben des Deutschen Roten Kreuzes sind in der DDR fast alle Aufnahmelager, die 1989 für Rückkehrwillige eingerichtet wurden, wegen der geringen Zahl der Inanspruchnahme wieder geschlossen worden.

15. 1.: Wider Erwarten nimmt DDR-Ministerratsvorsitzender Hans Modrow an der siebten Zusammenkunft der Teilnehmer des »Runden Tisches« in Ost-Berlin teil. Er bezeichnet sein Kommen »als Zeichen des guten Willens und vor allem der großen Sorge um die innenpolitische Situation«. Als Vorschläge der Regierung an den Runden Tisch nennt er die »unmittelbare und verantwortliche Teilnahme an der Regierungsarbeit«, das Einbringen »inhaltlicher Vorstellungen« für sein nächstes Treffen mit Bundeskanzler Helmut Kohl sowie die »Teilnahme einer Gruppe von Vertretern des Rundes Tisches« an diesem Treffen. Er fordert die am Runden Tisch vertretenen Parteien und Vereinigungen auf, sich an der zivilen Kontrolle über die **Auflösung des Amtes für nationale Sicherheit** zu beteiligen. Modrow informiert darüber, daß Peter Steglich als Nachfolger des abgelösten Peter Koch zum neuen Regierungsbeauftragten für die Auflösung des Amtes für nationale Sicherheit ernannt worden ist. Der stellvertretende Leiter des Sekretariats des DDR-Ministerrats, Manfred Sauer, gibt bekannt, daß von den 85000 Angehörigen des Amtes für nationale Sicherheit bereits 30000 entlassen worden seien; weitere 20500 Mitarbeiter würden in die Volkswirtschaft eingegliedert. Von den restlichen 32500 Mitarbeitern erfolge die zügige Entlassung von weiteren 20000 in kürzester Zeit, die übrigen 12500 würden jedoch noch zur beschleunigten Auflösung des Amtes benötigt. Neben den festen Mitarbeitern beschäftigte das Amt für nationale Sicherheit noch 109000 »inoffiziell Tätige«. – Einem Aufruf des Neuen Forum zu einer «landesweiten Aktion« gegen die «Restaurationspolitik der SED-PDS und ihres Sicherheitsapparates« folgen in zahlreichen Städten hunderttausende DDR-Bürger. Im Ostberliner Stadtbezirk Lichtenberg stürmen aufgebrachte Demonstranten die Zentrale des ehemaligen Amtes für nationale Sicherheit. DDR-Ministerratsvorsitzender Hans Modrow sowie führende Vertreter von Oppositionsgruppen, die am Runden Tisch beraten, darunter Konrad Weiß von Demokratie Jetzt, begeben sich nach Lichtenberg, wo sie die Demonstranten zur Besonnenheit und Gewaltlosigkeit aufrufen. – In Leipzig demonstrieren rund 150000 Menschen mehrheitlich **für die Vereinigung beider deutscher Staaten**. Demonstrationen mit rund 150000 Teilnehmern finden auch in Dresden und Karl-Marx-Stadt statt. Weitere Demonstrationen werden aus Rostock, Halle, Potsdam, Cottbus, Frankfurt/Oder, Magdeburg, Neubrandenburg, Stralsund und Erfurt gemeldet. In Jena, Gera, Zwickau und Ost-Berlin kommt es zu Warnstreiks »für die sofortige Auflösung des Amtes für nationale Sicherheit«. – In Ost-Berlin bildet sich ein Unternehmerverband der Selbständigen. – Das Präsidium des Vorstandes der SED-PDS beschließt, das Betriebsvermögen der SED, das die Partei in den vergangenen vierzig Jahren in der Mehrzahl der Fälle durch Enteignung angesammelt hat, zu einem wesentlichen Teil wieder abzugeben oder in Volkseigentum umzuwandeln. Betroffen sind davon in erster Linie die in der »Zentralen Druckerei-, Einkaufs- und Revisionsgesellschaft« (Zentrag) zusammengefaßten Verlage und Druckereien, die in der »Deutschen Werbe- und Anzeigengesellschaft« (Dewag) konzentrierten Werbebetriebe, das Geschenkunternehmen Genex sowie die derzeit der SED gehörenden Gästehäuser und Erholungsheime. – Gegen den ehemaligen Ersten Sekretär der SED-Bezirksleitung Halle, Hans-Joachim Böhme, früheres SED-Politbüromitglied, wird Haftbefehl erlassen wegen des Verdachts, »zum eigenen Vorteil untreue Handlungen auf Kosten des sozialistischen und Privateigentums in Höhe von 1700000 Mark begangen oder bewirkt zu haben« (ADN).

16. 1.: DDR-Ministerratsvorsitzender Hans Modrow, der sich als erster Regierungschef der DDR zu einem Besuch in Berlin (West) aufhält, wird vom Regierenden Bürgermeister von Berlin, Walter Momper, im Gästehaus des Senats zu einem Gespräch empfangen. – Bei einem Besuch in Bonn gibt DDR-Wirtschaftsministerin Christa Luft bekannt, daß die Beteiligungsgrenze von 49 % nicht für kleine und mittlere Gemeinschaftsunternehmen gelten soll. Mit ihrem Amtskollegen Helmut Haussmann beschließt sie die Einsetzung einer Expertengruppe, die ein Investitionsschutzabkommen zwischen Bonn und Ost-Berlin ausarbeiten wird.

17. 1.: Der Bundesminister für Umwelt, Naturschutz und Reaktorsicherheit, Klaus Töpfer, und sein DDR-Amtskollege Peter Diederich unterzeichnen in Ost-Berlin eine Vereinbarung über den Aufbau eines Smog-Frühwarnsystems und einigen sich über die Bildung einer gemeinsamen Kommission für die Sicherheit kerntechnischer Anlagen. – Die **erste deutsch-deutsche Bankenbeteiligung** ist fest vereinbart. Soweit die rechtlichen Möglichkeiten gegeben sind, wird sich die Berliner Volksbank eG (West-Berlin) an der Berliner Volksbank-Genossenschaftskasse für Handwerk und Gewerbe (Ost-Berlin) beteiligen; die Berliner Volksbank wurde 1952 in zwei Teile getrennt. – Am Rande eines in Wien stattfindenden »Seminars über Militärdoktrin« treffen erstmals die beiden höchsten Offiziere der Bundesrepublik und der DDR, Generalinspekteur Admiral Dieter Wellershoff und der Chef des Hauptstabes der Nationalen Volksarmee, Generalleutnant Manfred Grätz, zusammen. Nach ihrer Unterredung teilen sie mit, daß es kein Feindverhältnis zwischen beiden Streitkräften gebe. Wellershoff erklärt, es werde niemandem gelingen, »unter den gegenwärtigen Bedingungen uns gegeneinander aufzuhetzen«. – Immer mehr Arbeiter treten in der DDR **aus Protest gegen die bestehenden Machtverhältnisse in den Streik**. In Gera, Jena und Ost-Berlin legen Tausende Kraftfahrer vorübergehend die Arbeit nieder. – Der Präsident des Obersten Gerichtes der DDR, Günter Sarge (SED), kündigt im Staatsrat seinen Rücktritt an. Die Volkskammer hatte den Staatsrat der DDR gebeten, gegen ihn ein Disziplinarverfahren einzuleiten. Der Unmut der Abgeordneten entzündete sich daran, daß Sarge die Untätigkeit des Obersten Gerichts in 17 Rehabilitierungsverfahren damit begründete, die Akten lagerten in der Dienststelle des ehemaligen Ministeriums für Staatssicherheit, wo sie auf Betreiben des Bürgerkomitees versiegelt aufbewahrt würden; das Oberste Gericht habe keine Möglichkeit, an die Akten heranzukommen. Auf Veranlassung des Staatsrates wird auch der stellvertretende Generalstaatsanwalt Harri Harrland (SED) vom neuen Generalstaatsanwalt Hans-Jürgen Joseph »wegen Versäumnissen in der Amtsführung und unqualifizierter Information der Volkskammer« von seiner Funktion abberufen. Harrland hatte keine Angaben darüber machen können, wann Anklage gegen ehemalige führende Funktionäre erhoben werde, gegen die zur Zeit Ermittlungsverfahren laufen. – Vor der Untersuchungskommission der Berliner Stadtverordnetenversammlung macht der ehemalige Angehörige des SED-Politbüros und Berliner Parteichef Günter Schabowski den gestürzten Staats- und Parteichef Erich Honecker und den ehemaligen Minister für Staatssicherheit, Erich Mielke, für das Vorgehen der DDR-Sicherheitskräfte gegen Demonstranten am 7. und 8. 10. 1989 verantwortlich. Zuvor hatte der ehemalige Staats- und Parteichef Egon Krenz Auskünfte über eine Verflechtung der SED und der Staatssicherheit verweigert; er berief sich auf seine »Schweigepflicht«, von der ihn erst der heutige Staats- oder Ministerrat entbinden müsse.

18. 1.: Der frühere SED-ZK-Sekretär und SED-Politbüromitglied Hermann Axen wird nach seiner Rückkehr aus Moskau, wo er sich einer Augenoperation unterzogen hat, verhaftet. – In Erfurt und Gera demonstrieren erneut Zehntausende DDR-Bürger, die auf Transparenten und in Sprechchören u. a. »Stasi raus« und »Nie wieder SED« fordern. – In einer Aussprache über die Deutschlandpolitik bekennen sich die Parteien des Deutschen

Bundestages mit Ausnahme der Grünen zum Ziel der Einheit Deutschlands. Kanzleramtsminister Rudolf Seiters gibt einen Rechenschaftsbericht über die seit dem 28. November – dem Tag, an dem der Bundeskanzler seinen Zehn-Punkte-Plan vorlegte – getroffenen Maßnahmen.

19. 1.: Die Parteivorstände der CDU der DDR und der LDPD sprechen sich für ein Verbleiben in der »Koalitionsregierung Modrow« aus.– Nach Mitteilung von DDR-Verteidigungsminister Theodor Hoffmann ist gegen seinen Amtsvorgänger Heinz Keßler ein Ermittlungsverfahren wegen Amtsmißbrauchs und Korruption eingeleitet worden.

20. 1.: In der SED-PDS bricht ein offener Streit darüber aus, ob sich die Partei auflösen soll. Mehrere Gruppen innerhalb der Partei hatten eine Auflösung gefordert, weil es nicht gelungen sei, »die SED von Grund auf zu reformieren und das Erneuerungspotential überzeugend in die Stabilisierung des Landes einzubringen«. Eine entsprechende Erklärung wird verabschiedet von der Plattform »Dritter Weg«, der »Sozialdemokratischen Plattform«, der Plattform »Demokratischer Sozialismus«, der Plattform »Werk für Fernsehelektronik« (WF) sowie von den Kreisvorständen der Akademie der Wissenschaften, der Humboldt-Universität und der Charité. – In Leipzig schließen sich etwa ein Dutzend christlich-konservative Gruppen und Parteien der DDR zu einer Partei mit dem Namen **Deutsche Soziale Union/DSU** zusammen; zum Vorsitzenden wird der Leipziger Pfarrer Hans-Wilhelm Ebeling gewählt. – In Neubrandenburg demonstrieren etwa 10000 Teilnehmer dafür, »das Wort der Bauern bei der Erneuerung des Landes mehr zu beachten«. In Plauen demonstrieren rund 35000 DDR-Bürger für das »Abtreten und Auflösen der SED-PDS«. – Die in Dresden erscheinende »Sächsische Zeitung«, bisher Organ der SED-Bezirksleitung Dresden, erscheint erstmals als unabhängige »Tageszeitung für Politik, Wirtschaft und Kultur«. Am Vortag hatte sich die »Leipziger Volkszeitung« erstmals als »unabhängig« bezeichnet; damit haben sich bislang zehn ehemalige SED-Bezirkszeitungen in »unabhängige« Tageszeitungen umgewandelt.

21. 1.: Eine Mehrheit des SED-PDS-Parteivorstandes, die am Vortag in Ost-Berlin zu einer zweitägigen Sitzung zusammengetreten ist, entscheidet sich dafür, die SED-PDS nicht aufzulösen, jedoch den Namen SED aufzugeben. Starke Kräfte in der DDR hatten zuvor die Selbstauflösung der Partei, die inzwischen fast die Hälfte ihrer Mitglieder verloren hat und nur noch 1,2 Millionen zählt, umgehend gefordert. Das Symbol der SED – zwei ineinandergreifende Hände, die für die 1946 erfolgte Zwangsvereinigung der SPD mit der KPD zur SED stehen – und damit auch das Parteiabzeichen soll abgeschafft werden. Der stellvertretende Vorsitzende der SED-PDS und Oberbürgermeister von Dresden, Wolfgang Berghofer, und weitere 39 prominente SED-Mitglieder treten aus der Partei aus, da »die alte SED und ihre Führung die DDR in beschämender und unverantwortlicher Weise ruiniert« habe, »politisch, wirtschaftlich und moralisch«. Der SED fehle »die politische Kraft«, sich grundsätzlich zu verändern und die tiefe Krise »an der Seite der demokratischen Kräfte mit zu überwinden«. – Die zentrale Schiedskommission der SED-PDS teilt den **Parteiausschluß des** ehemaligen SED-Generalsekretärs und DDR-Staatsratsvorsitzenden **Egon Krenz** sowie weiterer 13 Mitglieder und Kandidaten des ehemaligen SED-Politbüros mit: Hans-Joachim Böhme, Horst Dohlus, Kurt Hager, Joachim Herrmann, Werner Jarowinsky, Heinz Keßler, Inge Lange, Erich Mückenberger, Margarete Müller, Alfred Neumann, Günter Schabowski, Gerhard Schürer und Werner Walde. Der frühere Volkskammerpräsident Horst Sindermann wird wegen »verbrecherischer Untreue und Vertrauensmißbrauchs« in Untersuchungshaft genommen. Gegen die amtierende Finanzministerin Uta Nickel (SED-PDS) leitet die Staatsanwaltschaft Leipzig ein Ermittlungsverfahren wegen Untreue ein; am Tag darauf tritt Frau Nickel von ihrem Amt zurück. – Auf dem Parteitag der NDPD in Ost-

Berlin wird Wolfgang Glaeser zum neuen Parteivorsitzenden gewählt; er ist Nachfolger von Günter Hartmann, der zu einem der stellvertretenden Vorsitzenden gewählt wird. – Die DDR beginnt offiziell mit der **Verkauf der Berliner Mauer**. Zunächst sollen nur die vierzig Mauerstücke verkauft werden, die durch die neugeschaffenen Grenzübergänge zwischen Ost- und West-Berlin weggefalllen sind. Für diese 3,50 m hohen und 1,20 m breiten Segmente hat es nach Darstellung der DDR-Außenhandelsfirma »Limex« Angebote zwischen 100000 und 700000 DM gegeben. Der Erlös soll ausschließlich zu »guten Zwekken« – wie zur Finanzierung des Gesundheitswesens und der Denkmalpflege – verwendet werden. – Mit einem symbolischen Massenauszug aus der DDR demonstrieren rund 20000 DDR-Bürger am niedersächsischen Grenzübergang Duderstadt-Worbis (Landkreis Göttingen) gegen die Politik der SED-PDS; mit Koffern in der Hand kommen sie für einige Stunden in den Westen, um der DDR-Regierungspartei mögliche Konsequenzen einer weiteren »Verschleppung von Reformen« in der DDR vor Augen zu führen.

22. 1.: Auf der neunten Sitzung des »Runden Tisches« in Ost-Berlin macht Ministerratsvorsitzender Hans Modrow den vertretenen oppositionellen Parteien das Angebot, sich an der Regierungsarbeit zu beteiligen. Zugleich spricht er sich für eine Zusammenlegung von Kommunalwahlen mit den Volkskammerwahlen am 6. Mai 1990 aus. Nach längerer Diskussion über einen Entwurf für das Wahlgesetz für die Volkskammerwahlen empfiehlt der »Runde Tisch«, auch die Bürgerbewegungen zu den Wahlen zuzulassen. Das Gremium spricht sich gegen eine u. a. von der SPD verlangte 3%-Klausel im Wahlgesetz aus; beim Wahlrecht entscheidet sich der «Runde Tisch« für ein Verhältniswahlrecht mit festen Listen, wobei die Vereinigung von Listen zulässig sein soll.– Der ehemalige SED-Generalsekretär und DDR-Staatsratsvorsitzende Egon Krenz und der frühere Abteilungsleiter im ZK der SED, Wolfgang Herger, geben den Teilnehmern des »Runden Tisches« Auskunft über Sicherheitsfragen. Krenz führt dazu aus, das ehemalige DDR-Ministerium für Staatssicherheit sei ein »Staat im Staate« gewesen, der »selbst Parteimitglieder unter Kontrolle nahm«. – In mehreren Städten der DDR gehen erneut zahllose Menschen auf die Straße, um ihren Forderungen nach Auflösung der SED-PDS und nach deutscher Einheit Nachdruck zu verleihen. Allein in Leipzig versammeln sich mehr als 100000 Personen zur traditionellen Montagsdemonstration. Weitere Demonstrationen werden aus Dresden, Karl-Marx-Stadt, Magdeburg, Halle, Schwerin, Suhl, Potsdam und Cottbus gemeldet.

23. 1.: Zur ersten Sitzung tritt in Ost-Berlin die **deutsch-deutsche Wirtschaftskommission** unter Vorsitz von Bundeswirtschaftsminister Helmut Haussmann und DDR-Außenwirtschaftsminister Gerhard Beil zusammen. Minister Haussmann übergibt das Sondergutachten des Sachverständigenrates zur Lage der Wirtschaft in der DDR; darin empfiehlt der Rat, Privateigentum an Produktionsmitteln und Gewerbefreiheit einzuführen. – In Dresden, Cottbus, Ueckermünde, Suhl und Leipzig finden Warnstreiks statt, mit denen die Beschäftigten ihren Forderungen nach besseren Arbeitsbedingungen und einer höheren Entlohnung Nachdruck verleihen. – Das weithin sichtbare Symbol der Sozialistischen Einheitspartei Deutschlands (SED), das fast fünf Meter hohe Parteiabzeichen mit den ineinandergreifenden Händen, am Haus des Parteivorstandes der SED-PDS in Ost-Berlin wird von Handwerkern abmontiert.

24. 1.: Die für die Bürger der Bundesrepublik Deutschland einschließlich Berlin (West) bisher vorgeschriebene Ausgabe von Zählkarten für visafreie Einreise in die DDR entfällt. Das System der Zählkarten hatte nach seiner Einführung im Dezember mehrfach zu Beschwerden geführt, weil die Ausgabe der Karten an den verschiedenen Grenzübergängen unterschiedlich gehandhabt wurde und vielfach zu Wartezeiten führte. – In Dresden, Zittau und Leipzig finden Warnstreiks gegen die Machtstrukturen der SED-PDS und die

»Restauration von Geheimdiensten in der DDR« statt.

25. 1.: Der Vorsitzende des DDR-Ministerrats Hans Modrow und der Chef des Bundeskanzleramtes, Bundesminister Rudolf Seiters, vereinbaren in Ost-Berlin als Termin für einen Besuch Modrows bei Bundeskanzler Helmut Kohl in Bonn, an dem auch die Oppositionsparteien aus der DDR beteiligt werden sollen, den 13. und 14. 2.; Seiters führt außerdem Gespräche mit Vertretern oppositioneller Parteien und Gruppierungen sowie beider Kirchen. – Der DDR-Ministerrat beschließt die volle **Gewerbefreiheit für Handwerks-, Handels- und Dienstleistungsbetriebe**. Gemäß einer Regierungsverordnung über die »Gründung und Tätigkeit von Unternehmen mit ausländischer Beteiligung« kann die **ausländische Kapitalbeteiligung** bis zu 49% betragen, aber auch höher sein, »wenn der Zweck des Unternehmens höhere ausländische Beteiligungen rechtfertigt oder es sich um Betriebe kleiner und mittlerer Größe handelt«. – Das Präsidium der CDU der DDR erklärt in Ost-Berlin, daß es seine drei Minister aus der DDR-Regierung zurückgezogen hat, »um den Weg für Verhandlungen mit den neuen Parteien und Gruppierungen frei zu machen«. – Der ehemalige DDR-Verteidigungsminister Heinz Keßler wird verhaftet, weil er »während seiner Amtszeit seine Dienstbefugnisse zur Begehung von Straftaten mißbraucht« (ADN) habe. – Der Dresdner Oberbürgermeister Wolfgang Berghofer, der vier Tage zuvor aus der SED-PDS ausgetreten ist, wird von der Stadtverordnetenversammlung im Amt bestätigt; in einer gemeinsamen Erklärung beauftragen ihn die Fraktionen, seine Arbeit bis zu den nächsten Kommunalwahlen fortzusetzen. – In Gera, Rostock und Erfurt demonstrieren erneut Zehntausende für ein vereintes Deutschland und für die Auflösung der SED-PDS.

26. 1.: Die Leipziger Stadtverordnetenversammlung löst sich auf; durch den vom inzwischen inhaftierten ehemaligen Bürgermeister Bernd Seidel zugegebenen Wahlbetrug bei den letzten Kommunalwahlen hätten die Abgeordneten keinerlei Legitimation mehr. – In der DDR erscheint die **erste Wochenzeitung der Opposition**; die vom Neuen Forum ins Leben gerufene Zeitung »Die Andere« soll in der ganzen DDR vertrieben werden. – Österreich und die DDR heben die gegenseitige Visumpflicht für drei Monate vorläufig auf. – DDR-Umweltminister Peter Diederich gibt bekannt, daß er die Genehmigungen für die Deponien Schöneiche und Vorketzin im Bezirk Potsdam zurückgezogen habe; von sofort an dürfe kein Klärschlamm aus der Bundesrepublik Deutschland und West-Berlin mehr auf diese Mülldeponien gebracht werden.

27. 1.: Der Vorsitzende der Deutschen Bauernpartei (DBD) und Vorsitzender der DDR-Volkskammer, Günter Maleuda, wird auf einem außerordentlichen Parteitag in seinem Amt bestätigt. – Das ehemalige SED-Politbüromitglied Joachim Herrmann wird verhaftet. Haftbefehle werden außerdem erlassen gegen den ehemaligen Vorsitzenden der staatlichen Plankommission Gerhard Schürer, den früheren ersten Sekretär der SED-Bezirksleitung Gera, Herbert Ziegenhahn, und den ehemaligem Ratsvorsitzenden des Bezirks Gera, Werner Ullrich. – In Karl-Marx-Stadt findet der **Gründungsparteitag der Deutschen Forumpartei (DFP)** statt, auf dem Programm und Satzung beschlossen werden; darin bezeichnet sich die DFP als »Volkspartei der politischen Mitte«. Zum Parteivorsitzenden wird Jürgen Schmieder gewählt. Als Gast aus der Bundesrepublik Deutschland nimmt Bundestagspräsidentin Rita Süssmuth teil. – In Ost-Berlin konstituiert sich auf einer Gründungskonferenz (27./28. 1.) das **Neue Forum** mit der Verabschiedung eines Programms und der Annahme eines Statuts. Die Delegierten einigen sich darauf, auch weiterhin eine Bürgerbewegung zu bleiben und sich nicht in eine politische Partei umzuwandeln. Zu scharfen Gegensätzen kommt es auf der Konferenz zwischen Befürwortern und Gegnern einer deutschen Einheit. Die bislang im Neuen Forum vertretene These, im Rahmen einer europäischen Zusammenarbeit sollten zwei deutsche Staaten bestehenbleiben, wird aufgegeben; statt dessen soll durch einen Volksentscheid in beiden deutschen Staaten über eine »neue Einheit Deutschlands« entschieden werden.

28. 1.: Der Vorsitzende des DDR-Ministerrats, Hans Modrow, einigt sich im Gespräch mit Vertretern der am Runden Tisch vertretenenen Parteien und Gruppierungen auf ein 4-Punkte-Programm. Danach wird der **Termin für die DDR-Volkskammerwahlen** vom 6. Mai auf den 18. März 1990 **vorgezogen**; Kommunalwahlen sollen am 6. Mai 1990 stattfinden. Außerdem soll eine »Regierung der nationalen Verantwortung« gebildet werden, in die alle am Runden Tisch vertretenen Gruppierungen, die noch keine Regierungsverantwortung tragen, je einen Vertreter ohne Ressort entsenden. Ferner soll künftig ein Mitglied des DDR-Ministerrates als Vertreter der Regierung an den Beratungen am Runden Tisch teilnehmen. – Der Kongreß der Freien Deutschen Jugend (FDJ) in der DDR lehnt eine Umbenennung in »Sozialistischer Jugendverband« ab; auf dem Kongreß wird Birgit Schröder zur neuen FDJ-Vorsitzenden gewählt und eine neue Satzung verabschiedet.

29. 1.: Die Vertreter des »Runden Tisches« verabschieden auf ihrer zehnten Sitzung in Ost-Berlin eine »Erklärung zur Demokratie und Rechtsstaatlichkeit«, in der sie auf die Notwendigkeit von »Ruhe, Sachlichkeit und Gewaltlosigkeit« zur Vorbereitung und Durchführung der DDR-Volkskammerwahlen am 18. März verweisen. – Der ehemalige SED-Generalsekretär und DDR-Staatsratsvorsitzende Erich Honecker wird nach seiner Entlassung aus dem Ostberliner Krankenhaus in die Untersuchungshaftanstalt Berlin- Rummelsburg gebracht; nach Ansicht des behandelnden Arztes ist Honecker haftunfähig. Seine Festnahme stößt in Ost und West auf Kritik. Bereits am 30. 1. wird **Honecker** freigelassen. Ein Pfarrer der evangelischen Kirche nimmt ihn und seine Frau in sein Haus auf. Im März soll gegen ihn Anklage erhoben werden; es wird wegen Hochverrats, Amtsmißbrauchs und Korruption ermittelt. – DDR-Generalstaatsanwalt Hans-Jürgen Joseph verfügt die Einleitung eines Ermittlungsverfahrens gegen den früheren ersten Stellvertreter des Generalstaatsanwalts Karl-Heinrich Borchert; er soll nach den Kommunalwahlen 1989 angeordnet haben, »Anzeigen von Bürgern, die im Zusammenhang mit Wahlfälschung stehen, nicht ordnungsgemäß zu prüfen und zu bearbeiten«. – In Magdeburg treten der SED-Bezirksvorstand und dessen Präsidium geschlossen zurück; sie entsprechen damit einer Forderung der Parteibasis.

30. 1.: Die elf der SED-PDS angehörenden Mitglieder des Rates des Bezirkes Leipzig treten aus der Partei aus. Sie erklären, »daß die SED-PDS – durch ihre Vergangenheit schwer belastet – zur radikalen Erneuerung offensichtlich nicht fähig ist«. – Nach Gesprächen mit dem sowjetischen Staats- und Parteichef Michail Gorbatschow in Moskau erklärt DDR-Ministerratsvorsitzender Hans Modrow, es komme nun darauf an, sich der »Frage für ein einiges deutsches Vaterland oder welche Begriffe auch immer dafür in jüngster Zeit geprägt wurden« mit Entschiedenheit zuzuwenden. Gorbatschow hatte vor einem Treffen zum Ausdruck gebracht, die Sowjetunion habe »prinzipiell« nichts gegen eine Vereinigung der beiden deutschen Staaten einzuwenden.

31. 1.: Der bayerische Ministerpräsident Max Streibl, der sich zu einem Besuch in Dresden aufhält, gibt dort die Bildung einer Arbeitsgemeinschaft für die Zusammenarbeit der DDR-Bezirke Dresden, Leipzig und Karl-Marx-Stadt mit dem Freistaat Bayern bekannt. – Erstmals überfliegt eine Maschine der Deutschen Lufthansa um 8.55 Uhr direkt die innerdeutsche Grenze. Normalerweise müssen die Flugzeuge von München nach Dresden ihren Weg über die Tschechoslowakei nehmen. Der Lufthansa-Vorsitzende Heinz Ruhnau wertet die Sondergenehmigung als »ermutigendes Zeichen« und als Anfang, die innerdeutsche Grenze nun auch in der Luft durchlässig zu machen. – Das Bundeskabinett beschließt eine Änderung des Fremdrentengesetzes, wonach ehemalige Mitarbeiter des Staatssicherheitsdienstes der DDR, aber auch führende Funktionäre und Regierungsmitglieder künftig vom Bezug einer Rente in der Bundesrepublik Deutschland ausgeschlossen sein sollen, die ansonsten Übersiedlern nach dem Fremdrentenrecht zusteht.

1. Februar: Der Vorsitzende des DDR-Ministerrates, Hans Modrow, legt in Ost-Berlin eine **Erklärung über »den Weg zur deutschen Einheit«** (→ *Dokumente, Sp. 359ff.*) vor, deren »Begründung und Konzeption« er vor der Presse erläutert. Danach solle Deutschland wieder ein »einig Vaterland aller Bürger deutscher Nation« werden. Modrow nennt als denkbare Schritte eine Vertragsgemeinschaft mit konföderativen Elementen, die Bildung einer Konföderation von DDR und Bundesrepublik mit gemeinsamen Organen, die Übertragung von Souveränitätsrechten beider Staaten an Machtorgane der Konföderation und die Bildung eines einheitlichen deutschen Staates in Form einer deutschen Föderation oder eines deutschen Bundes durch Wahlen. Bereits im Stadium der Konföderation sollten beide deutsche Staaten sich »Schritt für Schritt von ihren Bündnisverpflichtungen gegenüber dritten Ländern lösen und den Status militärischer Neutralität erlangen«. Die Grenze zwischen der DDR und der Bundesrepublik höre dann auf, Trennlinie der beiden Militärgruppierungen mit allen daraus resultierenden Folgen zu sein. – Bundeskanzler Helmut Kohl begrüßt in einer Stellungnahme, daß sich Ministerpräsident Modrow eindeutig zum Ziel bekannt habe, »die staatliche Einheit Deutschlands auf der Grundlage freier Selbstbestimmung herzustellen«. Kohl lehnt allerdings »ein Konzept deutscher Neutralität strikt ab«. Ein solcher Vorschlag widerspreche der Logik eines »gesamteuropäischen Einigungsprozesses«, in dem ein »vereinigtes Deutschland im Herzen Europas nicht eine Sonderstellung einnehmen und damit isoliert werden dürfe«. – **Das neue Reisegesetz der DDR**, das den Bürgern freie Ein- und Ausreise gewährt, tritt in Kraft. Das Gesetz sieht vor, daß die Behörden die Ausgabe eines Reisepasses nur verweigern können, wenn gegen den Antragsteller »wegen des Verdachts einer vorsätzlich begangenen Straftat ein Ermittlungsverfahren eingeleitet, ein Strafverfahren noch nicht abgeschlossen oder eine Strafe zu verwirklichen ist«. Das Gesetz regelt auch den Erwerb von Devisen; danach dürfen erwachsene DDR-Bürger 100 DM zum Kurs von 1 : 1 erwerben, weitere 100 DM zum Kurs von 1 : 5. – Die DDR-Regierung beschließt als Sofortmaßnahme die Erhöhung von Löhnen und Gehältern für 2,3 Mill. Arbeiter und Angestellte. Die Erhöhungen, für die rund 3,6 Mrd. DDR-Mark erforderlich sind, sollen vom 1. 3. bis 1. 7. in Kraft treten. – Das Einfuhrverbot für Medikamente in die DDR wird aufgehoben: Arzneimittel und gleichwertige Stoffe können ab sofort genehmigungs- und gebührenfrei in die DDR importiert werden. – In Ost-Berlin endet ein zweitägiger außerordentlicher FDGB-Kongreß, auf dem Helga Mausch in geheimer Wahl zur neuen Vorsitzenden gewählt wird. – Im Gästehaus der Bundesregierung in West-Berlin treffen sich der Vorsitzende der CDU, Bundeskanzler Helmut Kohl, und die Vorsitzenden der DDR-Parteien CDU, Lothar de Maizière, Demokratischer Aufbruch, Wolfgang Schnur, und der DSU, Hans-Wilhelm Ebeling, zu Gesprächen über ein Wahlbündnis der bürgerlichen Parteien in der DDR.

2. 2.: Der Vorsitzende der SED-PDS, Gregor Gysi, wird bei einem Besuch in Moskau vom sowjetischen Partei- und Staatschef Michail Gorbatschow empfangen. – Zum Abschluß einer mehrtägigen Reise durch die DDR wird der baden-württembergische Ministerpräsident Lothar Späth vom DDR-Ministerratsvorsitzenden Hans Modrow zu einem Meinungsaustausch empfangen.

3. 2.: Die DDR-Fluggesellschaft Interflug eröffnet eine regelmäßige Linie Dresden–Köln–Bonn, die zunächst montags und samstags geflogen wird. – Das Präsidium des Parteivorstandes der SED-PDS setzt sich deutlich von dem vom Ministerratsvorsitzenden Modrow vorgelegten Plan zur deutschen Einheit ab. Gefordert wird nicht nur ein neutralisiertes, sondern auch ein entmilitarisiertes Deutschland, in dem auch die »Werte der

DDR« ihren Platz hätten. – In Schkopau (Krs. Merseburg) endet der **Gründungskongreß einer «Grünen Liga«**, in der sich 400 Delegierte von Umweltgruppen aus der DDR zu einem »unabhängigen und parteiübergreifenden Aktionsbündnis« zusammenschließen.

4. 2.: Der Parteivorstand der **SED-PDS beschließt** auf einer Tagung in Ost-Berlin eine **Änderung des Parteinamens in Partei des demokratischen Sozialismus** (PDS); in einem Beschluß dazu heißt es: »Unsere Partei ist nicht mehr die SED. Unser Bruch mit der Vergangenheit, unsere demokratischen Initiativen und Ziele haben uns zu einer neuen Partei gemacht.« Der PDS-Vorstand beschließt, ein Reserveguthaben von mehr als drei Milliarden DDR-Mark, die aus »nicht verbrauchten Gewinnen der Parteibetriebe aus den vergangenen zwanzig Jahren« stammen, an den Staatshaushalt der DDR abzuführen. – In Ost-Berlin findet der **Gründungsparteitag einer Freien Demokratischen Partei (FDP)** in der DDR statt; zum Vorsitzenden eines FDP-Länderrates wird Bruno Menzel gewählt. Aus der Bundesrepublik nehmen der FDP-Vorsitzende Otto Graf Lambsdorff, Bundesaußenminister Hans-Dietrich Genscher und FDP-Bundestagsfraktionsvorsitzender Wolfgang Mischnick teil.

5. 2.: Auf Vorschlag des DDR-Ministerratsvorsitzenden Hans Modrow wählt die Volkskammer acht Politiker von oppositionellen Parteien und Gruppierungen als Minister ohne Geschäftsbereich in den Ministerrat. Mit den Neubesetzungen wird die bisherige Koalitionsregierung (PDS, DBD, CDU, LDP, NDPD) »erweitert zu einer **Regierung der nationalen Verantwortung**«. Der neuen Regierung gehören 13 verschiedene Parteien und politische Gruppierungen an. Die Abgeordneten empfehlen dem Staatsrat, die ursprünglich für den 6. 5. vorgesehenen Volkskammerwahlen auf den 18. 3. anzuberaumen; am 8. 2. schreibt der DDR-Staatsrat die Wahlen für den 18. 3. aus. Des weiteren beschließt die Volkskammer für das Gebiet der DDR ein Verbot der Partei der Republikaner. Außerdem wird ein Beschluß über die Gewährleistung der Meinungs-, Informations- und Medienfreiheit angenommen. – Die Vertreter der politischen Parteien und Gruppierungen am »Runden Tisch« in Ost-Berlin lehnen überraschend das Auftreten von Rednern aus der Bundesrepublik und West-Berlin im DDR-Wahlkampf ab. Die DDR-Parteien CDU, SPD und Demokratischer Aufbruch, die gegen den Beschluß stimmen, machen anschließend klar, daß sie diese Entscheidung für sich »als nicht bindend« betrachten. – Die Bergarbeiter im Kali-Werk Südharz in Bischofferrode im DDR-Bezirk Erfurt setzen mit einem Streik erhebliche Lohnforderungen durch; wie ADN berichtet, werden die Forderungen der Kali-Arbeiter nach 400 Mark Lohnerhöhung pro Beschäftigtem und wirtschaftlicher Selbständigkeit des Kombinates »im Grunde« erfüllt. – Im Beisein von Bundeskanzler Helmut Kohl, Vorsitzender der CDU, vereinbaren in Berlin-West die Vorsitzenden der DDR-Parteien **CDU, DSU und DA**, Lothar de Maizière, Hans-Wilhelm Ebeling und Wolfgang Schnur, zur DDR-Volkskammerwahl am 18. 3. in einem gemeinsamen **Wahlbündnis** als »Allianz für Deutschland« anzutreten. Kohl kündigt an, daß seine Partei die »Allianz« unterstützen und er selbst bei sechs Wahlkampfveranstaltungen auftreten werde. – Bei einer Demonstration in Leipzig nehmen annäherend 100 000 Personen teil, zu deren Forderungen ein Volksentscheid über die Zukunft Deutschlands sowie der Appell an alle Bürger, im Lande zu bleiben, gehört.

6. 2.: In einer »gemeinsamen Berliner Erklärung« bekennen sich die Landesverbände der CDU, der DSU, des DA sowie des Bezirksverbandes der CDU der DDR dazu, mit »allem Einsatz dafür arbeiten zu wollen, daß Berlin wieder die Hauptstadt Deutschlands werde«. – Der Präsident der Deutschen Bundesbank, Karl-Otto Pöhl, trifft sich in Ost-Berlin mit dem Präsidenten der DDR-Staatsbank, Horst Kaminsky, zu einem Gespräch.

7. 2.: Die **Bürgerbewegungen** in der DDR Neues Forum, Demokratie Jetzt sowie die

Initiative für Frieden und Menschenrechte schließen sich unter dem Namen **»Bündnis 90«** für die DDR-Volkskammerwahlen am 18. 3. zu einem **Wahlbündnis** zusammen. – In Erfurt wird mit großer Stimmenmehrheit die Stadtverordnetenversammlung aufgelöst; ein Interimsparlament, bestehend aus je fünf Vertretern aller Parteien und Organisationen des »Runden Tisches«, soll die Geschäfte übernehmen. – Auf Beschluß des Bundeskabinetts tritt ein Kabinettsausschuß »Deutsche Einheit« unter dem Vorsitz von Bundeskanzler Helmut Kohl zu seiner konstituierenden Sitzung zusammen. Eine Reihe von Unterausschüssen, denen neben den zuständigen Ressortministern auch andere Experten angehören sollen, wird sich mit der Bildung einer Währungsunion, Finanzfragen, der Umweltpolitik, der Angleichung der Arbeits- und Sozialordnung, der Rechtsordnung u. a. beschäftigen. Zugleich erklärt sich die Bundesregierung bereit, mit der DDR unverzüglich in Verhandlungen über eine Währungsunion mit Wirtschaftsreform einzutreten.

8. 2.: In einer Erklärung des DDR-Ministerratsvorsitzenden Hans Modrow, die dem Jüdischen Weltkongreß sowie der Regierung Israels übermittelt wird, erkennt die DDR erstmals die Verantwortung des gesamten deutschen Volkes für die Verbrechen des Hitler-Faschismus am jüdischen Volk an. – Der DDR-Ministerrat beschließt mit sofortiger Wirkung eine **Arbeitslosenunterstützung** sowie rückwirkend ab 1. 2. 1990 eine **Vorruhestandsregelung**. – Die »Neue Zeit«, Organ der DDR-CDU, verzichtet auf die Bezeichnung »Tageszeitung der Christlich Demokratischen Union Deutschlands« und erscheint erstmals mit dem Untertitel »Zeitung für Deutschland – Christlich Demokratisch Sozial«. – Für Berlin als Hauptstadt eines geeinten Deutschlands spricht sich der Bundestagsausschuß für innerdeutsche Beziehungen aus.

9. 2.: Das LDPD-Organ »Der Morgen«, das bisher im Untertitel als »Zeitung der Liberal-Demokratischen Partei Deutschlands« firmierte, erscheint erstmals mit dem neuen Untertitel »Die liberale Tageszeitung Deutschlands«.

10. 2.: **Bundeskanzler Helmut Kohl**, der in Begleitung von Bundesaußenminister Hans-Dietrich Genscher **in Moskau** weilt, wird vom sowjetischen Partei- und Staatschef Michail Gorbatschow zu einem Gespräch empfangen. Im Anschluß daran erklärt Kohl, beide Gesprächspartner »stimmten darin überein, daß es das alleinige Recht des deutschen Volkes ist, die Entscheidung zu treffen, ob es in einem Staat zusammenleben will«. Gorbatschow habe ihm »unmißverständlich zugesagt, daß die Sowjetunion die Entscheidung der Deutschen, in einem Staat zu leben, respektieren wird, und daß es Sache der Deutschen ist, den Zeitpunkt und den Weg der Einigung selbst zu bestimmen«. – Auf einem zweitägigen außerordentlichen **Parteitag der LDPD**, der am Vortag in Dresden beginnt, vollziehen die Liberal-Demokraten eine Erneuerung der Partei. Zum Nachfolger des nicht mehr kandidierenden langjährigen Parteivorsitzenden Manfred Gerlach wird Rainer Ortleb gewählt. Der Parteitag beschließt ferner die **Änderung des Parteinamens in LDP** und verabschiedet ein Wahlprogramm, in dem die schnellstmögliche Vereinigung beider deutschen Staaten in einer europäischen Friedensordnung angestrebt wird. Die LDP will bis zum Jahresende einen engen Wirtschafts- und Verkehrsverbund realisiert wissen und verlangt einen Volksentscheid mit Wahlen zu einer gemeinsamen Bundesversammlung bis zum 2. Dezember 1990.

11. 2.: **Die 3 liberalen Parteien** in der DDR verabreden ein **Wahlbündnis**. In Dresden einigen sich im Beisein des FDP-Bundesvorsitzenden Graf Lambsdorff und des FDP-Fraktionschefs Mischnick die LDP, die FDP der DDR sowie die Deutsche Forumspartei/DFP auf einen »Bund freier Demokraten« für die Volkskammerwahl am 18. 3. – In Halle geht der dreitägige erste Parteitag der Grünen Partei der DDR zu Ende, auf dem ein aus sechs Personen bestehender Parteivorstand gewählt und ein »Hallenser Rahmenprogramm« verabschiedet wird; darin rufen die Grünen zur Auflösung der Militärbündnisse auf und fordern die Entmilitarisierung der DDR sowie ein »System kooperierender Sicherheitspartnerschaft« in Europa. An dem Parteitag nehmen Vertreter der Demokratischen Bauernpartei (DBD) und der Grünen Parteien aus Schweden, Belgien, Holland und der Bundesrepublik Deutschland teil, darunter der Fraktionssprecher der Grünen im Bundestag, Willi Hoss. – Auf einem **NDPD-Parteitag** in Ost-Berlin wird Wolfgang Rauls zum neuen Vorsitzenden gewählt; er ist Nachfolger von Wolfgang Glaeser, der am 21. 1. 1990 zum Parteivorsitzenden gewählt wurde, aber freiwillig zwei Tage später wieder aus dem Amt schied.

12. 2.: Die **Teilnehmer des »Runden Tisches«**, die in Ost-Berlin zur zwölften Sitzung zusammentreffen, **verabschieden ein Positionspapier** für die bevorstehenden Verhandlungen des DDR-Ministerratsvorsitzenden Hans Modrow mit Bundeskanzler Helmut Kohl in Bonn. Darin wird von der Bundesregierung ein **«Solidarbeitrag« von 10 bis 15 Mrd. DM** sofort und unabhängig von allen weiteren Verhandlungen gefordert, eine Währungsunion zwischen den beiden deutschen Staaten als eine wichtige Maßnahme zur Herstellung eines deutschen Wirtschaftsverbundes bezeichnet, aber zugleich festgestellt, daß die Regierung Modrow nicht legitimiert sei, jetzt eine Währungsunion zu vereinbaren. – In Gera konstituiert sich eine **unabhängige Christliche Gewerkschaft Deutschlands (CGD)**, die sich als Nachfolgeorganisation der früheren christlichen Gewerkschaftsbewegung im Bereich der DDR versteht. – Der Rundfunksender »Stimme der DDR« wird nach einem Beschluß des Redakteurrates wieder in »Deutschlandsender« umbenannt; dieser Name des Senders war 1971 abgeschafft worden. – In mehreren Städten der DDR fordern mehr als 100000 Demonstranten die deutsche Einheit sowie die Auflösung der PDS. In Karl-Marx-Stadt fordern rund 80000 Menschen «Deutschland, einig Vaterland« und »Sachsen – unser Heimatland«. In Leipzig beginnt die Kundgebung mit dem Absingen des Deutschlandliedes.

13. 2.: Das Ergebnis der **Gespräche zwischen Bundeskanzler Helmut Kohl und DDR-Ministerratsvorsitzenden Hans Modrow in Bonn** ist die Bildung einer gemeinsamen Kommission zur Vorbereitung einer Währungsunion und einer Wirtschaftsgemeinschaft Bundesrepublik Deutschland–DDR. Keine Einigung gibt es über eine neue wirtschaftliche Soforthilfe Bonns, Zugehörigkeitsfragen innerhalb der Bündnisse bei einer Vereinigung und die Frage der polnischen Westgrenze. Ministerpräsident Modrow war mit 17 Mitgliedern seiner »Regierung der nationalen Verantwortung« nach Bonn gekommen; dazu gehörten auch die acht Minister ohne Geschäftsbereich, die der mit am »Runden Tisch« sitzenden DDR-Opposition angehören. – In Ost-Berlin konstituiert sich ein **Medienkontrollrat der DDR**, dem je ein Repräsentant der am Runden Tisch vertretenen Parteien und Vereinigungen sowie der Volkskammerfraktionen angehört. – Nach einer Vereinbarung der Rundfunkintendanten des österreichischen ORF, der schweizerischen SRG und des ZDF arbeitet das DDR-Fernsehen mit sofortiger Wirkung am deutschsprachigen Satelitenprogramm 3sat mit.

14. 2.: Am Rande der in Ottawa stattfindenden Konferenz »Offener Himmel« treffen die Außenminister der Bundesrepublik Deutschland und der DDR sowie der vier Siegermächte des Zweiten Weltkrieges Frankreich, Großbritannien, Sowjetunion, USA zu Gesprächen zusammen. Dabei vereinbaren sie die Abhaltung einer Konferenz nach der **Formel »2 + 4 «**, um die äußeren Aspekte der Herstellung der deutschen Einheit einschließlich der Fragen der Sicherheit der Nachbarstaaten zu besprechen. – Der Staatsrat der DDR lehnt es ab, die wegen Wahlfälschungen kritisierten Kommunalwahlen vom 7. Mai 1989 für ungültig zu erklären. Ein solcher Schritt würde weitreichende Konsequenzen für die Beschlüsse haben, die die Kommunalvertretungen seitdem gefaßt hätten, hieß es in einer Erklärung des Staatsrates. Auf Basis dieser Beschlüsse seien aber Rechte und Pflichten von Bürgern begründet worden. In der Erklärung werden die massiven Wahlmanipulationen als »beschämende Vorkommnisse« verurteilt. – Die **Grüne Partei** der DDR **und der Unabhängige Frauenverband** beschließen ein **Wahlbündnis** für die Volkskammerwahlen am 18. 3. Als wesentliche Ziele der gemeinsamen politischen Arbeit werden die reale Gleichstellung der Geschlechter, die Garantie der sozialen Sicherheit der DDR angesichts des bevorstehenden Strukturwandels und die Einigung der deutschen Nation als »wechselseitiger Reformprozeß« genannt. – In allen Teilen der DDR demonstrieren Volkspolizisten, um ihrer Forderung nach einer demokratischen Umgestaltung der Polizei und nach rascher Verabschiedung eines Beamten- und eines Gewerkschaftsgesetzes Nachdruck zu verleihen.

15. 2.: Bundeskanzler Helmut Kohl gibt vor dem Deutschen Bundestag eine Regierungserklärung ab zu seinen Gesprächen mit dem sowjetischen Generalsekretär Michail Gorbatschow und mit DDR-Ministerratspräsident Hans Modrow. Dabei spricht sich Kohl erneut gegen ein neutralisiertes oder demilitarisiertes Deutschland aus. Die Bundesrepublik Deutschland werde auf nationale Alleingänge und Sonderwege verzichten. – Der frühere DDR-Staats- und Parteichef **Erich Honecker hat die politische Verantwortung für die Krise in der DDR übernommen**. Das betreffe auch die Umstände, die zur Wahlfälschung im Mai vergangenen Jahres geführt hätten. Gleichzeitig betont er, daß er sich frei von jeder Schuld im strafrechtlichen Sinne fühle. Eine entsprechende Erklärung Honeckers wird von Minister Rainer Eppelmann vom Demokratischen Aufbruch im DDR-Fernsehen verlesen. – Das Amt für Atomsicherheit und Strahlenschutz in der DDR läßt im umstrittenen Kraftwerk Lubmin bei Greifswald einen der vier Atommeiler, den Reaktorblock II, aus Sicherheitsgründen abschalten. – Der PDS-Vorsitzende Gregor Gysi gibt auf einer Veranstaltung seiner Partei in Schwerin bekannt, daß die Mitgliederzahl der PDS auf 700 000 gesunken ist; vor dem politischen Umsturz in der DDR betrug die Mitgliederzahl der SED 2,3 Millionen.

17. 2.: In Ost-Berlin findet der **Gründungskongreß des »Unabhängigen Frauenverbandes« (UFV)** statt, auf dem Statut, Programm und Wahlplattform der politischen Interessengemeinschaft beschlossen werden; die Delegierten sprechen sich für das bereits vereinbarte Wahlbündnis mit der Grünen Partei der DDR aus. – In der Frage nach dem bündnispolitischen Status eines vereinten Deutschlands kommt es zu einem offenen Dissens zwischen Außenminister Hans-Dietrich Genscher und Verteidigungsminister Gerhard Stoltenberg. Nachdem Stoltenberg am Vortag erklärt hat, daß er die Ausdehnung des NATO-Vertragsgebiets auf ganz Deutschland einschließlich des heutigen DDR-Territoriums und die Stationierung von deutschen Militärverbänden, die der NATO nicht unterstellt sind, in diesem Gebiet fordert, widerspricht Genscher. Er beharrt darauf, daß das NATO-Vertragsgebiet nicht nach Osten ausgeweitet wird und auf dem Gebiet der heutigen DDR weder NATO-assignierte Truppen noch solche stationiert werden, die unter nationalem deutschen Befehl stehen.

18. 2.: Auf dem ersten **Parteitag der Deutschen Sozialen Union (DSU)** in Leipzig fordert der Vorsitzende Hans-Wilhelm Ebeling die sofortige Einheit Deutschlands und die Übernahme der Verfassungs- und Rechtsordnung der Bundesrepublik. Die Delegierten verabschieden ein Grundsatzprogramm und eine Satzung und wählen den stellvertretenden Parteivorsitzenden Hansjoachim Walther zum Spitzenkandidaten für die Wahlen zur DDR-Volkskammer am 18. März. Als Gäste aus der Bundesrepublik Deutschland nehmen u. a. Bundesinnenminister Wolfgang Schäuble und der Bundesfinanzminister und CSU-Vorsitzender Theodor Waigel teil.

19. 2.: Drei Monate nach der umjubelten Öffnung der Grenzen beginnt die DDR mit dem **Abriß der Mauer in dem historischen Berliner Stadtzentrum**. Der dort teilweise meterdicke Betonwall soll ersatzlos fallen; damit wird der Blick durch das Brandenburger Tor nach mehr als 28 Jahren vom Westen aus frei. Insgesamt wird die Mauer in vier Etappen auf einer Strecke von zwei Kilometern zwischen dem Reichstagsgebäude im Norden über Brandenburger Tor und Potsdamer Platz bis hin zur Zimmerstraße am Übergang Checkpoint Charlie in Kreuzberg demontiert. Auf dem Stück bis zum Ausländerübergang Checkpoint Charlie soll jedoch entlang des bisherigen Aufbaus ein 1,50 m hoher Drahtzaun errichtet werden. – Vor dem »Runden Tisch« in Ost-Berlin zieht DDR-Ministerratsvorsitzender Hans **Modrow eine erste Bilanz seines Besuches in der Bundesrepublik**. Er macht dabei deutlich, daß die Übergangsregierung in der DDR eine Währungsunion mit der Bundesrepublik und damit die Einführung der D-Mark in der DDR vor den Volkskammerwahlen am 18. 3. ablehnt. Die Regierung sei verfassungsrechtlich nicht befugt, die Währungshoheit preiszugeben. Deshalb könne er der Volkskammer die Währungsunion nicht empfehlen. Modrow hält es jedoch für notwendig, Arbeitsschritte einzuleiten, damit ein künftiges Parlament recht bald über eine Wirtschaftsgemeinschaft und damit über eine einheitliche Währung befinden kann. Wichtigstes politisches Element seines Bonn-Besuches sei die Weichenstellung beider Regierungen für die **»baldige Vereinigung von DDR und BRD zu einem deutschen Bundesstaat«**. – Bundeskanzler Helmut Kohl führt eine Einigung im Streit zwischen Außenminister Genscher und Verteidigungsminister Stoltenberg über die Form der NATO-Zugehörigkeit eines vereinigten Deutschlands herbei. Nach einem Gespräch im Bundeskanzleramt geben sie in Anwesenheit von Kanzleramtsminister Rudolf Seiters eine Erklärung ab, dessen Kernsatz sich auf Kohls – an die Sowjetunion gerichtete – Zusicherung in seiner Regierungserklärung vom 15. 2. bezieht, »daß keine Einheiten und Einrichtungen des westlichen Bündnisses auf das heutige Gebiet der DDR vorgeschoben werden«. Genscher und Stoltenberg bekräftigen diesen Satz und fügen hinzu, mit jenen Einheiten und Einrichtungen seien auch »der NATO-assignierte und nicht-assignierte Streitkräfte der Bundeswehr« gemeint.

20. 2.: Die Volkskammer beschließt ein **neues Wahlgesetz**. Künftig soll die Volkskammer statt wie bisher aus 500 nur noch aus 400 Abgeordneten bestehen, die frei, allgemein, gleich, direkt und geheim gewählt werden sollen. Wahlvorschläge können sowohl von Parteien als auch von anderen politischen Vereinigungen eingereicht werden. Auf eine Sperrklausel wird verzichtet. Durchgeführt werden soll die Wahl nach den Grundsätzen des Verhältniswahlrechts. Der DDR-Ministerratsvorsitzende Hans Modrow erklärt vor der Volkskammer, daß die Forderungen des »Runden Tisches«, Subventionen für Lebensmittel schon vor den Wahlen abzubauen, bereits zu »Abkäufen« von Lebensmitteln geführt hätten. Dadurch sei ein Schaden in Höhe von 4,4 Mrd. DDR-Mark entstanden. Er versichert den Bürgern, daß sie zum Ausgleich für den Wegfall der 30 Milliarden DDR-Mark Subventionen eine Beihilfe von 150 Mark je Person im Monat erhalten sollen. – In der DDR steht der **Zivildienst künftig gleichberechtigt** neben dem Wehrdienst. Mit einer Änderung des Verfassungsartikels 23 in der Volkskammer tritt eine entsprechende Verordnung in Kraft; sie gilt bis zur Verabschiedung einer gesetzlichen Regelung durch das neue Parlament nach der Wahl am 18. März. Wehr- und Zivildienst dauern jeweils ein Jahr. Eine Gewissensprüfung für diejenigen, die sich gegen einen Dienst mit der Waffe entscheiden, gibt es nicht.

21. 2.: Die **Volkskammer verabschiedet** bei 16 Gegenstimmen das **Gesetz über Parteien und andere politische Vereinigungen sowie ein Versammlungsgesetz.** Im Gegensatz zur früheren Gesetzgebung haben alle Bürger das Recht, sich »ohne staatliche Genehmigung zu versammeln« und sich im Sinne der demokratischen Erneuerung der DDR zu betätigen. Zumindest für den laufenden Wahlkampf können Parteien Hilfe aus der Bundesrepublik

Deutschland in Anspruch nehmen. Der Artikel, der wirtschaftliche Unterstützung von einem anderen Staat verbietet, tritt erst am 1. 1. 1991 in Kraft, das übrige Gesetz am 21. 2. 1990. Verboten wird die Gründung von Parteien mit faschistischen, militaristischen oder antihumanistischen Zielen. In der gleichen Debatte sprechen sich alle Fraktionen der Volkskammer für die Vereinigung der beiden deutschen Staaten aus, warnen aber vor einer übereilten Politik. – Die Wahlkommission für die Volkskammerwahlen konstituiert sich: zu ihrer Vorsitzenden wählen die 27 Kommissionsmitglieder Petra Bless vom Unabhängigen Frauenverband. Die Kommission soll den ordnungsgemäßen Ablauf der Wahl und ihre Vorbereitung überprüfen sowie das amtliche Endergebnis bekanntgeben. – Als erster DDR-Bezirk hat Schwerin für seinen Bereich alle Dienststellen des früheren Staatssicherheitsdienstes aufgelöst. Eine Sprecherin des Bürgerkomitees zur Auflösung des »Stasi« erklärt, der Geheimdienst habe über nahezu jede zweite Familie im Bezirk Erkenntnisse gesammelt; insgesamt seien 5 Millionen Dossiers über Personen in den »Stasi«-Archiven sichergestellt worden. Der Leiter der zuständigen Regierungskommission, Günther Eichhorn, gibt bekannt, daß bis Ende Februar sämtliche Bezirksdienststellen der ehemaligen Staatssicherheit aufgelöst sein sollen.

22. 2.: Für die langfristige Schaffung eines gesamtdeutschen Bundesheeres von höchstens 150000 bis 200000 Soldaten spricht sich DDR-Verteidigungsminister Theodor Hoffmann aus. Diese Armee könnte nach Auflösung der Bündnisse auch innerhalb eines europäischen Sicherheitssystems Aufgaben übernehmen. Zunächst sollten beide Staaten in ihren Bündnissen bleiben, die stärker politisch zu nutzen seien. Für die Zeit nach der Volkskammerwahl am 18. März kündigt er Gespräche mit dem Bonner Verteidigungsministerium über gemeinsame Streitkräfte an. – Als erster Wehrbeauftragter des Bundestages besucht Willi Weiskirch in Bad Salzungen eine Einheit der Nationalen Volksarmee. In einem Vortrag vor rund 300 Soldaten des 23. Schützenregiments sagt er, sein Besuch sei ein sichtbares Zeichen dafür, daß sich nach der Wende »nun endlich auch die beiden deutschen Streitkräfte« einander annäherten. – Wegen anhaltender Hamsterkäufe subventionierter Lebensmittel beschließt die DDR-Regierung Maßnahmen zur Versorgungssicherung und eine Erhöhung des Angebots. Der Ministerrat richtet dazu eine Regierungskommission ein. Die Regierung beschließt zudem, die Gewerbefreiheit einzuführen, die Reprivatisierung für über 10000 Firmen zu ermöglichen und den Jahresurlaub um bis zu fünf Tage zu verlängern.

23. 2.: Von der Ostberliner Stadtverordnetenversammlung wird der bisherige Stadtrat für Kultur Christian Hartenhauer zum neuen Oberbürgermeister von Ost-Berlin gewählt. Er ist Nachfolger von Erhard Krack, der in einer Rücktrittserklärung die »politische Verantwortung für die Wahlfälschung im Zusammenhang mit den Kommunalwahlen am 7. Mai 1989« (ADN) übernahm.

24. 2.: Sechs führende Oppositionspolitiker aus Dresden, darunter der Sprecher der »Gruppe der 20«, Herbert Wagner, und bisherige Mitglieder des Neuen Forum, treten der DDR-CDU bei, da sie die Politik der »linksorientierten Berliner Führungsgruppe« um Bärbel Bohley und Reinhard Schult nicht länger mittragen könnten. – Auf der dreitägigen Synode des DDR-Kirchenbundes, der am Vortag in Ost-Berlin begann, wird der Bischof der Evangelischen Kirche der Kirchenprovinz Sachsen, Christoph Demke, zum Vorsitzenden der Konferenz der Evangelischen Kirchenleitungen in der DDR gewählt.

25. 2.: Auf dem ersten **Landesparteitag der DDR-SPD in Leipzig** (22.–25. 2.) wählen die Delegierten den bisherigen Geschäftsführer Ibrahim Böhme zum Parteivorsitzenden. Zu seinen drei Stellvertretern werden Karl-August Kamilli, Angelika Barbe und Markus Meckel gewählt. Zugleich wählt der Parteitag Willy Brandt einmütig zum Ehrenvorsitzenden. Im neuen Grundsatzprogramm legt sich die SPD auf eine demokratisch, sozial und ökologisch orientierte Marktwirtschaft fest. Das Wahlprogramm sieht nach der Volkskammerwahl bereits für den April Verhandlungen über ein Vertragswerk zur deutschen Vereinigung und zur Ausarbeitung einer gesamtdeutschen Verfassung vor. Im April/Mai soll ein »Rat zur deutschen Einheit« gebildet werden, für dessen Vorsitz die SPD Willy Brandt vorschlägt. Das neue Grundgesetz soll per Volksabstimmung gebilligt werden. Die Vereinigung selbst stellt sich die SPD in Form der drei Stufen Sozialunion, Währungsunion und Wirtschaftsunion vor. – Auf dem **PDS-Parteitag in Ost-Berlin** billigen die Delegierten den neuen Parteinamen und verabschieden ein Wahlprogramm, das die schrittweise und gleichberechtigte Vereinigung beider deutscher Staaten unter Wahrung der sozialen Leistungen der DDR vorsieht. Der Vorsitzende des DDR-Ministerrates, Hans Modrow, wird nach seiner Bereitschaft, für die Wahlen zur Volkskammer zu kandidieren, nachdem er zuvor ausführlich die Gründe darlegte, die gegen eine Kandidatur sprechen, zum Ehrenvorsitzenden gewählt und aus seinen Pflichten als stellvertretender Vorsitzender und Präsidiumsmitglied der PDS entlassen. Diese Entscheidung soll es Modrow ermöglichen, der Verantwortung als Ministerpräsident gerecht zu werden.

26. 2.: In einem Positionspapier zur DDR-Militärreform sprechen sich die Parteien und Gruppen am »Runden Tisch« mehrheitlich gegen das von DDR-Verteidigungsminister Theodor Hoffmann vorgeschlagene gemeinsame Bundesheer aus. Außerdem fordert der »Runde Tisch« die Schaffung eines »Amts für Abrüstung und Konversion« (Umwandlung militärischer in zivile Produktion); diese Behörde soll auch Schritte zur einseitigen Abrüstung erarbeiten. Ferner wird verlangt, den Posten eines Wehrbeauftragten sowie Sozial- und Umschulungsprogramme für freigesetzte Soldaten zu schaffen. In einem dramatischen Appell bittet Verteidigungsminister Hoffmann den »Runden Tisch« dringlich, mit dafür zu sorgen, »daß der sich gegenwärtig abzeichnenden Auflösung der Armee, die ihrerseits zur Instabilität der Lage im Lande beiträgt, Einhalt geboten wird«. Zugleich kündigte er eine Neuprofilierung des Charakters der NVA als ausschließlich äußeres Schutzorgan der DDR an.

28. 2.: Die Deutsche Jugendpartei, die Grüne Jugend, der marxistische Jugendverband Junge Linke und die FDJ schließen sich für die Volkskammerwahlen am 18. März 1990 zu einem Wahlbündnis unter dem Namen »Alternative Jugendliste« zusammen.

1. 3.: Nach einer Aussprache zwischen den Vorsitzenden der Allianz für Deutschland und dem CDU-Vorsitzenden, Bundeskanzler Helmut Kohl, in Bonn einigen sich die Vorsitzenden des DA, der DSU und der CDU der DDR auf einen gemeinsamen Wahlaufruf für die Volkskammerwahl sowie auf ein Sofortprogramm für eine frei gewählte Regierung. Im ersten Punkt des Maßnahmenkatalogs heißt es: »Wir streben die Einheit Deutschlands auf der Grundlage des Grundgesetzes an.« Damit sei der Weg über den Artikel 23 des Grundgesetzes – Beitritt der Länder und damit volle Übernahme des Grundgesetzes in der DDR – gemeint. Das Sofortprogramm der Allianz setzt zwei Schwerpunkte: Schaffung der politischen Rahmenbedingungen für den Aufbau der sozialen Marktwirtschaft in der DDR und Schutz vor negativen sozialen Folgen des schwierigen Anpassungsprozesses für die Bevölkerung in der DDR. – Bei Wahlkampfkundgebungen in mehreren Städten der DDR bekunden bundesdeutsche Spitzenpolitiker ihren Willen zu einer möglichst raschen Vereinigung beider deutschen Staaten und zu einer wirtschaftlichen Absicherung der DDR. Bundeskanzler Helmut Kohl unterstreicht in einer Veranstaltung in Karl-Marx-Stadt vor rund 200000 Zuhörern die Bereitschaft der Bundesregierung, mit einer frei gewählten Regierung sehr bald entscheidende Beschlüsse zur Einführung der D-Mark in der DDR zu fassen. Bundesaußenminister Hans-Dietrich Genscher versichert in Dessau ebenso wie der SPD-Vorsitzende Hans-Jochen Vogel in Oranienburg, die europäischen

Nachbarn müßten keine Angst vor einem neuen Gesamtdeutschland haben. – Der DDR-Ministerrat legt einen Gesetzentwurf zur Niederlassungsfreiheit ausländischer Unternehmen und eine Verordnung vor, die die Umwandlung volkseigener Betriebe und Kombinate in Kapitalgesellschaften ermöglicht. Ausländische Unternehmen – bislang lediglich mit Repräsentanzen zugelassen – können danach in der DDR künftig auch Tochtergesellschaften oder Zweigstellen in der Rechtsform der GmbH oder AG errichten, die Freiheit der Niederlassung gilt auch für ausländische Geschäftsbanken. – Der Vorsitzende der DDR-SPD, Ibrahim Böhme, und der sozialdemokratische Minister der Übergangsregierung Modrow, Romberg, legen in Moskau ein Konzept für Sicherheitsstrukturen in einem vereinigten Deutschland mit stark reduzierter Präsenz alliierter und deutscher Soldaten vor. Das Konzept würde zu »einer Art neutralem Deutschland durch gemeinsame gegenseitige Kontrolle aller Streitkräfte auf dem deutschen Territorium« führen. Die Truppen der vier Alliierten sollten auf »symbolische Streitkräfte« von jeweils 30000 und die Zahl der deutschen Soldaten auf 100000 in der Bundesrepublik und auf 30000 auf DDR-Territorium reduziert werden. – In Ost-Berlin wird eine Rektorenkonferenz der DDR gegründet. Nach Angaben des Präsidenten des neuen Gremiums, Dieter Hess, haben sich an der Gründung 49 von 53 Rektoren von Universitäten und Hochschulen der DDR beteiligt.

5. 3.: Der »Runde Tisch« verabschiedet eine Sozialcharta, die von der Volkskammer als Standpunkt der DDR in die deutsch-deutschen Verhandlungen eingebracht und bei einer deutschen Einheit die sozialen Besitzstände der DDR-Bürger garantieren soll. Das Dokument schreibt in der Präambel u. a. die Sicherung und den weiteren Ausbau des sozialen Standards sowie die Gleichstellung von Mann und Frau vor. Grundsätzliche Ziele seien ein verfassungsrechtlich garantiertes Recht auf Arbeit, die Demokratisierung und Humanisierung des Arbeitslebens, Bildung für alle, der Schutz der Gesundheit, die Fürsorge für ältere Bürger sowie die Integration von Behinderten und das Recht auf Wohnen.

6. 3.: Der Regierende Bürgermeister von Berlin, Walter Momper, und der Ostberliner Oberbürgermeister Christian Hartenhauer vereinbaren bei ihrem ersten Treffen in West-Berlin die Bildung der ersten gemeinsamen Verwaltungseinrichtungen: im Westteil der Stadt soll eine Leitstelle bei der Senatskanzlei für »Verwaltungskooperation« eingerichtet werden. Beide Politiker sprechen sich dafür aus, daß nach den für den 6. Mai vorgesehenen Kommunalwahlen in der DDR das Abgeordnetenhaus und die Mitglieder der neu gewählten Stadtverordnetenversammlung Ost-Berlins gemeinsam tagen. Es sollten dann paritätisch besetzte Gremien gebildet werden, die über einen weiteren Weg der Vereinigung der Stadt beraten können. – Bei Gesprächen einer DDR-Regierungsdelegation unter dem Ministerratsvorsitzenden Hans Modrow mit dem sowjetischen Staats- und Parteichef Michail Gorbatschow und dem sowjetischen Ministerpräsidenten Nikolai Ryschkow in Moskau besteht nach Angaben von DDR-Regierungssprecher Wolfgang Meyer Übereinstimmung, daß das Zusammenwachsen beider deutscher Staaten auf einer gleichberechtigten Grundlage und in Etappen erfolgen müsse. Beide Seiten seien auch gegen die NATO-Mitgliedschaft eines künftigen Gesamtdeutschlands. Auch bestehe Einvernehmen darüber, daß es keinen Anschluß der DDR an die Bundesrepublik geben dürfe, wie dies Bonner Politiker unter Hinweis auf den Artikel 23 forderten.

7. 3.: Der Konsistorialpräsident der Evangelischen Kirche Berlin-Brandenburg, Manfred Stolpe, vertritt die Auffassung, die nach den Wahlen gebildete DDR-Regierung müsse »unverzüglich ... eine eindeutige, verbindliche Beschlußfassung für die staatliche Einheit Deutschlands erwirken«, wobei ein deutscher Bund oder eine Einigung über Artikel 23 des Grundgesetzes möglich sei. Die Mehrheit der DDR-Bürger wolle jetzt keine Überleitungsexperimente, sondern eine generelle

Übernahme des Gesellschaftssystems der Bundesrepublik Deutschland. – Während ihrer letzten Tagung vor den Wahlen am 18. März verabschiedet die Volkskammer eine Reihe von Gesetzen. Nach dem **Gewerkschaftsgesetz** haben die Arbeitnehmer in der DDR erstmals das Recht auf Streik; dagegen wird die Möglichkeit der Aussperrung verboten. Gewerkschaften und ihre Mitglieder dürfen in ihrer rechtmäßigen Tätigkeit weder eingeschränkt noch behindert werden. Das Gesetz weicht vom Entwurf des FDGB ab; so wurde das kritisierte Gewerkschafts-Vetorecht bei Gesetzesvorlagen in ein Mitspracherecht geändert. Ergänzt wurde, daß bei einem Streik die Schlichtung ausgeschöpft werden müsse. Verabschiedet werden auch das **Gesetz über die landwirtschaftlichen Produktionsgenossenschaften** sowie das **Kommunalwahlgesetz.** Letzteres ermöglicht Ausländern, nach zweijährigem Aufenthalt in der DDR zu wählen. Mit einer **Sozialcharta,** die nach den Worten von Parlamentspräsident Günther Maleuda an den Deutschen Bundestag überwiesen werden soll, will die DDR eine Reihe von sozialen Sicherungen festschreiben, die es in der Bundesrepublik nicht gibt. Unter anderem wird das Recht auf Arbeit zugesichert und die Gleichstellung von Frau und Mann im Erwerbs- und Familienleben, das Recht auf Aus- und Weiterbildung sowie ein Recht auf Wohnen gefordert. Mit dem **Gesetz zur Gründung und Tätigkeit privater Unternehmen** und über Unternehmensbeteiligungen soll die private Initiative gefördert werden, wobei der Staat Unterstützung leisten will. Festgelegt wurde, daß ehemalige Betriebe mit staatlicher Beteiligung und private Betriebe, die nach 1972 verstaatlicht wurden, auf Antrag wieder in private Unternehmen umgewandelt werden können. Auch das Nutzungsrecht von DDR-Bürgern an volkseigenem Boden und Gebäuden wurde gesetzlich geregelt. Den Nutzern wird dabei die Möglichkeit des Kaufs eingeräumt. Zugleich soll der Spekulation mit Gebäuden und Grundstücken vorgebeugt werden. – Zum ersten Mal nach fast 25 Jahren kommen in Augsburg alle deutschen Bischöfe zu gemeinsamen Beratungen zusammen. Weil solche gemeinsamen Beratungen seit dem Mauerbau 1961 nicht mehr möglich waren, hatte der Vatikan per Dekret am 25. 9. 1976 die eigenständige »Berliner Bischofskonferenz« neben der »Deutschen Bischofskonferenz« in der Bundesrepublik eingerichtet. – Die DDR-Nachrichtenagentur ADN veröffentlicht im Wortlaut Schreiben des DDR-Ministerratsvorsitzenden Hans Modrow an Bundeskanzler Helmut Kohl und den sowjetischen Staats- und Parteichef Michail Gorbatschow, beide vom 2. März. Darin fordert Modrow die Erhaltung der nach dem Zweiten Weltkrieg entstandenen Eigentumsverhältnisse. In seinem Brief an Michail Gorbatschow erinnert Hans Modrow zugeich an die Rechte der Sowjetunion als eine der Siegermächte. Die Sowjetunion möge ihren Einfluß für die Bewahrung der Eigentumsverordnung der DDR einsetzen. Bundeskanzler Helmut Kohl weist diese Initiative mit der Bemerkung zurück, Modrow versuche, »die freie Wahlentscheidung der Bürger zu unterlaufen«. Dieses Verfahren eines demokratisch nicht legitimierten DDR-Regierungschefs sei »ungewöhnlich«. Er glaube aber nicht, daß der Modrow-Vorstoß eine schnelle Verwirklichung der Einheit nach Artikel 23 des Grundgesetzes verhindern könne. – Nach einer Sitzung des SPD-Parteivorstandes legen der Vorsitzende Hans-Jochen Vogel und der künftige Kanzlerkandidat Oskar Lafontaine in Bonn »Schritte zur deutschen Einheit« vor, mit denen sich die SPD von der bisherigen Vorstellung einer »Konföderation« der beiden deutschen Staaten und der noch vor wenigen Monaten von einer SPD-Minderheit bevorzugten Idee der »Zweistaatlichkeit« verabschiedet. Danach ist auch die SPD jetzt offen für einen »Beitritt« der DDR nach Artikel 23 des Grundgesetzes, ihre Präferenz gilt aber einer neuen Verfassung auf Grundlage des Grundgesetzes nach Artikel 146. Auf jeden fall solle eine Volksabstimmung die Einheit besiegeln.

8. 3.: Der Ministerrat beschließt, die 109 000 »inoffiziellen« Mitarbeiter des Staatssicherheitsdienstes offiziell von ihren Verpflichtungen zu entbinden. Die Regierung will damit den in der Bevölkerung verbreiteten Befürchtungen begegnen, die oftmals zu Spitzeldiensten gepreßten Informanten könnten weiterhin konspirativ tätig sein. Zugleich entbindet die Regierung jene DDR-Bürger von ihrer Schweigepflicht, die von »verfassungswidrigen Maßnahmen« des mittlerweile aufgelösten Ministeriums für Staatssicherheit (MfS) betroffen und zum Schweigen verpflichtet worden waren. – Die Volkskammer verabschiedet ein Wahlgesetz, das nur für die Volkskammerwahl am 18. 3. gilt. Nicht nur Parteien, sondern auch politische Vereinigungen und Gruppen sind berechtigt, Kandidaten aufzustellen. Wahlbündnisse können eingegangen, aber nach der Nominierung der Kandidaten nicht mehr gewechselt werden. Ausgenommen von der Zulassung als Partei und von der Kandidatur sind Gruppierungen, die faschistische, militaristische oder antihumanistische Ziele verfolgen, Völkerhaß bekunden, Diskriminierung jeder Art betreiben oder Gewalt propagieren. Eine Sperrklausel sieht das Wahlgesetz nicht vor. Für ein Volkskammermandat reicht also ein Ergebnis von 0,25%. – Der Ministerrat gibt bekannt, daß der Ostermontag in diesem Jahr wieder gesetzlicher Feiertag in der DDR wird.

9. 3.: Vertreter beider deutscher Staaten erörtern in Ost-Berlin bei einem ersten Expertentreffen vor allem Verfahrensfragen der geplanten Deutschlandkonferenz mit den vier Siegermächten des Zweiten Weltkrieges, den USA, Großbritannien, Frankreich und der UdSSR. Die Konferenz ist bei einem Treffen des Warschauer Pakts und der NATO in Ottawa Mitte Februar 1990 vereinbart worden. – Die gemeinsame Kulturkommission der DDR und der Bundesrepublik Deutschland nimmt in Ost-Berlin ihre Arbeit auf. Die Kommission, deren Bildung auf eine Absprache der Regierungschefs vom Dezember 1989 in Dresden zurückgeht, will die Rahmenbedingungen schaffen, in denen Kunst und Kultur beider deutscher Staaten zusammenwachsen können.

11. 3.: Mit einer Reihe bedeutender innerdeutscher Unternehmensvereinbarungen beginnt die Leipziger Frühjahrsmesse. Im Beisein von Wirtschaftsministerin Christa Luft unterzeichnen die Adam Opel AG und das Automobilwerk Eisenach einen Vertrag zur Gründung eines Joint Ventures. Das Gemeinschaftsunternehmen Opel-AWE GmbH soll seinen Sitz in Eisenach haben. Am 12. 3. werden Vereinbarungen zwischen VW und Mercedes mit dem VEB-IFA-Kombinat, Personenkraftwagen in Karl-Marx-Stadt (Chemnitz) zu bauen, bekanntgegeben. An der Messe, die ihr 825jähriges Bestehen feiert, beteiligen sich rund 9000 Aussteller aus 69 Ländern. Bei der Eröffnung der Messe erklärt Ministerratsvorsitzender Hans Modrow, die Leipziger Messe trage dazu bei, das Zusammenwachsen der beiden deutschen Staaten zu fördern und das Vertrauen der mittel- und osteuropäischen Nachbarn der Deutschen zu stärken. – Zur Eröffnung der internationalen Leipziger Buchmesse entschuldigt sich Kulturminister Dietmar Keller bei allen Autoren und Künstlern, die in den vierzig DDR-Jahren eingeengt, ausgegrenzt oder vertrieben wurden. Er spricht sich zugleich dafür aus, auch in Zukunft die Leipziger Buchmesse zu erhalten; sie gehöre wie die DDR-Literatur in ihrem sozialen und ökologischen Gewissen zur kulturellen Identität, die in ein geeintes Deutschland eingebracht werden müsse. Die Leipziger Buchmesse ist in diesem Jahr zum letzten Mal eingebunden in die internationale Wirtschaftsmesse; von 1991 an wird es eine eigenständige Buchmesse in mehreren Messehäusern der Innenstadt geben. – Der ehemalige Partei- und Staatschef der DDR, Erich Honecker, hat in einem Brief an das Mitglied des ZK der KP Dänemarks, Ingmar Wagner, alle Vorwürfe wegen Machtmißbrauchs und persönlicher Bereicherung zurückgewiesen. In dem Schreiben greift er zudem seinen Nachfolger Egon Krenz an und wirft ihm vor, dieser habe seine Verteidigungsschrift nicht dem 9. Plenum des ZK der SED und auch nicht der Öffentlichkeit vorgelegt. Sein Nachfolger sei daran schuld, daß die SED als stärkste und führende Kraft der DDR gelähmt, diskreditiert und zerschlagen worden sei. »Der Weg zur Anbiederung an die kapitalistische Bundesrepublik wurde gebahnt trotz aller Vorbehalte, die es dagegen gibt«, heißt es in dem Brief. – Die katholischen Bischöfe der DDR rufen in Hirtenbriefen alle DDR-Bürger dazu auf, im Lande zu bleiben und gesellschaftliche Verantwortung zu übernehmen.

12. 3.: Der »Runde Tisch« in Ost-Berlin versucht in seiner letzten Sitzung im Hinblick auf die deutsche Einheit die Verfassungs- und Eigentumsrechte der DDR-Bürger zu sichern. Zum Abschluß ihrer gut dreimonatigen Beratungen verabschieden die Vertreter der Parteien und Gruppen einen Verfassungsentwurf für einen künftigen Bundesstaat, über den die DDR-Bürger nach dem Willen des »Runden Tisches« am 17. Juni abstimmen sollen. Ferner empfiehlt das Gremium eine Beteiligung aller Bürger mit jeweils 40000 Mark am Gemeinbesitz. – Eine offizielle Delegation des Ministerrates besucht die »Zentrale Erfassungsstelle der Landesjustizverwaltungen zur Registrierung und Aufklärung von Gewaltakten an der Zonengrenze« in Salzgitter. Die DDR will die in Salzgitter gespeicherten Daten für die Untersuchungskommission, die wegen Korruption und Machtmißbrauch ermittelt, nutzen, um die Verantwortlichen für die »im Namen des Volkes« begangenen Rechtsverletzungen gegen Bewohner der DDR zur Rechenschaft zu ziehen. Die nach dem Mauerbau eingerichtete Erfassungsstelle registrierte bis zum Ende des vergangenen Jahres insgesamt 40288 Gewalttaten der DDR.

13. 3.: Die Vertreter der Europäischen Gemeinschaft (EG) und der DDR paraphieren in Brüssel ein Abkommen über Handel und wirtschaftliche Zusammenarbeit; es soll noch im April nach Kenntnisnahme durch die Außenminister der EG unterzeichnet werden. Das Abkommen wird lediglich als Übergang zur vollen Mitgliedschaft der DDR in der Gemeinschaft gewertet, es beinhaltet eine Vorschrift, wonach der Vertrag für den Fall der deutsch-deutschen Wirtschafts- und Währungsunion »angepaßt« werden soll. – Die Postminister der Bundesrepublik Deutschland und der DDR, Christian Schwarz-Schilling und Klaus Wolf, unterzeichnen in Leipzig eine Absichtserklärung zur Bildung einer Postunion. Bis Ende dieses Jahrzehnts soll die DDR-Post das gleiche Leistungsniveau wie die Bundespost erreicht haben.

14. 3.: In Bonn treffen erstmals auf Beamtenebene die beiden deutschen Staaten und die vier Siegermächte des Zweiten Weltkrieges (»Zwei plus Vier«) zu Gesprächen über die deutsche Einheit zusammen. Sie verständigen sich darauf, »daß Polen eingeladen wird, sobald im Rahmen des in Ottawa vereinbarten Mechanismus Fragen erörtert werden, die insbesondere seine Grenzen berühren«. In den »Zwei plus Vier«-Gesprächen sollen vor allem die äußeren Aspekte der deutschen Vereinigung einschließlich der Sicherheit der Nachbarstaaten behandelt werden. – Vier Tage vor der Volkskammerwahl in der DDR tritt der Vorsitzende und Spitzenkandidat des Demokratischen Aufbruch, Wolfgang Schnur, wegen seiner Zusammenarbeit mit dem Staatssicherheitsdienst zurück. Schnur, der die Anschuldigungen zunächst bestritten hatte, wird am 15. 3. vom Hauptausschuß des DA aus der Partei ausgeschlossen. Zum kommissarischen Vorsitzenden des DA und Spitzenkandidaten für die Volkskammerwahlen wird Rainer Eppelmann nominiert. – Bei seiner letzten DDR-Wahlkampfkundgebung vor der Volkskammerwahl legt Bundeskanzler Helmut Kohl in Leipzig ein nachdrückliches Bekenntnis zum dauerhaften Bestand der polnischen Grenze ab. Vor über 300000 Menschen erklärt er: »Wir wollen den Polen die Hand ausstrecken – niemand braucht vor der Einheit Deutschlands Angst zu haben.« Die Deutschen seien dafür, daß die Polen in sicheren Grenzen lebten und »sind bereit, das dazu Notwendige zu sagen und zu entscheiden«.

15. 3.: In Hamburg wird der erste Landesverband der PDS (früher SED) in der Bundesrepublik Deutschland gegründet. Wichtigstes Ziel der Partei sei die Zusammenführung aller linken Kräfte in beiden deutschen Staaten. Einen Anschluß der DDR nach Art. 23 des Grundgesetzes lehne die Partei ab. Zu den Gründungsmitgliedern zählen vornehmlich Reformkräfte aus der DKP.

16. 3.: Mit einem Gottesdienst in der Ostberliner Marienkirche eröffnet Bischof Gottfried Forck die Tagung der evangelischen Kirchenparlamente von Berlin-Brandenburg Ost und West. Damit tagen zum ersten Mal seit dem Mauerbau die Synodalen wieder gemeinsam. Als einzige evangelische Kirche verfügt die Berlin-Brandenburgische Kirche über eine Rechtsvorschrift, nach der die beiden Regionen vereinigt werden, sobald die Mauer fällt. – Das Berliner Diakonische Werk gibt den Zusammenschluß der beiden evangelischen diakonischen Werke in Deutschland nach den Volkskammerwahlen in der DDR bekannt. Der Sitz einer einzigen gemeinsamen Organisation soll in Berlin sein. – Der Generaldirektor des IFA-Kombinats Pkw, Dieter Voigt, gibt bekannt, daß der Trabant P601 jetzt in der DDR auch ohne Vorbestellung zu haben ist.

18. 3.: Volkskammerwahlen (Ergebnisse → Sp. 255ff.) – Die Außenminister der Mitgliedstaaten des Warschauer Pakts erkennen bei ihrem Treffen in Prag das Recht beider deutscher Staaten auf Einheit an. Sie kommen überein, daß die Wiedervereinigung eine Angelegenheit des deutschen Volkes sei. Wegen ihrer Folgen für Europa müsse die deutsche Einheit jedoch in den Prozeß der europäischen Einigung eingebunden werden. Unterschiedliche Auffassungen gibt es zur Frage des künftigen militärischen Status des vereinten Staates. Während Ungarn, Polen und die Tschechoslowakei eine Mitgliedschaft Deutschlands in der NATO für möglich halten, beharrt die Sowjetunion weiter auf Neutralität.

Die erste freie Wahl zur Volkskammer der DDR am 18. März 1990

(vorläufiges Ergebnis)

Bei den ersten freien, allgemeinen, gleichen, direkten und geheimen Wahlen in der DDR bewerben sich 24 Parteien, politische Vereinigungen und Listenvereinigungen um die Stimmen der rd. 12,2 Millionen Wahlberechtigten. Gewählt werden 400 Abgeordnete der Volkskammer in 15 Wahlkreisen, die den Bezirken der DDR entsprechen. Gewählt wird nach den Grundsätzen des Verhältniswahlrechts ohne eine prozentuale Sperrklausel. Jeder Wähler hat nur eine Stimme, er darf nur eine Liste ankreuzen. Die Zahl der Mandate für die einzelnen Listen wird so berechnet, daß die in der DDR insgesamt von einer Liste erreichten gültigen Stimmen mit der Gesamtzahl der Abgeordnetensitze der Volkskammer multipliziert und durch die Gesamtzahl der gültigen Stimmen für alle Listen dividiert werden. Für ein Mandat in der Volkskammer sind rd. 0,25% der Stimmen erforderlich.

Unerwartet erringt die »Allianz für Deutschland« bei den Wahlen zur Volkskammer einen sensationellen Sieg. Das Wahlbündnis, das für eine schnelle Vereinigung der beiden deutschen Staaten eintritt, erhält mehr als doppelt so viele Stimmen wie die lange favorisierte SPD und kommt mit 48,15% und 193 Mandaten auf Anhieb in die Nähe der absoluten Mehrheit. Nach dem vorläufigen Ergebnis erreicht die CDU 40,91% und damit 164 Sitze in der Volkskammer. Die Deutsche Soziale Union/DSU, kommt auf 6,32% und 25 Mandate. Als dritter Partner der Allianz muß sich der Demokratische Aufbruch nach der Affäre um seinen zurückgetretenen Vorsitzenden Wolfgang Schnur mit 0,29% und 4 Abgeordneten begnügen.

Die SPD, der vor Wochen Umfragen noch eine eigene absolute Mehrheit vorhergesagt hatten, wird überraschend weit abgeschlagen und erhält nur 21,84%. Damit können die Sozialdemokraten 87 Mandate im neuen DDR-Parlament besetzen. Die SPD liegt damit nur um gut 5% vor der Partei des Demokratischen Sozialismus/PDS. Die ehemalige SED erhält 16,33% und 65 Sitze. Sie wird damit drittstärkste Partei.

Viertstärkste Gruppierung nach Allianz, SPD und PDS werden die im »Bund Freier Demokraten« zusammengeschlossenen Liberalen mit 5,28% und 21 Sitzen. Dazu gehören die Liberaldemokratische Partei/LDP, die FDP und die Deutsche Forumpartei/DFP. Das »Bündnis 90«, bestehend aus den Gruppen Neues Forum, Demokratie Jetzt und Initiative Frieden und Menschenrechte erreicht 2,90% und 12 Sitze. Danach folgt die Demokratische Bauernpartei Deutschlands/DBD mit 2,19% und 9 Sitzen vor dem Grünen Bündnis aus Grüner Partei und Unabhängigem Frauenverband mit 1,96% und 8 Sitzen. Alle anderen Parteien und Listenverbindungen erhalten weniger als 1%. Die Nationaldemokratische Partei Deutschlands/NDPD zieht mit 2 Abgeordneten und der Demokratische Frauenbund Deutschlands, das Aktionsbündnis Vereinigte Linke/Die Nelken und die Alternative Jugendliste ziehen mit jeweils einem Abgeordneten in die Volkskammer ein.

Der Vorsitzende der CDU der DDR, Lothar de Maizière, bislang einer der Stellvertreter von Regierungschef Hans Modrow und künftiger Regierungschef, plädiert für die Bildung einer »ziemlich breiten Koalition« und kündigt Gespräche mit der SPD und dem liberalen Wahlbündnis an.

Vorläufiges Ergebnis der Volkskammerwahlen am 18. März 1990 nach Parteien:

		Anzahl	%	Sitze
Wahlberechtigte		12377372		
Wahlbeteiligung		11538313	93,22	
Gültige Stimmen		11475353		
DA:	Demokratischer Aufbruch – soziall + ökologisch	105251	0,92	4
DSU:	Deutsche Soziale Union	724760	6,32	25
CDU:	Christlich-Demokratische Union Deutschlands	4694636	40,91	164
	Allianz für Deutschland	*5524647*	*48,15*	*193*
SPD:	Sozialdemokratische Partei Deutschlands	2506151	21,84	87
PDS:	Partei des Demokratischen Sozialismus	1873666	16,33	65
Liberale:	Bund Freier Demokraten – DFP-LDP-F.D.P. Die Liberalen	606283	5,28	21
B 90:	Bündnis 90 – Neues Forum, Demokratie Jetzt, IFM	333005	2,90	12
DBD:	Demokratische Bauernpartei Deutschlands	250943	2,19	9
Grüne:	Grüne Partei + Unabhängiger Frauenverband (UFV)	225234	1,96	8
NDPD:	National-Demokratische Partei Deutschlands	44435	0,39	2
DFD:	Demokratischer Frauenbund Deutschlands	38088	0,33	1
VL:	Aktionsbündnis Vereinigte Linke – Die Nelken	20180	0,18	1
AJL:	Alternative Jugendliste DJP-GJ-MJV-FDJ	14573	0,13	1
Liga:	Christliche Liga	10600	0,09	0
KPD:	Kommunistische Partei Deutschlands	8836	0,08	0
USPD:	Unabhängige Sozialdemokratische Partei Deutschlands	3891	0,03	0
EFP:	Europäische Föderalistische Partei, Europa Partei	3690	0,03	0
UVP:	Unabhängige Volkspartei	2999	0,03	0
DBU:	Deutsche Biertrinker Union	2534	0,02	0
SpAD:	Spartakist-Arbeiterpartei Deutschlands	2396	0,02	0
Einheit:	Einheit jetzt	2356	0,02	0
BSA:	Bund Sozialistischer Arbeiter, Deutsche Sektion der 4. Internationale	374	0,00	0
VAA:	Vereinigung d. Arbeitskreise f. Arbeitnehmerpolitik und Demokratie	373	0,00	0
Europa:	Europa-Union der DDR	–	–	–
				400

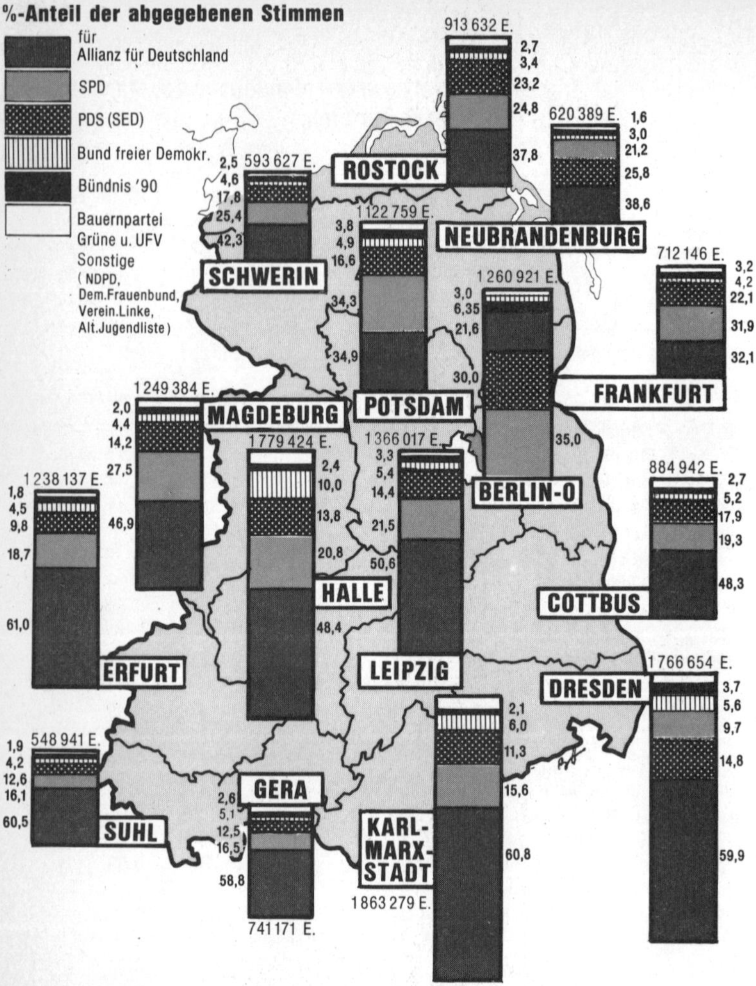

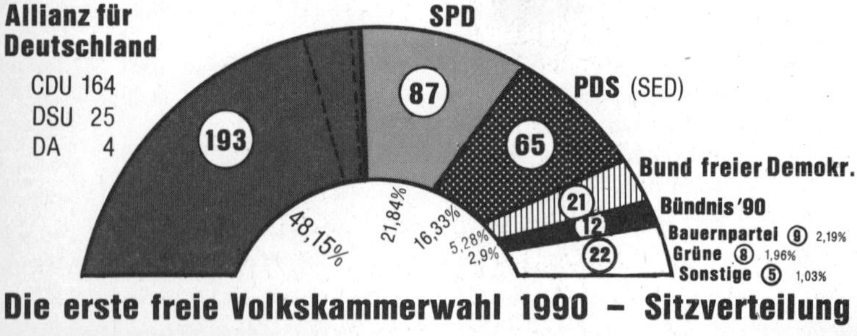

Die erste freie Volkskammerwahl 1990 – Sitzverteilung

Kurzbiographien

von Persönlichkeiten des politischen Lebens in der DDR, die in der Zeit von September 1989 bis März 1990 im Licht der Öffentlichkeit standen

Axen, *Hermann,* * Leipzig 6. 3. 1916; 1970–1989 Mitglied des Politbüros des ZK der SED.
Sohn eines KPD-Funktionärs mit bürgerlichem Beruf, jüdischer Herkunft. Als 16jähriger 1932 Beitritt in den Kommunistischen Jugendverband/KJVD, nach 1933 illegale Arbeit für die KPD. Den größten Teil der Hitler-Zeit im Zuchthaus und in Konzentrationslagern gefangengehalten. Nach dem Ende des Zweiten Weltkrieges Sekretär des Zentralrates der FDJ und zweiter Mann nach → *Honecker*. Seit 1950 Mitglied des ZK der SED, 1949–53 Leiter der Abteilung Agitation. 1953–56 Zweiter Sekretär der SED-Bezirksleitung Ost-Berlin, dann bis 1966 Chefredakteur des SED-Zentralorgans »Neues Deutschland«. Seitdem ZK-Sekretär für internationale Verbindungen und seit 1971 auch Leiter des Ausschusses für Auswärtige Angelegenheiten der Volkskammer, der er seit 1950 angehört. Lange Zeit eines der einflußreichsten Mitglieder der Partei- und Staatsführung der DDR. Nach dem Sturz von *Honecker* wird A. am 3. 11. 1989 aus dem Politbüro entlassen, dem er seit 1963 als Kandidat und seit 1970 als Vollmitglied angehörte, und am 3. 12. 1989 aus der SED ausgeschlossen. Am 8. 12. leitet der Generalstaatsanwalt der DDR Ermittlungen gegen ihn ein; vorübergehend in Haft.

Barbe, *Angelika*, * 1952; seit 1989 stellvertretende Vorsitzende der SPD.
Nach dem Studium der Biologie entschließt sie sich zunächst bewußt für die Erziehung ihrer Kinder zu Hause. Jetzt Aufnahme eines ergänzenden Studiums an der Berliner Humboldt-Universität. Aktiv in der Friedensbewegung in der DDR, wo sie sich für die Überwindung der SED-Diktatur einsetzte. Auf dem Gründungsparteitag der Sozialdemokratischen Partei in der DDR/SDP (seit 14. 1. 1990 SPD) zu einer der stellvertretenden Vorsitzenden gewählt und beim ersten ordentlichen Parteitag der SPD am 23. 2. 1990 in diesem Amt bestätigt. Kandidatin der SPD für die Volkskammerwahl am 18. März.

Berghofer, *Wolfgang*, * Bautzen 25. 2. 1943; seit 1986 Oberbürgermeister von Dresden, 1989/90 stellvertretender Vorsitzender der SED-PDS.
Gelernter Maschinenbauer und Diplom-Historiker. Ab 1964 unter → *Krenz* Funktionär des staatlichen Jugendverbandes FDJ. Seit Januar 1986 Oberbürgermeister von Dresden, mit dessen SED-Bezirkschef → *Modrow* ihn »ähnliche Gedankengänge und Betrachtungsweisen« verbinden. B. ist ein Reformer, dem nicht der Ruf eines »Wendehalses« anhängt. Anfang Oktober 1989 erkennt er als einer der ersten SED-Politiker die Zeichen der Zeit und spricht mit unzufriedenen Bürgern, anstatt sie zu »Staatsfeinden und Randalierern« abzustempeln. Nach dem Rücktritt von *Krenz* unter → *Gysi* stellvertretender Vorsitzender der SED (später SED-PDS). Entfernt sich angesichts der Entwicklungen in der DDR immer mehr von der SED, von der er sich mit seinem mehrfachen Bekenntnis zur »sozialen Marktwirtschaft« und zur deutschen Einheit auch inhaltlich abgrenzt. Tritt am 21. 1. 1990 aus der SED-PDS aus und wird am 25. 1. vom Rat der Stadt Dresden in einer Vertrauensabstimmung einstimmig in seinem Amt als Oberbürgermeister bestätigt.

Bohley, *Bärbel*, * Berlin 24. 5. 1945; Mitbegründerin der Oppositionsgruppe Neues Forum.
Nach einem Studium an der Ostberliner Kunsthochschule seit 1974 freischaffende

Malerin und Grafikerin und einflußreiche Wortführerin in der Friedensbewegung der DDR; Mitbegründerin der Gruppe Frauen für den Frieden. Wegen Gesprächen mit einer Politikerin der Grünen aus der Bundesrepublik Deutschland über Friedensaktivitäten in der DDR von Dezember 1983 bis Januar 1984 in Untersuchungshaft. Als führendes Mitglied der Initiative Frieden und Menschenrechte nach der Luxemburg/Liebknecht-Demonstration im Januar 1988 wegen »landesverräterischer Beziehungen« verhaftet. Einer Ausbürgerung aus der DDR widersetzt sie sich erfolgreich und erreicht mit der Hilfe der evangelischen Kirche, nach sechs Monaten in die DDR zurückkehren zu können. Die christlich geprägte Künstlerin, die einen humanen, demokratischen Sozialismus anstrebt, gehört zu den Initiatoren des Neuen Forum. Im Oktober 1989 äußert sie ihre Ablehnung gegen »Wiedervereinigungsparolen« und die Vorstellung, »kapitalistische Verhältnisse« könnten in die DDR zurückkehren.

Böhme, *Ibrahim* * bei Leipzig 18. 11. 1944 (?); 1989/90 Geschäftsführer der SPD; seit dem 23. 2. 1990 deren Vorsitzender.
Als Waisenkind in Heimen bei Leipzig aufgewachsen. Nach dem Abitur zunächst Maurer, danach Studium der Literatur und der Philosophie. Ab 1967 Mitglied der SED, bei der er bald umstritten ist, als er gegen den Parteiausschluß von *Robert Havemann* und den Einmarsch in die ČSSR protestiert. Arbeitete als Dramaturg, 1974 erhält er Berufsverbot. 1976 – nach der Ausweisung von *Wolf Biermann* – gibt er sein Parteibuch zurück und kommt für 15 Monate in Untersuchungshaft. Danach absolviert er ein Zweitstudium der Geschichte und Theaterwissenschaften. Ein kurzes Gastspiel als Dramaturg am Theater in Neustrelitz endet Anfang der achtziger Jahre mit erneutem Berufsverbot, nachdem er sich dort für die polnische Gewerkschaft Solidarność einsetzt. Danach verdient er seinen Lebensunterhalt als Kellner, als Privatlehrer für russische Literatur und zuletzt als Deutschlehrer für vietnamesische Gastarbeiter. Politisch engagiert er sich in der Friedens- und Menschenrechtsbewegung. Geschäftsführer der neugegründeten Sozialdemokratischen Partei der DDR/SDP, die sich am 14. 1. 1990 in SPD umbenennt, und Mitglied von deren »vorläufigem« Vorstand. Für seine Partei Teilnehmer am »Runden Tisch«, der unter Moderation der Kirchen am 7. 12. 1989 erstmals zusammengetroffen ist. Auf dem ersten Parteitag der SPD am 23. 2. zum Vorsitzenden seiner Partei gewählt.

Ebeling, *Hans-Wilhelm*, * 1934; seit 1990 Vorsitzender der Deutschen Sozialen Union/DSU.
Sohn eines Berufsoffiziers, der im Zweiten Weltkrieg gefallen ist. Pfarrer der Leipziger Thomaskirche. E. sieht angesichts der friedlichen Revolution in der DDR »eine moralische Verpflichtung, alles nur Erdenkliche für eine Neuwerdung zu tun«. Gründet zunächst Anfang Dezember die Christlich Soziale Partei Deutschlands, bevor er wenig später die treibende Kraft ist bei dem gelungenen Versuch, fast ein Dutzend Kleingruppen und Miniparteien in einer Deutschen Sozialen Union/DSU zu verschmelzen, zu deren Vorsitzenden er am 20. 1. 1990 gewählt wird. Tritt »gegen neue sozialistische Experimente« in der DDR ein und versteht seine DSU als eine »tolerante und in der Mitte« angesiedelte Partei. E. will »die deutsche Einheit sofort« und ist der Auffassung, die frei gewählten Abgeordneten der Volkskammer sollten nach dem 18. März vom Grundgesetz Gebrauch machen und Verfassung und Rechtsordnung der Bundesrepublik Deutschland übernehmen.

Eberlein, *Werner*, * Berlin 9. 11. 1919; 1986–1989 Mitglied des Politbüros des ZK der SED.
Sohn von *Hugo Eberlein*, einem der Mitbegründer der KPD und der Kommunistischen Internationale. 1934 mit seinen Eltern Emigration in die UdSSR; dort erlebt er die stalinistischen Säuberungen, denen auch sein Vater zum Opfer fällt. In der UdSSR Elektrikerlehre in einem Sägewerk. Nach seiner Rückkehr 1948 wirkt er in der SBZ und

dann in der DDR als Journalist, zeitweilig als Leiter der Wirtschaftsredaktion des SED-Zentralorgans »Neues Deutschland«. Ab 1959 Mitarbeiter des SED-Zentralkomitees, zunächst als Dolmetscher für Russisch. Nach einem Studium an der Parteihochschule Karl Marx beim ZK der SED 1964–83 stellvertretender Leiter der für Kaderfragen zuständigen ZK-Abteilung für Parteiorgane. Dann Erster Sekretär der SED-Bezirksleitung Magdeburg. Seit 1983 Mitglied des ZK und ab 1986 auch des Politbüros der SED. E., der den Reformen des sowjetischen Staats- und Parteichefs *Michail Gorbatschow* von Anfang an mit großer Sympathie gegenübersteht, wird nach der »Wende« in der DDR Vorsitzender der Zentralen Parteikontrollkommission der SED mit der Aufgabe, die stalinistischen Strukturen in der Partei aufzubrechen und jene zur Rechenschaft zu ziehen, die sich des Machtmißbrauchs und der persönlichen Bereicherung schuldig gemacht haben.

Eppelmann, *Rainer*, * Berlin 12. 2. 1943; Mitbegründer des Demokratischen Aufbruch/DA.
Bis zum Bau der Berliner Mauer Besuch des Ostberlinern vorbehaltenen Gymnasiums in West-Berlin. Nach einer Maurerlehre verweigert er den Wehrdienst und wird als Bausoldat (Ersatzdienst) eingezogen. Nach acht Monaten Haft, weil er das Gelöbnis ablehnt, studiert er von 1969 an Theologie. Mit dem Regimekritiker *Robert Havemann* befreundet, erregt im Frühjahr 1982 erstmals die Aufmerksamkeit des Ministeriums für Staatssicherheit als Initiator des Berliner Appells »Frieden schaffen ohne Waffen«. Seit 1974 protestantischer Pfarrer in der Ostberliner Samaritergemeinde und Kreisjugendpfarrer im Stadtbezirk Friedrichshain. Gründungsmitglied der Initiative Demokratischer Aufbruch und zunächst deren Sprecher ab 30. 10. 1989, auf dem Gründungsparteitag am 17. 12. in diesem Amt abgelöst, jedoch weiter im Vorstand dieser Partei. Vertritt den Demokratischen Aufbruch am »Runden Tisch«. Seit 5. 2. 1990 in der »Regierung der nationalen Verantwortung« Minister ohne Ressort. Spitzenkandidat auf der Berliner Liste des DA für die Volkskammerwahl am 18. März 1990. Nach dem Rücktritt von → *Schnur* Parteivorsitzender.

Fischer, *Oskar*, * Asch (Aš) (ČSSR; Böhmen) 19. 3. 1923; seit 1975 Außenminister.
Schneiderlehre; durch ein Studium an der Parteihochschule beim ZK der KPdSU in Moskau 1962–65 Qualifikation zum Diplomgesellschaftswissenschaftler. Soldat im Zweiten Weltkrieg; 1944/46 sowjetische Kriegsgefangenschaft; ab 1946 Mitglied der SED. Seit 1949 im Zentralrat der FDJ, 1951–55 dessen Sekretär und gleichzeitig Sekretär des Weltbundes der Demokratischen Jugend. Seit 1955 im diplomatischen Dienst; 1955–59 Botschafter der DDR in Bulgarien, dann Abteilungsleiter im Außenministerium. 1965–73 stellvertretender Minister für Auswärtige Angelegenheiten, zuständig für die Beziehungen zu den sozialistischen Staaten; 1971 Mitglied des ZK der SED. 1973–75 Staatssekretär im Außenministerium und erster stellvertretender Minister, seit 20. 1. 1975 Minister für Auswärtige Angelegenheiten. Seit 1976 ist F., Vertrauter von → *Honecker*, Abgeordneter der Volkskammer. Dessen Sturz hat keine Auswirkung auf seine politische Laufbahn; auch unter → *Krenz* und → *Modrow* behält er sein Amt.

Gerlach, *Manfred*, * Leipzig 8. 5. 1928; 1967–1990 Vorsitzender der Liberal-Demokratischen Partei Deutschlands/LDPD, seit 1989 amtierender Vorsitzender des Staatsrates der DDR.
Sohn eines Feinmechanikers; 1945–46 Angestellter im Justizdienst; seit 1945 Mitglied der LDPD und 1946 Mitbegründer der kommunistisch gelenkten FDJ, zu deren Zentralrat er von 1949–59 gehörte. Seitdem gilt er als Vertrauter von → *Honecker*, der bis 1955 der FDJ vorstand. Diese enge Beziehung hat seine politische Karriere befördert, er hat die einst bürgerliche LDPD an die SED gebunden. Dies führte dazu, daß er 1950 gegen die Stimmen der LDPD und der CDU in der DDR zum Bürgermeister und Stellvertreter des

Oberbürgermeisters von Leipzig gewählt wurde. 1951–53 stellvertretender Vorsitzender der LDPD und von 1954–67 deren Generalsekretär, seitdem Vorsitzender dieser Partei. Als ihr Repräsentant ist er seit 1960 einer der stellvertretenden Vorsitzenden des Staatsrates der DDR. Nach einem Fernstudium erhält er 1964 an der Akademie für Staats- und Rechtswissenschaften in Babelsberg den juristischen Doktorgrad, 1984 den Titel Professor. Als erster führender Politiker in der DDR fordert er unumwunden Reformen; auf dem Höhepunkt der Ausreisewelle setzt er sich für Informationsfreiheit, die wahrheitsgetreue Darstellung der gesellschaftlichen Zustände in der DDR und die Aufarbeitung von Irrtümern in der Geschichte ein. G. gilt dennoch bei vielen Menschen in der DDR als typischer »Wendehals«. Bei der Wahl zum Präsidenten der Volkskammer, der er seit 1949 angehört, unterliegt er am 13. 11. 1989 überraschend dem Chef der Bauernpartei → *Maleuda*. Nach dem Rücktritt von → *Krenz* am 6. 12. 1989 von der Volkskammer der DDR zum amtierenden Vorsitzenden des Staatsrates der DDR gewählt. G. wird auf dem Parteitag am 10. 2. 1990 im Amt des Vorsitzenden, für das er nicht mehr kandidiert, von *Rainer* → *Ortleb* abgelöst.

Götting, *Gerald*, * Halle, 9. 6. 1923; 1969–76 Volkskammerpräsident; ab 1949 Generalsekretär, 1966–89 Vorsitzender der CDU.
Sohn eines kaufmännischen Angestellten; Studium der Philologie. Seit 1946 Mitglied der Ost-CDU, bereits 1948 in deren Hauptvorstand, ab 1949 Generalsekretär und seit 1966 Parteivorsitzender. Er gewinnt maßgeblichen Einfluß auf den Kurs der Partei, die sich seit den fünfziger Jahren als »einschränkungslos sozialistisch« begreift. Seit 1950 Mitglied der Volkskammer; 1950–58 stellvertretender, 1969–1976 Präsident der Volkskammer und seit 1980 erneut Stellvertreter des Präsidenten. Seit 1960 auch einer der Stellvertreter des Staatsratsvorsitzenden → *Honecker*. Erklärt am 2. 11. 1989 auf Druck der Partei seinen Rücktritt als Vorsitzender; sein Nachfolger wird am 10. 11. 1989 *de* → *Maizière*. Am 17. 11. auch von seiner Funktion als Staatschef entbunden. Aufgrund des Zwischenberichtes eines Untersuchungsausschusses seiner Partei, der ihm finanzielle Verfehlungen vorwirft, leitet der Generalstaatsanwalt der DDR am 8. 12. 1989 ein Ermittlungsverfahren gegen ihn ein; vorübergehend in Haft.

Gysi, *Gregor*, * Berlin 16. 1. 1948; seit 1989 Vorsitzender der SED (ab 1990 PDS).
Entstammt einer jüdisch-deutschen Familie. Sein Vater ist der Verleger, langjährige Kulturminister, Botschafter und Staatssekretär für Kirchenfragen Klaus Gysi. Seine Mutter Irene, geb. Lessing, entstammt einer großbürgerlichen Kaufmannsfamilie aus Petersburg, die 1918 nach Berlin zog, und war lange Abteilungsleiterin für Kultur im SED-Zentralkomitee. Nach dem Abitur 1966 zunächst Praktikum in der Rinderzucht, anschließend Jurastudium an der Berliner Humboldt-Universität; seit 1971 als Rechtsanwalt tätig. Neben *de* → *Maizière* und → *Schnur* einer der wenigen DDR-Anwälte, die Bürgerrechtler und Systemkritiker verteidigten, u. a. *Rudolf Bahro* und *Jürgen Fuchs*. Seit 1988 Vorsitzender des Rechtsanwaltskollegiums in Ost-Berlin und Vorsitzender aller 15 Anwaltskollegien in der DDR. Vertritt zuletzt das zunächst als »staatsfeindlich« verunglimpfte Neue Forum als Anwalt. Verlangt am 2. 12. vor mehreren tausend SED-Anhängern die Abdankung des Politbüros und des Zentralkomitees und wird nach dem Rücktritt der *Krenz*-Führung am 3. 12. in den Arbeitsausschuß zur Vorbereitung des Sonderparteitages und zum Vorsitzenden eines parteiinternen Untersuchungsausschusses gewählt.
Auf dem Sonderparteitag am 8. 12. mit 95,3 % der Delegiertenstimmen zum neuen Vorsitzenden der SED gewählt, die sich bei der Fortsetzung des Parteitages am 15. 12. den Namen SED-PDS (Partei des Demokratischen Sozialismus) gibt. Für G. sind »die kommunistischen Ideale nach wie vor eine sehr erstrebenswerte Utopie«, doch sieht er die Tradition seiner Partei auch in »sozialde-

mokratischen, sozialistischen und pazifistischen Idealen«. Er will einen »souveränen sozialistischen« DDR-Staat und ist bemüht, die schrumpfende Partei mit ihrem gewaltigen Apparat hinüberzuretten in neue Machtstrukturen. Vertritt seine Partei auch bei den Gesprächen, die unter Obhut der christlichen Kirchen seit dem 7. 12. 1989 am »Runden Tisch« stattfinden.

Hager, *Kurt*, * Bietigheim an der Enz 24. 7. 1912; 1963–69 Vollmitglied des Politbüros des ZK der SED.
Nach dem Abitur in Stuttgart als Journalist tätig. Bereits als Schüler Mitglied des Kommunistischen Jugendverbandes/KJV und der KPD (ab 1930). Nach 1933 vorübergehend inhaftiert; danach Emigration. 1937–39 Teilnehmer am Spanischen Bürgerkrieg. Anschließend in Frankreich und Großbritannien ansässig, teilweise interniert. Journalistische Tätigkeit in England unter dem Decknamen *»Felix Albin«*. Nach 1945 Leiter der Abteilung Parteischulung, ab 1949 der Abteilung Propaganda, ab 1952 der Abteilung Wissenschaft und Hochschulen im Parteivorstand bzw. ZK der SED. Seit 1949 Professor mit Lehrstuhl für Philosophie an der Berliner Humboldt-Universität. 1950–54 Kandidat, seit 1954 Mitglied des ZK der SED. Seit 1955 verantwortlicher Sekretär des SED-Zentralkomitees für Kultur und Wissenschaft und damit auch führender Ideologe der Partei. Zunächst *Walter Ulbricht*, dann *Erich → Honecker* ebenso treu ergeben. 1958–63 Kandidat, seit 1963 Vollmitglied des Politbüros des ZK der SED. Der Reformpolitik des sowjetischen Staats- und Parteichefs *Michail Gorbatschow*, die unter den Stichworten »Perestroika« und »Glasnost« bekannt wird, steht er ablehnend gegenüber. Nach dem Sturz von *Honecker* am 3. 11. 1989 aus dem Politbüro entfernt, verliert H. noch unter dem neuen Generalsekretär → *Krenz* am 17. 11. auch seine Funktion als DDR-Staatsrat und wird am 21. 1. 1990 aus der Partei ausgeschlossen. In einem Interview gesteht er Mitte Dezember: »Ja, ich fühle mich schuldig für das, was in der DDR geschehen ist.«

Henrich, *Rolf*, * Magdeburg Februar 1944; Mitbegründer und Vorstandsmitglied des Neuen Forum.
Nach dem Jurastudium einer der wenigen privilegierten Rechtsanwälte in der DDR. Mitglied der SED, der er 25 Jahre angehört, bis er noch vor dem Erscheinen seines DDR-kritischen Buches »Der vormundschaftliche Staat. Vom Versagen des real existierenden Sozialismus« in der Bundesrepublik Deutschland im Frühjahr 1989 mit einem Berufsverbot belegt und aus der SED ausgeschlossen wird. Obwohl er den Staatssozialismus, wie er in der DDR praktiziert wird, für eine »im abendländischen Staatsdenken fremde Form asiatischer Despotie« hält, kann er sich eine eigenständige Entwicklung der DDR nur unter dem Vorzeichen des Sozialismus vorstellen. H. gehört zu den Initiatoren und Inspiratoren der Oppositionsbewegung Neues Forum, die er als Bürgerinitiative erhalten und nicht in eine Partei umwandeln will. H. ist einer der drei Vertreter des Neuen Forum am »Runden Tisch«.

Herrmann, *Joachim*, * Berlin 29. 10. 1928; 1978–89 Vollmitglied des Politbüros des ZK der SED.
Sohn eines Arbeiters; Besuch der Volks- und Mittelschule. 1945–49 Botenjunge, Redaktionsvolontär und Redakteur u. a. der »Berliner Zeitung«. Seit 1946 Mitglied der SED. Enger Vertrauter von *Erich → Honecker* noch aus FDJ-Tagen. Von 1949–52 stellvertretender Chefredakteur, 1954–60 Chefredakteur des FDJ-Zentralorgans »Neue Welt« und von 1952–60 Mitglied des Zentralrats der FDJ, an dessen Spitze *Honecker* von 1946–55 stand. 1953/54 qualifiziert sich H. durch ein Studium an der Komsomol-Hochschule in Moskau für höhere Aufgaben in Partei und Staat. Als *Walter Ulbricht* 1965 das »Staatssekretariat für gesamtdeutsche Fragen« gründete (bald in »Staatssekretariat für westdeutsche Fragen« umbenannt), wird H. dessen Leiter und macht aus dieser Dienststelle eine Zentrale für die Westpropaganda der DDR. Nach der Ablösung *Ulbrichts* durch *Honecker* überträgt ihm die-

ser 1971 die Chefredaktion des »Neuen Deutschland«, die er bis 1978 innehat. Seit 1971 Mitglied des ZK, 1973 Kandidat und 1978 Mitglied des Politbüros des ZK der SED. Seit 1976 ZK-Sekretär, zunächst ohne festen Aufgabenbereich, ab 1978 für Agitation und Propaganda und damit Tonangeber und Zensor über alle DDR-Medien. Nach dem Sturz *Honeckers* bereits am 18. 10. 1989 aus dem Politbüro und aus dem Zentralkomitee ausgeschlossen sowie als ZK-Sekretär abgelöst; am 21. 1. 1990 aus der Partei ausgeschlossen, am 27. 1. verhaftet.

Hoffmann, *Theodor,* * 27. 2. 1935; seit 1989 Verteidigungsminister.
1952 Eintritt in die Marine; drei Jahre später Offizier. 1960–63 Studium an der Seeakademie der UdSSR mit dem Abschluß eines Diplom-Militärwissenschaftlers. Anschließend avancierte er nacheinander zum Stabschef, Flottillenchef und Stellvertreter des Chefs der Volksmarine. 1987 wird er stellvertretender Minister und Chef der Volksmarine. 1987–86 Mitglied der SED-Parteikontrollkommission der Volksmarine. Seit 18. 11. 1989 als Nachfolger von *Heinz Keßler* DDR-Verteidigungsminister.

Honecker, *Erich,* * Wiebelskirchen 25. 8. 1912; 1971–89 Generalsekretär (1971–76 Erster Sekretär) des ZK der SED; 1976–89 auch Staatsratsvorsitzender.
Sohn eines Bergmannes, aufgewachsen in Wiebelskirchen (heute Neunkirchen/Saar), Dachdeckerlehre. Bereits 1926 im Kommunistischen Jugendverband/KJV und ab 1929 in der KPD; nach Besuch der Lenin-Schule in Moskau ab 1930 hauptamtlicher KPD-Funktionär, 1931 Sekretär des KJV im Saarland und 1933 im Ruhrgebiet. Nach der Machtübernahme durch *Adolf Hitler* im Jahr 1933 leitet er die Untergrundarbeit seines Verbandes im südlichen Deutschland. 1935 in das ZK des KJV gewählt, wird er im gleichen Jahr verhaftet und 1937 vom Volksgerichtshof wegen »schweren Hochverrats« zu zehn Jahren Zuchthaus verurteilt. Bis zu seiner Befreiung 1945 durch die Rote Armee im Zuchthaus Brandenburg-Görden inhaftiert. Stößt anschließend zu der aus Moskau eingeflogenen »Gruppe Ulbricht« und baut als Jugendsekretär beim ZK der KPD die antifaschistischen Jugendausschüsse auf, aus denen 1946 die Freie Deutsche Jugend/FDJ hervorgeht, von 1946–55 deren Vorsitzender. Nach der Gründung der Sozialistischen Einheitspartei Deutschlands/SED im April 1946 wird er Mitglied des Parteivorstands, aus dem später das ZK hervorgeht, dessen Kandidat er 1950 wird. Vollmitglied des Politbüros, des eigentlichen Machtzentrums der DDR, wird er schon 1958 nach einer zweijährigen Schulung in Moskau. Als Sekretär des ZK der SED (1958–71) mit Fragen der Staatssicherheit und seit 1963 auch mit der Parteikontrolle betraut. Im Auftrag von *Walter Ulbricht* organisiert er den Bau der Berliner Mauer im August 1961. Nach dem Rücktritt von *Ulbricht* am 3. 5. 1971 dessen Nachfolger als Erster Sekretär des ZK der SED (ab Mai 1976 Generalsekretär). Seit Juni 1971 Vorsitzender des Nationalen Verteidigungsrates und ab Oktober 1976 auch Vorsitzender des Staatsrates der DDR und damit Staatsoberhaupt. H. ließ in der revidierten Verfassung von 1974 die Treue zur Sowjetunion in den Rang eines Verfassungsgebotes heben sowie alle Hinweise auf die »deutsche Nation« streichen. Die von ihm geförderte »Entspannungsphase« Anfang der siebziger Jahre brachte das Berlin-Abkommen der vier Mächte, den Grundlagenvertrag zwischen beiden deutschen Staaten und die weltweite Anerkennung der DDR. Stets vollzog H. eine Gratwanderung zwischen Abgrenzung und Öffnung. 1983, während der »Nachrüstungs«-Krise, riskierte er sogar einen Konflikt mit Moskau, als er an der »Schadensbegrenzung« festhielt. Auf dem Höhepunkt seiner Macht schien er, als er im September 1987 die Bundesrepublik Deutschland besuchte und dabei auch von Bundeskanzler *Helmut Kohl* empfangen wurde. Am 18. 10. 1989 wird H., der sich einer Gallenblasenoperation unterziehen muß, nach der »friedlichen Revolution« in der DDR durch das ZK der SED »aus gesundheitlichen Gründen« von allen Funk-

tionen in Partei und Staat entbunden; er schlägt → *Krenz* als seinen Nachfolger vor. Am 3.12. wird H. förmlich aus der SED ausgeschlossen. Aufgrund eines Ermittlungsverfahrens wegen Amtsmißbrauchs und Korruption, das der Generalstaatsanwalt in Ost-Berlin am 8.12. gegen ihn einleitet, wird H. im Januar 1990 inhaftiert, erhält aber nach wenigen Tagen wegen seines Gesundheitszustandes Haftverschonung und lebt seitdem mit seiner Frau *Margot H.* (1963–89 DDR-Volksbildungsministerin) in dem Haus eines evangelischen Pfarrers.

Jordan, *Carlo*, seit 1989 Vertreter der Grünen Partei am »Runden Tisch«.
Bauingenieur, an der Restaurierung der Zionskirche in Ost-Berlin und der Georgskirche in Halle beteiligt. Vor der »Wende« in der DDR verdiente er sich sein Geld mit Unterrichtsstunden in Potsdam, die ihm die evangelische Kirche bezahlte, und engagierte sich beim »Netzwerk Arche«, aus dem am 24.11.1989 die »Grüne Partei« der DDR hervorgeht, zu deren Mitbegründern er gehört. Seit Dezember 1989 vertritt J., der die Naturphilosophie des Zoologen *Ernst Haekkel* verehrt, den er als »Vorläufer der Ökologie in Deutschland« sieht, die Grünen in der DDR am »Runden Tisch«. In den Vorstand seiner Partei wollte J. nicht gewählt werden, ist aber Kandidat der Grünen für einen Sitz in der Volkskammer.

Kamilli, *Karl-August*, * 1945; seit 1990 stellvertretender Vorsitzender der SPD.
Geophysiker, verweigert den Wehrdienst und wird von 1970–72 als Bausoldat eingezogen; danach unter ständiger Beobachtung des Staatssicherheitsdienstes. In den achtziger Jahren in der Leipziger Friedensbewegung aktiv; stets Befürworter einer deutschen Einheit. Nach der »Wende« in der DDR in Leipzig Mitbegründer der Sozialdemokratischen Partei der DDR/SDP, die sich am 14.1.1990 in SPD umbenennt, und ihr erster Kreisvorsitzender sowie Vorsitzender des provisorischen Bezirksvorstandes. Auf dem ersten ordentlichen Parteitag der Sozialdemokraten in der DDR am 23.2.1990 zum stellvertretenden Parteivorsitzenden gewählt. Für die Volkskammerwahl steht er auf Platz 1 der Leipziger SPD-Liste. K., der künftig das Militärwesen und die Sicherheitspolitik zu seinem politischen Betätigungsfeld machen will, wirft den Sozialdemokraten in der Bundesrepublik Deutschland vor, die Realität des Totalitarismus nicht ernst genug genommen zu haben, sich auch von totalitären Parteien nicht scharf genug abgegrenzt zu haben.

Keller, *Dietmar*, * Chemnitz 17.3.1942; seit 1989 Kulturminister.
Diplomlehrer für Marxismus/Leninismus, Dr. phil. Seit 1963 Mitglied der SED; 1972 Sekretär für Wissenschaft und Kultur der SED-Kreisleitung der Karl-Marx-Universität in Leipzig; 1977 in die SED-Bezirksleitung Leipzig kooptiert und zum Sekretär für Wissenschaft, Volksbildung und Kultur gewählt. Ab 1984 einer von fünf stellvertretenden Kulturministern (speziell zuständig für die bildende Kunst) und seit 1988 Staatssekretär im Kulturministerium. Übernimmt am 17.11.1989 mit der Regierung → *Modrow* das Amt des Kulturministers. Seitdem setzte er eine Reihe demonstrativer Signale. So redete er nicht nur mit *Walter Janka*, dem lange verfemten, einstigen Leiter des Aufbau-Verlages, auch die Auftritte von *Wolf Biermann* in Leipzig und Ost-Berlin, die ersten Auftritte seit seiner Ausbürgerung aus der DDR, waren nicht zuletzt sein Verdienst.

Kirchner, *Martin*, * Weimar 9.8.1949; seit 1989 Generalsekretär der CDU.
Jurastudium an der Martin-Luther-Universität in Halle. 1973–75 Mitarbeiter beim Sekretariat des Hauptvorstandes der CDU in Ost-Berlin, 1975–86 Vorstand des Kreiskirchenamtes in Gera. Danach Oberkirchenrat und stellvertretender Vorsitzender des Landeskirchenamtes der Evangelisch-Lutherischen Landeskirche in Thüringen; Mitglied der Konferenz der Evangelischen Kirchenleitungen in der DDR. Daß er ein Mann der Opposition ist, hat er schon früh bewiesen; im September 1989, als immer mehr Menschen der DDR

den Rücken kehrten, gehörte er zu den vier Unterzeichnern des »Weimarer Briefes«, der auf der Eisenacher Jahrestagung der Synode des Evangelischen Kirchenbundes die CDU in der DDR aufforderte, die aktuellen Probleme des Landes »endlich realistisch und unbeschönigt wahrzunehmen«. Auf dem Sonderparteitag in Ost-Berlin (15./16. 12. 1989) zum ersten Generalsekretär dieser Partei gewählt. K., der Politiker aus christlicher Verantwortung sein will, bemüht sich um die enge Zusammenarbeit mit der CDU in der Bundesrepublik Deutschland. Beide Schwesterparteien sollten, was die Zukunft Deutschlands betreffe, mit einer Stimme sprechen.

Krack, *Erhard*, * Danzig 9. 1. 1931; 1977–1990 Oberbürgermeister von Ost-Berlin.
Nach Abitur und begonnener Installateurlehre (1945/46) Funktionär in der FDJ; 1951 Eintritt in die SED. Nach einem Studium an der Universität Rostock, das er 1946 als Diplomökonom abschließt, bis 1963 an der Warnow-Werft in Warnemünde, dort Haupttechnologe und Parteisekretär. 1963–65 Vorsitzender des Wirtschaftsrates beim Rat des Bezirks Rostock und Mitglied der SED-Bezirksleitung. 1965–74 Minister für bezirksgeleitete Industrie und für Lebensmittelindustrie. Ab Februar 1974 nach *Friedrich Ebert* (1948–67) und *Herbert Fechner* (1967–74) dritter Oberbürgermeister von Ost-Berlin und in dieser Eigenschaft Mitglied des Ministerrates (bis zum Rücktritt der Regierung → *Stoph* im November 1989). Nach einem Studium an der Akademie für Gesellschaftswissenschaften beim ZK der KPdSU in Moskau 1984 zum Mitglied des SED-Zentralkomitees berufen. Seit 1976 Abgeordneter der Volkskammer und der Stadtverordnetenversammlung von Ost-Berlin. Zusammen mit dem DDR-Ministerratsvorsitzenden → *Modrow* vereinbart er am 12. 12. 1989 in Ost-Berlin mit dem Regierenden Bürgermeister von Berlin, *Walter Momper*, die Bildung eines Regionalausschusses für den Raum Berlin, der am 22.12. zu seiner konstituierenden Sitzung zusammentritt. Nach der Aufforderung der Stadtverordnetenversammlung, die politische Verantwortung für die Wahlfälschung am 7. Mai 1989 zu übernehmen, tritt K. am 23. 2. 1990 zurück (Nachfolger: *Christian Hartenhauer*).

Krenz, *Egon*, * Kolberg (Pommern) 19. 3. 1937; 1983–89 Mitglied des SED-Politbüros und ZK-Sekretär; 1989 Generalsekretär des ZK der SED und Vorsitzender des Staatsrates.
Sohn eines Schneiders; Studium am Institut für Lehrerbildung in Putbus auf der Insel Rügen. Nach dem Staatsexamen zwei Jahre freiwilliger Militärdienst; Leutnant. Anschließend politische Karriere in der FDJ, der er seit 1953 angehört. Über die Kreisleitung Bergen und die Bezirksleitung Rostock innerhalb von drei Jahren 1961 schon in der Zentrale in Ost-Berlin als Sekretär des Zentralrates der FDJ, seit 1955 auch Mitglied der SED. 1964–67 Zweitstudium an der Parteihochschule der KPdSU in Moskau; Diplomgesellschaftswissenschaftler. Dann erneut Sekretär des FDJ-Zentralrates, von 1971–74 in dieser Eigenschaft Vorsitzender der Pionierorganisation »Ernst Thälmann« und schließlich 1974–83 Erster Sekretär des FDJ-Zentralrates. Seit Juni 1971 Kandidat des ZK, seit 1983 Vollmitglied des Politbüros und als Sekretär des Zentralkomitees verantwortlich für die Sicherheit, für Jugend und Sport und für Kaderfragen. Nach der Ablösung → *Honekkers* wird K. zum Machtverwalter des Übergangs. Zwar wird er vom ZK der SED am 18. 10. 1989 einstimmig zum Generalsekretär und von den Volkskammerabgeordneten mit zahlreichen Gegenstimmen und Enthaltungen auch zum Staatsratsvorsitzenden und zum Vorsitzenden des Nationalen Verteidigungsrates gewählt. Obwohl sich K. bemüht, Vertrauen zu gewinnen (er beschließt die Öffnung der Grenzen, treibt die Reformen voran, kündigt freie, demokratische Wahlen an, setzt sich für die Streichung des Machtmonopols der SED aus der Verfassung ein), kommt die »Wende« zu spät. Schließlich überrollen ihn die Enthüllungen über Amtsmißbrauch und Korruption der alten SED-

Führung, die dazu führen, daß selbst die SED-Basis seinen Rücktritt fordert. Am 3.12. treten das Zentralkomitee und das Politbüro der SED sowie Egon Krenz zurück, »um einer weiteren Gefährdung der Existenz der Partei entgegenzuwirken«. Am 6.12. tritt K. auch von seinen Staatsämtern zurück; der Nationale Verteidigungsrat wird aufgelöst. Am 9. 1. 1990 legt er sein Mandat als Abgeordneter der Volkskammer nieder; am 21. 1. 1990 wird er aus der SED ausgeschlossen.

Kroker, *Herbert,* * Groß-Merzdorf 24. 8. 1929; seit 1989 Erster Sekretär der SED-Bezirksleitung Erfurt.
Nach einer kaufmännischen Lehre arbeitet er nach dem Krieg zunächst als Landarbeiter und absolviert dann eine Lehre als Bauschlosser. Nach mehreren Tätigkeiten als Leiter von Betriebsgewerkschaftsleitungen 1961–63 FDGB-Bezirksvorsitzender in Karl-Marx-Stadt (Chemnitz). 1964–68 Parteiorganisator des ZK der SED in der Vereinigung volkseigener Betriebe/VVB Werkzeugmaschinenwerke. Danach beendet er ein externes Studium an der Hochschule für Ökonomie in Ost-Berlin als Diplomwissenschaftler und promoviert (1979) zum Doktor rer. oec. Ab 1970 Generaldirektor des VED-Kombinat Umformtechnik in Erfurt, zu dem 14 Betriebe und ein Forschungszentrum gehören, in denen rd. 20 000 Mitarbeiter beschäftigt sind. Ab 1981 Mitglied der SED-Bezirksleitung Erfurt und Abgeordneter der Volkskammer. Zwei Jahre später Differenzen mit → *Mittag*, daraufhin als Generaldirektor abgesetzt und zum Direktor eines Kleinbetriebes für Feuerlöschgeräte in Apolda degradiert. 1986 nicht wieder in die Volkskammer geschickt. Nach dem Sturz → *Honeckers* und der Ablösung des Ersten Sekretärs der SED-Bezirksleitung Erfurt, *Gerhard Müller*, der inzwischen wegen Vertrauensmißbrauchs im schweren Fall in Untersuchungshaft genommen wird, wird K. am 11. 11. 1989 zum neuen SED-Bezirkschef in Erfurt gewählt. Nach dem Rücktritt des Politbüros unter → *Krenz* tritt er an die Spitze eines aus unbelasteten SED-Politikern bestehenden 25köpfigen Arbeitsausschusses und ist damit – bis zum SED-Sonderparteitag im gleichen Monat, bei dem → *Gysi* zum neuen Vorsitzenden der Partei gewählt wird – für kurze Zeit der erste Mann der SED.

De Maizière, *Lothar,* * Nordhausen a. Harz 2. 3. 1940; seit 1989 Vorsitzender der CDU und stellvertretender Vorsitzender des Ministerrates.
Sohn eines Rechtsanwalts, Neffe des ehemaligen Generalinspekteurs der Bundeswehr *Ulrich de Maizière*. Wegen seines christlichen Bekenntnisses Schwierigkeiten an der erweiterten Oberschule. Nach dem Abitur Studium im Fach Viola an der Ostberliner Musikhochschule, nach dem Abschluß bis 1975 in verschiedenen Theater- und Kulturorchestern, u. a. im Ostberliner Rundfunk-Sinfonieorchester tätig. Aus gesundheitlichen Gründen Berufswechsel; von 1969–75 Fernstudium der Rechtswissenschaft an der Berliner Humboldt-Universität. Nach kurzer Assistenzzeit 1976 Aufnahme in das Ostberliner Kollegium der Rechtsanwälte; seit 1982 Vorstandsmitglied und seit 1987 stellvertretender Vorsitzender des Kollegiums, dessen Vorsitzender bis Herbst 1989 *Gregor* → *Gysi* war. Als Rechtsanwalt vertrat er vor Gericht vornehmlich Jugendliche, die sich wegen Wehrdienstverweigerung oder Teilnahme an pazifistischen Aktivitäten zu verantworten hatten. M., der seit 1956 der CDU der DDR angehört, hatte in dieser Partei bisher keine verantwortliche Funktion inne; seit 1987 ist er Mitglied der Arbeitsgemeinschaft »Kirchenfragen« beim CDU-Hauptvorstand. Nach dem Rücktritt von → *Götting* vom Hauptausschuß der Partei am 11. 11. 1989 zum amtierenden Vorsitzenden der CDU gewählt. M. gehört seit 1985 der Synode des Bundes der Evangelischen Kirchen an und ist seit 1986 einer ihrer beiden Vizepräsides. Auf einem Sonderparteitag seiner Partei am 15./16. 12. 1989 in Ost-Berlin, auf dem die neue Führung gewählt wurde, wird er eindrucksvoll als Vorsitzender bestätigt. M. will seine Partei reformieren, einen eigenständigen Kurs gegenüber der SED steuern und das »gestörte Verhältnis« der Partei zu den Kir-

chen überwinden; er bekennt sich zur »Einheit der deutschen Nation in den bestehenden Grenzen«. M. ist Spitzenkandidat seiner Partei für die Volkskammerwahlen am 18. März 1990.

Maleuda, *Günther*, * Altbeelitz 20. 1. 1931; seit 1987 Vorsitzender der Demokratischen Bauernpartei Deutschlands/DBD und seit 1989 Präsident der Volkskammer.
Entstammt einer Arbeiterfamilie; 1948–52 Besuch verschiedener Landwirtschaftsschulen, staatlich geprüfter Landwirt. Nach einem Studium an der Akademie für Staats- und Rechtswissenschaften in Potsdam-Babelsberg von 1952–55 Diplomwirtschaftler und nach einer Aspirantur an der Berliner Humboldt-Universität 1965–67 Doktor der Agrarwissenschaften. Der 1948 von Kommunisten gegründeten Demokratischen Bauernpartei gehört er seit 1950 an. Von 1955–76 übte er verschiedene Funktionen in seiner Partei und in staatlichen Stellen im Bezirk Potsdam aus. 1972–77 Kandidat und seitdem Mitglied des Präsidiums des Parteivorstandes der DBD. 1976–82 Vorsitzender des Bezirksverbandes Halle seiner Partei. 1982 Sekretär, 1984 stellvertretender Vorsitzender und seit 1987 Vorsitzender der DBD. Damit rückte er zugleich zu einem der acht stellvertretenden Vorsitzenden des DDR-Staatsrates auf. Am 13. 11. 1989 von der DDR-Volkskammer in geheimer Abstimmung im zweiten Wahlgang zu ihrem neuen Präsidenten gewählt und damit Nachfolger des zuvor zurückgetretenen → *Sindermann*. Auf dem Parteitag des DBD am 27. 1. 1990 als Parteivorsitzender bestätigt.

Meckel, *Markus*, * Müncheberg bei Frankfurt/Oder 1952; stellvertretender Vorsitzender der SPD.
Sohn eines Pfarrers, als 17jähriger von der erweiterten Oberschule relegiert, erlangt er an einem kirchlichen Oberseminar die Hochschulreife. Nach dem Theologiestudium in Naumburg und Berlin bis 1988 Gemeindepfarrer in mecklenburgischen Kleinstädten. Danach Leiter einer ökumenischen Begegnungs- und Bildungsstätte in Niederndodeleben bei Magdeburg. Politisch zunächst in der Friedens- und Menschenrechtsbewegung aktiv. Im Oktober 1989 einer der Initiatoren der Sozialdemokratischen Partei SDP, die sich am 14. 1. 1990 in SPD umbenennt. Auf dem Leipziger Parteitag der SPD am 23. 2. zum stellvertretenden Parteivorsitzenden gewählt.

Mehlhorn, *Ludwig*, * 1950; Mitbegründer der Bürgerbewegung Demokratie Jetzt.
Mathematiker, Übersetzer, diakonischer Mitarbeiter. 1985 aus seiner Stelle als Mathematiker am Rechenzentrum der Hochschule für Ökonomie gedrängt. Trat bereits ab 1986 mit Dossiers und Schriften zur notwendigen Veränderung in der DDR an die Öffentlichkeit. Einer der Initiatoren und eine der profiliertesten Persönlichkeiten der Bürgerbewegung Demokratie Jetzt, die als eine der ersten Oppositionsgruppen in der DDR bereits Mitte September 1989 ihren Gründungsaufruf unterschrieb. M. ist der Auffassung, die weitere Verwendung des Begriffes »Sozialismus« trage zunehmend zu einer Verbreiterung der Kluft zwischen der Bevölkerung und der Opposition in der DDR bei und sollte deshalb als »Worthülse« aus dem Sprachgebrauch gestrichen werden. Dies heiße jedoch nicht Verzicht »auf soziale Grundwerte, etwa auf die Solidarität mit Leistungsschwachen oder auf bestimmte Prinzipien der Wirtschaft, Ökologie vor Ökonomie beispielsweise«.

Mielke, *Erich*, * Berlin 28. 12. 1907; 1957–89 Minister für Staatssicherheit und 1976–89 Vollmitglied des Politbüros des ZK der SED.
Sohn eines Stellmachers, Lehre als Speditionskaufmann. Schon als Gymnasiast mit 14 Jahren Mitglied des Kommunistischen Jugendverbandes/KJV und mit 18 Jahren Mitglied der KPD, in der er anschließend verschiedene Funktionen im Parteiapparat wahrnimmt. Zwischen 1928 und 1931 Reporter der »Roten Fahne«. Anfang der dreißiger Jahre Angehöriger des »Ordnerdienstes« der KPD in Berlin, der im September 1931 in »Partei-Selbstschutz« umbenannt wurde.

Nach den Feststellungen des Vorgerichts I beim Landgericht Berlin vom 16. Juli 1934 war M. am 9. August 1931 auf dem Bülowplatz in Berlin an der Ermordung der Polizeihauptleute Anlauf und Lenk beteiligt. Wegen dieser Tat mußte er sich nie vor einem Gericht verantworten, da er von der KPD außer Landes gebracht wurde. In der Sowjetunion besuchte er 1934/35 die Lenin-Schule in Moskau. Von 1936–39 nahm er in den internationalen Brigaden am Spanischen Bürgerkrieg teil und kehrte dann in die Sowjetunion zurück. Unmittelbar nach Kriegsende kam er wieder nach Berlin, wo er sich um den Aufbau einer deutschen »Tscheka« in der sowjetischen Besatzungszone kümmerte. Ab Juni 1946 Vizepräsident der Zentralverwaltung für Inneres in Berlin-Wilhelmsruh, Mitorganisator der politischen Polizei. 1950–57 Staatssekretär, dann Minister für Staatssicherheit und damit Gebieter über rund 25 000 hauptamtliche Mitarbeiter, die meist einen militärischen Rang haben, rd. 6000 uniformierte Angehörige des Wachregiments »Feliks Dzierzynski« und ein Heer von rd. 80 000 inoffiziellen Mitarbeitern. Seit 1950 Mitglied des SED-Zentralkomitees, seit 1958 Abgeordneter der Volkskammer. Nach der Wahl von → *Honecker* zum SED-Chef 1971 zum Kandidaten und 1976 zum Vollmitglied des Politbüros des ZK der SED berufen. Nach dem Sturz *Honeckers* wird M. am 3. 11. 1989 von seiner Funktion als Mitglied des Politbüros entbunden und am 3. 12. aus der Partei ausgeschlossen. Am 8. 11. leitet der DDR-Staatsanwalt ein Ermittlungsverfahren gegen ihn ein, am 8. 12. meldet ADN seine Verhaftung, am 9. 3. seine Haftentlassung aus gesundheitlichen Gründen.

Mittag, *Günter,* * Stettin 8. 10. 1926; 1966–89 Mitglied des Politbüros des ZK der SED.
Gegen Ende des Zweiten Weltkrieges Luftwaffenhelfer, dann Eisenbahnbeamter und Studium an der Hochschule für Verkehrswissenschaften in Dresden, 1958 Promotion zum Doktor rer. oec. Seit 1946 Mitglied der SED und ab 1951 in verschiedenen Abteilungen des ZK tätig; 1953–58 Leiter der Abteilung Verkehr und Verbindungswesen und 1958–61 Sekretär der Wirtschaftskommission beim Politbüro des ZK der SED. Seit 1962 Mitglied des ZK und 1962–73 sowie seit 1976 Sekretär für Wirtschaft im ZK. Unter *Walter Ulbricht* maßgeblicher Wirtschaftsfunktionär, mitverantwortlich für das »neue ökonomische System«. 1963 Kandidat, 1976 Mitglied des Politbüros der SED. Seit 1963 Abgeordneter der Volkskammer und seitdem Vorsitzender des Ausschusses für Industrie, Bauwesen und Verkehr. 1963–71 Mitglied des Staatsrates und 1973–76 erster stellvertretender Vorsitzender des Ministerrates. Ab 1979 erneut Mitglied des Staatsrates und seit Juni 1984 stellvertretender Vorsitzender. M. wird bereits am 18. 10. 1989 aus dem Politbüro und dem ZK entfernt und verliert auch seine Funktion als ZK-Sekretär; am 23. 11. aus der SED ausgeschlossen. Am 3. 12. wegen Veruntreuung von Volksvermögen verhaftet.

Modrow, *Hans,* * Jasenitz, Krs. Ueckermünde 27. 1. 1928; 1973–89 Erster Sekretär der SED-Bezirksleitung Dresden; seit 1989 Vorsitzender des Ministerrates.
Gelernter Maschinenschlosser, zum Kriegsdienst als Flakhelfer eingezogen und gegen Ende des Krieges in sowjetische Gefangenschaft geraten. 1949 in die SED und in den kommunistischen Staatsjugendverband/FDJ eingetreten, deren Vorsitzender damals → *Honecker* war. 1953–61 Chef der FDJ-Bezirksleitung in Ost-Berlin, 1961–67 Sekretär der SED-Kreisleitung Berlin-Köpenick, ab 1967 Mitglied des SED-Zentralkomitees und zugleich Sekretär für Agitation und Propaganda der SED-Bezirksleitung Ost-Berlin. Daneben absolvierte er 1944–57 ein Fernstudium zum Diplomgesellschaftswissenschaftler an der Parteihochschule der SED, zum Diplomwirtschaftler an der Hochschule für Ökonomie in Ost-Berlin und Doktor der Wirtschaftswissenschaften an der Berliner Humboldt-Universität. Nach *Honeckers* Amtsantritt als SED-Chef übernimmt er 1971 die Leitung der Abteilung Agitation im SED-Zen-

tralkomitee. Ab Herbst 1973 Erster Sekretär der SED-Bezirksleitung Dresden. Seitdem in der SED stets umstritten und im Gegensatz zu anderen Bezirkschefs weder Kandidat noch Mitglied in der Machtzentrale Politbüro. In den vergangenen Jahren galt er als Hoffnungsträger der Deutschen in der DDR für die Nachfolge *Honeckers*. Nach dessen Sturz wird M., der sich durch persönliche Bescheidenheit, Aufgeschlossenheit gegenüber Reformen und Ablehnung stalinistischer Methoden im Umgang mit Andersdenkenden weit über Dresden hinaus in der DDR Sympathien erworben hat, am 13. 11. 1989 als Nachfolger von → *Stoph* zum Vorsitzenden des DDR-Ministerrats gewählt. Er verspricht eine »demokratische Erneuerung des gesamten öffentlichen Lebens« und Zusammenarbeit mit allen gesellschaftlichen Gruppen in der DDR. Der Bundesregierung schlägt er zunächst eine »Vertragsgemeinschaft« vor, dann, am 1. 2. 1990, legt er einen Plan vor, der in mehreren Schritten die deutsche Einheit in einer Föderation vorsieht. M. ist Spitzenkandidat seiner Partei für die Volkskammerwahl am 18. März 1990.

Neubert, *Erhard*, * 1940; stellvertretender Vorsitzender der Partei Demokratischer Aufbruch/DA.
Soziologiereferent in der theologischen Studienabteilung beim Bund der Evangelischen Kirchen in der DDR. N., in dessen Wohnung das erste Treffen der Initiativgruppe stattfand, hat maßgeblichen Anteil an der programmatischen Ausrichtung des Demokratischen Aufbruch. Auf dem Gründungsparteitag des DA am 17. 12. 1989 bei der Wahl zum Vorsitzenden gegen → *Schnur* unterlegen, aber zum stellvertretenden Vorsitzenden gewählt. Er gilt als wichtiger Organisator des DA.

Ortleb, *Rainer*, * Gera 1944; seit 1990 Vorsitzender der LDP.
Studium der Mathematik in Dresden (1964–71), anschließend dort als Assistent tätig. 1982 Wechsel an die Universität Rostock, dort zunächst Dozent, ab 1986 Professor für Schiffstechnik. 1968 Eintritt in die LDPD, u. a. Vorsitzender eines Stadtbezirksverbandes in Dresden, ab 1987 Vorsitzender des Kreisverbandes Rostock-Stadt. Am 10. 2. 1990 auf dem Parteitag der Liberalen, die sich wie 1945 den neuen Namen LDP geben, als Nachfolger des zurückgetretenen *Manfred* → *Gerlach* zum neuen Parteichef gewählt. Er verspricht »programmatische und personelle Erneuerung« der LDP, die am 11. 2. ein Wahlbündnis mit der neugegründeten FDP der DDR und der gleichfalls neuen Deutschen Forumpartei unter dem Namen »Bund Freier Demokraten« eingeht.

Pflugbeil, *Sebastian*, * Greifswald 1947; Mitbegründer des Neuen Forum; 1990 Minister ohne Geschäftsbereich in der Regierung Modrow.
Während seines Studiums der Physik an der Universität in Greifswald mehrere Jahre Leiter der Seminargruppe als FDJ-Sekretär. 1971 wechselt er an das Institut für Herz-Kreislauf-Forschung an der Berliner Akademie der Wissenschaften und organisiert auch hier die FDJ-Arbeit. Bald in Konflikt mit der Partei und dem Staatsapparat, als er ab Mitte der 70er Jahre Vorträge über die Gefährlichkeit von Atomwaffentests hält. Berater der Arbeitsgruppe »Ärzte für den Frieden«, die sich unter dem Dach der evangelischen Kirche, der er selbst angehört, konstituiert. Nach der Tschernobyl-Katastrophe fertigt er eine Studie zur Energiesituation in der DDR an, die im Januar 1989 vom Bund der Evangelischen Kirche erstmals einem breiteren Publikum zugänglich gemacht wird. Zusammen mit *Bärbel* → *Bohley* Anfang September 1989 Mitbegründer der Bürgerbewegung Neues Forum. Für diese Gruppe Anfang 1990 Minister ohne Geschäftsbereich im Kabinett → *Modrow*.

Poppe, *Gerd*, * Rostock 1942; Mitbegründer der Initiative Frieden und Menschenrechte/IFM; 1990 Minister ohne Geschäftsbereich in der Regierung Modrow.
Dipl.-Physiker, 1965–76 in einem Elektrowerk in Stahnsdorf bei Berlin beschäftigt. Ein

Protestbrief an SED-Generalsekretär *Erich → Honecker* wegen der Ausbürgerung seines Freundes *Wolf Biermann* 1976 hat zur Folge, daß er eine Stelle bei der Akademie der Wissenschaften nicht antreten kann. Anschließend Tätigkeit als Maschinist in einer Ostberliner Schwimmhalle. Zu seinem Freundeskreis gehörten der Westberliner Studentenführer Rudi Dutschke, Robert Havemann und Rudolf Bahro. Zur Integrationsfigur der oppositionellen Szene wird er Mitte der 80er Jahre, als er zusammen mit *Bärbel → Bohley* und *Wolfgang Templin* die Initiative Frieden und Menschenrechte/IFM gründete, die er jetzt als Minister ohne Geschäftsbereich in der Regierung Modrow vertritt. Ihm ist daran gelegen, das Erhaltenswerte der DDR, insbesondere die soziale Sicherung, in einen neuen Gesamtstaat einzubringen. Die am »Runden Tisch« beschlossene Sozialcharta hat er maßgeblich beeinflußt. Seine Ehefrau *Ulrike*, 1983 Mitbegründerin der Gruppe Frauen für den Frieden, ist für die Bürgerbewegung Demokratie Jetzt Teilnehmerin am »Runden Tisch«.

Rauls, *Wolfgang*, * 1949; seit 1990 Vorsitzender der NDPD.
Nach einer Lehre als Elektromonteur Studium mit dem Abschluß als Diplomstaatswissenschaftler. Seit 1968 NDPD-Mitglied mit politischer Karriere in Magdeburg. Dort 1963–79 NDPD-Stadtbezirkssekretär, dann bis 1987 Stadtbezirksrat für Kultur, anschließend bis 1990 Sekretär des Kreis- bzw. Bezirksvorstandes und ab Mitte Januar 1990 Präsident der Stadtverordnetenversammlung. Auf einem NDPD-Parteitag am 11. 2. 1990 in Ost-Berlin zum neuen NDPD-Vorsitzenden gewählt.

Reich, *Jens*, * 1940; Mitbegründer des Neuen Forum und dessen Spitzenkandidat für die Volkskammerwahlen.
Arztsohn; nach dem Studium der Medizin Molekularbiologe. Führte wie andere eine DDR-Nischenexistenz, abgestützt im Ostberliner Wissenschaftler- und Intellektuellenmilieu und in seiner kirchlichen Bindung. Erst der Protest seiner Kinder gegen dieses »Schneckenhausleben« hat ihn nach eigenen Angaben in die Opposition ausbrechen lassen. Im September 1989 gehörte er zu den Unterzeichnern der Gründungserklärung des Neuen Forum, das ihn als Spitzenkandidat für die Volkskammerwahl am 18. März aufstellt.

Reiche, *Steffen*, * 1960; 1989/90 Sprecher des Vorstands der SPD.
Studium der Theologie; Pfarrer in Christinendorf bei Berlin, mitten in der Mark Brandenburg. Gehört zu den 43 Personen, die am 7. 10. 1989 in dem kleinen Ort Schwandte bei Oranienburg vor Berlin zusammenkommen, um die Sozialdemokratische Partei in der DDR/SDP aus der Taufe zu heben, die bereits auf einer Konferenz vom 12.–14. 1. 1990 in Berlin in Sozialdemokratische Partei Deutschlands/SPD umbenannt wird. Seitdem im »vorläufigen Vorstand« und einer der Sprecher. R. ist der Überzeugung, es müsse zur Sozialdemokratie mehr Zugangsmöglichkeiten geben als die des demokratischen Sozialismus; nur das Christentum gebe ihm Antworten auf die letzten Dinge, die Politik sei nur ein vorletztes Ding.

Schalck-Golodkowski, *Alexander*, * Berlin 3. 7. 1932; 1975–89 Staatssekretär im Außenhandelsministerium.
Gelernter Feinmechaniker, Diplom-Wirtschaftler; seit den 50er Jahren im Außenhandelsapparat der DDR tätig. 1967–75 stellv. Minister, seit 1975 Staatssekretär im Ostberliner Ministerium für Außenhandel. Einer der mächtigsten Männer der DDR, der in der Ära *→ Honecker* praktisch unkontrolliert die internationalen Geschäftskooperationen der DDR verantwortete, aus denen Devisen erwirtschaftet wurden. Unterstellt war ihm u. a. die Staatsfirma Imes GmbH in Kavelstorf bei Rostock, die einen schwunghaften Waffenhandel betrieb; zeitweise soll sein Firmenimperium im In- und Ausland nahezu die Hälfte aller DDR-Deviseneinnahmen besorgt haben. Als Machtzentrale dieser Maschinerie fungierte seit 1963 die geheimnisumwitterte Abteilung »Kommerzielle Koordinierung« im

DDR-Außenhandelsministerium, deren Chef er war. 1983 handelte er mit dem bayerischen Ministerpräsidenten Franz Josef Strauß einen Milliardenkredit für die DDR aus. Ende November 1989 wird er vom DDR-Ministerratsvorsitzenden → *Modrow* beauftragt, das Finanzgebaren offenzulegen. Diesem Auftrag und einer gegen ihn laufenden Anzeige wegen Waffenhandel und Währungsschieberei entzieht er sich durch Flucht. Am 6.12. stellt er sich in West-Berlin den Justizbehörden und wird in Untersuchungshaft genommen, aber am 9. 1. 1990 entlassen. Zugleich wird bekannt, daß Sch., dem die DDR »Untreue zum Nachteil sozialistischen Eigentums im schweren Fall« vorwirft, Oberst des Staatssicherheitsdienstes der DDR war.

Schnur, *Wolfgang*, * Stettin 8. 6. 1944; 1989–90 Vorsitzender der Partei Demokratischer Aufbruch/DA.
Waisenkind, aufgewachsen bei Pflegeeltern auf der Insel Rügen. Nach dem Jurastudium Rechtsanwalt in Rostock und einer der wenigen (20–30) Einzelanwälte in der DDR, die sich im Gegensatz zu den Kollegialanwälten gegenüber dem Justizminister auf ihre Schweigepflicht berufen können. Wie → *Gysi* und *de* → *Maizière* hat er sich einen Namen durch die anwaltliche Betreuung von Andersdenkenden gemacht. Nicht zuletzt kümmerte er sich um Wehrdienstverweigerer und Bausoldaten und wurde immer wieder von der evangelischen Kirche beauftragt, wenn es galt, die Freilassung von zu Unrecht Inhaftierten zu erreichen. Im Frühjahr 1988 übernimmt er die Vertretung einiger derjenigen, die nach der Liebknecht/Luxemburg-Demonstration in Ost-Berlin verhaftet worden waren. Bei der Gründung der landesweiten Oppositionsgruppe Demokratischer Aufbruch am 29. 10. 1989 wird er mit großer Stimmenmehrheit zu deren vorläufigem Vorsitzenden gewählt. Beim Gründungsparteitag in Leipzig (17. 12.), bei dem sich die Partei den Namen »Demokratischer Aufbruch – sozial und ökologisch« gibt, wird er im 2. Wahlgang mit 118 Stimmen (101 Gegenstimmen) zum amtierenden Vorsitzenden gewählt. Er setzt sich für sozial-ökologisch abgefederte Marktwirtschaft, für die Absage an den Sozialismus und für die deutsche Einheit ein. Neben → *Eppelmann* der Vertreter des DA bei den seit dem 7. 12. stattfindenden Gesprächen am »Runden Tisch«. Mit den Vorsitzenden der CDU der DDR *de* → *Maizière* und der DSU → *Ebeling* vereinbart er nach einem Gespräch mit Bundeskanzler *Helmut Kohl* am 4. 2. 1990 im Hinblick auf die Wahl zur Volkskammer eine Zusammenarbeit ihrer Parteien unter dem Namen »Allianz für Deutschland«. Am 14. 3. erklärt er seinen Rücktritt, nachdem schwere Vorwürfe gegen ihn erhoben wurden wegen Tätigkeiten für den Staatssicherheitsdienst (Nachfolger als Vorsitzender des DA wird *Eppelmann*).

Sindermann, *Horst*, * Dresden 5. 9. 1915; 1973–76 Vorsitzender des Ministerrats; 1976–89 Präsident der Volkskammer und stellvertretender Vorsitzender des Staatsrates.
Sohn eines SPD-Reichstagsabgeordneten aus Sachsen, Besuch eines Realgymnasiums in Dresden. Seit 1929 im Kommunistischen Jugendverband Deutschlands/KJV, 1932–33 dessen Unterbezirksleiter in Dresden. Unter den Nationalsozialisten 1934–45 fast ständig im Zuchthaus und in den Konzentrationslagern Sachsenhausen und Mauthausen. Nach Kriegsende »Aktivist der ersten Stunde«; 1945 Mitglied der KPD, dann der SED; Chefredakteur verschiedener Zeitungen und des SED-Pressedienstes. 1953–63 Mitarbeiter des ZK der SED, ab 1957 als Leiter der Abteilung Agitation und Propaganda. Ab 1963 Mitglied des ZK der SED, 1963–67 Kandidat, seit 1967 Vollmitglied des Politbüros und seit 1963 auch in der Volkskammer. 1963–71 Erster Sekretär der SED-Bezirksleitung Halle. 1971–73 erster stellvertretender Vorsitzender des Ministerrats und Mitglied des Präsidiums und von 1973–76 als Nachfolger von → *Stoph* Vorsitzender des DDR-Ministerrats; seit Oktober 1976 Präsident der Volkskammer und stellvertretender Vorsitzender des Staatsrates. Nach dem Sturz → *Honeckers* im Oktober 1989 ver-

liert auch S. seine Ämter in Politbüro und Zentralkomitee der SED und tritt am 13. 11. als Präsident der Volkskammer zurück; zu seinem Nachfolger wird *Günther* → *Maleuda* gewählt. Am 17. 11. verliert er auch sein Amt als stellvertretender DDR-Staatsratsvorsitzender; am 3. 12. wird er aus der Partei ausgeschlossen. Am 21. 1. 1990 wird er vorübergehend in Untersuchungshaft genommen.

Stoph, *Willi,* * Berlin 9. 7. 1914; seit 1953 Mitglied des Politbüros der SED, 1964–73 und seit 1976 Vorsitzender des Ministerrates und 1973–76 Vorsitzender des Staatsrates.
Entstammt einer Berliner Arbeiterfamilie; nach Abschluß einer Maurerlehre Polier und (nach Fernstudium) Bautechniker. Seit 1928 im Kommunistischen Jugendverband/KJV und seit 1931 in der KPD. 1935–37 Ableistung des Wehrdienstes und im Zweiten Weltkrieg als Stabsgefreiter bei einer Artillerieeinheit. Nach dem Krieg widmete er sich als KPD-Funktionär dem Aufbau der Industrie und des Bauwesens in der SBZ. Seit 1950 Abgeordneter der Volkskammer und zugleich Mitglied und Sekretär des ZK der SED, seit 1953 im Politbüro. 1951/52 Leiter des Büros für Wirtschaftsfragen beim Ministerpräsidenten der DDR, zuständig für die Wiederbewaffnung; 1952–55 Innenminister und Aufbau der »kasernierten Volkspolizei«; 1956–60 als Verteidigungsminister Organisation der Nationalen Volksarmee; seit Oktober 1959 Armeegeneral. Ab Juli 1960 mit der Koordinierung und Kontrolle der Durchführung von Beschlüssen des ZK der SED und des Ministerrats betraut. 1962–63 erster stellvertretender Vorsitzender des Ministerrates, 1964–73 dessen Vorsitzender und gleichzeitig (ab Oktober 1963) stellvertretender Vorsitzender des Staatsrates. Treffen mit *Willy Brandt* am 19. 3. 1970 in Erfurt und am 21. 5. 1970 in Kassel. Als Nachfolger von *Walter Ulbricht* 1973–76 Staatsratsvorsitzender, dann von → *Honecker* in diesem Amt abgelöst und als Nachfolger von → *Sindermann* seit Oktober 1976 erneut Vorsitzender des Ministerrats und stellvertretender Vorsitzender des Staatsrats. Nach dem Sturz *Honeckers* im Oktober 1989 verliert S. seine Funktion im Politbüro und ZK der SED und wird am 13. 11. von → *Modrow* im Amt des Vorsitzenden des DDR-Ministerrates abgelöst; am 17. 11. verliert er auch sein Amt als stellvertretender DDR-Staatsrat. S. wird am 3. 12. aus der Partei ausgeschlossen. Am 8. 12. leitet der Generalstaatsanwalt der DDR ein Ermittlungsverfahren gegen ihn ein; er wird vorübergehend in Untersuchungshaft genommen.

Ullmann, *Wolfgang,* * Bad Gottleuba bei Pirna 18. 8. 1929. Delegierter der Bürgerbewegung Demokratie Jetzt am »Runden Tisch«; Minister in der Regierung Modrow.
Nach dem Krieg Studium der Theologie, Philosophie und Geschichte in West-Berlin und Göttingen, Promotion. Einige Jahre als Pfarrer tätig. Seit 1963 Dozent für Kirchengeschichte in Naumburg, seit 1978 an der Hochschule des Bundes der Evangelischen Kirchen in Ost-Berlin. Aktiv in der ökumenischen Arbeit des Lutherischen Weltbundes. Delegierter der Bürgerinitiative Demokratie Jetzt am »Runden Tisch« und Leiter von deren Arbeitsgruppe Wahlrecht. Minister ohne Ressort in der Übergangsregierung → *Modrow* bis zu den Wahlen am 18. März 1990.

Weiß, *Konrad,* * Lauban/Schlesien 17. 2. 1942; Gründungsmitglied von Demokratie Jetzt/DJ.
Als Beamtensohn und überzeugter Christ zur erweiterten Oberschule/Abitur nicht zugelassen, Lehre als Elektromonteur, Abitur an der Volkshochschule. Arbeitet zunächst als Elektromonteur, nach Besuch des Katechetenseminars als Mitarbeiter des Katholischen Seelsorgeamtes in Magdeburg. 1965–69 Studium an der Deutschen Hochschule für Filmkunst in Potsdam-Babelsberg, Diplom in Fachrichtung Regie; arbeitet als Regisseur im DEFA Studio für Dokumentarfilme. Mitbegründer von Demokratie Jetzt, einer ihrer Sprecher und Vertreter am »Runden Tisch«; Mitglied der Regierungskommission für ein neues Mediengesetz.

Wie es weitergeht, steht in

Erscheint im November '90

Ihr direkter Zugriff zu den Daten der Welt:
- Staaten und Länder mit Jahreschronik, Bevölkerung Verfassung, Regierung, Wirtschaft, Presse u.a.
- Politikerbiografien
- Internationale Organisationen und Konferenzen
- Weltwirtschaft und Welthandel
- Verkehr + Tourismus
- Kulturpreise
- Gedenktage
- Statistiken in Tabellen und Grafiken

Ihr Jahrbuch für Politik, Wirtschaft, Kultur, Gesellschaft, Umwelt und Energie im Fischer Taschenbuch Verlag

Die wichtigsten Wahlbündnisse, Parteien und Gruppierungen in der DDR

Bis zum Herbst 1989 gab es neben der Staatspartei SED nur die ehemals im Demokratischen Block zusammengeschlossenen Alt-Parteien (CDU, LDPD, NDPD und DBD). Seitdem haben sich im Sog des revolutionären Umbruchs eine Vielzahl neuer Parteien und politischer Gruppierungen gebildet. Die wichtigsten von ihnen sind zusammen mit den Alt-Parteien seit dem 7. Dezember 1989 nicht nur am zentralen »Runden Tisch« vereint, sondern gehören seit dem 5. 2. 1990 der Regierung der Nationalen Verantwortung an, die ihre Aufgabe darin sieht, die DDR bis zu den vorgezogenen Wahlen zur Volkskammer am 18. März einigermaßen stabil zu halten. Zur Wahl treten 24 Parteien, Gruppierungen und Bündnisse an (→ Sp. 307f.).

Daß die Parteienlandschaft in der DDR immer noch in Bewegung ist, belegen die verschiedenen Bündnisse, die mit Blick auf die Wahlen gebildet wurden. Am 3. 1. 1990 schlossen sich sechs Gruppierungen zu einem Wahlbündnis zusammen: Neues Forum, Demokratie Jetzt, Initiative Frieden und Menschenrechte, Demokratischer Aufbruch, Vereinigte Linke und SPD. Es hatte jedoch keinen Bestand. Seitdem wurden sechs neue Bündnisse geschlossen.

Die Wahlbündnisse

»Aktionsbündnis Vereinigte Linke« → *Die Nelken* → *Vereinigte Linke*

»Allianz für Deutschland«: Dazu haben sich am 5. 3. 1990 die drei bürgerlichen DDR-Parteien CDU, Demokratischer Aufbruch/DA und Deutsche Soziale Union/DSU zusammengeschlossen. Die drei Parteien bleiben politisch eigenständig und stellen zur Wahl jeweils eigene Kandidaten in einer Listenverbindung auf. Die »Allianz« befürwortet eine schnelle Einheit Deutschlands und tritt für eine Wiederherstellung der alten DDR-Länder und eine schnelle Währungsunion mit der Bundesrepublik Deutschland ein.

»Alternative Jugendliste« – Freie Deutsche Jugend, Marxistischer Jugendverband, Vereinigung Junge Linke, Grüne Jugend.

»Bündnis 90«: Zu diesem Bündnis haben sich am 7. 2. 1990 die Bürgerbewegungen Neues Forum, Demokratie Jetzt und die Initiative Frieden und Menschenrechte zusammengeschlossen. Die Selbständigkeit der drei Gruppierungen soll erhalten bleiben. Das Bündnis 90 hat keine Partner in der Bundesrepublik Deutschland. Es versteht sich als »Korrektiv« zu den Parteien, das sich um die von jenen vernachlässigten Probleme wie soziale Minderheiten und Auswirkungen der Wirtschaftsreformen kümmern will. Die Bürgerbewegungen treten für eine behutsame Annäherung der beiden deutschen Staaten und gegen eine überstürzte Währungsunion ein.

»Bund Freier Demokraten«: Auf dieses Wahlbündnis haben sich am 11. 2. 1990 die drei liberalen Parteien Freie Demokratische Partei/FDP, Liberal-Demokratische Partei/LDP und Deutsche Forumpartei/DFP geeinigt. Ein Wunsch der NDPD, dem Wahlbündnis beizutreten, wurde von den liberalen Parteien abgelehnt. Die drei Parteien werden bei den bevorstehenden Volkskammer- und Kommunalwahlen mit einer gemeinsamen Liste in allen 15 Wahlbezirken der DDR antreten. Zur Organisation des Wahlkampfes wird ein gemeinsamer zentraler Koordinierungsausschuß eingesetzt, dessen Vorsitz auf Wunsch der DDR-Parteien der FDP-Fraktionsvorsitzende im Deutschen Bundestag, Wolfgang Mischnick, übernimmt. Der Bund Freier

Demokraten tritt für eine schnelle Einheit Deutschlands und eine Wirtschafts- und Währungsunion bis Ende 1990 ein sowie für die Schaffung von privatem Eigentum an Boden und Produktionsmitteln und eine soziale und ökologisch orientierte Marktwirtschaft.

»Bündnis Grüne Partei/Unabhängiger Frauenverband«: Auf dieses Wahlbündnis einigten sich am 15. 2. die Grüne Partei und der Unabhängige Frauenverband/UFV. Auf der gemeinsamen Liste zur Wahl werden auch Kandidaten der Grünen Liga, eines Zusammenschlusses aller Naturschutzverbände in der DDR, kandidieren. Als wesentliche Ziele der gemeinsamen politischen Arbeit werden die reale Gleichstellung der Geschlechter, die Garantie der sozialen Sicherheit in der DDR angesichts des bevorstehenden Strukturwandels und die Einigung der deutschen Nation als »wechselseitiger Reformprozeß« genannt.

Die Parteien und Gruppierungen

Christlich-Demokratische Union Deutschlands/CDU

1945 von Jakob Kaiser, Heinrich Krone und Ernst Lemmer gegründet. Von 1949–89 unter dem Vorsitz von Otto Nuschke und Gerald Götting war sie eine der vier im Demokratischen Block zusammengeschlossenen und an der Regierung beteiligten Parteien, die jedoch neben der SED in weitgehender Anpassung eine eher geringe Rolle spielten. Die CDU hat rund 140 000 Mitglieder, organisiert in 6200 Grundorganisationen. Vorsitzender ist seit dem 10. 11. 1989 Lothar de Maizière. Am 4. 12. beendete sie ihre Mitgliedschaft im Demokratischen Block; am 25. 1. 1990 trat sie aus der Regierung Modrow aus. Mit drei Vertretern Teilnehmerin am »Runden Tisch«. Auf dem Sonderparteitag am 15./16. 12. 1989 bricht die CDU mit ihrer Vergangenheit und legt die bisherige Parteifinanzierung durch das SED-Zentralkomitee offen. Die »Volkspartei mit christlichem Profil« spricht sich gegen »sozialistische Experimente« und für eine Marktwirtschaft mit sozialer und ökologischer Prägung aus. Der neue Vorsitzende de Maizière verlangte die Auflösung der Kombinate, die Beschränkung staatlicher Eingriffe und Autonomie für Unternehmen statt Weisungsmechanismen. Die Preis-, Steuertarif- und Subventionspolitik müsse neu geordnet werden. Ferner sollten ehemalige mittelständische Privatbetriebe an die früheren Besitzer oder deren Erben zurückgegeben werden. Der Sonderparteitag endete mit dem Bekenntnis zur deutschen Einheit in einem geeinten Europa. Am 5. 2. 1990 geht die CDU ein Wahlbündnis unter dem Namen »Allianz für Deutschland« mit dem Demokratischen Aufbruch und der DSU ein.

Demokratie Jetzt/DJ

Die Bürgerbewegung Demokratie Jetzt geht auf einen Aufruf und »Thesen für eine demokratische Umgestaltung in der DDR« vom 12. 9. 1989 zurück. Sie ist aus kirchlichen Kreisen und dem Protest gegen den Kommunalwahlbetrug vom Mai 1989 hervorgegangen. Die Bürgerbewegung Demokratie Jetzt will keine Partei werden. Sie ist Mitglied im »Wahlbündnis 90« und nimmt mit zwei Vertretern am »Runden Tisch« teil. Ihre Sprecher sind der Physiker und Synodale Hans-Jürgen Fischbek, die Mitbegründerin von »Frauen für den Frieden«, Ulrike Poppe, der Regisseur Konrad Weiß und der Dozent für Kirchengeschichte Wolfgang Ullmann, der auch einer ihrer Vertreter am »Runden Tisch« ist. Die Gruppe tritt ein für soziale und ökologische Marktwirtschaft, Rechtsstaatlichkeit und die Einheit Deutschlands in drei Stufen (Annäherung, Staatenbund, Bund deutscher Länder).

Demokratische Bauernpartei Deutschlands/DBD

Die DBD wurde am 29. 4. 1948 auf Weisung der SED gegründet. Seit 1949 ist sie an der Regierung beteiligt. Bis zum Herbst 1989 hat sie sich ohne Widerspruch den Vorgaben des SED-Politbüros untergeordnet. Der Austritt aus dem Demokratischen Block erfolgte am 5. 12. 1989. Die DBD, deren Vorsitzender der

Volkskammerpräsident Günther Maleuda ist, hat rd. 100 000 Mitglieder. Wie die anderen ehemaligen Parteien im Demokratischen Block schließt sie nach den Wahlen am 18. 3. ein Bündnis mit der PDS aus. Sie ist mit drei Vertretern am »Runden Tisch« beteiligt und tritt für soziale Marktwirtschaft, deutsche Einheit über eine stufenweise Annäherung und eine Umstrukturierung auf dem Land (neues LPG-, Bodenumweltschutzgesetz) ein.

Demokratischer Aufbruch – sozial, ökologisch/DA

Der DA geht auf eine im Juli 1989 gegründete Initiativgruppe zurück, die von überwiegend kirchlichen Mitarbeitern ins Leben gerufen wurde. Nach einer von der Polizei behinderten Gründungsversammlung am 2. 10. 1989, auf der der Entwurf einer »programmatischen Erklärung« vorgelegt wurde, hat sich der DA am 30. 10. 1989 bei einer Delegiertenversammlung mit Vertretern aus allen DDR-Bezirken als Partei vorläufig konstituiert. Die endgültige Parteigründung erfolgte auf einem Parteitag am 16./17.12.1989 in Leipzig. Zu den Mitbegründern zählen der Rostocker Rechtsanwalt Wolfgang Schnur, der Ostberliner Pfarrer Rainer Eppelmann, der Wittenberger Pfarrer Friedrich Schorlemmer (zur SPD übergetreten), der Weimarer Theologe Edelbert Richter und der Mitarbeiter des DDR-Kirchenbundes Erhard Neubert. In einem »Leipziger Programm« bekräftigt der DA das »Recht der Deutschen auf Einheit«, die sich über einen Staatenbund schließlich in bundesstaatlicher Form vollziehen müsse. Die »Vision einer sozialistischen Gesellschaftsordnung« wurde aus dem Programm gestrichen, das sich statt dessen für eine sozial-ökologische Marktwirtschaft ausspricht. Vorsitzender ist Wolfgang Schnur. Nach Rücktritt am 14. 3. 1990 wird Eppelmann zum Nachfolger bestimmt. Der DA geht am 5. 3. 1990 mit der CDU und der DSU ein Wahlbündnis unter dem Namen »Allianz für Deutschland« ein.

Deutsche Forumpartei/DFP

Die DFP wurde am 27. 1. 1990 als Absplitterung vom Neuen Forum mit Mitgliedern vor allem im Süden der DDR gegründet. Ihr Vorsitzender ist Jürgen Schmieder. Sie tritt ein für die deutsche Einheit, eine sozial-ökologische Marktwirtschaft und eine Absage an weitere Sozialismusprojekte. Obwohl sie an den Gesprächen teilnahm, hat sich die DFP nicht der »Allianz für Deutschland«, dem Wahlbündnis der bürgerlichen Parteien in der DDR, angeschlossen, sondern ist am 12. 2. dem »Bund Freier Demokraten«, dem auch die LDP und die FDP angehören, beigetreten.

Deutsche Soziale Union/DSU

Die DSU wurde am 20. 1. 1990 als Zusammenschluß von zwölf christlichen, liberalen und konservativen Oppositionsgruppen (Christlich-Soziale Partei Deutschlands/CSPD, Freie Deutsche Union/FDU, Fortschrittliche Volkspartei/FVP, Volksunion, Soziale Bürgerliche Union, Deutsche Freiheitsunion, CDSU, Christlich-soziale Vereinigung, Junge Union/JU, Forumspartei Thüringen, Freie Demokratische Union Deutschlands/FDUD, Christlich-Soziale Union/CSU) gegründet. Vorsitzender der Partei wurde der Leipziger Pfarrer Hans-Wilhelm Ebeling. Er bringt seine DSU, die als später gegründete Partei nicht am »Runden Tisch« vertreten ist, in ein Wahlbündnis mit der CDU und dem Demokratischen Aufbruch »Allianz für Deutschland« ein.

Freie Demokratische Partei/F.D.P.

Ein Gründungsausschuß tagte im Dezember 1989; der Gründungs- und Programmparteitag fand am 4. 2. 1990 statt. Der Parteitag wählte einen Länderrat, eine Wahlplattform und gab sich bis zum ersten ordentlichen Parteitag ein vorläufiges Programm und vorläufige Statuten. Vorsitzender des Länderrates wurde der Dessauer Arzt Bruno Menzel. Kernpunkte der Wahlplattform sind die schnelle Herstellung der deutschen Einheit, die Durchsetzung liberaler Grundpositionen in Staat und Gesellschaft, die Einführung der sozialen Marktwirtschaft, der Umweltschutz und die soziale Sicherheit, eine Wirtschafts- und Währungsunion mit der Bundesrepublik Deutschland unmittelbar nach der Volkskammerwahl sowie eine baldige gesamtdeutsche Nationalversammlung. Die FDP, die nach eigenen Angaben bislang 3000 Mitglieder hat, schließt sich am 12. 2. 1990 mit der LDP und der DFP zu einem »Bund Freier Demokraten« zusammen.

Grüne

Die Grünen haben jahrelang, zumeist im Schutze der Kirchen, in Organisationen wie der »Umweltbibliothek« oder dem »Netzwerk Arche« gegen das alte System argumentiert. Aus dieser Bewegung heraus entstanden zwei Gruppierungen, die Grüne Liga und die Grüne Partei. Die Grüne Partei der DDR wurde am 24. 11. 1989 gegründet; der Programmparteitag fand vom 9.–11. 2. 1990 in Halle statt. Sie tritt für den »konsequenten ökologischen Umbau« der DDR sowie für eine »vollständige Abrüstung« ein. Die Initiatoren, die sich als Teil der Bewegung der Europäischen Grünen sehen, wollen vor allem verhindern, daß die gegenwärtige Erneuerungsbewegung in der DDR »unter dem Druck kurzsichtigen Nachholbedarfs eine Gesellschaft der Ellenbogenfreiheit, Verschwendung und Wegwerfmentalität« entstehen läßt. Für alle Gremien gilt eine Quotenregelung, die einen 50prozentigen Frauenanteil vorsieht. In das Leitungsgremium werden Judith Demba, Friedrich Heilmann, Viktor Liebrenz, Dorit Nessing-Stranz, Henry Schramm und Christine Weiske gewählt; Pressesprecherin wird Vera Wollenberger. Die **Grüne Liga** in der DDR, die sich im Dezember 1989 als Basisorganisation zusammengeschlossen hat (Gründungsversammlung am 3. 2. 1990), versteht sich als überparteilicher Dachverband der Umweltbewegung in der DDR. Das parteiunabhängige Netzwerk, das in Halle am 3. 2. 1990 gegründet wurde, will Aktionen organisieren und an der Konzeption einer neuen DDR-Umweltpolitik mitarbeiten.

Initiative Frieden und Menschenrechte/IFM

Die IFM wurde bereits 1985 gegründet und ist damit die älteste von Staat und Kirchen unabhängig arbeitende Oppositionsgruppe. Sie ist Mitglied im »Wahlbündnis 90« und Teilnehmerin am »Runden Tisch«. Ihr Sprecher ist Wolfgang Templin, am »Runden Tisch« wird sie von Gerd Poppe vertreten. Die Initiative setzt sich für Abrüstung und »Entmilitarisierung« ein und wendet sich gegen jede Art von autoritärer Struktur, gegen die Verherrlichung von Gewalt, gegen die Ausgrenzung von Minderheiten und Ausländern. Sie geht von der Unverletzlichkeit bestehender Grenzen aus mit dem Ziel, sie letztendlich – bei weiterer Annäherung beider deutscher Staaten – zu überwinden. Mit den Bürgerrechtsbewegungen Neues Forum und Demokratie Jetzt geht sie am 7. 2. 1990 ein »Bündnis 90« für die Volkskammerwahlen ein.

Kommunistische Partei Deutschlands/KPD

Die KPD, die nach eigenen Angaben rund 5000 Mitglieder hat, will die Eigenstaatlichkeit der DDR als gesellschaftliche Alternative zur Bundesrepublik Deutschland erhalten. Sie lehnt deshalb auch eine Währungsunion ab. Ein Einigungsprozeß könne nur im gesamteuropäischen Rahmen und bei gleichzeitiger Abrüstung vollzogen werden. Vorsitzender der KPD ist Klaus Sbrzesny.

Liberal-Demokratische Partei/LDP

Die LDP wurde als Liberal-Demokratische Partei Deutschland/LDPD am 5. 7. 1945 gegründet. Seit 1945 ist sie an der Regierung beteiligt; am 5. 12. 1989 ist sie aus dem Demokratischen Block ausgetreten. Die LDP hat rd. 113 000 Mitglieder, die in 3961 Grundeinheiten organisiert sind. Die LDPD, die mit drei Vertretern am »Runden Tisch« teilnimmt, ist für Solidarität gegenüber Schwachen, soziale und ökologische Marktwirtschaft; sozialer Sicherheit soll aber auch ein »uneingeschränktes Leistungsprinzip« gegenüberstehen. Über konföderative Strukturen soll die staatliche Einheit Deutschlands in den Grenzen von 1989 erreicht werden. Die LDPD schließt eine Koalition mit der PDS nach der Wahl aus. Auf einem außerordentlichen Parteitag vom 9.–11. 2. 1990 wird eine Änderung des Parteinamens LDPD in LDP beschlossen. Zum neuen Vorsitzenden und Nachfolger von Manfred Gerlach, der nicht mehr kandidiert, wird Rainer Ortleb gewählt. Am 12. 2. schließt sich die LDP mit der FDP und der DFP zu einem Wahlbündnis mit dem Namen »Bund Freier Demokraten« zusammen.

National-Demokratische Partei Deutschlands/NDPD

Die NDPD wurde am 25. 5. 1948 auf Weisung der SED gegründet; seit 1949 ist sie an der Regierung beteiligt; am 7. 12. 1989 aus dem Demokratischen Block ausgetreten. Neuer Vorsitzender ist Wolfgang Gläser. Die Partei hat rd. 110 000 Mitglieder, organisiert in ca. 3000 Grundeinheiten. Die NDPD, die mit drei Vertretern am »Runden Tisch« teilnimmt, tritt für soziale Marktwirtschaft, einen Stufenplan zur deutschen Einheit über eine Wirtschafts- und Währungsunion und den EG-Beitritt der DDR ein. Auf dem Parteitag am 11. 2. 1990 wird Wolfgang Rauls zum neuen Vorsitzenden gewählt. Ein von der NDPD vorgeschlagener Wahlverbund der nationalen und liberalen Parteien in der DDR wird von den im »Bund Freier Demokraten« zusammengeschlossenen Parteien abgelehnt.

Die Nelken

Am 13. 1. 1990 hat sich die marxistische Partei Die Nelken in Ost-Berlin gegründet. Sie versteht sich als Sammelbecken für parteilose Kommunisten, in der Hauptsache ehemalige SED-Mitglieder, die ausgetreten sind oder ausgeschlossen wurden. Vorsitzende sind Brigitte Kahnwald, Michael Czollek und Rainer Bartscher. Als ihr Hauptziel sieht die Partei den Kampf für einen sozialistischen Weg der DDR an. Die Entwicklung kapitalistischer Gesellschaftsverhältnisse in der DDR solle verhindert werden. Die Partei befürwortet zwar eine Marktwirtschaft, will aber zur »Sicherung der Bedürfnisse der Menschen« an einer »gesellschaftlichen Rahmenplanung« der Wirtschaft festhalten. Im Februar 1990 schließen Die Nelken mit der Vereinigten Linken das »Aktionsbündnis Vereinigte Linke« für die Wahlen zur Volkskammer am 18. 3. 1990.

Neues Forum/NF

Das Neue Forum wurde am 9. 9. 1989 von 30 Vertretern aus elf DDR-Bezirken in Grünheide, dem früheren Wohnsitz von Robert Havemann, gegründet. Der Antrag des NF auf Registrierung als »Vereinigung« wurde zunächst vom Innenministerium mit der Begründung abgelehnt, es handele sich um eine staatsfeindliche Organisation; erst Mitte Oktober ließ das Ministerium den Antrag auf Registrierung zu. Den Gründungsaufruf unterzeichneten u. a. die Malerin Bärbel Bohley, Rechtsanwalt Rolf Henrich, der Physiker Sebastian Pflugbeil, der Molekularbiologe Jens Reich und der Direktor der Evangelischen Akademie Magdeburg, Hans-Jochen Tschiche. In seinem ersten Aufruf setzte sich das NF lediglich zum Ziel, eine politische Plattform für die ganze DDR zu bilden, »die es Menschen aus allen Berufen, Lebenskreisen, Parteien und Gruppen möglich macht, sich an der Diskussion und Bearbeitung lebenswichtiger Gesellschaftsprobleme in diesem Land zu beteiligen«. Die Stärke der Bewegung liegt in ihrer Arbeit in den kleinen Gruppen vor Ort; vielfach wurde im NF der Neuaufbau kommunaler Strukturen für wichtiger als die Volkskammerwahl erachtet. Das Neue Forum, das rd. 100 000 Mitglieder hat, ist Mitglied im oppositionellen Wahl-»Bündnis 90«. Am »Runden Tisch« in Berlin nehmen Ingrid Köppe und Reinhard Schult teil. Bei der Gründungsversammlung am 27./28. 1. 1990 plädierte eine Mehrheit für eine westliche Marktwirtschaft und die Einheit Deutschlands, eine Minderheit von etwa einem Drittel sprach sich für einen weitgehenden Erhalt der Eigenständigkeit der DDR aus. Auf einer Delegiertenkonferenz in Leipzig beschließt das Neue Forum Anfang Februar, sich nicht in eine Partei umzuwandeln, sondern sich als »Bürgerbewegung mit politischem Programm« an Wahlen zu beteiligen und dabei nur parteilose Kandidaten aufzustellen. Zu den Forderungen des NF, die das politische System der DDR betreffen, gehören Gewaltenteilung, Volksbegehren und Volksentscheid, eine Verfassungs- und eine Verwaltungsgerichtsbarkeit sowie die Wiederherstellung der alten Länderstruktur. Befürwortet wird eine sozial und ökologisch bestimmte Marktwirtschaft, eine allenfalls indirekte Wirtschaftsplanung sowie eine weitreichende Mitbestimmung durch Gewerkschaften und Betriebsräte. Für die beiden deutschen Staaten stellt sich das Neue Forum »besondere Beziehungen« vor, die »von der Vertragsgemeinschaft bis zur Konföderation ausgebaut werden« sollen. Am 7. 2. mit Demokratie Jetzt und Initiative Frieden und Menschenrechte Bildung von »Bündnis 90«.

Partei des Demokratischen Sozialismus/ PDS (früher: SED)
Aus der Zwangsvereinigung von SPD und KPD entsteht am 21./22. 4. 1946 die Sozialistische Einheitspartei Deutschlands/SED. Als Staatspartei steht sie seit langem für Totalitarismus und Diktatur, sie wird für die Niederschlagung des Volksaufstandes 1953 und den Bau der Mauer 1961 verantwortlich gemacht. Der nach dem Rücktritt Honeckers einsetzende Zerfallsprozeß der SED kann auch durch den neuen Vorsitzenden Gregor Gysi nicht gestoppt werden. Der außerordentliche SED-Parteitag in Ost-Berlin am 10. 12. sowie am 16./17. 12. 1989 ist von der schweren Krise der Partei geprägt. Die Delegierten beschließen die Abschaffung von Politbüro und Zentralkomitee, ein provisorisches neues Statut und eine vorläufige Änderung des Namens in SED-PDS. Am 3. 2. 1990 beschließt der Parteivorstand, daß die Partei ab sofort nur noch den Namen PDS trägt. Die Partei tritt ein für die Existenz zweier deutscher Staaten bis zu einem deutschen Staatenbund in einem entmilitarisierten vereinten Gesamteuropa sowie die Anerkennung der bestehenden Grenzen. Seit der Präsentation eines Plans »Deutschland einig Vaterland« durch den stellvertretenden PDS-Vorsitzenden und Vorsitzenden des DDR-Ministerrats, Hans Modrow, nimmt auch die PDS eine differenziertere Haltung zur Frage der deutschen Einheit ein. Am 25. 2. erklärt sich Modrow nach langem Zögern bereit, bei den Volkskammerwahlen als Spitzenkandidat der PDS anzutreten.

Sozialdemokratische Partei Deutschlands/ SPD
Am 7. 10. 1989 wurde in Schwandte/Krs. Oranienburg die Sozialdemokratische Partei in der DDR/SDP gegründet. Ihre Mitglieder wollen auf eine »ökologisch orientierte soziale Demokratie hinwirken«. Auf der ersten Delegiertenkonferenz am 13. 1. 1990 in Sozialdemokratische Partei Deutschlands/ SPD umbenannt; etwa 70 000 Mitglieder. Der Geschäftsführer Ibrahim Böhme vertritt die Partei zusammen mit Martin Gutzeit am »Runden Tisch«. Ziel der Partei ist nach dem Statut eine soziale Demokratie und eine »ökologisch orientierte Marktwirtschaft mit demokratischer Kontrolle ökonomischer Macht«. Auf dem ersten ordentlichen Parteitag der SPD vom 22.–25. 2 1990 wird der bisherige Geschäftsführer Ibrahim Böhme zum neuen Vorsitzenden gewählt; Stellvertreter: Karl-August Kamilli, Angelika Barbe und Markus Meckel; neuer Geschäftsführer: Stefan Hilsberg. Einmütig wird Willy Brandt zum Ehrenvorsitzenden gewählt. Die SPD der DDR setzt sich dafür ein, im Frühjahr 1990 einen »Rat der deutschen Einheit« zu bilden, der eine gesamtdeutsche Verfassung ausarbeiten soll; bei seiner Arbeit soll der paritätisch von den beiden Parlamenten besetzte Rat vom Grundgesetz der Bundesrepublik Deutschland ausgehen. Die SPD strebt so bald wie möglich einen föderativen deutschen Staat in einem vereinten Europa an. Die Wirtschafts- und Währungsunion als erster Schritt soll soziale Sicherheit für alle bieten. Die SPD spricht sich gegen die Mitgliedschaft eines vereinten Deutschland in der NATO aus.

Sozialistische Einheitspartei Deutschlands/ SED → Partei des Demokratischen Sozialismus

Unabhängige Sozialdemokratische Partei Deutschlands/USPD
Die USPD formierte sich am 16. 2. 1990 in Fürstenwalde/Oder. Sie fühlt sich dem linken sozialdemokratischen Erbe verbunden und will für einen demokratischen Sozialismus in der DDR kämpfen. Sie grenzt sich gegen

linken und rechten Extremismus ab und »sucht ein Verhältnis zu den Linksparteien, vor allem zur SPD«.

Unabhängiger Frauenverband/UFV

Der Gründungskongreß des Unabhängigen Frauenverbandes, auf dem Statut, Programm und Wahlplattform der politischen Interessengemeinschaft beschlossen wurden, fand am 17. 2. 1990 in Ost-Berlin statt. Die Delegierten sprachen sich für das bereits am 14. 2. vereinbarte Wahlbündnis mit der Grünen Partei in der DDR aus. Zur Sprecherin der UFV werden Tatjana Böhm und Ina Merkel gewählt.

Vereinigte Linke/VL

Die VL hat in ihrer »Böhlener Plattform« im September 1989 zu einer »linken, sozialistischen Alternative« in der DDR aufgerufen. In ihr haben sich Vertreter oppositioneller Initiativen wie von der Gruppe »Gegenstimmen« oder der Anti-IWF-Kampagne in der DDR angeschlossen. Die Gruppe sieht sich als Opposition zum Obrigkeitsstaat und will eine »Erneuerung des Sozialismus« unter Beibehaltung des gesellschaftlichen Eigentums an Produktionsmitteln. Die Gruppierung ist aus der Initiative Umweltbibliothek der Ostberliner Zionskirche sowie aus der Umweltinitiative Grünes Netzwerk Arche entstanden. Eines der Ziele ist der Zusammenschluß aller Oppositionellen, die einen anderen Sozialismus als den der SED anstreben. Am »Runden Tisch« trat die Vereinigte Linke mit der Forderung hervor, die DDR als einen verfassungsrechtlichen »sozialistischen Staat deutscher Nation« festzuschreiben. Die VL tritt für einen dritten, sozialistischen Weg zwischen Kapitalismus und gescheitertem »Kommando-Sozialismus« ein. Sprecher der VL sind Marion Seelig und Thomas Klein, der die Gruppierung auch am »Runden Tisch« vertritt. Im Februar 1990 bilden die VL mit der Partei Die Nelken das »Aktionsbündnis Vereinigte Linke«.

Die Ergebnisse der Volkskammerwahl vom 18. 3. 1990 → Sp. 255 ff.

Wahlbündnisse, Parteien und Gruppierungen, die an der Wahl zur Volkskammer teilnehmen

(nach AFP/»Süddeutsche Zeitung« vom 10. 3. 1990)

Die Wahlkommission hat am 9. 3. endgültig festgesetzt, welche Parteien an der Wahl teilnehmen können. Mehrere Organisationen treten gemeinsam als Wahlbündnis auf. Einen besonderen Fall bildet die konservative »Allianz für Deutschland«, die nicht als Liste antritt, sondern sich mit ihren Einzelparteien CDU, Deutsche Soziale Union (DSU) und Demokratischer Aufbruch präsentiert. Die Liste lautet in alphabetischer Reihenfolge:

1. Aktionsbündnis Vereinigte Linke – Vereinigte Linke, Die Nelken
2. Alternative Jugendliste (AJL) – Freie Deutsche Jugend, Marxistischer Jugendverband, Vereinigung Junge Linke, Grüne Jugend
3. Bündnis 90 – Neues Forum, Demokratie Jetzt, Initiative Frieden und Menschenrechte
4. Bund Freier Demokraten – Liberal-Demokratische Partei, Deutsche Forumpartei, Freie Demokratische Partei (FDP)
5. Bund Sozialistischer Arbeiter (BSA)
6. Christlich Demokratische Union Deutschlands (CDU)
7. Christliche Liga
8. Demokratische Bauernpartei (DBD)
9. Demokratischer Aufbruch (DA)
10. Demokratischer Frauenbund Deutschlands (DFD)
11. Deutsche Biertrinker Union (DBU)
12. Deutsche Soziale Union (DSU)
13. Einheit Jetzt
14. Europäische Föderalistische Partei (EFP)
15. Europa-Union der DDR (EU-DDR)
16. Grüne Partei und Unabhängiger Frauenverband
17. Kommunistische Partei Deutschlands (KPD)
18. National-Demokratische Partei Deutschlands (NDPD)
19. Partei des Demokratischen Sozialismus (PDS)
20. Sozialdemokratische Partei Deutschlands (SPD)
21. Spartakist-Arbeiterpartei Deutschlands (SpAD)
22. Unabhängige Sozialdemokratische Partei Deutschlands (USDP)
23. Unabhängige Volkspartei (UVP)
24. Vereinigung der Arbeitskreise für Arbeitnehmerpolitik und Demokratie (VAA)

Weitere registrierte, aber zur Wahl nicht zugelassene bzw. nicht angetretene Parteien

(nach »Frankfurter Rundschau« vom 3. 3. 1990 und »Frankfurter Allgemeine Zeitung« vom 12. 3. 1990)

1. Christlich-Demokratische Volkspartei
2. Demokratische Partei der Arbeiter und Intelligenz
3. Deutsche Jugendpartei
4. Freier Deutscher Gewerkschaftsbund
5. Freisoziale Union
6. Komitee der Antifaschistischen Widerstandskämpfer
7. Nationale Alternative
8. Ökologische Demokratische Partei
9. Reine Arbeiter-Partei
10. Senioren-Schutz-Bund »Graue Panther«
11. Sozialistischer Studentenbund

Dokumente
(in Auszügen)

1. Festansprache zum 40. Jahrestag der DDR am 6. 10. 1989 von Erich Honecker
2. Erklärung des Politbüros des ZK der SED vom 11. 10. 1989
3. Erklärung Erich Honeckers auf der Tagung des ZK der SED am 18. 10. 1989
4. Rede Egon Krenz' nach seiner Berufung zum Generalsekretär des ZK der SED am 18. 10. 1989
5. Hörfunk- und Fernsehansprache Egon Krenz' am 3. 11. 1989
6. Bericht Helmut Kohls zur Lage der Nation im geteilten Deutschland vor dem Deutschen Bundestag am 8. 11. 1989
7. Referat Egon Krenz' (»Neues Deutschland« vom 11./12. 11. 1989)
8. Aktionsprogramm der SED (»Neues Deutschland« vom 11./12. 11. 1989)
9. Erklärung von Helmut Kohl zur Lage in der DDR vor dem Deutschen Bundestag am 16. 11. 1989
10. Erklärung von Hans Modrow vor der Volkskammer am 17. 11. 1989
11. Für unser Land. Appell vom 26. 11. 1989
12. Zehn-Punkte-Programm von Helmut Kohl vom 28. 11. 1989
13. Rede von Hans Modrow auf dem Sonderparteitag der SED am 8. 12. 1989
14. Referat von Gregor Gysi zur Erneuerung der SED auf dem Sonderparteitag der SED am 8. 12. 1989
15. Erklärung des Europäischen Rates zu Mittel- und Osteuropa vom 10. 12. 1989
16. Interview Richard von Weizsäckers mit dem DDR-Fernsehen am 13. 12. 1989
17. Referat von Gregor Gysi auf dem Sonderparteitag der SED am 16. 12. 1989
18. Gemeinsame Mitteilung über die Gespräche Kohl/Modrow am 19./20. 12. 1989
19. Erklärung von Hans Modrow zur Lage in der DDR vor der Volkskammer am 29. 1. 1990
20. Deutschlandpolitische Konzeption Hans Modrows vom 1. 2. 1990
21. Erklärung von Helmut Kohl über die Gespräche mit Gorbatschow und Modrow vor dem Deutschen Bundestag am 15. 2. 1990

Festansprache zum 40. Jahrestag der DDR am 6. Oktober 1989 von Erich Honecker

[...]
Heute ist die DDR ein Vorposten des Friedens und des Sozialismus in Europa. Dies zu keiner Zeit zu verkennen, bewahrt uns, sollte aber auch unsere Feinde vor Fehleinschätzungen bewahren. [...]
Gerade zu einer Zeit, da einflußreiche Kräfte der BRD die Chance wittern, die Ergebnisse des Zweiten Weltkrieges und der Nachkriegsentwicklung durch einen Coup zu beseitigen, bleibt ihnen nur erneut die Erfahrung, daß an diesen Realitäten nichts zu ändern ist, daß sich die DDR an der Westgrenze der sozialistischen Länder in Europa als Wellenbrecher gegen Neonazismus und Chauvinismus bewährt. An der festen Verankerung der DDR im Warschauer Pakt ist nicht zu rütteln.
Wenn der Gegner derzeit in einem noch nie gekannten Ausmaß seine Verleumdungen gegen die DDR richtet, dann ist das kein Zufall. In 40 Jahren DDR summiert sich zugleich die vierzigjährige Niederlage des deutschen Imperialismus und Militarismus. Der Sozialismus auf deutschem Boden ist ihm so unerträglich, weil die vordem ausgebeuteten Massen hier den Beweis erbringen, daß sie fähig sind, ihre Geschicke ohne Kapitalisten selbst zu bestimmen. [...]

40 Jahre DDR – das waren 40 Jahre heroische Arbeit, 40 Jahre erfolgreicher Kampf für den Aufstieg unserer sozialistischen Republik, für das Wohl des Volkes. Auch weiterhin wird das so sein. Wichtig ist, daß die führende Partei unserer Gesellschaft, die Sozialistische Einheitspartei Deutschlands, in Vorbereitung ihres XII. Parteitages die eigenen Reihen weiter festigt, sich noch enger mit der Arbeiterklasse verbindet, den Genossenschaftsbauern, der Intelligenz, dem gesamten Volk. Wir werden auch weiterhin im Sinne der Erkentnis von Karl Marx handeln, daß es darauf ankommt, die Welt nicht nur zu interpretieren, sondern sie zu verändern. Wir werden unsere Republik in der Gemeinschaft der sozialistischen Länder, durch unsere Politik der Kontinuität und Erneuerung auch künftig in den Farben der DDR verändern. Die Ziele sind im Programm unserer Partei niedergelegt. Es geht um die weitere Gestaltung der entwickelten sozialistischen Gesellschaft.
[...]
Alles in allem zeigt die Bilanz dieser 40 Jahre DDR: Durch die Arbeit des Volkes und für das Volk wurde Großes vollbracht. Auch künftig werden nicht geringe Anstrengungen notwendig sein. Neue Anforderungen verlangen neue Lösungen, und wir werden auf jede Frage eine Antwort finden. Wir werden sie gemeinsam mit dem Volk finden für unser Voranschreiten auf dem Weg des Sozialismus in der DDR. [...]

(Originaltitel: Durch das Volk und für das Volk wurde Großes vollbracht.)
Quelle: »Neues Deutschland« vom 9. 10. 1989

Erklärung des Politbüros des Zentralkomitees der SED, veröffentlicht in Ost-Berlin am 11. Oktober 1989

[...]
Der Sozialismus braucht jeden. Er hat Platz und Perspektiven für alle. Er ist die Zukunft der heranwachsenden Generationen. Gerade deshalb läßt es uns nicht gleichgültig, wenn sich Menschen, die hier arbeiteten und lebten, von unserer Deutschen Demokratischen Republik losgesagt haben. Viele von ihnen haben die Geborgenheit der sozialistischen Heimat und eine sichere Zukunft für sich und ihre Kinder preisgegeben. Sie sind in unserem Land aufgewachsen, haben hier ihre berufliche Qualifikation erworben und sich ein gutes Auskommen geschaffen. Sie hatten ihre Freunde, Arbeitskollegen und Nachbarn. Sie hatten eine Heimat, die sie brauchte und

die sie selbst brauchen. Die Ursachen für ihren Schritt mögen vielfältig sein. Wir müssen und werden sie auch bei uns suchen, jeder an seinem Platz, wir alle gemeinsam.
Viele von denen, die unserer Republik in den letzten Monaten den Rücken gekehrt haben, wurden Opfer einer großangelegten Provokation. Wiederum bestätigt sich, daß sich der Imperialismus der BRD mit einem sozialistischen Staat auf deutschem Boden niemals abfinden wird, Verträge bricht und das Völkerrecht mißachtet. Mit dem 40. Jahrestag der Gründung der Deutschen Demokratischen Republik glaubten imperialistische Kräfte den geeigneten Zeitpunkt gefunden zu haben, um mit einer haßerfüllten Kampagne ihrer Massenmedien Zweifel am Sozialismus und seiner Perspektive zu verbreiten. Sie wollen von der Hauptfrage unserer Zeit, der Sicherung des Friedens, ablenken. Das Interesse am gemeinsamen Ringen der Völker um die Lösung globaler Probleme soll geschwächt werden. Nicht zuletzt will man die eigene Reformunfähigkeit in den Hintergrund drängen. Großdeutsche Träume, gespeist aus altrevanchistischen und neofaschistischen Quellen, haben keine Chance. Demagogie, Abwerbung, Erpressung sind keine neuen Methoden. Die Geschichte der Beziehungen beider deutscher Staaten beweist es. Und auch das Ziel ist nicht neu, mit der Beseitigung des Sozialismus auf deutschem Boden die Friedensordnung in Europa zu verändern. Völkerrechtswidrig mischt sich die BRD in die inneren Angelegenheiten der DDR ein, maßt sich eine »Obhutspflicht« über die Bürger der Deutschen Demokratischen Republik an. Indem die BRD die Nachkriegsordnung in Frage stellt, sagt sie sich von der gemeinsamen Verantwortung los, alles zu tun, damit von deutschem Boden nie wieder Krieg ausgeht. Das ist in unserer Zeit in höchstem Maße friedensstörend.
Wir werden auch künftig nicht zulassen, daß die Macht der Arbeiter und Bauern, daß die Werte, Ideale und Errungenschaften des Sozialismus angetastet werden. Das gebietet uns unsere Verantwortung für die sichere Gegenwart und Zukunft unseres Volkes. Das sind wir nicht zuletzt den Hunderttausenden deutschen Revolutionären, den aufrechten deutschen Patrioten, den Millionen Opfern des deutschen Faschismus und Militarismus schuldig. Das erwarten unsere Freunde im Warschauer Vertrag und in aller Welt von uns.
Deshalb ist es das Gebot der Stunde, daß sich alle, deren Handeln von politischer Vernunft und humanistischem Verantwortungsbewußtsein gegenüber den Menschen unseres Landes bestimmt ist, deutlich abgrenzen von jenen, die die Bürger für konterrevolutionäre Attacken zu mißbrauchen trachten. Die Probleme der weiteren Entwicklung des Sozialismus in der DDR lösen wir selbst – im sachlichen Dialog und im vertrauensvollen politischen Miteinander.
Die sozialistische Arbeiter-und-Bauern-Macht ist von niemandem erpreßbar. Wer bewußt die Konfrontation sucht und schürt, der hat nicht die Interessen des Volkes im Sinn, der beeinträchtigt das gesellschaftliche Leben und verfolgt sehr eigennützige politische Ziele. Wer verantwortungslos Ruhe und Ordnung stört, der muß sich fragen lassen, wessen Geschäft er betreibt und für wen er bereit ist, die Sicherheit von Bürgern, ihrer Familien und nicht zuletzt ihrer Kinder aufs Spiel zu setzen.
Das Politbüro weiß sich mit der großen Mehrheit unseres Volkes in seinem Handeln einig. Es sind Millionen Menschen, die mit ihrer angestrengten Arbeit, mit ihren Initiativen und Vorschlägen ebenso wie unsere marxistisch-leninistische Partei für einen Sozialismus wirken, der allen gleiche Rechte und gleiche Chancen einräumt, aber natürlich auch gleiche Pflichten auferlegt. An diesem Willen unseres Volkes, an der Kraft unserer einheitlich und geschlossen handelnden Partei, am Bündnis aller in der Nationalen Front und im Demokratischen Block vereinten Kräfte unseres Landes wird auch in Zukunft jeder Versuch der Gegner scheitern, den Sozialismus in unserer Heimat, der Deutschen Demokratischen Republik, zu beseitigen. [. . .]

Quelle: »Neues Deutschland« vom 12. 10. 1989

Erklärung des Generalsekretärs des ZK der SED und Vorsitzenden des Staatsrates der DDR, Erich Honecker, abgegeben auf der Tagung des ZK der SED in Ost-Berlin am 18. Oktober 1989

Liebe Genossinnen und Genossen!
Nach reiflichem Überlegen und im Ergebnis der gestrigen Beratung im Politbüro bin ich zu folgendem Entschluß gekommen: Infolge meiner Erkrankung und nach überstandener Operation erlaubt mir mein Gesundheitszustand nicht mehr den Einsatz an Kraft und Energie, den die Geschicke unserer Partei und des Volkes heute und künftig verlangen. Deshalb bitte ich das Zentralkomitee, mich von der Funktion des Generalsekretärs des ZK der SED, vom Amt des Vorsitzenden des Staatsrates der DDR und von der Funktion des Vorsitzenden des Nationalen Verteidigungsrates der DDR zu entbinden. Dem Zentralkomitee und der Volkskammer sollte Genosse Egon Krenz vorgeschlagen werden, der fähig und entschlossen ist, der Verantwortung und dem Ausmaß der Arbeit so zu entsprechen, wie es die Lage, die Interessen der Partei und des Volkes und die alle Bereiche der Gesellschaft umfassenden Vorbereitungen des XII. Parteitages erfordern.
Liebe Genossen!
Mein ganzes bewußtes Leben habe ich in unverrückbarer Treue zur revolutionären Sache der Arbeiterklasse und zu unserer marxistisch-leninistischen Weltanschauung der Errichtung des Sozialismus auf deutschem Boden gewidmet. Die Gründung und die erfolgreiche Entwicklung der sozialistischen Deutschen Demokratischen Republik, deren Bilanz wir am 40. Jahrestag gemeinsam gezogen haben, betrachte ich als die Krönung des Kampfes unserer Partei und meines eigenen Wirkens als Kommunist.
Dem Politbüro, dem Zentralkomitee, meinen Kampfgefährten in der schweren Zeit des antifaschistischen Widerstandes, den Mitgliedern der Partei und allen Bürgern unseres Landes danke ich für jahrzehntelanges gemeinschaftliches und fruchtbares Handeln zum Wohle des Volkes.
Meiner Partei werde ich auch in Zukunft mit meinen Erfahrungen und mit meinem Rat zur Verfügung stehen.
Ich wünsche unserer Partei und ihrer Führung auch weiterhin die Festigung ihrer Einheit und Geschlossenheit und dem Zentralkomitee weiteren Erfolg.

Quelle: »Neues Deutschland« vom 19. 10. 1989

Rede von SED-Politbüromitglied und ZK-Sekretär Egon Krenz nach seiner Berufung zum Generalsekretär des ZK der SED in Ost-Berlin am 18. Oktober 1989

[...]
Der Sozialismus auf deutschem Boden steht nicht zur Disposition!
Für den Dialog, den wir mit aller Entschiedenheit erstreben, sind also zwei Voraussetzungen hervorzuheben:
Erstens: Alles, worüber wir uns einig sind und worüber wir uns streiten, muß eindeutig in seinem Ziel sein: den Sozialismus in der DDR weiter auszubauen, die sozialistischen Ideale hochzuhalten und keine unserer gemeinsamen Errungenschaften preiszugeben. Wer das in Zweifel zieht, stellt das Lebenswerk von Generationen in Frage.
Zweitens: Unsere sozialistische deutsche Republik ist und bleibt ein souveränes Land. Wir lösen unsere Probleme selbst.
[...]
Mit dem Ziel, die gemeinsame Verantwortung beider deutscher Staaten für ein friedliches, geregeltes und gleichberechtigtes Nebeneinander unterschiedlicher Gesellschaftsordnungen zu vertiefen, sind wir bereit, Wege und Möglichkeiten zu prüfen, um langfristig die Beziehungen zwischen der DDR und der BRD enger und vertraglich geregelt zu gestalten sowie kooperative und ständige Formen der wirtschaftlichen, ökologischen, politi-

schen, kulturellen, humanitären und touristischen Zusammenarbeit zu entwickeln.
Wenn die Regierung der Bundesrepublik Deutschland einen Beitrag dazu leisten will, sollte sie die volle Respektierung der Staatsbürgerschaft der DDR auf der Basis unzweideutiger völkerrechtlicher Regelungen und Gesetzgebungen gewährleisten, den Verzicht auf jede Form einer staatlichen Einvernahme der Bürger unseres Staates erklären, ferner die Entwicklung von Kontakten der Volkskammer der DDR und des Bundestages der BRD, regelmäßige Konsultationen zwischen Parteien und Gewerkschaften sowie der wirtschaftsleitenden Organe und anderer staatlicher Einrichtungen konstruktiv fördern. Die Hand der DDR zur Zusammenarbeit im Interesse der Menschen und der europäischen Idee bleibt auch gegenüber der BRD ausgestreckt. [...]
Das Politbüro hat der Regierung der DDR den Vorschlag unterbreitet, einen Gesetzesentwurf über Reisen von DDR-Bürgern ins Ausland vorzubereiten. Wir gehen davon aus, daß dieser Entwurf nach öffentlicher Aussprache in der Volkskammer behandelt und beschlossen werden sollte. Im Zusammenhang damit könnten ebenfalls die zeitweilig getroffenen einschränkenden Maßnahmen zum Reiseverkehr in sozialistische Bruderländer aufgehoben beziehungsweise modifiziert werden.
Die Wahrheit gebietet aber deutlich zu sagen, daß die Weigerung der BRD, die Staatsbürgerschaft der DDR uneingeschränkt zu respektieren, ein sehr ernstes Hindernis bleibt für die Verwirklichung der von uns in Aussicht genommenen Schritte für den Reiseverkehr in die BRD, nach Berlin (West) und andere kapitalistische Staaten. Das Festhalten an der »Obhutspflicht für alle Deutschen« ist – da kann man sich drehen und wenden wie man will – Teil der revanchistischen Grundkonzeption der BRD, die im Widerspruch zum Völkerrecht und zum Grundlagenvertrag steht.
[...]
Quelle: »Neues Deutschland« vom 19. 10. 1989

Hörfunk- und Fernsehansprache des Generalsekretärs des ZK der SED und Vorsitzenden des Staatsrates der DDR, Egon Krenz, am 3. November 1989

Liebe Zuschauerinnen und Zuschauer! Liebe Zuhörerinnen und Zuhörer!
In einer kritischen Zeit wende ich mich an alle Bürger der Deutschen Demokratischen Republik und an alle Mitglieder der Sozialistischen Einheitspartei Deutschlands.
Mit vollem Recht können wir davon reden, daß mit der 9. Tagung des Zentralkomitees der SED eine neue Etappe in der Entwicklung unseres sozialistischen Vaterlandes begonnen hat. Die politische Wende, die wir eingeleitet haben, erfaßt inzwischen alle Bereiche unserer Gesellschaft. Vor allem sind davon Millionen Menschen berührt und bewegt. Es geht ihnen – es geht uns allen – um die Erneuerung des gesellschaftlichen Lebens mit dem Ziel, den Sozialismus für jeden Bürger unseres Landes lebenswerter zu gestalten.
Der Neubeginn, der Aufbruch des Volkes ist von vielen Gesprächen, Diskussionen, Auseinandersetzungen, Demonstrationen und anderen Willensäußerungen begleitet. Für alle diese Formen steht der Begriff des Dialogs. Es liegt in der Natur der Sache, daß dabei viele Fragen gestellt werden. Ja, es sind mehr Fragen, als heute schon Antworten gegeben werden können. In diesen Prozessen von einer bisher nicht gekannten politischen Dynamik sind auch Unruhe und Besorgnis von Bürgern nicht zu übersehen und zu überhören. Sie machen sich Gedanken um die Unerschütterlichkeit der sozialistischen Grundlagen unserer Gesellschaft und um ihre zweifelsfreie sozialistische Perspektive.
[...]
In meiner Rede auf der 9. ZK-Tagung habe ich von dem großen Berg von Arbeit gesprochen,

der uns erwartet. Ich kann nur sagen, das Leben nimmt uns beim Wort. Wer Neues will, darf seine Kräfte nicht schonen. Allererste Resultate der Arbeit liegen vor. Sie mögen nicht schnell genug kommen und für manchen nicht weit genug reichen. Aber sie machen unbestreitbar eins deutlich: Wir gehen nach vorn, unaufhaltsam. Wir sind im Begriff, Neues zu erschließen in der Politik, in der Wirtschaft, im gesellschaftlichen Zusammenleben, in der demokratischen Ausgestaltung unseres Staatswesens. Ein Zurück gibt es nicht. Davon zeugen unter anderem der Entwurf eines Reisegesetzes, der in Kürze veröffentlicht wird, die Präzisierung des § 213 des Strafgesetzbuches, die Berufung einer staatlichen Kommission zur Ausarbeitung eines Mediengesetzes, eine Verordnung zur Veröffentlichung von Umweltdaten und nicht zuletzt die vom Staatsrat der DDR beschlossene Amnestie. [. . .]

Wir wollen volle Souveränität des Volkes der DDR. Mit diesem Ziel streben wir eine Reform des politischen Systems an. Der mündige Bürger, sein Anspruch auf freie Entfaltung und auf demokratische Teilnahme an allen Angelegenheiten von Gesellschaft und Staat gehören in den Mittelpunkt unserer Politik.

Unser Anliegen ist eine reiche politische Kultur der sozialistischen Gesellschaft. Das heißt umfassende und wahrheitsgetreue Information, Meinungsvielfalt und Meinungsstreit, Toleranz unter Andersdenkenden und ehrliches Ringen um gemeinsame Lösungen.

Wir schlagen die Einrichtung eines Verfassungsgerichtshofes vor, der über die Einhaltung der Verfassung wacht. Eine Verwaltungsreform ist unumgänglich. Ein Vereinigungsgesetz ist auszuarbeiten. Wir halten die Kritiken an übertriebener Repräsentation und Inanspruchnahme von Sonderrechten für gerechtfertigt. Solche Praktiken, die weder unserer sozialistischen Moral noch dem Leistungsprinzip entsprechen, müssen verschwinden.

Rechtsstaatlichkeit gebietet, die öffentliche Ordnung zu sichern, gegen Rechtsbrecher und Gewalttäter einzuschreiten, die Bürger und ihr Eigentum gegen sie zu schützen. Die Schutz- und Sicherheitsorgane braucht unser Volk, um sein Aufbauwerk zu garantieren. Das schließt die Forderung nach ihrem gesetzestreuen Verhalten in jeder Hinsicht ein.

Wir sind für einen zivilen Wehrersatzdienst.

Wir nehmen die Unzufriedenheit der Bürger mit zahlreichen Mängeln in der Versorgung, mit der ungenügenden Kontinuität der Produktion und ausufernder bürokratischer Gängelei sehr ernst. Das Zentralkomitee wird sich mit Sofortmaßnahmen für Verbesserungen im Alltag beschäftigen. Die Lage erfordert zugleich eine grundsätzliche Änderung der Wirtschaftspolitik, verbunden mit einer umfassenden Wirtschaftsreform.

Notwendig ist eine Reform des Bildungswesens von der Volksbildung über die Berufsausbildung bis zur Fach- und Hochschulbildung. Im Zentrum steht die Heranbildung junger Menschen, die über Wissen und Können verfügen, die als aktive Staatsbürger mit Elan, Sachkenntnis und Aufrichtigkeit ihre Vorstellungen vom Leben und von der Arbeit im Sozialismus verwirklichen.

Wir sehen in der Erneuerung unserer sozialistischen Gesellschaft vor allem eine große geistige Erneuerung. Im Leben der Partei, in ihren Strukturen und im Parteistatut sind Garantien für die Unumkehrbarkeit der Erneuerung zu schaffen. Erforderlich ist eine Demokratisierung der Kaderpolitik und die Begrenzung der Zeitdauer für die Ausübung von Wahlfunktionen.

[. . .]

Quelle: »Neues Deutschland« vom 4./5. 11. 1989

Bericht der Bundesregierung zur Lage der Nation im geteilten Deutschland, abgegeben von Bundeskanzler Helmut Kohl vor dem Deutschen Bundestag am 8. November 1989

Freie Selbstbestimmung für alle Deutschen – das war, ist und bleibt das Herzstück unserer Deutschlandpolitik. Freie Selbstbestimmung – das war, ist und bleibt auch der Wunsch, ja die Sehnsucht unserer Landsleute in der DDR.

Wer von uns ist nicht angerührt und bewegt angesichts der Bilder der vielen Hunderttausenden friedlich versammelten Menschen in Berlin, in Leipzig oder in Dresden, in Schwerin, in Plauen und in anderen Städten der DDR? Sie rufen: »Wir sind das Volk!«, und ich bin sicher, ihre Rufe werden nicht mehr verhallen.

Unsere Landsleute, die täglich für Freiheit und Demokratie auf die Straße gehen, legen Zeugnis ab von einem Freiheitswillen, der auch nach 40 Jahren Diktatur nicht erloschen ist. Sie schreiben damit vor den Augen der Welt ein neues Kapitel im Buch der Geschichte unseres Vaterlandes, dessen freiheitliche Traditionen weder durch Krieg noch durch Gewalt und Diktatur zerstört werden konnten.

[...]

Unsere Landsleute in der DDR wollen endlich selbst frei entscheiden können. Sie wollen Selbstbestimmung, und das heißt zunächst einmal: endlich frei selbst zum Ausdruck bringen können, welchen Weg sie in die Zukunft gehen wollen. Es kommt darauf an, eine demokratische Willensbildung in der DDR zu ermöglichen. Dazu gehören unbedingt Meinungs- und Pressefreiheit, freie Bildung von Vereinen, Gewerkschaftsfreiheit, Parteienpluralismus und schließlich und selbstverständlich freie, gleiche und geheime Wahlen.

Die Fluchtbewegung aus der DDR, die uns alle aufrüttelt und die Aufmerksamkeit der Welt findet, ist ein Symptom für das Grundproblem der DDR: Die politische Führung dort ist nicht frei gewählt, und deshalb können sich viele unserer Landsleute mit diesem Staat nicht identifizieren.

Das Politbüro der SED kann sich in seinen Entscheidungen nicht auf eine in freier Wahl zustande gekommene Zustimmung der Bürger berufen. Nach allem, was wir jetzt jeden Tag erleben, ist deutlich: Die Menschen in der DDR werden sich mit dem Machtmonopol der SED nicht abfinden, und sie werden sich auch mit dem bloßen Austausch von Führungspersonen und dem Rücktritt einiger im Führungskader nicht begnügen.

Der neue SED-Generalsekretär wird sich daran messen lassen müssen, ob er das Tor zu tiefgreifenden Reformen in Staat, Gesellschaft und Wirtschaft wirklich öffnet. Dafür ist es höchste Zeit!

Die Bilder und die Äußerungen der Flüchtlinge, die in großer Zahl zu uns kommen, haben mehr als alles andere deutlich gemacht, um was es geht: um Freiheit. Diese überwiegend jungen Leute sind ja nicht ahnungs- und willenlose Menschen, die verderblichen Sirenengesängen des Kapitalismus gefolgt wären. Es sind selbstbewußte, tüchtige Leute, die oft genug schweren Herzens ihre Heimat, ihre Freunde und Familien verlassen haben, um im freien Teil Deutschlands in einer freiheitlichen Demokratie ein neues Leben zu beginnen. Sie wissen: Nur wo Freiheit herrscht, ist auch sozialer Fortschritt möglich.

[...]

Wir alle wissen, daß ein Massenexodus aus der DDR weder im Interesse der Menschen in Deutschland liegt noch das Ziel einer vernünftigen Deutschlandpolitik sein kann. Unsere besondere Achtung und Sympathie gehören genauso jenen, die in der DDR bleiben und darauf hoffen, daß sich die Verhältnisse jetzt auch dort zum Besseren verändern.

Ich möchte in diesem Zusammenhang auch eindringlich davor warnen, sich hier bei uns als Richter über jene aufspielen zu wollen, die sich dafür entschieden haben, aus der DDR zu uns zu kommen, oder über jene, die sich entschieden haben, dort zu bleiben. In beiden

Fällen verdienen sie unsere Sympathie und auch unser Verständnis. Ziel unserer Politik, meine Damen und Herren, muß es sein, zu einer Entwicklung in der DDR beizutragen, die den Wünschen der Menschen dort entspricht, das heißt, ihnen zu Freiheit und Selbstbestimmung zu verhelfen.
Angesichts mancher Diskussionen möchte ich auch sagen: Wir können und wollen dabei keine Patentrezepte anbieten. Unsere Landsleute in der DDR wissen, was sie wollen. Sie wollen aus eigener Verantwortung handeln. Sie zeigen – jeder kann dies beobachten – ein neues, ein kraftvolles Selbstbewußtsein. Sie sprechen in einer offenen und klaren Sprache über ihre Wünsche, über ihre Befindlichkeit und über ihre Forderungen. Es stimmt nicht mehr – wie immer gesagt wurde –, daß sie sich am liebsten in private Nischen zurückziehen und von Politik nichts wissen wollen. Sie brauchen überhaupt keine Vormünder. Sie wollen selber entscheiden.
Was wir tun können, ist vor allem, daß wir sie ermutigen und in der Hoffnung bestärken, daß sich auch in der DDR ein Prozeß demokratischer Veränderungen in absehbarer Zeit vollziehen wird. Wir sollten und wir müssen einen solchen Prozeß, wenn er beginnt, aktiv fördern. Dazu sind wir, wenn nötig, auch mit eigenen Anstrengungen bereit.
Die Bundesregierung wird alles in ihren Kräften Stehende tun, um den Prozeß einer Öffnung in der DDR zum Wohle unserer Landsleute zu unterstützen. Sie bleibt deshalb entschlossen, in ihrer bisherigen Politik der praktischen Zusammenarbeit mit der DDR im Interesse der Menschen auf beiden Seiten fortzufahren. Bei der wirtschaftlichen Zusammenarbeit bemühen wir uns um dauerhafte und weitreichende Verbesserungen für die Menschen in der DDR. [. . .]
Wir erleben jetzt, daß nur rasche und umfassende Reformen weiterhelfen können. Wir in der Bundesrepublik Deutschland können nur versuchen, diese Entwicklung zu fördern. Das erfordert den Dialog mit allen politischen Kräften in der DDR, auch jenen, die jetzt dort politische Verantwortung tragen.
Ich erkläre gegenüber der neuen DDR-Führung meine Bereitschaft, einen Weg des Wandels zu stützen, wenn sie zu Reformen bereit ist. Kosmetische Korrekturen genügen nicht.
Wir wollen nicht unhaltbar gewordene Zustände stabilisieren. Aber wir sind zu umfassender Hilfe bereit, wenn eine grundlegende Reform der politischen und wirtschaftlichen Verhältnisse in der DDR verbindlich festgelegt wird.
Die SED muß auf ihr Machtmonopol verzichten, muß unabhängige Parteien zulassen und freie Wahlen verbindlich zusichern. Unter dieser Voraussetzung bin ich auch bereit, über eine völlig neue Dimension unserer wirtschaftlichen Hilfe zu sprechen.
Dabei ist auch klar, daß ohne eine grundlegende Reform des Wirtschaftssystems, ohne den Abbau bürokratischer Planwirtschaft und den Aufbau einer marktwirtschaftlichen Ordnung wirtschaftliche Hilfe letztlich vergeblich sein wird.
Einen grundlegenden politischen und wirtschaftlichen Wandel in der DDR zu fördern ist unsere nationale Aufgabe.
[. . .]

Quelle: »Bulletin« (Presse- und Informationsamt der Bundesregierung) vom 9. 11. 1989

Referat von Egon Krenz, Generalsekretär des ZK der SED

[. . .]
Tatsache ist: Die heute in aller Öffentlichkeit behandelten Probleme und Fragestellungen sind nicht über Nacht und auch nicht erst im letzten Sommer entstanden. Die tiefgründige Analyse der Entwicklung der DDR nach dem VIII. Parteitag der SED wird uns zu manchen neuen Erkenntnissen führen. Heute wissen wir zum Beispiel, daß der Ansatz für den XI. Parteitag der SED nicht auf einer realen Einschätzung der Lage beruhte. Aus den Erkenntnissen, die uns jetzige Analysen vermit-

teln, wird deutlich, daß damals bei der Formulierung ökonomischer Aufgaben nicht von der Realität, sondern von subjektiven Wunschvorstellungen ausgegangen wurde. Hinzu kam: Es wurden aus den bedeutsamen internationalen Entwicklungen – wie sie sich vor allem in der Sowjetunion, aber auch in anderen sozialistischen Ländern vollzogen – nicht die richtigen Schlußfolgerungen gezogen. Die Führung unserer Partei ging zu unseren besten Freunden auf Distanz.

[...]

Anstatt Lösungen von Problemen zu beraten, wurden allgemeine Losungen in Umlauf gebracht und stereotyp wiederholt, um in Ordnung zu bringen, was noch nicht in Ordnung ist. Anstatt Probleme sofort und direkt anzusprechen, ließ man sich von der Hoffnung treiben, sie eines Tages bei günstigeren Konstellationen wieder in den Griff zu bekommen. Anstatt unsere Genossen und alle Bürger ins Vertrauen zu ziehen und sie so für eine engagierte Mitarbeit zur Lösung zu gewinnen, wurde versucht, ihnen ein DDR-Bild zu suggerieren, das immer weniger den Alltagserfahrungen der Menschen entsprach. Konflikte wurden verdrängt und notwendige Antworten oft durch Administration und Gängelei ersetzt.

Tatsache ist auch: Die vorhandenen vielfältigen Formen der Demokratie blieben hinter den breiter werdenden Interessen und Bedürfnissen der Bürger zur Mitsprache zurück. Die politische Reife der Bürger und ihre Bereitschaft, sich mit ihrer unverwechselbaren und selbstbewußten Individualität in die Gesellschaftsgestaltung einzubringen, wurden unterschätzt. Auf diesem Boden wuchsen bürokratisches Verhalten und Herzlosigkeit im Umgang mit Bürgern. Die Mißachtung der Individualität und Kompetenz in der beruflichen und gesellschaftlichen Tätigkeit führte nicht selten zur Ignoranz gegenüber geistigem Volksvermögen und ließ Schöpfertum verkümmern.

[...]

All das hatte schwerwiegende Auswirkungen auf die Stimmung im Lande. Die Unzufriedenheit in der Bevölkerung nahm zu. Unruhe und Unsicherheit breiteten sich aus. Demonstrationen setzten ein, deren Teilnehmer in ihrer überwiegenden Mehrheit für notwendige Veränderungen in der sozialistischen Gesellschaft eintraten, unter die sich aber auch sozialismusfeindliche, auf Konfrontation und Konflikt bedachte Kräfte mischten.

Solche und andere gesellschaftliche Ursachen haben auch eine Schlüsselfunktion für die persönliche Entscheidung von über 200000 DDR-Bürgern, ihre Heimat zu verlassen oder verlassen zu wollen. Ohne den Einfluß des Gegners, seine Absichten und seine Kampagnen gegen den Sozialismus in der DDR zu unterschätzen, müssen wir uns doch eingestehen, daß die eigentlichen Ursachen dieser für unsere Gesellschaft schmerzhaften Abwanderung in unserem Lande selbst zu suchen sind. Viele Menschen hatten den Glauben an die Veränderbarkeit der gesellschaftlichen Zustände in der DDR verloren und sahen für sich keine Lebensperspektive mehr.

[...]

Die offene Debatte über das, was die Menschen bewegt, das gemeinsame Suchen nach Lösungen, der Streit um die jeweils beste Variante entwickelt sich in vielen, nicht in allen Fällen zu einer Schule demokratischen Umgangs miteinander für alle Beteiligten. Vielerorts entstehen aus zunächst spontanen Diskussionen Formen demokratischen Mitwirkens der Bürger an der Entscheidungsfindung, die offensichtlich dauerhaften Charakter annehmen.

Das Politbüro des Zentralkomitees ist der Meinung: Neue Bürgerbewegungen, die auf dem Boden der Verfassung der DDR wirken wollen, sollten zugelassen werden.

[...]

Originaltitel: In der DDR – gesellschaftlicher Aufbruch.
Quelle: »Neues Deutschland« vom 9. 11. 1989

Aktionsprogramm der SED

[. . .]

Für eine Reform des politischen Systems

Wir schlagen vor, die Volkskammerwahlen auf der Grundlage einer neuen Wahlgesetzgebung durchzuführen.

Wir sind für ein Wahlrecht, das eine freie, allgemeine, demokratische und geheime Wahl gewährleistet und in jedem Stadium der Wahl die öffentliche Kontrolle garantiert.

Wir setzen uns dafür ein, daß Volkskammer und örtliche Volksvertretungen ohne Bevormundung ihre verfassungsmäßigen Rechte und Pflichten als souveräne Machtorgane, die dem Volke verantwortlich sind, uneingeschränkt wahrnehmen. [. . .]

Für den sozialistischen Rechtsstaat

Es geht um einen sozialistischen Rechtsstaat, der von den Grund- und Menschenrechten ausgeht und die Gesellschaft durchgehend auf der Grundlage des Rechts organisiert. Recht und Gesetz sind das Maß des politischen Handelns der SED.

Das Zentralkomitee schlägt die Einrichtung eines Verfassungsgerichtshofes vor, der über die Einhaltung der Verfassung wacht.

Das Zentralkomitee hält folgende neue Gesetze für dringlich:

- ein Gesetz über die Vereinigungsfreiheit
- ein Gesetz über die Versammlungsfreiheit
- ein Wahlgesetz
- ein Mediengesetz
- eine Veränderung des Strafrechts.

Besonderes Gewicht erhalten die strikte Wahrung der Unabhängigkeit des Richters, umfassende Wirkungsmöglichkeiten für Rechtsanwälte und die durchgreifende Gesetzlichkeitsaufsicht des Staatsanwalts. [. . .]

Für umfassende Information und Medienfreiheit

Das Zentralkomitee spricht sich für einen tiefgreifenden Wandel in der Informations- und Medienpolitik aus.

Offenheit und Sachkunde, umfassende und wahrhaftige Information, kritische Untersuchung und konstruktive Erfahrungen braucht die sozialistische Gesellschaft. Zwischen der Realität und ihrer Widerspiegelung darf es keinen Gegensatz geben.

Freie Medien sind unerläßlich für die sozialistische Demokratie. [. . .]

Für eine umfassende Wirtschaftsreform

Die Lage und die Perspektive des Sozialismus erfordern eine grundsätzliche Änderung der Wirtschaftspolitik, verbunden mit einer umfassenden Wirtschaftsreform. [. . .]

Es geht um eine an den Marktbedingungen orientierte sozialistische Planwirtschaft, die allen am Wirtschaftsprozeß Beteiligten Anreize für ökonomische Initiativen und hohe Leistungen bietet. [. . .]

Quelle: »Neues Deutschland« vom 11./12. 11. 1989

Erklärung der Bundesregierung zur Lage in der DDR, abgegeben von Bundeskanzler Helmut Kohl vor dem Deutschen Bundestag am 16. November 1989

[. . .]

Die historischen Ereignisse in der DDR und insbesondere in Berlin haben das Gesicht Deutschlands und Europas verändert. Man kann sagen: In diesen Tagen schaut die Welt auf unser Vaterland.

Seit der Nacht vom 9. auf den 10. November hat sich die Lage der Nation im geteilten Deutschland grundlegend verändert. Nach über 28 Jahren hat der Freiheitswille unserer Landsleute in Ost-Berlin und in der DDR die Mauer und die Sperren, die uns voneinander trennten, friedlich überwunden.

Vor den Blicken der Weltöffentlichkeit feierten die Menschen in Deutschland am vergangenen Wochenende nach fast drei Jahrzehnten

der Trennung ein Fest des Wiedersehens, der Zusammengehörigkeit und der Einheit.
Im Mittelpunkt des Geschehens stand und steht *Berlin.* Vor aller Welt präsentiert sich diese Stadt mit ihren großartigen Menschen als *die* Stadt der Deutschen.
Die Berlinerinnen und Berliner haben in einer uns alle bewegenden Weise bekundet, daß sie in ein und derselben Stadt leben, daß sie zusammengehören und zusammenkommen wollen.
Wir empfinden in diesen Tagen in erster Linie Freude und Genugtuung darüber, daß die friedliche Kraft der Freiheit Grenzen zu überwinden und ein unbeschwertes Zusammenkommen von Familien, Freunden und Landsleuten zu ermöglichen vermag. Wir können stolz darauf sein, wie herzlich unsere Landsleute hier in der Bundesrepublik Deutschland empfangen wurden.
Ich glaube, es ist angemessen, auch in dieser Stunde nicht die Opfer von Mauer und Stacheldraht, von Schießbefehl und Selbstschußanlagen zu vergessen. Die tiefen Wunden, die ein von den Menschen abgelehntes Regime geschlagen hat, sind noch lange nicht verheilt. Mauer und Grenzbefestigung sind Sinnbild für anmaßenden Machtwillen, für ideologische Verblendung.
Die Ereignisse der letzten Tage und Wochen müssen auch jene zutiefst beschämen, die insgeheim oder öffentlich ihren Frieden mit der Mauer gemacht hatten. [...]
Die Menschen in der DDR sind auf unsere Hilfe angewiesen. Eine Reihe von Maßnahmen können und müssen wir sofort – und, wo nötig, einseitig – ergreifen. In vielen anderen Bereichen kommt es jedoch entscheidend auch auf die Mitwirkung der DDR an:

Erstens: Die Ausreisewelle der vergangenen Wochen hat innerhalb der DDR zu einer Reihe von akuten Versorgungsengpässen geführt. Ich denke beispielsweise an die medizinische Versorgung und Betreuung der Bevölkerung. [...]

Zweitens: Wir sind – wie bisher – zur Zusammenarbeit mit der DDR bereit. Wir alle wissen beispielsweise, daß das Begrüßungsgeld allein keine tragfähige Lösung der Devisenprobleme sein kann, die sich aus der neugewonnenen Reisefreiheit und damit auch aus der neuen Dimension des Reiseverkehrs ergeben. [...]

Quelle: »Bulletin« (Presse- und Informationsamt der Bundesregierung) vom 17. 11. 1989

Regierungserklärung des Vorsitzenden des Ministerrats der DDR, Hans Modrow, abgegeben vor der Volkskammer in Ost-Berlin am 17. November 1989

[...]
Was sich hier nach dem 7. Oktober 1989 an demokratischen und im besten Sinne des Wortes volkstümlichen Veränderungen vollzogen hat, ist unumkehrbar – das Volk würde jeden beiseite fegen, der eine Wiederherstellung alter Verhältnisse zu versuchen wagt. So möge man – wo dies noch der Fall ist – aufhören, weitere Schritte einzuklagen, weitere Vorleistungen von der DDR zu fordern. [...]
Zum Regierungsprogramm gehören Reformen, wie sie auch von den Parteien und anderen gesellschaftlichen Kräften, von vielen Bürgern vorgeschlagen, gefordert, in Umrissen skizziert worden sind. [...]
Ich nenne als Wichtiges:
Erstens Reformen des politischen Systems, verbunden mit gesetzgeberischen Schritten, um Rechtsstaatlichkeit und Rechtssicherheit zu stärken. Dazu gehören insbesondere ein Wahlgesetz ebenso wie ein Gesetz über den Ministerrat sowie ein Mediengesetz. Änderungsvorschläge für das Strafrecht können relativ bald erfolgen. Das Reisegesetz, eventuell auch Paßgesetz genannt, ist nach geführter Diskussion vorzulegen.
Zweitens geht es um eine Wirtschaftsreform,

die zum Ziel haben muß, die Eigenverantwortung der wirtschaftlichen Einheiten zu erhöhen, um die Effektivität ihrer Arbeit bedeutend zu vergrößern, die zentrale Leitung und Planung auf das erforderliche vernünftige Maß zu reduzieren sowie – vielleicht ist das die komplizierteste Aufgabe – das Leistungsprinzip mehr und mehr durchzusetzen. Ich schlage vor, die Wirtschaftsreform, ihre Inhalte und Etappen durch spezielle Beratungen der Volkskammer und ihrer Ausschüsse unter Anhörung von Sachverständigen zu profilieren. Die sorgfältige, unvoreingenommene Prüfung der Subventions- und Preispolitik ist in diesem Rahmen eine besondere Aufgabe.

Drittens ist eine Bildungsreform erforderlich. Abgesehen von wissenschaftlichen Vorstellungen, die es dafür gibt, haben, wie mir scheint, die besten pädagogischen Praktiker unseres Landes auf ihren Arbeitsgebieten bereits mehr als jene erste Reform begonnen, die sich an die Schüler und Studenten wendet und sie auffordert: Fürchtet euch nicht, eure Meinung zu sagen!

Viertens brauchen wir ein langfristig angelegtes, von Jahr zu Jahr zu realisierendes und neu zu prüfendes Programm, das zum Ziel haben sollte, Ökonomie und Ökologie mehr als bisher in Übereinstimmung zu bringen, wobei ich hinzufügen möchte, daß die DDR auf diesem Gebiet so schlecht nicht ist, wie es – durch unnötige Geheimhaltung – den Anschein hatte. Niemandem darf es künftig gestattet sein, geplante Umweltschutzmaßnahmen zu streichen oder zu verschleppen. Dringend notwendig ist ein neues Energiekonzept, das zur Senkung der fossilen Energieträger und des Energieeinsatzes führt.

Fünftens eine Verwaltungsreform mit dem Ziel, die staatliche Leitung und Verwaltung zu demokratisieren, ihre Arbeit überschaubarer zu machen sowie nicht zuletzt den Verwaltungsaufwand finanziell und personell erheblich zu verringern.

[. . .]

Zu den grundlegenden Voraussetzungen der Stabilität und des Friedens in Europa gehören stabile, berechenbare Beziehungen zwischen beiden deutschen Staaten und ihre konstruktive Weiterentwicklung. Mit der Öffnung ihrer Grenzen für den freien Reiseverkehr hat die DDR in diesem Sinne eine weltweit begrüßte und unterstützte Leistung erbracht. Mit der angestrebten, ja bereits begonnenen Reform unseres politischen Systems wird auch der Weg zur Wahrung und Durchsetzung des Selbstbestimmungsprozesses des Volkes der DDR auf neuer Grundlage gegangen. Damit wird die Legitimation der DDR als sozialistischer Staat, als souveräner deutscher Staat erneuert. Nicht durch Beteuerungen, sondern durch eine neue Realität des Lebens in der DDR wird den ebenso unrealistischen wie gefährlichen Spekulationen über eine Wiedervereinigung die klare Absage erteilt.

Die beiden deutschen Staaten haben bei aller Verschiedenheit ihrer Gesellschaftsordnungen eine jahrhundertealte gemeinsame Geschichte. Beide Seiten sollten die hierin liegende Chance begreifen, ihrem Verhältnis den Charakter einer qualifizierten guten Nachbarschaft zu geben.

Indem sich beide deutsche Staaten uneingeschränkt respektieren, können sie zugleich wertvolles Beispiel kooperativer Koexistenz schaffen. Die Regierung der DDR ist bereit, die Zusammenarbeit mit der BRD umfassend auszubauen und auf eine neue Stufe zu heben. Dies gilt für alle Fragen: Sicherung des Friedens, Abrüstung, für Wirtschaft, Wissenschaft und Technik, Umweltschutz, Verkehr, Post und Fernmeldewesen, für die Kultur, den Tourismus und den umfangreichen humanitären Bereich.

Wir sind dafür, die Verantwortungsgemeinschaft beider deutscher Staaten durch eine Vertragsgemeinschaft zu untersetzen, die weit über den Grundlagenvertrag und die bisher geschlossenen Verträge und Abkommen zwischen beiden Staaten hinausgeht. Dafür ist diese Regierung gesprächsbereit.

So können beide deutsche Staaten und ihre Beziehungen wichtige Pfeiler für den Bau und die Ausgestaltung des gemeinsamen europäischen Hauses werden.

Quelle: »Neues Deutschland« vom 18./19. 11. 1989

Für unser Land, Appell vom 26. November 1989

Unser Land steckt in einer tiefen Krise. Wie wir bisher gelebt haben, können und wollen wir nicht mehr leben. Die Führung einer Partei hatte sich die Herrschaft über das Volk und seine Vertretungen angemaßt, vom Stalinismus geprägte Strukturen hatten alle Lebensbereiche durchdrungen. Gewaltfrei, durch Massendemonstrationen hat das Volk den Prozeß der revolutionären Erneuerung erzwungen, der sich in atemberaubender Geschwindigkeit vollzieht. Uns bleibt nur wenig Zeit, auf die verschiedenen Möglichkeiten Einfluß zu nehmen, die sich als Auswege aus der Krise anbieten.

Entweder
können wir auf der Eigenständigkeit der DDR bestehen und versuchen, mit allen unseren Kräften und in Zusammenarbeit mit denjenigen Staaten und Interessengruppen, die dazu bereit sind, in unserem Land eine solidarische Gesellschaft zu entwickeln, in der Frieden und soziale Gerechtigkeit, Freiheit des einzelnen, Freizügigkeit aller und die Bewahrung der Umwelt gewährleistet sind.

Oder
wir müssen dulden, daß, veranlaßt durch starke ökonomische Zwänge und durch unzumutbare Bedingungen, an die einflußreiche Kreise aus Wirtschaft und Politik in der Bundesrepublik ihre Hilfe für die DDR knüpfen, ein Ausverkauf unserer materiellen und moralischen Werte beginnt und über kurz oder lang die Deutsche Demokratische Republik durch die Bundesrepublik Deutschland vereinnahmt wird.

Laßt uns den ersten Weg gehen. *Noch* haben wir die Chance, in gleichberechtigter Nachbarschaft zu allen Staaten Europas eine sozialistische Alternative zur Bundesrepublik zu entwickeln. *Noch* können wir uns besinnen auf die antifaschistischen und humanistischen Ideale, von denen wir einst ausgegangen sind. Alle Bürgerinnen und Bürger, die unsere Hoffnung und unsere Sorge teilen, rufen wir auf, sich diesem Appell durch ihre Unterschrift anzuschließen.
Berlin, den 26. November 1989

Quelle: »Neues Deutschland« vom 28. 11. 1989

Egon Krenz hat seine Unterschrift unter den Appell »Für unser Land« gesetzt. In einem Schreiben an die Initiatoren erklärt er:

Mit tiefer Genugtuung habe ich Ihren Aufruf an die Bürger der Deutschen Demokratischen Republik zur Kenntnis genommen. Ich teile Ihre Einschätzung vom Ernst der Lage und sehe wie Sie den Scheideweg, vor dem die Republik steht.
Seien Sie versichert, daß ich alles mir Mögliche tun werde, um mitzuhelfen, »in unserem Land eine solidarische Gesellschaft zu entwickeln, in der Frieden und soziale Freiheit des einzelnen, Freizügigkeit aller und die Bewahrung der Umwelt gewährleistet sind«.
Wir haben die historische Verantwortung, dieses Land mit seinen antifaschistischen und humanistischen Idealen und Traditionen als sozialistische Alternative deutscher Entwicklung zu bewahren.

Den Aufruf unterzeichneten am Mittwoch auch Ministerratsvorsitzender Dr. Hans Modrow und die in Berlin anwesenden weiteren Mitglieder und Kandidaten des Politbüros, des ZK der SED [...]

Quelle: »Neues Deutschland« vom 30. 11. 1989.

Zehn-Punkte-Programm zur Überwindung der Teilung Deutschlands und Europas
Rede des Bundeskanzlers Helmut Kohl vor dem Deutschen Bundestag am 28. November 1989

[...]
Der Weg zur deutschen Einheit, das wissen wir alle, ist nicht vom »grünen Tisch« oder mit einem Terminkalender in der Hand zu planen. Abstrakte Modelle kann man vielleicht polemisch verwenden, aber sie helfen nicht weiter.
Aber wir können, wenn wir nur wollen, schon heute jene Etappen vorbereiten, die zu diesem Ziel hinführen.
Ich möchte diese Ziele an Hand eines Zehn-Punkte-Programms erläutern:

Erstens: Zunächst sind Sofortmaßnahmen erforderlich, die sich aus den Ereignissen der letzten Wochen ergeben, insbesondere durch die Fluchtbewegung und die neue Dimension des Reiseverkehrs.
Die Bundesregierung ist zu sofortiger konkreter Hilfe dort bereit, wo diese Hilfe jetzt benötigt wird. Wir werden im humanitären Bereich und auch bei der medizinischen Versorgung helfen, soweit dies gewünscht wird und auch nützlich ist.
Wir wissen auch, daß das Begrüßungsgeld, das wir für jeden Besucher aus der DDR einmal jährlich zahlen, keine Lösung für die Finanzierung von Reisen sein kann. Letztlich muß die DDR selbst ihre Reisenden mit den nötigen Devisen ausstatten.
Wir sind aber bereit, für eine Übergangszeit einen Beitrag zu einem Devisenfonds zu leisten. Voraussetzung dafür ist allerdings, daß der Mindestumtausch bei Reisen in die DDR entfällt, Einreisen dorthin erheblich erleichtert werden und die DDR einen eigenen substantiellen Beitrag zu einem solchen Fonds leistet.
Unser Ziel ist und bleibt ein möglichst ungehinderter Reiseverkehr in beide Richtungen.

Zweitens: Die Bundesregierung wird wie bisher die Zusammenarbeit mit der DDR in allen Bereichen fortsetzen, die den Menschen auf beiden Seiten unmittelbar zugute kommt. Das gilt insbesondere für die wirtschaftliche, wissenschaftlich-technologische und kulturelle Zusammenarbeit. Besonders wichtig ist eine Intensivierung der Zusammenarbeit im Bereich des Umweltschutzes. Hier kann schon in aller Kürze, wie immer sonst die Entwicklung sein mag, über neue Projekte entschieden werden.
Das gleiche gilt – der Bundespostminister hat die entsprechenden Gespräche eingeleitet – für einen möglichst baldigen umfassenden Ausbau der Fernsprechverbindungen mit der DDR und des Telefonnetzes der DDR.
Über den Ausbau der Eisenbahnstrecke Hannover-Berlin wird weiter verhandelt. Ich bin allerdings der Auffassung, daß dies zu wenig ist und daß wir angesichts der jetzt eingetretenen Entwicklung uns einmal sehr grundsätzlich über die Verkehrs- und Eisenbahnlinien in der DDR und in der Bundesrepublik Deutschland unterhalten müssen.
Vierzig Jahre Trennung bedeuten ja auch, daß sich die Verkehrswege zum Teil erheblich auseinanderentwickelt haben. Das gilt nicht nur für die Grenzübergänge, sondern beispielsweise auch für die traditionelle Linienführung der Verkehrswege in Mitteleuropa, für die Ost-West-Verbindungen.
Es ist nicht einzusehen, weshalb die klassische Route Moskau-Warschau-Berlin-Paris, die ja immer über Köln führte und zu allen Zeiten große Bedeutung hatte, im Zeitalter schneller Züge und am Vorabend des Ausbaus eines entsprechenden europäischen Verkehrswesens nicht mit eingebracht werden sollte.

Drittens: Ich habe angeboten, unsere Hilfe und unsere Zusammenarbeit umfassend auszuweiten, wenn ein grundlegender Wandel des politischen und wirtschaftlichen Systems in der DDR verbindlich beschlossen und unumkehrbar in Gang gesetzt wird. »Unumkehrbar« heißt für uns und vor allem für mich, daß sich die DDR-Staatsführung mit den Oppositionsgruppen auf eine Verfassungsänderung und auf ein neues Wahlgesetz verständigt.

Wir unterstützen die Forderung nach freien, gleichen und geheimen Wahlen in der DDR unter Beteiligung unabhängiger, das heißt selbstverständlich auch nichtsozialistischer, Parteien. Das Machtmonopol der SED muß aufgehoben werden.

Die geforderte Einführung rechtsstaatlicher Verhältnisse bedeutet vor allem die Abschaffung des politischen Strafrechts und als Konsequenz die sofortige Freilassung aller politischen Gefangenen.

Herr Präsident, meine Damen und Herren, wirtschaftliche Hilfe kann nur dann wirksam werden, wenn grundlegende Reformen des Wirtschaftssystems erfolgen. Dies zeigen die Erfahrungen mit allen RGW-Staaten – mit Belehrungen von unserer Seite hat das nichts zu tun. Die bürokratische Planwirtschaft muß abgebaut werden.

Wir wollen nicht unhaltbar gewordene Zustände stabilisieren. Wir wissen: Wirtschaftlichen Aufschwung kann es nur geben, wenn sich die DDR für westliche Investitionen öffnet, wenn sie marktwirtschaftliche Bedingungen schafft und privatwirtschaftliche Betätigungen ermöglicht. Wer in diesem Zusammenhang den Vorwurf der Bevormundung erhebt, den verstehe ich nicht.

In Ungarn und in Polen gibt es jeden Tag Beispiele dafür, an denen sich doch die DDR – ebenfalls Mitgliedstaat des RGW – ohne weiteres orientieren kann.

Unser und mein dringender Wunsch ist es, daß es möglichst rasch zu einer solchen Gesetzgebung kommt. Denn es wäre für uns ein wenig erfreulicher Zustand, wenn – was ich ebenfalls wünsche – Privatkapital aus der Bundesrepublik Deutschland in Polen und noch mehr – die Dinge entwickeln sich sehr erfreulich – in Ungarn investiert würde und mitten in Deutschland diese Investitionen ausbleiben. Wir wollen, daß möglichst viele derartige Investitionen von möglichst zahlreichen Unternehmen getätigt werden.

Ich will es noch einmal klar unterstreichen: Dies sind keine Vorbedingungen, sondern das ist schlicht und einfach die sachliche Voraussetzung, damit Hilfe überhaupt greifen kann. Im übrigen kann kein Zweifel daran bestehen, daß dies auch die Menschen in der DDR wollen. Sie wollen wirtschaftliche Freiheit, und sie wollen damit die Früchte ihrer Arbeit endlich ernten und mehr Wohlstand gewinnen.

Wenn ich heute die Diskussion zu diesem Thema – der künftigen Wirtschaftsordnung in der DDR – innerhalb der SED selbst verfolge – wir werden es in ein paar Tagen auf dem Parteitag der SED vor aller Öffentlichkeit erleben können –, dann kann ich beim besten Willen nicht erkennen, daß derjenige, der das hier ausspricht, sich in die inneren Angelegenheiten der DDR einmischt. Ich finde das ziemlich absurd.

Viertens: Ministerpräsident Modrow hat in seiner Regierungserklärung von einer Vertragsgemeinschaft gesprochen. Wir sind bereit, diesen Gedanken aufzugreifen. Denn die Nähe und der besondere Charakter der Beziehungen zwischen den beiden Staaten in Deutschland erfordern ein immer dichteres Netz von Vereinbarungen in allen Bereichen und auf allen Ebenen.

Diese Zusammenarbeit wird zunehmend auch gemeinsame Institutionen erfordern. Bereits bestehende Kommissionen könnten neue Aufgaben erhalten, weitere könnten gebildet werden. Ich denke dabei insbesondere an die Bereiche Wirtschaft, Verkehr, Umweltschutz, Wissenschaft und Technik, Gesundheit und Kultur.

Ich brauche nicht zu betonen, daß bei all dem, was jetzt zu geschehen hat, für uns Berlin voll einbezogen bleiben muß. Das war, ist und bleibt unsere Politik.

Fünftens: Wir sind aber auch bereit, noch einen entscheidenden Schritt weiterzugehen, nämlich konförderative Strukturen zwischen beiden Staaten in Deutschland zu entwickeln mit dem Ziel, eine Föderation, das heißt eine bundesstaatliche Ordnung, in Deutschland zu schaffen. Das setzt aber eine demokratisch legitimierte Regierung in der DDR zwingend voraus.

Dabei könnten wir uns nach schon bald freien Wahlen folgende Institutionen vorstellen:

- einen gemeinsamen Regierungsausschuß zur ständigen Konsultation und politischen Abstimmung,
- gemeinsame Fachausschüsse,
- ein gemeinsames parlamentarisches Gremium
- und manches andere mehr angesichts einer völlig neuen Entwicklung.

Die bisherige Politik gegenüber der DDR mußte sich angesichts der Verhältnisse im wesentlichen auf kleine Schritte beschränken, mit denen wir vor allem versuchten, die Folgen der Teilung für die Menschen zu mildern und das Bewußtsein für die Einheit der Nation wachzuhalten und zu schärfen. Wenn uns künftig eine demokratisch legitimierte, das heißt frei gewählte Regierung als Partner gegenübersteht, eröffnen sich völlig neue Perspektiven.

Stufenweise können neue Formen institutioneller Zusammenarbeit entstehen und ausgeweitet werden. Herr Präsident, meine Damen und Herren, ein solches Zusammenwachsen liegt in der Kontinuität der deutschen Geschichte. Staatliche Organisation in Deutschland hieß in unserer Geschichte fast immer auch Konföderation und Föderation. Wir können doch auf diese historischen Erfahrungen zurückgreifen.

Wie ein wiedervereinigtes Deutschland schließlich aussehen wird, das weiß heute niemand. *Daß* aber die Einheit kommen wird, wenn die Menschen in Deutschland sie wollen, dessen bin ich sicher.

Sechstens: Die Entwicklung der innerdeutschen Beziehungen bleibt eingebettet in den gesamteuropäischen Prozeß, das heißt immer auch in die West-Ost-Beziehungen. Die künftige Architektur Deutschlands muß sich einfügen in die künftige Architektur Gesamteuropas. Hierfür hat der Westen mit seinem Konzept der dauerhaften und gerechten europäischen Friedensordnung Schrittmacherdienste geleistet.

Generalsekretär Gorbatschow und ich sprechen in der Gemeinsamen Erklärung vom Juni dieses Jahres, die ich bereits zitiert habe, von den Bauelementen eines »gemeinsamen europäischen Hauses«. Ich nenne beispielhaft dafür:

- Die uneingeschränkte Achtung der Integrität und der Sicherheit jedes Staates. Jeder Staat hat das Recht, das eigene politische und soziale System frei zu wählen.
- Die uneingeschränkte Achtung der Grundsätze und Normen des Völkerrechts, insbesondere Achtung des Selbstbestimmungsrechts der Völker.
- Die Verwirklichung der Menschenrechte.
- Die Achtung und Pflege der geschichtlich gewachsenen Kulturen der Völker Europas.

Mit alledem wollen wir – so haben es Generalsekretärs Gorbatschow und ich festgeschrieben – an die geschichtlich gewachsenen europäischen Traditionen anknüpfen und zur Überwindung der Trennung Europas beitragen.

Siebtens: Die Anziehungs- und Ausstrahlungskraft der Europäischen Gemeinschaft ist und bleibt eine entscheidende Konstante der gesamteuropäischen Entwicklung. Wir wollen und müssen sie weiter stärken.

Die Europäische Gemeinschaft ist jetzt gefordert, mit Offenheit und Flexibilität auf die reformorientierten Staaten Mittel-, Ost- und Südosteuropas zuzugehen. Dies haben die Staats- und Regierungschefs der EG-Mitgliedstaaten kürzlich bei ihrem Treffen in Paris ja auch so festgestellt. Hierbei ist die DDR selbstverständlich eingeschlossen:

Die Bundesregierung befürwortet deshalb den baldigen Abschluß eines Handels- und Kooperationsabkommes mit der DDR, das den Zugang der DDR zum Gemeinsamen Markt erweitert, auch was die Perspektive 1992 betrifft.

Wir können uns für die Zukunft sehr wohl bestimmte Formen der Assoziierung vorstellen, die die Volkswirtschaften der reformorientierten Staaten Mittel- und Südosteuropas an die EG heranführen und damit das

wirtschaftliche und soziale Gefälle auf unserem Kontinent abbauen helfen. Das ist eine der ganz wichtigen Fragen, wenn das Europa von morgen ein gemeinsames Europa sein soll.
Herr Präsident, meine Damen und Herren, den Prozeß der Wiedergewinnung der deutschen Einheit verstehen wir immer auch als europäisches Anliegen. Er muß deshalb auch im Zusammenhang mit der europäischen Integration gesehen werden. Ich will es ganz einfach so formulieren: Die EG darf nicht an der Elbe enden, sondern muß die Offenheit auch nach Osten wahren.
Nur in diesem Sinne – wir haben das Europa der Zwölf immer nur als einen Teil und nicht als das Ganze verstanden – kann die Europäische Gemeinschaft Grundlage einer wirklich umfassenden europäischen Einigung werden. Nur in diesem Sinne wahrt, behauptet und entwickelt sie die Identität aller Europäer. Diese Identität, meine Damen und Herren, ist nicht nur in der kulturellen Vielfalt Europas, sondern auch und vor allem in den Grundwerten von Freiheit, Demokratie, Menschenrechten und Selbstbestimmung begründet.
Soweit die Staaten Mittel- und Südosteuropas die erforderlichen Voraussetzungen erfüllen, würden wir es auch begrüßen, wenn sie dem Europarat und insbesondere auch der Konvention zum Schutze der Menschenrechte und Grundfreiheiten beiträten.

Achtens: Der KSZE-Prozeß ist ein Herzstück dieser gesamteuropäischen Architektur. Wir wollen ihn vorantreiben und die bevorstehenden Foren nutzen:

- die Menschenrechtskonferenzen in Kopenhagen 1990 und in Moskau 1991,
- die Konferenz über wirtschaftliche Zusammenarbeit in Bonn 1990,
- das Symposion über das kulturelle Erbe in Krakau 1991 und
- nicht zuletzt das nächste Folgetreffen in Helsinki.

Dort sollten wir auch über neue institutionelle Formen der gesamteuropäischen Zusammenarbeit nachdenken. Wir könnten uns eine gemeinsame Institution zur Koordinierung der West-Ost-Wirtschaftszusammenarbeit sowie die Einrichtung eines gesatmeuropäischen Umweltrates sehr gut vorstellen.

Neuntens: Die Überwindung der Trennung Europas und der Teilung Deutschlands erfordern weitreichende und zügige Schritte in der Abrüstung und Rüstungskontrolle. Abrüstung und Rüstungskontrolle müssen mit der politischen Entwicklung Schritt halten und, wenn notwendig, beschleunigt werden.
Dies gilt im besonderen für die Wiener Verhandlungen über den Abbau konventioneller Streitkräfte in Europa und für die Vereinbarung vertrauensbildender Maßnahmen ebenso wie für das weltweite Verbot chemischer Waffen, das, wie ich hoffe, 1990 kommen wird. Dies erfordert auch, daß auch die Nuklearpotentiale der Großmächte auf das strategisch erforderliche Minimum reduziert werden können.
Das bevorstehende Treffen zwischen Präsident Bush und Generalsekretär Gorbatschow bietet eine gute Gelegenheit, den jetzt laufenden Verhandlungsrunden neue Schubkraft zu geben.
Wir bemühen uns – auch in zweiseitigen Gesprächen mit den Staaten des Warschauer Paktes einschließlich der DDR –, diesen Prozeß zu unterstützen.

Zehntens: Mit dieser umfassenden Politik wirken wir auf einen Zustand des Friedens in Europa hin, in dem das deutsche Volk in freier Selbstbestimmung seine Einheit wiedererlangen kann. Die Wiedervereinigung, das heißt die Wiedergewinnung der staatlichen Einheit Deutschlands, bleibt das politische Ziel der Bundesregierung.
Wir sind dankbar, daß wir in der Erklärung des Brüsseler NATO-Gipfels vom Mai dieses Jahres dafür erneut die Unterstützung unserer Freunde und Partner gefunden haben.
Meine Damen und Herren, wir sind uns bewußt, daß sich auf dem Weg zur deutschen Einheit viele schwierige Fragen stellen, auf die korrekterweise heute niemand eine abschließende Antwort geben kann. Dazu gehört vor allem auch – ich betone das – die ebenso schwierige wie entscheidende Frage über-

greifender Sicherheitsstrukturen in Europa.
Die Verknüpfung der deutschen Frage mit der gesamteuropäischen Entwicklung und den West-Ost-Beziehungen – wie ich sie eben in zehn Punkten erläuterte – ermöglicht eine organische Entwicklung, die den Interessen aller Beteiligten Rechnung trägt und – dies ist unser Ziel – einer friedlichen und freiheitlichen Entwicklung in Europa den Weg bahnt.
Nur miteinander und in einem Klima des wechselseitigen Vertrauens können wir die Teilung Europas, die immer auch die Teilung Deutschlands ist, friedlich überwinden.
Das heißt, wir brauchen auf allen Seiten Besonnenheit, Vernunft und Augenmaß, damit die jetzt begonnene – so hoffnungsvolle – Entwicklung stetig und friedlich weiterverläuft.
Was diesen Prozeß stören könnte, sind nicht Reformen, sondern deren Verweigerung. Nicht Freiheit schafft Instabilität, sondern deren Unterdrückung. Jeder gelungene Reformschritt bedeutet für ganz Europa ein Mehr an Stabilität und einen Zugewinn an Freiheit und Sicherheit.
Herr Präsident, meine Damen und Herren, in wenigen Wochen beginnt das letzte Jahrzehnt dieses Jahrhunderts, ein Jahrhundert, das so viel Elend, Blut und Leid sah.
Es gibt heute viele hoffnungsvolle Zeichen dafür, daß die neunziger Jahre die Chancen für mehr Frieden und mehr Freiheit in Europa und in Deutschland in sich tragen. Es kommt dabei – jeder spürt dies – entscheidend auch auf unseren, den deutschen Beitrag an. Wir alle sollten uns dieser Herausforderung der Geschichte stellen.

Quelle: »Bulletin« (Presse- und Informationsamt der Bundesregierung) vom 29. 11. 1989 (Sonderdruck)

Rede von Ministerpräsident Hans Modrow auf dem Sonderparteitag der SED in Ost-Berlin am 8. Dezember 1989

[...]
In der Welt breitet sich die Erkenntnis aus, die Existenz und ein ordentliches Verhältnis der beiden deutschen Staaten sind gewichtige, ja erstrangige Fragen der Weltpolitik. Aus der Verantwortung, die sich mit dieser Tatsache verbindet, hat die Regierung der DDR eine Vertragsgemeinschaft der beiden deutschen Staaten vorgeschlagen; ich verweise auf meine Regierungserklärung. Wenn Bundeskanzler Helmut Kohl diesen Gedanken aufgegriffen und mit dem Hinweis auf konföderative Schritte ausgebaut hat, so ist dies, meine ich, ein maßvoller Ansatz für bevorstehende Erörterungen, wobei die DDR vor allem an dem interessiert ist, was man für 1990 und das folgende Jahr konkret einleiten könnte. Es geht darum, erst einmal die Kooperation auszubauen, und ich streite mit niemandem darüber, ob dies schon ein konföderativer Schritt sein könnte. Wir wollen doch erst einmal Nägel mit Köpfen machen, wie es auch in der BRD viele maßgebliche Leute vor allem in der Wirtschaft wollen. Als Staat im Zentrum Europas, auch als sozialistischer Staat, haben wir nur eine Chance, wenn wir uns in den Weg zur Überwindung der Teilung Europas einordnen.
[...]
Dies alles heißt, die langfristige Perspektive des Verhältnisses beider deutscher Staaten muß der Zukunft überlassen bleiben. Sie ist eingeordnet in die gesamteuropäische Entwicklung. Eine Vereinigung von DDR und BRD ist keine Frage der aktuellen Politik und niemand, dem eine gesunde und friedliche Entwicklung am Herzen liegt, sollte sie künstlich beschleunigen oder gar zur Wahlkampfmunition machen. Davor warne ich mit aller Eindringlichkeit.
[...]

Quelle: »Neues Deutschland« vom 9. 12. 1989

Referat von Gregor Gysi auf dem Sonderparteitag der SED in Ost-Berlin am 8. Dezember 1989

(vor Gisys Wahl zum Parteivorsitzenden)

[. . .]

So und nun möchte ich mich noch zu einigen nach unserer Meinung wichtigen Fragen äußern, die in letzter Zeit auch durch euch an uns herangetragen worden sind und wo wir irgendwie einen Standpunkt bilden mußten.

Erstens: Was verstehen wir unter dem Begriff Sozialismus. Zu einer ausgereiften, wissenschaftlichen Definition des Begriffs Sozialismus bin ich heute natürlich nicht in der Lage. Ich bin mir aber sicher, daß es sich um eine Gesellschaftsordnung handelt, in der jede Form von politischer und ökonomischer Allein- oder Monopolmacht ausgeschaltet sein muß, damit wirtschaftliche Effektivität ständig mit den ökologischen, sozialen und kulturellen Interessen der Menschen verbunden bleibt. Die politischen und ökonomischen Strukturen sind so anzulegen, daß das Interesse an Frieden, Abrüstung und Humanismus zu keinem Zeitpunkt unbeachtet bleibt.

Zweitens: Brauchen wir einen neuen Namen oder nicht, sollen wir uns auflösen und neu gründen? Genossinnen und Genossen, gerade zu dieser Frage wurden an uns viele unterschiedliche Positionen herangetragen. Niemand wäre wohl wirklich gegen einen neuen Namen, aber viele befürchten den Vorwurf des Etikettenschwindels oder des Versuchs, sich aus der Verantwortung und Geschichte unserer Partei zu stehlen.

[. . .]

Drittens: wurden wir von vielen Arbeitern gefragt, wie stehen wir zum Leistungsprinzip. Ganz kurz der Standpunkt: Die ökonomischen Gegebenheiten zwingen zur konsequenten Durchführung des Leistungsprinzips. Damit muß schon heute begonnen werden. Gerade unsere Partei muß sich aber dafür stark machen, daß dabei die soziale Sicherheit, die Sicherheit des Arbeitsplatzes garantiert bleiben, und die Kranken, Leistungsunfähigen und Lebensuntüchtigen in einer Solidargemeinschaft nicht untergehen.

[. . .]

Viertens: Wie stehen wir zu den Kampfgruppen der Arbeiterklasse? Entgegen vielfach erhobener Behauptungen unterstehen sie nicht der Partei, sondern dem Minister des Innern. Wir können deshalb nur einen Vorschlag unterbreiten, wir anerkennen den Beitrag der Mitglieder, die jahrelang ihre Freizeit für die Ausbildung geopfert haben, um ihren Auftrag zum Schutz der Betriebe zu erfüllen. Wenn man jedoch an die Gründungsmotive denkt, wird deutlich, daß sie nicht mehr zeitgemäß sind. Wir sind deshalb für ihre Auflösung und bitten die Mitglieder, sich in unbewaffnete Formationen zum Schutz unserer Menschen und des sich entwickelnden demokratischen Staates einzugliedern.

Fünftens: Wie stehen wir zum Amt für Nationale Sicherheit? Es gilt festzustellen, daß es neben berechtigten und notwendigen Aufgabenstellungen des Ministeriums für Staatssicherheit, zum Beispiel zur Aufklärung von Kriegsverbrechen und zur Abwehr wirklicher Staatsverbrechen, zum Schutz der Volkswirtschaft und anderer Einrichtungen, zur Aufklärung, auch Aufgabenstellungen gab, ja, die unvertretbar sind, und die erklären, wie es zur gegenwärtigen, demonstrativen Ablehnung dieser Einrichtung kommt. Diese Aufgabenstellung umfaßte die Abwehr der ideologischen Diversion. Weil diese nach den vorgegebenen Maßstäben über Funk und Fernsehen praktisch in jedem Haushalt stattfindet, mußte dies zu einer flächendeckenden Tätigkeit führen, die die Menschen als Bespitzelung empfanden.

[. . .]

Durch die starke Diskreditierung des Amtes ist nach meiner Meinung allerdings seine Auflösung erforderlich. Wobei die berufliche Eingliederung der Mitarbeiter unbedingt zu sichern ist. Bezüglich der notwendigen Aufgabenstellungen ist deren Erfüllung auf neue Art und Weise zu gewährleisten.

[. . .]

Sechstens: Wie stehen wir zu Streiks oder drohenden Streiks und zum Streikrecht? In der gegenwärtigen angespannten Wirtschaftslage wären Streiks verantwortungslos. Sie nutzen und bewirken wenig, aber schaden allen und wirken destabilisierend. Wir rufen deshalb alle Werktätigen auf, im ureigensten Interesse verantwortungsbewußt zu arbeiten und dadurch die materiellen Voraussetzungen für die Versorgung der Bevölkerung und die demokratische Erneuerung zu sichern. Demokratie ohne materielle Absicherung ist sinnlos und überflüssig.
[. . .]
Siebtens: Zur deutschen Frage hatte ich mich schon geäußert und unser Ministerpräsident auch. Auch dazu kamen viele Fragen. ich möchte nur noch eins hinzufügen. In einer Zeit, in der ein europäisches Haus gebaut werden soll, in der es um den Abbau von Staatlichkeit in Europa geht, ist schon die Idee zur Schaffung eines neuen Einheitsstaates widersinnig. Es geht um Kooperation und Begegnungen auf allen Ebenen, aber gleichzeitig um Bewahrung unserer Eigenständigkeit als Deutsche Demokratische Republik.
[. . .]

Originaltitel: Zur Formulierung einer modernen Partei des demokratischen Sozialismus.
Quelle: »Neues Deutschland« vom 9. 12. 1989

Die Erklärung des Europäischen Rates auf dem Straßburger EG-Gipfel zu Mittel- und Osteuropa vom 10. 12. 1989

Von Tag zu Tag tritt der Wandel in Mittel- und Osteuropa kraftvoller in Erscheinung. Überall macht sich ein starkes Verlangen nach Freiheit und Demokratie, nach Achtung der Menschenrechte, nach Wohlstand, sozialer Gerechtigkeit und Frieden bemerkbar. Die Völker bekunden ihren klaren Willen, ihr Schicksal in die eigenen Hände zu nehmen und den Weg ihrer Entwicklung selbst zu wählen. Eine derart tiefgreifende und schnelle Entwicklung wäre ohne die von Gorbatschow eingeleitete Politik der Öffnung und Reform nicht möglich gewesen.
Wir wissen uns im Einklang mit den Gefühlen aller Menschen in der Gemeinschaft, wenn wir unserem Wunsch der tiefen Freude über die Veränderungen, die sich jetzt vollziehen, Ausdruck verleihen. Es handelt sich um historische Ereignisse, die gewiß die bedeutendsten seit dem Ende des Zweiten Weltkriegs sind und zu denen der Erfolg einer starken und dynamischen Europäischen Gemeinschaft, die Lebenskraft des KSZE-Prozesses und die Stabilität auf dem Gebiet der Sicherheit, an der auch die Vereinigten Staaten und Kanada beteiligt sind, einen großen Beitrag geleistet haben.
Die Veränderungen berechtigen zu der Hoffnung, daß die Teilung Europas überwunden werden kann – gemäß den Zielsetzungen der Schlußakte von Helsinki, die darauf abzielt, im Rahmen eines umfassenden, ausgewogenen Konzepts auf der Grundlage einer ganzen Reihe von Prinzipien, die weiterhin ihre volle Gültigkeit behalten, neue Beziehungen zwischen den europäischen Ländern herbeizuführen, sei es auf dem Gebiet der Sicherheit und der wirtschaftlichen und technischen Zusammenarbeit oder hinsichtlich der menschlichen Dimension. Wir streben einen Zustand des Friedens in Europa an, in dem das deutsche Volk seine Einheit durch freie Selbstbestimmung wiedererlangt. Dieser Prozeß muß sich auf demokratische und friedliche Weise, unter Wahrung der Abkommen und Verträge, auf der Grundlage sämtlicher in der Schlußakte von Helsinki niedergelegten Grundsätze im Kontext des Dialogs und der Ost-West-Zusammenarbeit vollziehen. Er muß in die Perspektive der gemeinschaftlichen Integration eingebettet sein.
[. . .]

Quelle: AP/»Süddeutsche Zeitung« vom 11. 12. 89

Interview des Bundespräsidenten Richard von Weizsäcker mit dem DDR-Fernsehen am 13. Dezember 1989

[...]
Frage: Nun sind diese Veränderungen ja offensichtlich keine ausschließliche Angelegenheit der DDR. Die Bundesrepublik ist mitberührt, mitbetroffen. Wie berührt im Kern, wie betroffen?

Antwort: Es geht zunächst darum, der erstrittenen Freiheit in Verantwortung die Gestalt und Konsequenz zu geben und sodann die Frage zu lösen, wie die Deutschen in Zukunft miteinander und zusammen leben. Selbstverständlich geht das uns in der Bundesrepublik Deutschland ganz unmittelbar an. Nur haben wir zunächst einmal mit großer Achtung den Deutschen in der DDR zu begegnen.
Wir haben die Freiheit geschenkt bekommen, sie haben sie selber erstritten. Wir haben dem Leben, das bis zu diesem Punkt geführt hat, mit Respekt zu begegnen. Die Menschen haben ihr Leben ja nicht umsonst gelebt, auch dann, wenn es sich oft unterdrückt oder in Not vollzog.
Es hat sich eine Schicksalsgemeinschaft gebildet, und zu der haben wir uns mit großer Achtung zu verhalten. Wir haben uns nicht einzumischen. Aber natürlich wollen und – ich denke – sollen wir auch mitdenken und mitberaten dort, wo es für ihren Prozeß der Folgen aus der erstrittenen Freiheit von Wert ist.
Wir haben hier unsere eigenen Interessen, die ja auch legitim sind. Wir haben einen demokratischen Wettbewerb. Da kann es auch zu Konfrontationen kommen. Aber niemand sollte die Entwicklung in der DDR für seine hiesigen Zwecke, sei es der Parteien, sei es der Publizistik, instrumentalisieren. Niemand sollte von hier aus anheizen.
Ich denke, auch wir haben zu lernen, wie sich dieser Prozeß weiter vollzieht, und ich glaube, wir tun es auch. Also mitdenken und mitberaten, aber nicht vorgeben und schon gar nicht bevormunden.
[...]

Frage: Sie haben jetzt zweimal vom Lernen gesprochen. Sie haben kürzlich gesagt, beide deutsche Staaten könnten heute voneinander lernen. Was könnte heute die DDR von der Bundesrepublik, was die Bundesrepublik von der DDR lernen?

Antwort: Ich bin in der Tat der Meinung, daß es ein Lernprozeß ist und keine Einbahnstraße. Da will ich natürlich nicht zu sehr in die Einzelkritik eintreten. Ich glaube nur, bei Ihnen ist mit großem Idealismus und großem Mut und mit absolut friedlichen Mitteln um diese Freiheit gestritten und erfolgreich gekämpft worden. Das heißt, daß Sie aber noch nicht gleich in jeder Hinsicht vorbereitet sind auf den demokratischen Wettbewerb und auf die Schritte, die zur wirtschaftlichen Reform notwendig sind. Das erfordert viel Geduld.
Wir müssen lernen, daß Sie dafür Zeit brauchen. Wie sollte es denn anders sein. Oder lassen Sie mich ein anderes Beispiel nennen. Natürlich gibt es völlig verständlicherweise – menschlich verständlicherweise – Zorn über Machtmißbrauch oder Korruption, und der Rechtsstaat ist dazu da, um einem solchen Machtmißbrauch und einer Korruption die nötigen Sanktionen folgen zu lassen; aber der Rechtsstaat, nicht Selbstjustiz, nicht Rachegedanken führen uns weiter.
Außerdem ist die Schicht der Menschen, die man nun braucht für den Aufbau der Demokratie, ja nicht groß. Man muß behutsam umgehen mit den Menschen, die da sind. Und man braucht auch Menschen, die vielleicht in der Vergangenheit einmal einen Fehler gemacht haben. Ich habe auch Fehler in der Vergangenheit gemacht. Jeder von uns hat Fehler gemacht. Man muß ihm doch auch konzedieren, daß er vielleicht aus den Fehlern lernt.
Nicht nur Helden können die Zukunft gestalten, sondern auch solche, die ehrlich bereit sind, an einer freien und rechtsstaatlichen Zukunft mitzuarbeiten, und ihnen sollte man die Chance dazu auch lassen.

Ich denke, daß wir aus der Besonnenheit, die Sie brauchen, und der Geduld, die Sie brauchen, unsererseits auch manches lernen können. Wir dürfen eben nicht anheizen, sondern wir müssen zu einem behutsamen Prozeß beitragen.
Das nächste, worum es in der DDR geht, wenn ich das so sagen darf, ist, dafür zu sorgen, daß die Lebensfähigkeit voll erhalten bleibt und aufgebaut wird. Der Vollzug eines freiheitlich legitimierten demokratischen Staates ist möglich und geht schneller, als Erfolge sich aus einer wirtschaftlichen Reform einstellen können.
Beide Dinge müssen aber zusammenbleiben. Und es geht darum, Zutrauen zu beiden Prozessen zu stärken. Das ist etwas, was wir lernen müssen. Wir dürfen uns nicht nur auf das eine stürzen und das andere sich selbst überlassen. Ich glaube also, beide Seiten lernen; sie lernen in Wirklichkeit jeden Tag. Und ich denke, sie sind auch auf beiden Seiten dazu bereit.
[...]

Frage: Es gibt in Leipzig oder Dresden, aber auch in Bonn oder München den Ruf nach Vereinigung oder Wiedervereinigung, und das mehr oder minder rasch. Es gibt aber auch hier wie dort ganz entgegengesetzte Auffassungen, ja Ängste. Ihre Meinung, Herr Bundespräsident!

Antwort: Meine Meinung ist, daß wir eine Nation sind, und was zusammengehört, wird zusammenwachsen. Aber es muß eben zusammenwachsen. Es darf nicht der Versuch gemacht werden, daß es zusammenwuchert. Wir brauchen die Zeit.
Wenn es zusammenwachsen soll, dann kann es ja nur aus der jetzigen Lage heraus zusammenwachsen, nämlich zwei Staaten einer Nation. Und nur wenn sie beide sich auf einem gesunden Weg befinden, nur dann können sie in gesunder Weise zusammenwachsen. Also müssen wir sehen, was die beiden Staaten miteinander zustande bringen.
Ich glaube, es geht bei Ihnen und uns und gemeinsam bei uns um eine Frage der Selbstbestimmung, nicht der Fremdbestimmung von außen. Aber es ist doch eine Aufgabe, in der wir unsere Verantwortung und unseren Zusammenhang in ganz Europa vor Augen behalten müssen.
[...]

Quelle: »Bulletin« (Presse- und Informationsamt der Bundesregierung) vom 15. 12. 1989

Referat von Gregor Gysi auf dem Sonderparteitag der SED

(Auszug) am 16. Dezember 1989

Wir gehen von der Existenz einer deutschen Frage als ein europäisches Problem und dem Vorhandensein tief verwurzelter nationaler Gemeinsamkeiten der Deutschen beider Staaten aus. Ihre Annäherung zu einer qualifizierten Vertragsgemeinschaft muß daher auf die Annäherung und das Zusammenwachsen der europäischen Staaten in einem gemeinsamen Haus gerichtet sein.
Eine Partnerschaft beider deutscher Staaten für Europa liegt im Interesse unserer Nachbarvölker und der Welt. Sie dient dazu, nie wieder Angst vor der deutschen Hydra aufkommen zu lassen. Kein Volk darf sich je wieder von den Deutschen bedroht fühlen. Unbedingte Voraussetzung dafür ist die Respektierung der europäischen Grenzen, wie sie im Gefolge des von Deutschland begonnenen Zweiten Weltkriegs entstanden sind, vor allem auch der Oder-Neiße-Grenze.
Von großer Bedeutung ist die volle Anerkennung des europäischen Vertragswerkes, insbesondere des KSZE-Prozesses, des Vierseitigen Abkommens, der Verträge von Moskau und Warschau sowie des Grundlagenvertrages zwischen der DDR und der BRD. Wer Frieden und Zusammenarbeit will, muß diese Realitäten anerkennen.

Die Zukunft der Deutschen liegt in einem geeinten Europa. Vielfältig sind die Möglichkeiten des Übergangs von der Verantwortungsgemeinschaft, in der beide deutschen Staaten stehen, zu einer qualifizierten Vertragsgemeinschaft. Hier gibt es kein Feld, an das es nicht mit konstruktiven Überlegungen heranzugehen gilt.
Unsere Partei hält es für dringend erforderlich, eine Sicherheitspartnerschaft herzustellen. Sinnvoll wäre die Schaffung verschiedenster Strukturen der Zusammenarbeit beider deutscher Staaten bei voller Wahrung ihrer Souveränität. Die Geschichte wird zeigen, ob diese konföderativen Charakter annehmen können. Vertragsgemeinschaft muß sich auf politische, ökonomische, wissenschaftliche, kulturelle, juristische und touristische Fragen beziehen. Es geht neben Wirtschaftsvereinbarungen gerade auch um die Fragen eines Rechtshilfeabkommens.
Es kann doch wohl nicht sein, daß Bürger der beiden deutschen Staaten ihrer strafrechtlichen, zivilrechtlichen oder familienrechtlichen Verantwortung entgehen, nur weil sie das Land wechseln. Über Herrn Schalck-Golodkowski soll hier verhandelt und entschieden werden! Natürlich rechtsstaatlich und fair. Insofern verstehe ich die Erklärung seines Anwalts gut.
Die Erfassungsstelle Salzgitter gehört als Relikt des kalten Krieges abgeschafft! Wir können selbst Ordnung schaffen in unserem Land.
Nicht länger dürfen Nation und Nationalität einerseits und Staat und Staatsbürgerschaft andererseits verwechselt werden, wobei wir zugeben müssen, daß da auch von uns viel Unklarheit in diese Fragen hineingetragen worden ist.

Quelle: »Neues Deutschland« vom 18./19. 12. 1989

Gemeinsame Mitteilung über die Gespräche von Bundeskanzler Helmut Kohl mit Ministerpräsident Hans Modrow am 19. und 20. Dezember 1989 in Dresden

[. . .]
Bundeskanzler Kohl und Ministerpräsident Modrow stimmten darin überein, daß die positiven Veränderungen, die sich in Europa vollziehen, die Frage der Beziehungen zwischen beiden Staaten in eine neue Dimension stellen. Es bestand Einvernehmen, ausgehend vom Vertrag über die Grundlagen der Beziehungen vom 21. Dezember 1972, die Zusammenarbeit zwischen der Bundesrepublik Deutschland und der Deutschen Demokratischen Republik umfassender auszubauen, die Beziehungen auf eine neue Stufe zu heben und sie enger und langfristiger zu gestalten.
Angesichts der historisch bedingten Besonderheit der Beziehungen zwischen den beiden Staaten wird ein dichteres Netz von Vereinbarungen in allen Bereichen und auf allen Ebenen erforderlich werden, in das Berlin (West) entsprechend dem Viermächte-Abkommen einzubeziehen ist. Über die bestehenden Verträge hinaus soll eine Vertragsgemeinschaft entwickelt werden mit Institutionen zur Behandlung der gemeinsamen Probleme des gesellschaftlichen Lebens.
Zentrales Element der Vertragsgemeinschaft ist die Wirtschaft. Bundeskanzler Kohl und Ministerpräsident Modrow erklärten, daß sie die wirtschaftliche Zusammenarbeit deshalb nachhaltig intensivieren wollen.
[. . .]
Wie in den Gesprächen zwischen Bundesminister Haussmann und der Stellvertretenden Ministerpräsidentin Luft sowie Minister Beil am 14. Dezember 1989 erörtert, sind beide Seiten übereingekommen, zur Vertiefung der wirtschaftlichen Beziehungen eine Gemeinsame Kommission zu bilden. Die Kommission soll möglichst bald auf der Grundlage der bestehenden Abkommen und Regelungen zusammentreten. Berlin (West) wird in die Zusammenarbeit voll einbezogen. Zur Förderung der wirtschaftlichen und industriellen

Zusammenarbeit ist eine Kooperationsvereinbarung abgeschlossen worden.
Beide Seiten wollen zum Abbau von Hemmnissen in den Handelsbeziehungen beitragen. Die Regierung der DDR erklärt in diesem Zusammenhang, die notwendigen Direktkontakte zu den Kombinaten und Betrieben zuzulassen und die Freiheit der Vertreterwahl zu ermöglichen. Es ist beabsichtigt, den Kombinaten und Betrieben Außenhandelsbefugnisse zu übertragen. Die Bundesregierung wird bestehende mengenmäßige Handelsbeschränkungen weiter abbauen und die Verfahren für betriebliche Kooperationen erleichtern.
Es bestand Einigkeit, daß Direktinvestitionen und Joint Ventures wesentliche Bedeutung für eine positive wirtschaftliche Entwicklung in der DDR haben. Die DDR wird die notwendigen gesetzlichen Voraussetzungen hierfür möglichst bald schaffen. Unter Vorbehalt der gesetzlichen Regelungen werden Verhandlungen über ein Investitionsschutzabkommen aufgenommen. Die Bundesregierung wird zur Förderung und Intensivierung der wirtschaftlichen Zusammenarbeit von Unternehmen und Betrieben im Rahmen bestehender Programme weitere Mittel bereitstellen. Ferner wird sie den Garantierahmen für Lieferungen in die DDR erhöhen.
Beide Seiten erklärten es für erforderlich, in Handwerk, Handel, Industrie und für Dienstleistungen die Rolle privater Unternehmen und Betriebe in der DDR zu stärken und dadurch die Voraussetzungen für die Zusammenarbeit auf diesen Gebieten zu verbessern.
Der touristische Reiseverkehr soll ausgebaut werden. Dafür wird eine Fachgruppe »Tourismus« eingerichtet.
Eine Expertengruppe wird eingesetzt mit dem Auftrag, offene Vermögensfragen zu klären. In diesem Zusammenhang sind Maßnahmen abzustimmen mit dem Ziel, einschränkende Bestimmungen hinsichtlich der Verfügungsmöglichkeiten über Vermögen abzubauen.
[...]
Die Zusammenarbeit im Bereich des Umweltschutzes soll auf der Grundlage der am 14. Dezember 1989 zwischen Bundesminister Töpfer und Minister Reichelt geführten Gespräche intensiviert werden. Die laufenden Verhandlungen über die im Juli 1989 abgestimmten Demonstrations- und Pilotprojekte werden zügig weitergeführt. Die Prüfung der von beiden Seiten benannten weiteren Projekte soll bald abgeschlossen werden.
[...]
Die für den Umweltschutz zuständigen Minister werden in einen engen Austausch von Umweltdaten eintreten und einen ökologischen Handlungsplan entwickeln, der Feststellungen darüber enthält, wo Maßnahmen zum Schutz der Umwelt dringend erforderlich sind und welche gemeinsamen Maßnahmen getroffen werden können, um Abhilfe zu schaffen.
Für den Bereich des Umweltschutzes wird eine gemeinsame Kommission gebildet. Die zuständigen Minister beider Staaten werden dazu Einzelheiten vereinbaren.
[...]
Zur weiteren Ausgestaltung der Post- und Fernmeldebeziehungen wird eine Kommission unter der Leitung der zuständigen Minister beider Staaten eingesetzt. Beide Seiten halten einen zügigen Ausbau des Fernmeldenetzes der DDR für dringend notwendig. Dazu gehören auch die für eine moderne Wirtschaft benötigten Datenübertragungsdienste.
In diesem Zusammenhang erklärte Bundeskanzler Kohl die Bereitschaft, die Postpauschale von bisher 200 Mill. DM jährlich bereits ab 1990 um 100 Mill. DM zu erhöhen mit der Maßgabe, daß der Gesamtbetrag ab sofort zum Ausbau der Post- und Fernmeldeinfrastruktur der DDR verwendet wird.
[...]
Bundeskanzler Kohl und Ministerpräsident Modrow bestätigten die am 5. Dezember 1989 erzielte Übereinstimmung zu Fragen des Reiseverkehrs und der Einrichtung eines Fonds für Reisezahlungsmittel bis zu einer Höhe von jeweils 2,9 Mrd. DM für die Jahre 1990 und 1991. In diesem Zusammenhang kündigte Ministerpräsident Modrow an, daß

für Reisende aus der Bundesrepublik Deutschland und Berlin (West) ab 1. Januar 1990 ein Umtauschsatz von 1 DM : 3 Mark der DDR eingeführt wird.
[...]
Für die Zusammenarbeit beider Seiten können auf regionaler und lokaler Ebene Regionalausschüsse gebildet werden, wie dies für Berlin und die angrenzenden Bezirke bereits besprochen wird. Zur Koordinierung wird eine Gemeinsame Kommission auf Regierungsebene gebildet.

Quelle: »Bulletin« (Presse- und Informationsamt der Bundesregierung) vom 20. 12. 1989

Erklärung des Vorsitzenden des Ministerrats der DDR, Hans Modrow, über die Lage in der DDR, abgegeben vor der Volkskammer in Ost-Berlin am 29. Januar 1990

[...]
Die gegenwärtige Regierungskoalition erweist sich, wie Sie selbst wissen, zunehmend als zerbrechlich. Die ökonomischen und sozialen Spannungen in der Gesellschaft haben zugenommen und berühren bereits das tägliche Leben vieler Menschen. In wachsendem Maße werden Forderungen nach Erhöhung der Löhne und Gehälter, nach Verlängerung des Urlaubs, nach Erhöhung der Renten und nach weiteren sozialen Verbesserungen erhoben.
Allein die bisher bekannten Forderungen würden Mittel in Höhe von mehr als 40 Milliarden Mark voraussetzen. Das wäre wertmäßig etwa ein Drittel des gesamten Einzelhandelsumsatzes der DDR. In diesem Vergleich können wir bereits erkennen, daß diese Forderungen die Möglichkeiten des Staates bei weitem übersteigen und, wenn ihnen nachgegeben wird, die Existenz der DDR gefährden. Ich muß in diesem Zusammenhang auch darauf hinweisen, daß der Fehlbetrag im Staatshaushalt bereits 17 Milliarden Mark beträgt. Sie kennen diese Situation bereits aus den Beratungen des Hohen Hauses. Voraussetzung für umfangreiche Lohnmaßnahmen und andere soziale Leistungen können nur durch effektiveres Wirtschaften geschaffen werden.
Tatsächlich verschlechtert sich aber die ökonomische Lage besorgniserregend, weil Streiks und befristete Arbeitsniederlegungen, langsameres Arbeiten und andere Störungen zu erheblichen Produktionsausfällen führen. Diese Ausfälle haben Kettenreaktionen für viele Betriebe, für die Versorgung der Bürger sowie für die gesundheitliche Betreuung zur Folge. Daraus erwachsen weitere soziale Spannungen, die mit den vorhandenen politischen Strukturen immer weniger beherrscht werden können. In einer Reihe von Kreisen haben sich örtliche Volksvertretungen nahezu aufgelöst oder sind nicht mehr beschlußfähig. Die bestehenden örtlichen Volksvertretungen widerspiegeln nicht in jedem Fall die im jeweiligen Territorium vorhandenen politischen Interessen, zum Teil werden auch die Abgeordneten nicht mehr anerkannt. Überprüfungen von Wahlmanipulationen während der Kommunalwahlen im vergangenen Jahr beschleunigen diesen Prozeß der Demontage von örtlichen Volksvertretungen. Er führt auch zur Unsicherheit im gesamten Staatsapparat. Rechtsstaatlichkeit und Rechtsordnung werden zunehmend in Frage gestellt. Geltende Rechtsvorschriften werden von verschiedenen Interessengruppen oder einzelnen Bürgern gröblichst verletzt. Der Schutz der Bürger ist nicht mehr in vollem Umfang gewährleistet. [...]
Ich glaube, daß ich hier nichts dramatisiere, sondern daß ich hier bemüht war, die reale Lage und Situation, in der wir uns befinden, in aller Knappheit und Kürze Ihnen noch einmal vor Augen zu führen.
Aus der Erkenntnis dieser Lage und eingedenk der Verantwortung, die ich als Ministerpräsident mit Ihrer Zustimmung übernommen habe, hat auf meine Einladung gestern

bis Mitternacht eine Beratung mit den verantwortlichen Vertretern aller Parteien und politischen Gruppen stattgefunden, die den Runden Tisch bilden.
Nach siebenstündiger intensiver Diskussion, unterbrochen von zwei gesonderten Beratungen, wurde ein Konsens erreicht, der uns geeignet scheint, jedenfalls nach Einschätzung der Beteiligten und meiner eigenen Einschätzung, eine Beruhigung und allmähliche Stabilisierung der politischen Situation zu erreichen und dieser zu dienen.
Dieser Konsens besteht 1. darin, daß der Volkskammer vorgeschlagen wird, die Wahlen für die Volkskammer auf den 18. März vorzuziehen. 2. besteht der Konsens darin, daß vorgeschlagen wird, die Wahlen zu den Volksvertretungen sämtlicher Städte und Gemeinden wie vorgesehen am 6. Mai abzuhalten. In dieser Situation wird auch von einigen die Frage gestellt, ob darin die Wahl der Kreistage einzubeziehen wäre, da die Situation vieler Kreise auch ein solches Erfordernis in die Betrachtung wahrscheinlich mit einbeziehen läßt. 3. wurde Einigkeit darüber erzielt, daß eine Regierung der nationalen Verantwortung geschaffen werden sollte. Dies kann dadurch erreicht werden, daß die bisher in der Regierung nicht vertretenen Parteien und politischen Gruppen des Runden Tisches jeweils einen Vertreter in die Regierung entsenden, der als Minister ohne Geschäftsbereich Sitz und Stimme im Ministerrat erhält und auf weitere geeignete Weise aktiv in die Arbeit des Ministerrates, insbesondere bei der Vorbereitung wichtiger grundlegender Entscheidungen, einbezogen wird. 4. wurde Übereinstimmung dahingehend erzielt, daß die Regierung einen ständigen Vertreter im Range eines Ministers an den Runden Tisch entsendet, um die Zusammenarbeit auch auf diese Weise zu vertiefen.
Ich habe von den betreffenden Parteien und Gruppierungen die personellen Vorstellungen dafür zum kommenden Mittwoch erbeten, und ich möchte, sofern die Volkskammer dem zustimmen wird, auf der nächsten Tagung der Kammer die Persönlichkeiten zur Wahl vorstellen, die als Minister meine Regierung ergänzen und sie zu einer Regierung der nationalen Verantwortung in dieser so schicksalhaften Situation unseres Landes machen sollen.

Quelle: »Neues Deutschland« vom 30. 1. 1990

Von DDR-Ministerpräsident Hans Modrow unterbreitete deutschlandpolitische Konzeption vom 1. Februar 1990

Europa tritt in eine neue Etappe seiner Entwicklung ein. Das Nachkriegskapitel wird abgeschlossen. Voraussetzungen für eine friedliche und gutnachbarliche Zusammenarbeit aller Völker bilden sich heraus. Die Vereinigung der beiden deutschen Staaten rückt auf die Tagesordnung.
Das deutsche Volk wird seinen Platz beim Aufbau der neuen Friedensordnung finden, in deren Ergebnis sowohl die Teilung Europas in feindliche Lager als auch die Spaltung der deutschen Nation überwunden werden. Es ist die Stunde gekommen, einen Schlußstrich unter den Zweiten Weltkrieg zu ziehen, einen deutschen Friedensvertrag abzuschließen. Durch ihn würden alle Probleme geregelt, die mit der Aggression Hitler-Deutschlands und dem Scheitern des »Dritten Reiches« verbunden sind.
Eine endgültige Lösung der deutschen Frage kann nur in freier Selbstbestimmung der Deutschen in beiden Staaten erreicht werden, in Zusammenarbeit mit den vier Mächten und unter Berücksichtigung der Interessen aller europäischen Staaten. Sie muß den gesamteuropäischen Prozeß fördern, der unseren Kontinent ein für allemal von militärischen Gefahren befreien soll. Die Annäherung beider deutscher Staaten und ihre nachfolgende Vereinigung darf durch niemanden als Bedrohung betrachtet werden.
In diesem Sinne schlage ich einen verantwor-

tungsbewußten nationalen Dialog vor. Sein Ziel sollte es sein, konkrete Schritte zu bestimmen, die zu einem einheitlichen Deutschland führen, das ein neuer Faktor der Stabilität, des Vertrauens, des Friedens in Europa zu werden bestimmt ist.

Die Vertreter der DDR und der BRD könnten mit einem solchen Dialog und in gleichberechtigten Verhandlungen bestmögliche Antworten auf die Frage nach der Zukunft der deutschen Nation finden.

Die Schritte auf dem Weg zur deutschen Einheit könnten sein:

– Abschluß eines Vertrages über Zusammenarbeit und gute Nachbarschaft als eine Vertragsgemeinschaft, die bereits wesentliche konföderative Elemente enthalten sollte wie Wirtschafts-, Währungs- und Verkehrsunion sowie Rechtsangleichung.

– Bildung einer Konföderation von DDR und BRD mit gemeinsamen Organen und Institutionen, wie z. B. parlamentarischer Ausschuß, Länderkammer, gemeinsame Exekutivorgane für bestimmte Bereiche.

– Übertragung von Souveränitätsrechten beider Staaten an Machtorgane der Konföderation.

– Bildung eines einheitlichen deutschen Staates in Form einer Deutschen Föderation oder eines Deutschen Bundes durch Wahlen in beiden Teilen der Konföderation, Zusammentreten eines einheitlichen Parlaments, das eine einheitliche Verfassung und einheitliche Regierung mit Sitz in Berlin beschließt.

Notwendige Voraussetzungen für diese Entwicklung:

– Jeder der beiden deutschen Staaten trägt dafür Sorge, die Schritte zur Einheit Deutschlands mit seinen Verpflichtungen gegenüber anderen Ländern und Ländergruppen sowie mit notwendigen Reformen und Veränderungen in Übereinstimmung zu bringen. Hierzu gehört der Übergang der DDR zur Länderstruktur. Wahrung von Stabilität, Recht und Gesetz im Innern gehören ebenso zu den unabdingbaren Voraussetzungen wie die strikte Erfüllung früher abgeschlossener Verträge zwischen der DDR und der BRD, die unter anderem vorsehen, sich gegenseitig nicht in die inneren Angelegenheiten einzumischen.

– Wahrung der Interessen und Rechte der vier Mächte sowie der Interessen aller Völker Europas an Frieden, Souveränität und sicheren Grenzen. Die vier Mächte sollten ihre Absicht erklären, nach Bildung eines einheitlichen deutschen Staates alle aus dem Zweiten Weltkrieg und der Nachkriegsperiode entstandenen Fragen abschließend zu regeln einschließlich der Anwesenheit ausländischer Truppen auf deutschem Boden und der Zugehörigkeit zu Militärbündnissen.

– Militärische Neutralität von DDR und BRD auf dem Weg zur Föderation.

Dieser Prozeß der Vereinigung der Deutschen vollzieht sich auf der Grundlage von Vereinbarungen zwischen den Parlamenten und Regierungen der DDR und der BRD. Alle Seiten bekunden ihren Willen zu demokratischen und gewaltlosen Formen der politischen Auseinandersetzung und schaffen dazu notwendige Garantien einschließlich Volksbefragungen.

Die Konzeption bekennt sich zu den demokratischen, patriotischen, fortschrittlichen Ideen und Bewegungen für die Einheit der deutschen Nation aus gemeinsamer Geschichte und jüngster Vergangenheit. Sie bekennt sich zu den humanistischen und zu den antifaschistischen Traditionen des deutschen Volkes.

Diese Konzeption wendet sich an die Bürger der DDR und der BRD, an alle europäischen Völker und Staaten, an die Weltöffentlichkeit mit der Bitte um Unterstützung.

Quelle: ADN/»Frankfurter Allgemeine Zeitung« vom 2. 2. 1990

Erklärung der Bundesregierung über die Gespräche mit Generalsekretär Gorbatschow und Ministerpräsident Modrow, abgegeben von Bundeskanzler Kohl vor dem Deutschen Bundestag am 15. Februar 1990

[...]
Heute kann ich dem Deutschen Bundestag berichten: Noch nie, seit unser Land geteilt, noch nie, seit unser Grundgesetz geschrieben wurde, sind wir unserem Ziel, der Einheit aller Deutschen in Freiheit, so nahe gekommen wie heute.
Am vergangenen Samstag wurden in Moskau in den Gesprächen mit Generalsekretär Gorbatschow die Weichen gestellt. Das Ergebnis dieser entscheidenden Begegnung lautet:
»Generalsekretär Gorbatschow stellte fest – und der Kanzler stimmte ihm zu –, daß es jetzt zwischen der UdSSR, der Bundesrepublik Deutschland und der DDR keine Meinungsverschiedenheiten darüber gibt, daß die Deutschen selbst die Frage der Einheit der deutschen Nation lösen und selbst ihre Wahl treffen müssen, in welchen staatlichen Formen, in welchen Fristen, mit welchem Tempo und unter welchen Bedingungen sie diese Einheit verwirklichen werden.« (TASS, 11. Februar 1990)
[...]
Wir danken Generalsekretär Michail Gorbatschow, der zusammen mit der tiefgreifenden Umgestaltung seines Landes auch die sowjetische Außenpolitik in eine neue Richtung lenkte und neue Dynamik und neues Denken vorgab.
Jetzt verändert dieses neue Denken auch die sowjetische Deutschlandpolitik und erlaubt eine konstruktive und zukunftsträchtige Lösung der deutschen Frage.
[...]
Generalsekretär Gorbatschow und ich waren uns einig, daß den am 18. März anstehenden Volkskammer-Wahlen Schlüsselbedeutung zukommen wird. Angesichts der Wahlprogramme, mit denen die klare Mehrheit aller Parteien und Gruppierungen in der DDR antritt, konnte ich meine feste Überzeugung bekräftigen – und der Generalsekretär hat dem nicht widersprochen –, daß das Ergebnis dieser Wahl nicht nur eine demokratisch legitimierte und, wie wir hoffen, handlungsfähige Regierung sein wird, sondern auch ein Regierungsprogramm mit dem klaren Ziel: »Einheit so bald wie möglich!«
Mit dem Generalsekretär war ich mir einig, daß nicht nur Wahlkampf und Wahlen in geordneten Bahnen verlaufen müssen, sondern auch darin, daß der Prozeß der Einigung in einen stabilen europäischen Rahmen eingebettet bleiben muß. Nur auf diesen beiden Gleisen kann das Ziel der deutschen Einheit sicher erreicht werden.
[...]
Das heißt für uns Deutsche:
- Wir achten die berechtigten Sicherheitsinteressen aller europäischen Länder, gerade auch der Sowjetunion,
- und wir respektieren die Sicherheitsbedürfnisse und die Gefühle aller Europäer, selbstverständlich und vor allem auch unserer Nachbarn.

Unter diesen Leitmotiven haben Generalsekretär Gorbatschow und ich – sowie Bundesaußenminister Genscher und Außenminister Schewardnadse – die wohl schwierigste Frage angesprochen: die Zukunft der Bündnisse. Ich habe meine Überzeugung ausgedrückt, daß auch bei vernünftiger Würdigung der Sicherheitsinteressen der Sowjetunion ein künftiges geeintes Deutschland
- nicht neutralisiert oder demilitarisiert werden darf – dies ist, kurz gesagt, »altes Denken« –,
- sondern daß wir im westlichen Bündnis eingebunden bleiben sollen und wollen.

Die Geschichte dieses Jahrhunderts, meine Damen und Herren, zeigt: Nichts ist der Stabilität Europas abträglicher als ein zwischen zwei Welten, zwischen West und Ost, schwankendes Deutschland.
Und umgekehrt gilt: Deutschland im festen Bündnis mit freiheitlichen Demokratien und in zunehmender politischer und wirtschaftlicher Integration in der Europäischen Gemein-

schaft ist der unerläßliche Stabilitätsfaktor, der Europa gerade auch in seiner Mitte braucht.

Ich habe zu diesem Thema klargestellt,

- daß unser Bündnis sich entsprechend seiner Zielsetzung verstärkt auf seine politische Rolle konzentrieren muß und
- daß keine Einheiten und Einrichtungen des westlichen Bündnisses auf das heutige Gebiet der DDR vorgeschoben werden.

[...]

Nach den Beratungen der Außenminister in Ottawa, über die gleich anschließend der Bundesminister des Auswärtigen berichten wird, zeichnet sich folgender Weg ab:

Nach den Wahlen am 18. März werden die Bundesregierung und eine demokratisch legitimierte Regierung der DDR über den Weg der Deutschen zu ihrer Einheit sprechen. Wir Deutschen werden uns dann mit den Amerikanern, den Briten, den Franzosen und den Sowjets über die äußeren Aspekte der Schaffung der deutschen Einheit einschließlich der Sicherheitsfragen der Nachbarstaaten verständigen.

Meine Damen und Herren, ich habe mit Generalsekretär Gorbatschow unsere Analyse der Wirtschaftslage und der gesellschaftlichen Entwicklungen in der DDR besprochen. Ich habe mit ihm das Programm, das die Bundesregierung für die Gespräche mit Ministerpräsident Modrow vorbereitet hatte, ausführlich diskutiert.

Wir waren uns einig – das gilt natürlich nicht nur auf wirtschaftlichem Gebiet –, daß das mit der Sowjetunion Erreichte nicht nur von einem geeinten Deutschland erhalten, sondern mit ihm weiter ausgebaut werden soll.

[...]

Meine Damen und Herren, die Gespräche mit Ministerpräsident Modrow und seiner Delegation fanden in einer sachlichen und sehr offenen Atmosphäre statt. Es kam uns darauf an, Hoffnungszeichen für die Menschen in der DDR zu setzen.

Meine Damen und Herren, die Lage hat sich deutlich zugespitzt. Die politischen Parteien und Gruppierungen in der DDR am sogenannten Runden Tisch haben der Bundesregierung für das Gespräch zwischen dem Ministerpräsidenten und mir ein Positionspapier übermittelt, in dem sie von einer »Lage« sprachen, »die durch rasche Destabilisierung gekennzeichnet ist«.

Für uns werden die zunehmenden Probleme insbesondere durch den anhaltend großen Zustrom von Übersiedlern deutlich: Ihre Zahl belief sich 1989 auf insgesamt rund 340000. Seit Jahresbeginn, also in wenigen Wochen, sind rund 85000 hinzugekommen. Wenn sich dieser Zustrom in diesem Monat fortsetzt, werden wir am Monatsende über 100000 Übersiedler haben. Ich will das noch einmal im Beispiel verdeutlichen: Das entspricht der Einwohnerzahl der Stadt Dessau.

Deswegen habe ich in den Gesprächen mit Ministerpräsident Modrow und seiner Delegation unsere wiederholt erklärte Bereitschaft hervorgehoben, kurzfristig dort zu helfen, wo dies insbesondere aus humanitären Gründen dringlich und notwendig ist.

Entsprechende Unterstützungsmaßnahmen enthält der Nachtragshaushalt 1990.

Ich nenne die Stichworte Devisenfonds, ERP-Kreditprogramm, Schulung und Technologietransfer, Umweltschutz, Verbesserung der Verkehrswege und Hilfe im Bereich der medizinischen Ausrüstung.

Insgesamt geht es um einen Betrag von über 5 Milliarden DM.

Eingeleitet worden ist ferner ein umfangreiches Programm technischer Zusammenarbeit und konkreter Hilfe durch die Post. Die Postpauschale wurde auf 300 Millionen DM erhöht. Sie wird voll für den Ausbau des Telefonnetzes der DDR verwendet.

[...]

Aber wir gehen einen entscheidenden Schritt weiter: Ich habe Ministerpräsident Modrow das Angebot unterbreitet, sofortige Verhandlungen zur Schaffung einer Währungsunion und Wirtschaftsgemeinschaft aufzunehmen.

Beide Seiten sind übereingekommen, zu diesem Zweck eine gemeinsame Kommission zu bilden, die ihre Arbeit unverzüglich beginnt.

Für mich heißt unverzüglich: bereits in der nächsten Woche. Die Bundesregierung hat ihre Mitglieder in dieser Kommission bereits benannt. Ich will darauf drängen, daß diese Arbeit ohne jede Verzögerung und mit größter Intensität vorangeht.

Die dann notwendigen Entscheidungen können aus unserer Sicht schon bald nach den Wahlen am 18. März durch eine frei gewählte Volkskammer und durch eine frei gewählte Regierung der DDR getroffen werden.

Was bedeutet unser Angebot konkret? Das Angebot besteht im Kern aus zwei Teilen:

Erstens: Zu einem Stichtag wird die Mark der DDR als Währungseinheit und gesetzliches Zahlungsmittel durch die D-Mark ersetzt.

Zweitens: Zeitgleich müssen von der DDR die notwendigen rechtlichen Voraussetzungen für die Einführung einer Sozialen Marktwirtschaft geschaffen werden.

Beide Elemente, meine Damen und Herren, stehen für die Bundesregierung in einem unauflösbaren Zusammenhang.

Ich füge hinzu: Politisch und ökonomisch bedeutet dieses Angebot der Bundesregierung, daß wir bereit sind, auf ungewöhnliche Ereignisse und Herausforderungen in der DDR unsererseits mit einer ungewöhnlichen Antwort zu reagieren.

Ich sage dies auch im Blick auf den einen oder anderen, der – das ist aus seiner Sicht verständlich – vor allem die ökonomischen Faktoren sieht und dabei die politische Lage in unserem Land unzureichend berücksichtigt.

Über eines kann kein Zweifel bestehen: In einer politisch und wirtschaftlich normalen Situation wäre der Weg ein anderer gewesen, und zwar derjenige schrittweiser Reformen und Anpassungen mit der gemeinsamen Währung erst zu einem späteren Zeitpunkt.

Vor diesem Hintergrund – ich sagte es – gibt es kritische Stimmen von Experten. Auch der Wirtschaftssachverständigenrat hat sich in dieser Weise geäußert. Wir nehmen die Argumente ernst.

Und dennoch sage ich: Wir entscheiden uns für den eben skizzierten Weg.

Die krisenhafte Zuspitzung der Lage in der DDR macht mutige Antworten erforderlich. Politische und gesellschaftliche Umwälzungen haben zu einer dramatischen Verkürzung des Zeithorizonts geführt, so daß für – wie auch immer definierte und auch ökonomisch begründete – Stufenpläne aus meiner Sicht die Voraussetzungen entfallen sind.

In einer solchen Situation geht es um mehr als um Ökonomie, so wichtig Ökonomie ist. Es geht jetzt darum, ein klares Signal der Hoffnung und der Ermutigung für die Menschen in der DDR zu setzen.

Deswegen und nur deswegen haben wir in dieser konkreten Situation die in der Tat historisch zu nennende Entscheidung getroffen, der DDR jetzt das Angebot einer Währungsunion und Wirtschaftsgemeinschaft zu machen – ein Angebot, für das es kein vergleichbares Beispiel gibt.

[. . .]

Quelle: »Bulletin« (Presse- und Informationsamt der Bundesregierung) vom 16. 2. 1990

Personen- und Sachregister

Die Zahlen verweisen auf die linke oder rechte Spalte einer Seite. Halbfetter Druck bedeutet eine Hauptfundstelle. Sofern keine zusätzlichen Hinweise gegeben werden, beziehen sich die Stichwörter in der Regel auf die DDR; so meint »Presse« also die Presse der DDR.